华信经管创新系列

电力企业管理信息系统

Electric Power Enterprises Management Information System

王建军　李存斌　陈永权　瞿　斌　编　著

電子工業出版社
Publishing House of Electronics Industry
北京・BEIJING

内 容 简 介

本书是作者所在教学及科研团队多年从事信息管理与信息系统专业教学，电力企业信息化项目开发、咨询和培训工作的结晶。本书在回顾了电力企业管理信息系统相关基础知识的基础上，对电力企业管理信息化的发展阶段、现状、问题及相关对策进行了总结；在给出了电力企业信息化的作用和意义的基础上，系统阐述了电力企业管理信息化的核心管理思想；围绕着电力企业管理信息系统实施的全过程，介绍了电力企业管理信息系统基础诊断和总体规划，基于业务流程梳理的系统分析、设计、实施及信息化平台的构建与集成，以及未来的电力企业管理信息系统的发展趋势。

本书适合电力企业从事信息化建设、管理的领导和相关工作人员培训或参考使用，也可作为高校相关专业尤其是电力信息管理相关专业的教师和研究生、软件企业相关信息系统分析和设计人员培训或参考用书。

图书在版编目（CIP）数据

电力企业管理信息系统 / 王建军等编著. —北京：电子工业出版社，2018.8
ISBN 978-7-121-34774-0

Ⅰ. ①电…　Ⅱ. ①王…　Ⅲ. ①电力工业－工业企业管理－管理信息系统－中国－高等学校－教材
Ⅳ. ①F426.61

中国版本图书馆 CIP 数据核字（2018）第 165264 号

策划编辑：竺南直
责任编辑：张　京　　特约编辑：曹尊颖
印　　刷：北京虎彩文化传播有限公司
装　　订：北京虎彩文化传播有限公司
出版发行：电子工业出版社
　　　　　北京市海淀区万寿路 173 信箱　邮编　100036
开　　本：787×1 092　1/16　印张：15.75　字数：403.2 千字
版　　次：2018 年 8 月第 1 版
印　　次：2018 年 8 月第 1 次印刷
定　　价：39.80 元

凡所购买电子工业出版社图书有缺损问题，请向购买书店调换。若书店售缺，请与本社发行部联系，联系及邮购电话：（010）88254888，88258888。

质量投诉请发邮件至 zlts@phei.com.cn，盗版侵权举报请发邮件至 dbqq@phei.com.cn。

本书咨询联系方式：davidzhu@phei.com.cn。

前　言

目前，信息化产业革命正席卷全球，包括电力企业在内的几乎所有企业都开始注重信息化及智能化的革新。中国的电力企业，无论是国家电网公司、南方电网公司，还是各大发电公司，甚至是电建、能建集团公司，都不同程度地开展了大规模企业信息化工作。使电力企业将先进的信息技术与企业的管理理念有机结合，构筑高水准的管理体系，对管理模式和管理手段进行创新，实现标准化、规范化、流程化、集成化、自动化和智能化管理目的，走可持续发展之路，已经成为当前电力企业发展的大势所趋。因此，作为信息管理人员，甚至企业管理人员，不懂得管理信息系统的知识，显然是跟不上时代潮流的。为顺应时代发展之需要、适应电力企业信息化建设之要求，编写了本书。

本书凝聚了华北电力大学信息管理教研室和研究团队成员二十多年从事信息系统与信息管理相关专业教学，以及电力企业管理信息化软件项目开发、信息化咨询和培训工作的经验和智慧。本书立足于电力企业的信息化管理，从解决电力企业当前信息化实际问题和热点、重点问题出发进行构思，注重教学联系应用，理论结合实际。

本书的目的是对电力企业管理信息系统的主要内容进行比较全面的总结和分析，全书大致可以分为三部分，第一部分对电力企业管理信息系统的相关基础知识进行梳理，包括管理信息系统的基础知识，电力企业信息化定义、发展过程、现状、问题分析及对策，并对电力企业管理信息化的核心管理思想进行概述（第 1 章）。第二部分按照电力企业管理信息系统的实施全过程对电力企业信息系统的知识进行了总结，包括实施信息化工作初期首先需要进行企业管理信息化基础诊断和总体规划（第 2 章）；接着进行企业业务流程的梳理并在此基础上进行系统分析工作（第 3 章）；在分析的基础上对系统进行设计（第 4 章）；在分析设计的基础上对系统进行实现（第 5 章）；并且根据电力企业当前的信息化管理情况，介绍电力企业管理信息化平台及信息化集成（第 6 章）。第三部分对电力企业未来信息化的方向进行了展望，给出了电力企业信息管理系统发展趋势（第 7 章）。由于笔者及所在教学和科研团队在华北电力大学经济与管理学院，因此具有浓厚的电力企业管理特色，本书写作的主要目的是作为华北电力大学经济与管理学院信息管理专业的相关本科生、研究生教学参考书，因此本书中的示例多是电力企业信息化管理的相关示例，学生在学习时能够更加深入地了解电力企业信息化的运作流程和方法。当然，其他院校信息管理相关专业的学生或相关教师和研究人员也可以借鉴，或通过此书了解电力企业信息管理的基本情况，由于本书介绍的电力企业管理信息系统的理论和实践具有一定的通用性，因此读者可以举一反三、触类旁通。

本书是华北电力大学进行“新时代下教学改革扶持重点专业做大做强，争做‘双一流’

建设专业，资助信息管理专业进行教育教学改革”的背景下产生的，虽然本书由王建军主要统稿，但是华北电力大学信息管理专业的教学团队及科研团队都给予了一定的支持、建议及意见。其中书中大部分内容来源于信息管理团队学科带头人李存斌教授的数本专著，因此特别感谢李存斌老师的无私奉献。此外，陈永权老师撰写了第 5 章的部分内容，参与本书编撰或相关工作的还有董福贵、刘吉成、王钇、唐平舟、刘谊、田惠英、梁春燕、黄敏芳、王辉老师，在此一并表示感谢。

本书适合电力企业从事信息化建设、管理的领导和相关工作人员培训或参考使用，也可作为高校相关专业的教师和研究生、软件企业相关信息系统分析和设计人员培训或参考用书。

华北电力大学这些年来的快速发展，使我们对于大学的前途充满了希望和信心，极大地提高了我们做好各项工作的积极性；良好和愉快的工作环境是教材编写组专心致志工作、工作效率高涨的重要保障。如果说与电力企业合作项目做得比较好的话，无疑得益于大学和学院良好、舒心的工作氛围，在此，深深感谢华北电力大学和经济与管理学院的相关领导的高度重视、大力支持和帮助。

本书的出版如能抛砖引玉，为电力企业管理改革和发展尽绵薄之力，为电力企业管理信息化快速发展助一臂之力，编写组将如愿以偿，备感欣慰。

限于时间、精力及水平，不妥之处在所难免。如蒙读者指教，将不胜感谢！企盼共同总结电力企业信息化的过去和现在，并共同探讨信息化的未来，欢迎来信共勉。E-mail：wangjianjun@ncepu.edu.cn。

最后，在本书的出版过程中，得到了电子工业出版社竺南直等同志的大力支持和帮助，在此表示衷心的感谢。

王建军

2018 年 3 月于华北电力大学

目　录

第 一 部 分

第 二 部 分

第 三 部 分

第一部分

第1章　电力企业管理信息系统概述

电力企业管理信息系统是一类特殊的管理信息系统，其核心是围绕着电力企业的相关业务展开的，为了提高电力企业管理目标的高层决策、中层控制及基层运作的管理效率的以人为主导的人机系统。本章先对管理信息系统的基础知识进行介绍，然后结合电力企业相关管理情况对电力企业管理信息系统进行描述。

1.1　管理信息系统基础知识

1.1.1　管理信息系统的相关概念

对企业管理而言，人、物资、能源、资金和信息是企业需要管理的五项重要资源。其中，前四者，即人、物资、能源和资金这些都是可见的有形资源，而信息是一种无形资源。随着科技的进步及社会的发展，目前全球已经进入信息社会和知识经济时代，企业均开始注重信息资源。信息资源是人类与环境协调共存中得出的知识结晶，掌握了信息资源，就可以更好地利用有形资源，使有形资源发挥更高的效益。

随着计算机及网络技术的发展，企业的办公及管理都将朝着高效、快速、无纸化的方向发展。企业开始步入信息化时代，其主要特征是利用现代计算机及网络通信技术加强企业信息管理，通过对企业拥有的人力、物力、财力、设备、技术等资源的调查了解，建立正确的数据，加工处理并编制成各种信息资料，及时提供给管理人员，以便进行正确的决策，不断提高企业的管理水平和经济效益。目前，企业信息化已成为企业进行技术改造及提高企业管理水平的重要手段，而管理信息系统正是企业信息化的核心。

管理信息系统（Management Information System，MIS）是以现代管理理论为指导、以计算机和网络通信设施等现代信息技术为基础、以人为主导，为实现企业管理目标而进行的信息收集、传输、加工、储存并为管理人员提供决策信息的人机信息系统。

从定义中可以看到，管理信息系统的目标是为管理人员提供在管理工作中所需要的信息，管理人员包括各类、各层的管理人员，管理信息系统是为管理工作服务的，由于定义中强调是以人为主导的，而不是完全由机器代替管理人员的工作。在高、中、低三个管理层次上支持管理活动。定义中同样提及了管理信息系统的功能是对信息进行收集、传输、加工、储存并输出信息。这也是信息系统的功能，管理信息系统本身是信息系统的一类。

1．管理信息系统的目标——管理

管理信息系统与企业的管理工作密切结合，是为了高效实现企业管理目标的一类信息系统，因此对管理信息系统进行学习需要首先理解管理的相关定义。管理指的是通过对企业的资源有效地进行计划、组织、领导和控制实现企业目标的全部过程。管理的概念包含以下几个方面的含义。

（1）管理的目标。

管理工作应达到一定目标，对企业的管理是为了有效地实现企业的目标，明确地设定企业目标是管理的起点。企业的目标是什么？企业的总目标是利益极大化，包括经济利益和社会利益。在企业总目标确定后，对企业内部每一层次、每一工作岗位、每一工作职能再确定其各自的目标，把总目标逐层分解，形成目标树。

（2）管理的职能。

管理的职能是指管理工作包含的基本活动。管理是由计划、组织、领导和控制这样一系列相互关联、连续进行的活动所组成的。管理的职能也就是计划、组织、领导和控制这些活动。

（3）评价管理成功的标准。

评价管理成功的标准是效果，管理活动应首先达到目的；其次是效率。管理的效率是指管理活动的输入和输出的关系。如果对于给定的输入能够获得更多的输出，或者对于较少的输入可以获得同样的输出，都意味着管理效率的提高。因为管理者拥有的资源是稀缺的，所以必须提高资源的有效利用率，即要进行成本与收益的比较。追求效率意味着使资源成本最小化。

2．管理信息系统的内容——信息

究竟什么是信息，不同的企业或领域有不同的理解和不同的定义，据有关文献统计，世界上对信息的定义有数百种。对于电力企业，信息、数据、消息具有如下的含义及相互关系。信息论奠基人香农（Shannon）认为“信息是用来消除随机不确定性的东西”，这一定义被人们看作经典性定义并加以引用。控制论创始人维纳（Norbert Wiener）认为“信息是人们在适应外部世界，并使这种适应反作用于外部世界的过程中，同外部世界进行互相交换的内容和名称”，它也被作为经典性定义加以引用。经济管理学家认为“信息是提供决策的有效数据”。

从上述的经典定义中可以看出，虽然信息的定义有所不同，但是也存在着共性的认知，即信息是和外界进行交换的、有效的、消除不确定性的一种物质。从管理学的角度而言，信息的目的是为了提供给各层管理人员在管理决策中辅助使用。

3．管理信息系统的存在形式——信息系统

管理信息系统本身是复杂庞大的，涉及企业管理的方方面面，涉及许多计算机技术，涉及许多现代管理科学知识。现代系统科学的观点认为：系统是由相互作用和相互依赖的若干组成部分结合而成的具有特定功能的有机整体。

企业组织内部的活动正是由事务流、物资流、资金流和信息流四部分组成的，这四种流既相互依赖又相互影响，交织在一起构成了一个有机整体，其中信息流是对其他事务流、

物资流、资金流等进行控制、监督、协调的，起到一个纽带的作用。从管理的角度说，一个组织及其各职能子系统要充分有效地工作，就必须利用信息；而上下级间及平行各级之间能在统一领导下彼此协调地进行有效的工作，关键就在于它们之间的信息流。而信息系统是这四种流的综合实体体现。

信息系统就是对信息进行收集、整理、存储、加工、查询、传输并输出信息的处理系统，包括人、计算机、软件、数据要素。企业中存在信息系统，信息处理工具可能是手工或计算机。本书中，信息系统是指以计算机作为信息处理工具的人机系统。把对信息的收集、整理、存储与查询称为信息管理，也常有人把信息系统称为管理信息系统。

1.1.2 管理信息系统的分类

从管理的层级划分上看，管理分为基层运作、中层控制和高层决策。从这个角度可以将管理信息系统分为如下 3 类：业务信息系统、企业管理信息系统和决策支持系统。

1. 业务信息系统

业务处理系统（Transaction Processing System，TPS）又称为狭义的管理信息系统，TPS 的主要功能是处理企业的常规业务，这些常规业务每天发生，所处理的业务信息是高度结构化的，而且信息量大；业务处理的问题是明确的，处理的方法是规范的，提供的信息一般是规范的报表，这种系统主要由企业的各种基层业务操作人员使用。

2. 企业管理信息系统

企业意义上的管理信息系统是从企业的全局优化角度来开发建设的系统。该系统除了可以处理常规业务外，还提供有关企业的总结报告和各种常规的数据报表，为有关的中层管理工作起到支持作用，主要是针对中层管理工作，对企业管理的目标起到控制决策上的支撑。

3. 决策支持系统

决策支持系统（Decision Support System，DSS）则在企业管理信息系统的基础上主要为决策者提供决策支持功能，其目的是协助高层管理工作人员解决企业管理中半结构化和非结构化的决策问题。其中结构化的问题指的是可以利用数学模型予以解决的问题，非结构化问题则是需要依靠人的经验进行决策判断，而半结构化问题则介于两者之间。

1.1.3 管理信息系统的产生与发展

信息系统在企业中早已存在，其信息的收集、存储、加工、传输和输出操作依靠手工；而作为以计算机为信息处理工具的管理信息系统是在计算机出现以后才产生的。

计算机自 1946 年问世以来，发展突飞猛进，日新月异。还没有任何一种工具像计算机那样对人类社会生活产生如此深刻而又巨大的影响。人类社会的进步与劳动工具的革新紧密相连，计算机的出现是人类劳动工具的重大革命。电子计算机凭借强大的信息处理能力成为人类脑力劳动的有力助手出现后，把人类从烦琐的脑力劳动中解放出来，产生了世界范围的信息革命。现在，计算机已渗透到社会生活的各个领域，推动着科学技术和社会经济的发展。

计算机在管理中的应用开始于1954年，标志是美国通用电气公司首先用计算机处理工资单。现在，美国在财务会计上90%的工作由计算机完成；在物资管理中80%～100%的信息处理工作由计算机完成；在计划管理中是80%～90%。随后开始涌现出以企业各单项业务子系统为主的小型信息系统，如财务子系统。继而发展到其他部门，如物资部门、销售部门等，其特点是单纯地减轻人的重复劳动、提高处理效益，因此，可以认为管理信息系统的最早开发与使用是在20世纪50年代初。从20世纪70年代初开始，管理信息系统从处理事务型子系统为主逐步转向处理控制子系统为主（精度、成本等），计算机配置主要是进行集中处理。这段时间里，管理信息系统引起了各界的重视，一些典型的、成功的管理信息系统相继出现，如美国IBM公司的COPICS系统就是在这时期研制的。20世纪80年代以后，管理信息系统进入成熟阶段，其特点是在大量收集处理信息的基础上引入决策机制，应用数学模型进行优化处理，大量应用以微型机为主的计算机网络，采用数据库达到资源共享的目的。随着管理信息系统的发展，它的教育问题也引起足够的重视。第一本以管理信息系统作为书名的书在1961年问世（GALLAGHER），之后在各国大学尤其在美国大学相继开设有关的课程和拟定学位大纲，建立研究中心。我国在管理中应用计算机是在20世纪70年代末开始的，虽然起步较晚，发展却较快，具有强大功能的微型计算机的出现和普及，为信息处理提供了物美价廉的手段，对于推动我国管理信息处理的现代化起到了重要的作用。

从历史上看，管理信息系统从20世纪50年代初开始发展至今可以分为3个阶段。

（1）单项信息处理阶段（20世纪50年代中期到20世纪60年代中期）。

这一阶段也称EDP（Electronic Data Processing）。人们创造电子计算机的目的是解决工程与科学计算问题，在管理信息处理中，当时计算机的软硬件功能弱、价格高，所以处理能力很低。处理的业务问题主要是单项的工资计算或数据统计，用它来进行工资、会计、统计等方面的计算工作，部分代替人的手工劳动。随着电子计算机软硬件系统特别是外围设备和通信技术的发展，计算机信息处理的能力提高了，计算机的使用也逐步过渡到分时系统多用户终端方式。

这一阶段的特点是：业务在计算机上是按项目分别进行的，不同项目在计算机上没有联系，各自为政。因此，该阶段又称单项信息处理阶段。

（2）综合数据处理阶段（20世纪60年代中期到20世纪70年代初期）。

电子数据处理的主要目标是提高管理人员处理日常事务的效率，节省人力。但是，这种将各项管理信息一项一项分别进行处理的方式，远远不能满足企业管理决策的需要。随着计算机软硬件的高速发展，计算机进行数据处理的能力有了很大的提高，出现了从企业的整体目标出发，系统地、综合地处理各项管理信息，为管理决策者提供准确、及时的信息，有效地驾驭整个企业生产经营活动的信息系统。

商用高级语言COBOL开始用于管理信息系统的设计与实现。典型的管理信息系统有飞机订票系统、银行业务系统、物资管理系统等，随着计算机软硬件及网络技术的飞速发展，管理信息系统开始步入其发展的高级阶段。

综合数据处理阶段的特点是：管理信息系统强调信息处理的系统性、综合性，不但要求在事务处理上的高效率，而且强调对各级管理的全面有效支持。管理信息系统面向整个管理系统，信息处理技术的应用、软硬件系统及信息处理人员的配置能够与企业管理系统的结构和企业目标相匹配。

（3）支持决策阶段。

随着计算机性价比不断提高、软件不断丰富、功能不断完善，管理信息系统发展到一个新的水平。人们从 20 世纪 70 年代开始研究如何利用计算机支持决策问题，于是具有决策支持、智能专家功能的管理信息系统出现了，称为决策支持系统（Decision Support Systems，DSS）。DSS 是管理信息系统发展的新阶段，DSS 把经济管理与数学模型的优化计算结合起来，具有管理、辅助决策和预测功能。

随着信息技术和管理科学的飞速发展，管理信息系统概念的内涵也不断发展。人工智能、物联网等新技术的涌现，将会促使形成新形式的管理信息系统。移动终端的电子数据交换和“互联网+”技术的结合应用，已经发展成为目前主流电子商务管理信息系统中的表现形式，并实现了集订货、发货、运输、报关、保险、商检和银行结算为一体的新型的商务管理信息系统。除此以外，很多新型管理信息系统的概念和表现形式也开始涌现，如基于大数据人工智能技术的知识管理信息系统等。可以预见的是，随着大数据、物联网、云计算、移动终端技术等的不断推广应用，信息系统将会迎来一个新的发展阶段。

1.2 电力企业管理信息系统基础知识

1.2.1 电力企业信息概述

1. 电力企业信息的概念

结合 1.1 节中信息的定义及电力企业的特点，可以将电力企业信息解释为：电力企业信息是利用信号、符号表示的，由电力企业内部运作或电力企业和外部环境进行交流时产生的，辅助相关人员进行管理决策的有效数据。

信息是经过提炼、筛选、分析和处理后的数据，并赋予一定的意义。信息来自数据，又揭示了数据的性质和内涵。信息反映客观事物的本质、状态和规律。信息是一种资源。信息是可以通信的，信息可以形成知识，其转换关系如图 1-1 所示。

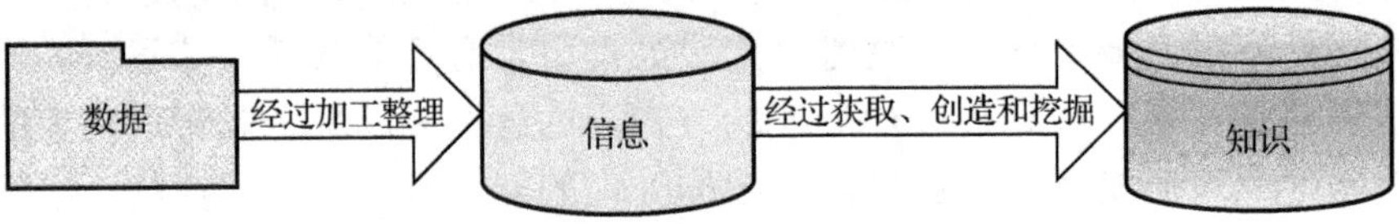

图 1-1 数据、信息、知识的转换关系图

数据是一组表示数量、行动和目标的非随机的可鉴别的符号，广义上的数据可以是数字、文字、语言、声音、图形、图像等形式的。数据有原始数据和加工整理以后的数据之分，无论是原始数据还是加工整理以后的数据，经人的解释即赋予一定的意义后，才能成为信息。这就是说，数据与信息既有联系又有区别，虽然信息用数据表达，信息的载体是数据，数据是信息的原料，但任意的数据并不能称为信息。

信息与消息是有区别的，消息是关于人和事物情况的报道，它缺乏真实性与准确性，不能反映客观事物的状态和规律。在电力企业的信息管理中，进入数据库的所有数据都应是具有真实性的信息，而不是消息。

2. 电力企业信息的基本属性

了解信息的基本属性，有助于深刻理解信息的含义和充分利用信息资源，以便做好信息管理工作。

（1）真实性。由于信息反映客观事物的本质及其内在联系，真实和准确是信息的根本属性，缺乏这一属性，不能成为信息。

（2）系统性。信息随着时间在不断地变化和扩充，在任何时候，任何信息都是信息源中有机整体的一部分，脱离整体与系统观点而孤立存在的信息，不能认为是真正的信息。

（3）时效性。由于信息随着时间在日新月异地变化，新出现的信息必然部分或全部地取代原有的信息，从取代之日起，原有的信息将成为历史，备份在计算机存储器中，以便将来可能使用。

（4）不完全性。由于人的感官及各种测试手段的局限性，对信息资源的开发和识别难以做到全面；对信息的收集、转换、加工整理和利用不可避免地有主观因素存在，这就存在不完全性。

（5）其他属性。信息的基本属性除了上述几种以外，还有等级性、增值性、可压缩性、扩散性、转换性等。

3. 电力企业信息的类型

电力企业涉及大量的信息，这些信息依据不同的标准可以分为不同类型。

（1）按照电力企业职能和工作内容的不同，可以分为如下类型：人力资源信息、财务信息、物资信息、规划信息、项目信息、运行信息、生产信息、营销信息、协同办公信息等。

（2）按照其他标准的分类信息。例如，①按信息的来源，可以分为企业内部信息、企业外部信息；②按信息源的性质，可以分为数据、文字、语音、图像等信息；③按信息的载体，可以分为纸、磁、光、生物等介质的信息；④按信息的状态，可以分为静态信息、动态信息；⑤按信息的稳定程度，可以分为固定信息、变动信息；⑥按信息的层次，可以分为高层战略信息、中层管理信息、基层业务信息；⑦按信息服务的单位，可以分为业主、监理、设计、用户等信息；⑧按信息的真实性程度，可以分为客观信息、主观信息、无用信息等。

4. 电力企业信息的处理流程

（1）信息的收集。在电力企业推广实施信息系统，关键的环节之一是要收集企业的各种信息。电力企业信息的收集首先要对信息进行识别和分类，收集的方式有多种，如可以通过座谈、采访、调查表、文件、开会、互联网、自动化设备自动采集等方式来收集信息。根据时间的紧迫程度和重要程度，可以有专项收集、随机积累等方式。

信息收集时要考虑信息的维数，做到全面，避免遗漏。例如，从层次维、时间维、地点维来考虑，增加信息收集的全面性。①从层次维考虑，信息的收集有自下而上或自上而下等方式。②从时间维考虑，从过去的信息到现在的信息，乃至到将来预测的信息均要收集。③从地点维考虑，要收集本单位信息、设计单位信息、供应商信息、用户信息等。

收集到的信息，其表达形式有多种，如广义上的信息可以通过文字、数字、图表、图像、声音等方式表达。在信息收集的过程中，应将信息直接录入计算机存储器，最好录入计算机数据库，便于查询、统计和使用。避免采用纸质方式保存信息。

（2）信息的加工整理。信息是通过数据来表达的，数据是信息的原料，任何数据经过加工整理并赋予一定的意义后方可成为信息。信息的加工整理一般要用到数据库，大的系统还有可能用到方法库和模型库，以实现信息的深度加工，达到决策支持的程度。

（3）信息的储存。在当前条件下，信息以计算机存储器存储为主，避免用纸张保存数据，因为纸张保存数据查询和统计汇总不方便，极大地降低了信息的价值。信息通过计算机保存时往往采用固定的数据结构和格式，以便查询和统计，因此，信息通常以数据库的方式保存。目前中国的电力企业应逐步构建以 Oracle 或 SQL Server 为数据库管理系统的中央数据库，实现文本、Web 数据、图形、图像、声音等多媒体信息的储存。同时，作为补充，桌面型数据库还是有一定的用武之地。

（4）信息的传输。目前，信息的传输主要采用计算机网络，包括互联网、企业内部网和企业外部网等。计算机网络传输信息的速度是特别快的，极大地提高了信息的传输效率，从而也提高了信息的价值。

（5）信息的维护。信息需要不断维护，永远无用的信息要及时淘汰，新的信息要及时纳入，以保持信息的准确、及时、安全和保密。

（6）信息的使用。信息收集、加工整理、储存、传输和维护的目的就是信息的使用，只有通过信息的使用，信息的价值才能表现出来。

1.2.2 电力企业内部信息流

1. 从集团公司到分/子公司的信息流

电力企业从集团公司到分/子公司的信息流属于自上而下的信息流，为了实现集团公司对分/子公司的有效管控，平时有大量的信息需要向下流动。在目前的网络环境下，从集团公司到各个分/子公司传递信息可以广泛利用因特网或电力专网。例如，利用协同办公管理系统或其他平台软件即可实现向下发文，或通过公司网站直接向下传递信息等。

2. 从分/子公司到集团公司的信息流

从分/子公司到集团公司的信息流属于自下而上的信息流。例如，基建项目部施工过程中有关进度、质量、安全、费用等方面的信息需要定期上传。

3. 企业内部横向部门间的信息流

在电力企业内部不同部门之间存在着广泛的信息交流。过去手工管理条件下，往往通过纸张方式传递信息。例如，需要交流的文件、合同、开会通知等，先打印出来，领导审批通过并签字后，在各个部门之间传递。这种方式效率低下，已经不适应现代社会信息技术发展的需要。目前，可以更多地利用网络来传递信息。例如，利用协同办公管理系统实现网上发文、网上收文、网上拟稿和核稿、网上审批、网上会签、网上批准等工作，逐步实现无纸化办公。这种网络方式极大地提高了工作效率和管理水平，降低了管理成本。

4. 企业内部与外部环境之间的信息流

电力企业与企业外部存在着广泛的信息交流。例如，物资采购过程当中，需要不断地与物资供应商进行信息交流；在供电过程当中，需要不断地与用户进行广泛的信息交流。另外，与上级主管部门、当地政府等也同样存在着许多信息交流。

总之，电力企业上述 4 种类型的信息流如图 1-2 所示。

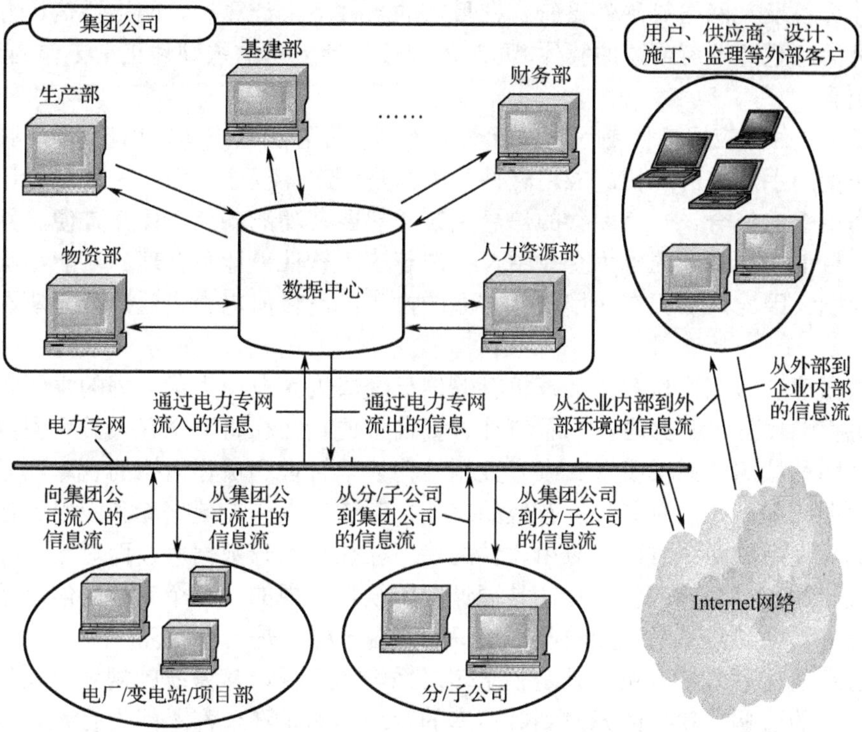

图 1-2 电力企业信息流流程图

1.2.3 电力企业信息系统的概念及其组成

1. 电力企业信息系统的概念

目前不少观点认为，信息系统是指广义的管理信息系统，是一个以人为主导，利用计算机硬件、软件、网络通信设备及其他办公设备，对信息进行收集、加工整理、储存、传输、维护和使用的系统。信息系统是以降低成本、提高管理水平、增加企业效益、增强市场竞争力为目的，支持企业集成化管理的人机系统，是信息化建设的核心内容。

这里的人机系统不能缺少计算机及计算机网络，当然，在过去没有计算机及计算机网络的年代，在所有的企业中本身都存在信息系统，但由于在手工管理条件下，信息管理的效率低下，作用不大，所以不被人们重视。

而在当代，随着网络化进程的推进，信息系统的环境发生了根本的变化：世界已变成经济全球化、需求多元化、竞争激烈化、战略短视化、增值知识化的社会，一切都变得“迅速”，“迅速”二字已经成为新经济的主要特征之一。企业为了在竞争中占据有利地位，不得不大力加强信息化建设，如目前的电力企业基本上都建立了企业内部网（Intranet），大多数企业实现了与因特网的互联。所以，在目前的条件下，信息系统不能缺少计算机及计算机网络，可以说目前的信息系统是基于网络的信息系统。

2．电力企业信息系统的组成

曾有人狭义地理解信息系统就是应用软件，这种理解是不全面的。从系统的观点来看，信息系统是由如下 4 方面内容构成的，其中前 3 方面内容构成了信息系统的三大技术支柱。

（1）计算机及其网络等硬件系统。在目前的条件下，计算机、网络通信、办公设备等硬件系统是信息系统不可或缺的载体，同时还应该包括支持这些硬件正常工作的系统软件，如操作系统等。

（2）应用软件。应用软件是用来进行数据处理、信息加工或解决用户实际问题的程序、指令、操作使用手册等的总称。应用软件的主体是程序，程序是由一种或几种计算机语言编写的操作指令的集合。一个完善的信息系统必然要有功能齐全、操作方便、界面美观的应用软件。目前，在多数的电力企业中，存在着应用软件设计不合理、功能不实用、操作不方便等问题。因此，加强在应用软件方面的投入，是目前电力企业信息化建设的重要内容之一。

（3）数据库和数据。目前，计算机存储器已经成为企业中大量数据的主要存储介质。在向计算机存储器存入数据时，为了统计、查询方便，往往将数据存入关系型数据库中。关系型数据库是按照关系模型（二维表数据结构）来管理和保存数据的仓库。只有将大量数据存入数据库中，才能对其进行有效的统计、查询等操作。数据库和应用软件是既相互独立、又配合使用的两个方面，应用软件的使用往往离不开数据库，而对数据库中数据的增加、修改、共享等功能的使用往往是通过应用软件实现的。一个完整的信息系统不能没有数据，没有数据的信息系统如同没有知识的大脑一样，是一个空壳。

（4）管理机构和维护人员。人是整个信息系统的主导，从系统的规划、设计、实施到维护，从硬件的选购、软件的开发到数据库的管理，哪个环节都不能没有人。信息系统需要有专门的组织机构管理，组织机构要有领导班子、主管领导、工作小组等，在组织机构内部，要制定必要的管理制度、规章和规程，建立必要的考核体系，其目的是保证系统内物尽其用，保证系统运行中各项工作有章可循、忙而不乱，保证系统目标的顺利实现。

1.3 电力企业管理信息化定义及发展过程

1.3.1 电力企业管理信息化概述

1．电力企业管理信息化的相关概念

电力企业管理信息化是电力企业信息化的重要组成部分。电力企业信息化涵盖电力设计信息化、电力生产过程信息化、电力产品信息化和电力企业管理信息化四个方面。其中，电力企业管理信息化是本书着重介绍的内容。

电力企业管理信息化是指利用信息、通信技术，以电力通信和信息网络为支撑，将现代企业管理理念融入信息系统，实现企业生产经营所涉及业务的全过程管理，整合企业内外部资源，优化业务流程，管控人力资源、财务资金、物资等核心资源，为企业生产稳定运行和提升管理提供支撑和引领，实现电力企业价值最大化和管理现代化的过程。对电力企业而言，就是指将信息技术应用到电力企业的生产、调度、设计、计划等管理中，用现代信息技术手段改造传统管理，实现管理流程再造，在改变管理理念的同时创新管理体系与管理方法，驱动传统的电力工业向高度集约化、知识化、技术化转变，是电力企业规范管理、提高效率、提高管理水平、扩大收益、加强企业的核心竞争力的有效手段。从信息系统应用的角度理解，电力企业管理信息化就是将与电力企业管理有关的人力资源信息、财务信息、物资信息、基建项目管理信息、知识信息等各种信息进行数字化处理，加工成新的信息资源提供给各层次管理者，通过建立电力企业的管理信息系统（MIS）、企业资源计划（ERP）等手段实现管理的规范化、标准化、流程化、集成化，把电力企业的大部分管理人员从繁杂的日常管理事务中解脱出来，提高管理的有效性与全面性，提高电力企业的核心竞争力与盈利能力。

2. 电力企业管理信息化的基础平台建设

电力企业管理信息化的基础平台建设主要包括：数据（灾备）中心、数据交换、应用集成、企业门户、信息通信网络等。例如，对于国家电网公司来说，基于国家电力信息网（SPInet）和国家电力调度系统数据网（SPDnet）、公共数据网、虚拟专用网（VPN）、卫星网络系统和光纤网络搭建电力企业级通信和信息网络，实现企业集团信息网络对所属企业的覆盖，各级通信网基本实现传输媒介光纤化、业务承载网络化。大型电力企业的总部和二级单位建设了数据中心，集中存储和管理各类数据，并通过数据交换实现级联；通过企业服务总线和业务流程管理（BPM）等，不同程度地实现业务应用的横向集成和辅助决策。

3. 电力企业管理信息化的业务应用

电力企业管理信息化的业务应用主要包括：电厂生产运行、燃料管理、生产经营综合统计系统和企业资产管理（EAM）、企业资源计划（ERP）和电力市场交易信息系统，以及与商业银行联网的电费结算系统。电力企业管理信息化建设涵盖 ERP 和财务、人资、基建等业务辅助管控；生产管理、安全监督、应急管理、可靠性管理等功能的安全生产管理；新装增容及变更用电、抄表、核算、电费收缴及计量体系、电能信息采集、95598 电力客服业务处理、客户关系管理、有序用电管理、稽查、客户档案资料等业务功能的营销管理；办公自动化、任务协作、知识管理和档案管理；电力市场交易、生产统计、法律、审计、科技、纪检监察、农电、投资计划、综合计划、电网前期、电网规划、远程培训、机关后勤、信息运维综合监管等综合类业务应用。电力企业管理信息化建设和应用，覆盖企业战略和管理层的智能辅助决策，全面管控企业风险，使内部的经营、生产和管理活动，以及与外部上下游相关产业和用户的互动均纳入信息系统的管理和监督中，最大限度地提高工作效率、规范性、透明度和服务质量。

1.3.2 从业务应用的程度来划分的发展阶段

我国电力行业的信息化从 20 世纪 60 年代电力行业计算机应用算起，至今已有 50 多年的历史，从业务应用的程度可以分为以下 4 个发展阶段：

1．起步阶段（20 世纪 60 年代到 20 世纪 80 年代初期）

电力信息化主要表现在电力实验数字计算、工程设计科技计算、发电厂自动监测、变电站（所）自动监测和工程设计的数字运算等方面。其目标主要是提高电厂和变电站生产过程的自动化程度，改进电力生产和输变电监测水平，提高工程设计计算速度，缩短电力工程设计的周期等。这一时期信息技术以科技研究、科学实验及科技工程计算为主要特征。

2．初步发展阶段（20 世纪 80 年代中期到 20 世纪 90 年代初期）

计算机系统在电力行业广大业务领域得到应用，电力行业广泛使用计算机系统，如电网调度自动化、发电厂生产自动化控制、电力负荷控制预测、计算机辅助设计、计算机电力仿真等。这一时期以计算机单项应用为主要特点。

3．加速发展阶段（20 世纪 90 年代中期到 21 世纪初）

此阶段中有计划地开发建设企业管理信息系统，信息技术的应用由操作层向管理层延伸，从单机、单项应用向网络化、整体性、综合性应用发展。1997 年召开国家电力公司第五次信息化工作会议，这次会议在国家电力公司信息化建设上具有重要意义。会议制定了国家电力公司“电力信息化九五规划暨 2010 年发展纲要”，规划了国家电力公司到 2000 年信息化建设目标，将电力信息化工程列为电力工业跨世纪科技导向型工程。2001 年 8 月，国家电力公司召开了信息化工作会议，确定了“十五”信息化发展目标：运用现代企业管理系统的理念，依据对物流、资金流、工作流程的统一规划，建成公司整体化的信息网络，广域网带宽达到 100Mbps，初步实现公司系统内部管理的信息化。2005 年，电力信息化应用达到国内先进水平，在生产、经营、管理等方面，电力信息化水平同国际先进电力公司基本同步。

4．科学发展阶段（2005 年至今）

2006 年 4 月 29 日，国家电网公司提出了在全系统实施“SG186 工程”的规划，这标志着电力企业信息化新时期的到来，它的实施表明电力企业信息化进入科学、理性、工程化的高水平建设阶段。“SG186 工程”中的“SG”是国家电网公司英文名称的缩写；“1”指的是一体化企业级信息集成平台；“8”是按照国家电网企业级信息系统建设思路，依托公司企业信息集成平台，在公司总部和公司系统，建设财务（资金）管理、营销管理、安全生产管理、协同办公管理、人力资源管理、物资管理、项目管理、综合管理八大业务应用；“6”是为保障公司信息化发展的协调性与连续性，顺利落实公司信息化发展的战略重点，提出的六个信息化保障体系，分别是：信息化安全防护体系、标准规范体系、管理调控体系、评价考核体系、技术研究体系和人才队伍体系。这些体系的建立将为公司的信息化建设提供必需的资源、技术、管理和人才保障。

1.3.3　从信息系统更新换代的程度来划分的发展阶段

从信息系统更新换代的程度来划分，提出我国电力企业信息化发展的 4 个阶段及其划分标准，如图 1-3 所示。

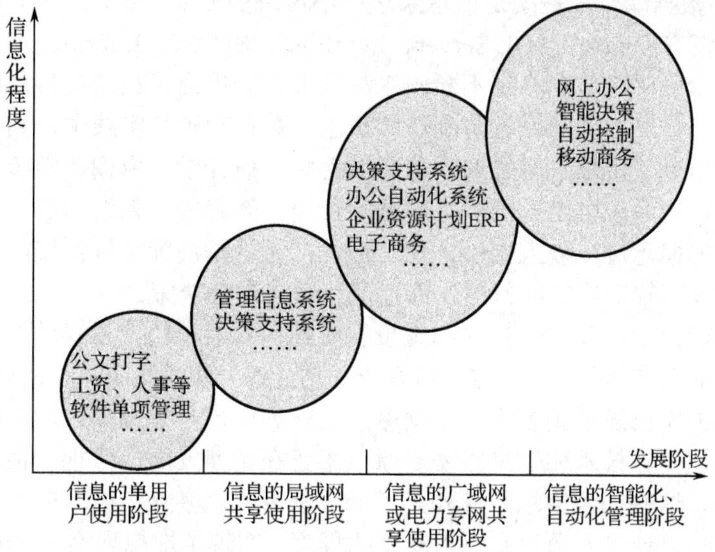

图 1-3 我国电力企业信息化发展阶段示意图

1. 信息的单用户使用阶段

在企业管理信息化方面，不少电力企业在 20 世纪 80 年代初，开始纷纷购买微型电子计算机。当时计算机主要用于打字，其作用相当于打字机。在 20 世纪 80 年代中期到 20 世纪 90 年代初，随着 dBASE、FoxBASE 等桌面数据库管理系统的推广使用，电力企业的部分管理人员可以利用数据库管理系统编写一些小型的管理软件，如实现简单的人事管理、工资管理、设备管理等功能的软件。这些软件都是单用户的、本地使用的软件，没有网络，不能共享，客观上是一个一个的信息孤岛，谈不上辅助决策，谈不上信息共享，也谈不上网络运行，计算机只能起到打字甚至辅助部分管理的作用。

这一阶段的计算机数量总体是偏少的，其使用主要是计算机操作人员，企业管理人员使用较少。计算机的应用领域也比较单一，主要是帮助管理人员进行简单的数据计算及数据处理，如帮助管理人员进行文字编辑、报表打印等简单的公文处理。这一阶段的计算机利用率较低，企业信息化程度也很低。但在当时的历史条件下，电子计算机仍然发挥了不可替代的作用，因为任何企业信息化的发展都是一个不断进步、螺旋式上升的过程。

2. 信息的局域网共享使用阶段

从 20 世纪 90 年代初到 20 世纪 90 年代末期，不少电力企业随着国家信息化建设的步伐，纷纷开始组建局域网，在局域网内从文件的共享使用到软件和硬件的共享使用，逐步进入了信息的共享使用阶段。

（1）随着计算机网络化的发展，特别是以太网技术的逐步成熟，计算机网络结构已从主机系统结构逐步发展到客户机/服务器系统结构。网络结构的改变，一方面可大量节省组网费用；另一方面，客户机/服务器系统结构可实现数据的集中处理，也可实现数据的分布式处理和单独处理，数据可共享使用也可单独使用，客户机/服务器系统结构显著地提高了网络功能。

（2）在这一阶段中，数据库从本地数据库（又称小型数据库）发展到远程数据库（又称大型数据库）。数据库管理系统是信息系统中不可缺少的数据管理工具，如目前常用的大型数据库管理系统有 Oracle、SQL Server、InterBase、Sybase、Informix、DB2 等。

（3）在这一阶段中，信息系统不断向纵深发展，如提出了决策支持系统、办公自动化系统、专家系统、计算机辅助设计与制造等概念，并在理论和实践中得到一定发展。公用数据库和决策数据库使用越来越普遍。随着运筹学、统计学、模糊数学等学科在信息系统中的渗透，决策支持系统中用到的模型库开始使用；随着专家系统的进一步研究和应用，知识库和方法库的概念逐步被人们所认识。但是，无论是决策支持系统，还是专家系统，只能起到辅助管理或辅助决策的作用，而不能代替人进行决策。

（4）在这一阶段中，多媒体技术和虚拟现实技术发展较快。多媒体技术大大增强了信息系统的功能，集文字、图形、图像、声音于一体，进一步满足了人们对信息系统的要求。数据库从文本数据库已发展到多媒体数据库；用户界面已是多媒体；网络传递的信息已是多媒体；宽带高速传输技术和信息压缩还原技术正在迅速发展；可视电话、电话会议等已达到了实用水平，这些都为信息系统开拓了一个新境界。多媒体技术的进一步发展，使其在仿真培训和规划设计等方面达到更为逼真的程度，实现了虚拟现实（Virtual Reality）。总之，多媒体技术和虚拟现实技术的广泛应用，进一步拓展了信息系统的功能，把信息系统推向一个新的高度，在国内的电力企业也得到了越来越多的应用。

3. 信息的广域网或电力专网共享使用阶段

对于中国的电力企业，从 21 世纪初开始，纷纷将自己的局域网环境扩展到广域网。MIS 软件结构进行了新技术革命，从两层发展到多层，从局域网发展到广域网，从 C/S 软件结构发展到 C/S 和 B/S 共有的混合软件结构，实现在因特网（Internet）范围内使用软件和共享信息。对于国家电网公司，出于信息安全性的考虑，构建了庞大的电力专网，所有信息在电力专网内共享使用。

总之，在这一阶段，电力企业的信息化程度不断提高。例如，协同办公系统、ERP 系统、全企业综合项目管理系统、远程视频监控系统等都得到了不同程度的应用。电力企业逐步实现硬件系统与信息管理软件系统的集成管理，达到自动化管理的程度。

4. 信息的智能化、自动化管理阶段

现在企业信息系统已经逐步向智能化和自动化的方向发展。电力企业正在建设浩大的智能电网工程，作为国家的发展战略，必然融入大量智能化与自动化的研究成果。国家电网公司目前正在实施的“十二五”信息化项目，把智能化、自动化作为重点内容来研究和实施。例如在管理层建立人力资源、财务、物资、规划、项目、运行、生产、营销、协同办公、综合等十个方面的智能决策分析系统；在作业层建立分布式电源自动并网控制、电网动态监测与预警、输变电设备智能操作、输变电设备状态监测与预警、用电信息自动采集、自动库存调拨等方面的智能化和自动化应用系统。南方电网公司同样十分重视智能化和自动化管理，提出未来“电网发展向智能、高效、可靠的绿色电网方向转变”。

1.4 电力企业管理信息化现状、问题及其相关对策

1.4.1 电力企业管理信息化现状分析

1．信息化建设的效果不平衡

不同类型的电力企业，信息化建设的程度与效果很不平衡。到目前为止，电网企业和发电企业的信息化程度比较高，而电力施工企业相对落后。电力施工企业的总公司与项目部在地域上分散，项目部地点不固定，这些特点决定了电力施工企业的信息化建设难度大，实现全企业人力、设备等资源的集成管理难度大，实现总公司与项目部的实时信息交流难度大。大多数电力施工企业基本实现了计算机的网络化运行与管理，经济上比较困难的部分电力施工企业即使联网，也缺少相应的软件，多数计算机只能局限于单用户使用，不能信息共享，信息化程度较低，管理水平落后。

2．信息化建设仍处在迅速发展阶段

自20世纪80年代初到现在的30多年来，电力企业各单位、各部门纷纷购买电子计算机。尽管计算机在数值计算、信息管理、计算机辅助设计与制造、自动控制、人工智能、辅助教学、娱乐等方面都有应用，但在电力企业最主要的应用领域始终是信息管理。这些年来，信息化建设一直处于迅速发展阶段。主要表现在：①信息管理的环境从单机模式向网络模式发展，现在基本建立了100%覆盖的网络环境，信息管理逐步向网络化、智能化管理的方向发展；②计算机软件结构从单用户软件向网络软件发展，逐步建立了集成化企业信息管理平台，信息管理由单项管理逐步向全企业的ERP发展，由辅助管理向辅助经营决策发展。

3．电网企业信息化快速发展的现状

通过“十一五”期间信息化建设的有效推进，国家电网公司实现了信息化工作的先进性和有序性，信息化建设速度不断加快，公司整体信息化水平飞速提升，已经基本形成了全面覆盖人力资源、财务、生产、营销、调度、交易、供应链的各业务条线的信息化系统，信息化并向对业务支撑的深度、服务支撑的广度和精细度方向拓展。在支撑业务发展的同时，公司也不断增强自身的信息化管理水平与系统支撑能力，集中信息资源，进一步增强全局性规划、建设能力，朝着信息专业化的方向发展。信息化建设比较先进的网省公司，初步实现了数字化电网和信息化企业的目标，并通过资金流、业务流、数据流三流合一，高度共享，紧密集成的一体化企业级信息系统，正在为实现优化资源配置、提高经济效益、加快现代化步伐，实现可持续发展，建成电网坚强、资产优良、服务优质、业务优秀的“一强三优”的国际化一流现代化企业提供坚强支撑。

4．电力生产、调度自动化系统应用成熟

厂站自动化历来是电力行业信息化建设的重点，大部分电厂、火力发电机组及变电站配备了计算机监控系统；相当一部分水电厂在进行改造后实现了无人值班、少人值守。发

电生产自动化监控系统的广泛应用大大提高了生产过程自动化水平。对于电网企业，提高电力调度自动化水平、提高电网运行质量是信息化建设的重点方向。目前电力调度自动化的各种系统，如数据采集与监视控制系统（SCADA）、自动发电控制（AGC）及能量管理系统（EMS）等已很实用，省电力调度机构全部建立了SCADA系统，电网的三级调度100%实现了自动化。我国电厂、电力调度的自动化水平达到国际先进水平。

5．信息安全管理是电力企业信息化重点

电力信息网络已经深入到电力生产和管理的全过程，涉及电力生产的各个层面，电力生产与管理对其依赖性日益增大。因此对于信息系统的安全要求也更加提高，信息安全已纳入企业安全生产管理中。国家电网公司把安全防护体系作为六大保障体系之首来加强建设，建立了网络信任体系；推广等级保护，内外网隔离，健全风险评估；建立了信息安全应急机制、通报机制、事件责任追究机制、风险管理机制。

1.4.2　电力企业管理信息化存在的问题

经过长期的发展，我国的电力企业信息化建设取得了很大的发展，总体上处于较高水平，各发电集团公司、电网公司建立了专网，开发了ERP、协同办公等应用系统。但是，在实施过程中仍存在很多效果不佳的情况，与国外企业相比，在应用效果上有明显不足，我国的电力企业管理信息化建设仍存在诸多问题。

1．不同业务应用系统孤立存在难以共享信息

我国电力企业（特别是发电企业）在不同时期不同部门为了满足业务需要而进行了一系列信息系统建设。到目前为止，这些大大小小的信息系统数量众多，而这些信息系统往往是由多家软件厂商开发，各系统之间缺乏联系，表现为一个个“信息孤岛”，信息难以共享，业务不能协同开展，对企业管理决策的作用十分有限。例如，电力企业一直重视生产过程的稳定、可靠、安全，所以厂站生产控制自动化系统、电网调度自动化系统相对企业管理系统更完善，应用效果更明显。但是，这些自动化系统与管理信息系统处于相对分离的状态，彼此难以有效整合，难以实现管控一体化，数据信息难以集成共享，难以为决策和数据挖掘服务，不利于实现企业的综合管理和决策支持。

2．电力企业管理制度化建设与信息化建设不能很好协调

这些年来电力企业的信息化步伐很快，成效明显。有的电力企业在推广实施信息化项目时采用典型设计、统一部署的方式，这有利于信息系统的标准化和规范化，但如何与全国不同地域的应用单位在管理制度、管理办法方面协调，是值得研究解决的问题。如果不能按照本企业的管理制度来开发信息系统，其信息系统将难以实用；但如果更多考虑了不同业务应用企业的个性化需求，必然冲淡了典型设计、统一部署的作用。这需要协调两者关系，协调的效果如何，关键要看信息系统能否做到适用和实用，要看信息系统能否很好地应用起来并产生应有的应用效果。

3．信息化各类标准的制定步伐有待加快

国家电网公司等电力企业，信息化建设是庞大的系统工程，业务种类的繁多、组织机

构的复杂都将导致信息化建设困难重重。典型设计固然重要，但笔者认为标准的制定更为重要。软件厂商更青睐典型设计，因为按照典型设计报告开发软件及其推广实施工作量最小。典型设计在软件的标准化、规范化方面具有很好的促进作用，但典型设计报告的生命力较短，随着时间的推移，将很快失去其作用。而标准则不同，电力企业很需要将固化的、相对稳定的、不同企业需要共同遵守的规则制定成标准，如编码标准、数据库表设计标准、数据元标准、应用接口标准、信息化实施指南标准、信息输出标准、信息交换标准、云计算相关标准、物联网应用标准、移动电子商务标准等。立足国家或部级层次，有计划地制定或修订类似标准，形成电力企业信息化标准体系。任何软件厂商开发软件、信息化咨询机构实施软件、应用单位使用软件都必须遵守这些标准，以实现电力企业信息化的标准化和规范化，从根本上解决信息共享等问题。

4. 信息化应用系统适应或推动管理创新的能力有待提升

随着企业信息化应用系统的实施，企业的管理模式、业务流程、组织机构等方面或多或少都要发生变革，从企业自身发展的角度考虑，也需要不断创新、不断变革，即信息系统的应用与管理创新是相辅相成的两个方面。变革永无止境，这是企业发展的规律，遵循这一规律，软件需要不断完善并且这种完善永无止境，这也是企业信息化的本质和规律。我们必须遵守企业发展与企业信息化的规律，这就要求我们在设计信息化应用系统时，需要考虑信息化应用系统具有适应或推动管理创新的能力。目前国际上 SAP、Oracle 等软件厂商的ERP软件具有很强的软件配置功能，用户学会了配置方法就能适应企业变化的需求，即适应和推动管理创新的能力比较强；而国内部分软件厂商，将软件与业务应用强关联耦合，配置功能不强，软件缺少柔性，适应或推动管理创新的能力比较弱。

5. 信息化分析与决策能力有待进一步提升

电力企业在“十一五”期间的信息化建设步伐虽然很快，但在构建全面、系统的信息化分析决策体系方面不足，分析决策智能化程度有待大力提升，建立分析与决策体系，完善分析与决策系统，涵盖战略层、经营层、作业层等各层级，涵盖调度、生产、营销等各业务条线，实现灵活查询、预警报警、统计分析、趋势推断、预测、模拟优化、可视化展现等各类分析与决策功能，以适应企业业务发展要求。

6. 复合型的信息化管理人才短缺

电力企业信息化工作需要复合型的高素质人才，所谓复合型高素质人才是指不仅懂信息技术，还要懂企业管理、科学方法和变革能力。其中的信息技术知识主要包括软件、硬件和网络知识；企业管理知识主要包括经济学、管理学、社会学等知识，具体来说还应包括人力资源管理、财务管理、生产管理、营销管理、协同办公管理等知识；科学方法主要包括统计、运筹、预测、决策、博弈、模拟、模糊分析、神经网络、数据挖掘、网络计划技术等；变革能力主要包括沟通、归纳和决策。总之，复合型高素质人才应该具有分析企业环境、发现企业问题、抓住关键因素、提出基于信息化的问题解决方案的能力。长期以来，电力企业在从高校招考毕业生工作中，不同程度地存在着“重技术专业、轻管理专业”的问题，管理类专业不等于不学技术知识和业务知识，如信息管理类专业的出发点就是培养复合型人才，在信息中心等岗位上，更需要复合型的信息化管理人才。

1.4.3 电力企业管理信息化存在问题的对策分析

结合以上总结的我国电力企业管理信息化过程中凸显出来的问题，根据我国电力企业发展现状，吸收国外企业的先进经验，有如下对策可供参考：

1．构建一体化信息平台以实现信息的集成化管理

一体化信息平台作为实现企业信息传输、存储、处理、集成和展现的基础平台，作为承载业务应用，实现业务融合、信息展现的统一平台，应从服务的视角来审视建设内容，将服务器、网络和存储等基础设施及软件平台作为服务，为业务应用构建资源虚拟、弹性伸缩、稳定可靠、管理高效的一体化运行环境、集成环境和展现环境。建立服务与运营服务将贯穿在平台建设全过程中，通过自身能力的增强，以快速的适应能力与高品质的服务质量向用户提供服务：①快速的适应能力：更好地匹配资源的供应与需求，提高整体适应能力与竞争能力；②高品质的服务质量：面向服务协议的服务质量考核体系，与服务水平相匹配的资源投入与调配。

2．应用广度上需从局部应用向全局应用拓展以实现信息共享

电力企业信息化大多处于以人力资源信息、生产信息、项目信息、营销信息、物资信息为代表的局部应用，国家电网公司等部分企业建立了 ERP 系统，实现了人力资源、项目、财务等核心业务的集成化应用，但要实现信息化与工业化的深度融合、实现信息化企业的目标还有漫长的路要走。例如，对于发电公司，如何控制整个电力集团的生产、经营等成本；如何充分发挥专业化的基建成本管理优势，降低基建工程造价等固定成本；如何增加煤炭有效供应量，降低燃料采购成本，确立燃料成本优势。要回答上述一系列问题，通过单一的信息系统是无法完成的，这需要各个应用系统之间的信息共享和协作。因此必须使用一些技术手段，综合运用数据挖掘、联机分析处理、商业智能和数据集成传输等成熟技术，逐步形成一个复合的数据信息集成（交换）平台，解决发电企业中“信息孤岛”和“数据烟囱”问题。

3．应用深度上需从信息统计向决策支持转变

电力企业信息化建设需突破现有信息统计和报表层次，向综合决策支持转变。实施以决策分析为支撑，精益化管理为手段的业务管理模式，全面实现各项业务的智能化决策分析能力，覆盖人力资源辅助决策、财务管理辅助决策、物资管理辅助决策、项目管理辅助决策、生产管理辅助决策、营销管理辅助决策、协同办公管理辅助决策等方面。

4．信息技术促进企业创新

信息技术是信息化的基础，也是企业信息化的强大推动力，随着信息技术的不断创新，新的研究成果不断涌现，如云计算、物联网、商业智能等新技术已被广泛关注，并在不久的将来会得到广泛应用。企业信息化的过程实质就是不断应用信息技术的过程，信息技术的发展引领企业创新。例如，信息技术发展促进企业战略决策模式创新；信息技术发展促进企业经营管理模式创新；信息技术发展促进基础业务处理模式创新；信息技术发展促进客户服务模式创新；信息技术发展促进电力生产运行模式创新。

1.4.4 电力企业管理信息化的作用和意义

企业的可持续发展依赖于管理和生产技术水平的提高，只有将信息技术与管理合理融合，建立符合企业实际的管理信息化平台，才能不断提高企业的管理水平，使企业更有效地运作，更快地做出正确决策，持续提高企业经济效益和核心竞争能力。企业管理信息化是当今大势所趋，国内外许多企业集团都纷纷争相上马，极力把这种先进的管理技术融入企业为其谋利。

电力企业作为关系国家能源安全和国民经济命脉的国有重要骨干企业，肩负着关系国计民生的高投入高产出的发电、供电事业，承担着为广大用户服务的任务。在市场化运营环境下，要保证国有资产的保值增值，必须以实现“提高效率、降低成本、健全电价机制、优化资源配置”为目标，规范公司管理，提高资源配置效率，降低运营成本，提高经营效益和管理水平，增强市场竞争力。随着电力体制改革的进一步深入，企业的管理理念、方式等都会受到巨大影响与冲击，信息化管理手段的引入势必对电力企业的发展产生巨大的影响与促进作用，具有重大的现实意义。

1. 电力企业管理信息化有助于优化管理机构，提高工作效率

传统的电力企业组织结构多等级、多层次，横向沟通困难、信息传递延误且容易失真。引入信息技术手段，就必须对企业的业务流程进行梳理和优化，使业务功能适应流程化的计算机管理，通过这一过程可以使组织机构趋向扁平化、管理流程清晰。基于通信网络等信息技术手段，可以实现将电力企业各个业务种类与环节整合到统一的信息化管理平台上，实现全企业的信息共享、专用渠道的实时信息传递，减少了操作延误，缩短了作业时间，提高了业务处理效率和管理效率。

2. 电力企业管理信息化有助于降低生产成本，扩大经济效益

信息化管理手段的引入优化了机构设置和业务流程，减少了人源的占用，大大降低了劳动力成本，如某供电局通过应用变电站无人值班分层分控系统和变电运行管理系统使运行值班人员较原来定额标准减少了一半，极大地降低了管理费用。办公系统信息平台内公文与信息流转基本上实现了无纸化、实时化，减少了笔墨纸张的使用和公文送递的费用，大大节约了办公费用支出。基于优化的业务流程，借助于先进的计算机系统，在缩短任务流传递时间的同时大大提高了业务处理效率，降低了业务运作时间。虽然管理信息化的实施在前期需要投入技术、设备、咨询等相关费用，管理信息化降低了电力企业的人力投入、物力投入和时间投入，从长远角度来看，收益远远大于成本，对企业经济效益贡献巨大。

3. 电力企业管理信息化有助于严格内控体系，减少错误数量

管理信息化通过流程化设计强化了企业的内部控制体系，减少了人为因素，实现了规范操作，降低人为操作引起的错误和偏差。通过信息平台直接、实时的数据收集与传递，减少了外界干扰，实现了数据及时而准确的共享，消除了信息不对称，提高了数据的准确性。特别是信息的公开共享，使内容更加透明化，便于进行监督，可以及时发现和解决出现的问题，最大限度地减少损失。

4．电力企业管理信息化有助于提高员工素质，提升整体水平

企业管理信息化的主要特征是计算机技术广泛而深入的应用，企业员工的 IT 技能成为影响企业信息化管理水平的关键因素。为此，要求企业必须制定严格的操作规程和工作规范，要求进行从公司领导到基层员工的操作辅导与 IT 培训，使员工逐渐摒弃旧的工作方式，学习掌握先进的操作规程和技术，提高信息化办公意识，提高业务操作能力和信息化知识水平。同时，信息技术的广泛应用，自动化办公模式的引进有助于促进学习型组织的构建，对企业整体水平的提升具有深远意义。

5．电力企业管理信息化有助于提高服务质量，树立企业形象

电力企业信息技术的应用有助于改善传统的客户服务手段和服务形式，这一特点在供电企业表现尤为突出。例如，现在大多数小区物业已经摆脱了传统的柜台交费买电模式，而统一使用购电卡，居民购电只需持电卡到就近供电营业网点或就近银行及自助终端进行充值，还有个别的药店、超市、火车售票处等也可以实现充值，为用电者提供了很大的方便。现在新装的智能表不用插卡，购电成功后通过移动信号就自动下发到自家电表上。再如，某电力局在 95598 呼叫中心系统投入使用后，故障抢修平均到达现场时间缩短了近 60%，提高了客户满意度，树立了良好的企业形象。

6．电力企业管理信息化有助于扩大对外交流，促进企业创新

企业信息化工程的实施，特别是互联网网络环境的建立，为企业的网络提供了物质基础。网络环境的建立，也为企业搜集、处理、加工、分析政策信息、行业信息、竞争信息等提供了支撑和可能，极大地方便了企业的对外交流。企业创新的本质也是一个信息处理过程，信息是企业技术创新的基础和成功的保证。企业管理信息化的实现，优化了企业创新的信息保障系统，为企业通过各种有效的信息源获取内外部信息提供了可靠的保证，为企业技术创新的决策、开发、实现和推广奠定了基础，促进了企业创新的顺利进行。

通过以上分析，信息化在电力企业管理中的重要作用毋庸置疑，电力企业管理信息化的推进，必将有助于建立规范、准确、高效、科学的管理，在降低企业生产经营成本的基础上，极大地提高企业的经济效益，提高企业的整体水平与盈利能力，使电力企业站在信息时代的前列，永葆竞争力、发展力和生命力。

1.5　电力企业管理信息化的核心管理思想与理念

1.5.1　企业信息化和企业管理有机结合的管理思想

企业信息化和企业管理的关系是信息化建设的永久性话题，有些企业认为企业信息化是企业管理的一个手段，对企业运营管理有带动作用。更有许多企业往往会把信息化当成提升、改进管理的救命草，把信息化说成是“雪中送炭”，也有些人把信息化说成是“锦上添花”，认为信息化是管理规范化的后端产物。笔者认为，企业信息化与企业管理是相辅相成、共同促进、不可分割的关系。只有管理理念而没有信息化手段支撑，管理理念的设想

很难实现。企业的管理思想好比是思维、是大脑的意识，企业的硬件网络是躯体，没有思维和意识的躯体是废物，不能完全体现思维的躯体是不健全的。

总之，任何信息系统在电力企业的推广实施，都要紧密结合管理（管理理念、管理流程和管理制度等），离开了信息化的管理是粗放的、效率低下的；离开了管理的信息化是不实用的、浪费的，其推广实施是难以成功的。

1.5.2 “三全”管理思想

1. 全员参与的管理思想

“全员参与”是质量管理 ISO9001：2008 所涉及的八项原则之一，各级人员是组织之本，只有他们的充分参与，才能够使他们的才干为组织带来收益。人是组织活动的主体，也是管理活动的客体，组织管理有效性的实现是通过组织内各职能各层次人员参与过程和支持过程来实施的，过程的有效性取决于各级人员的意识、能力和主动精神。全员参与的核心是调动人的积极性，当每个人的才干得到充分的发挥并能实现创新和持续改善时，组织将会获得最大收益。组织应当识别其人员在得到承认、工作满意和个人发展等方面的需求和期望，对他们的这种关心有助于确保最大限度地调动其参与意识和能动性。组织越是关注员工，员工越能积极参与。积极参与的结果就是：组织获益，员工满意。具体到企业信息化过程中，主要应从以下几个方面着手：

（1）信息化建设要以“我”为主。很多人把信息化当成是软件公司的事，这是一个很明显的错误。这个错误的观念来源于人们固有的消费思想，认为信息化是一件消费品，企业掏了钱，软件公司就应该提供产品，所以就会出现双方合作分工的问题，认为软件公司就应该提供所有的产品、技术，甚至包括管理，这就会给信息化建设造成很大难度。信息化作为产品比较特殊，企业要认识到，信息化不是在“买”，而是在“建设”。信息化建设固然需要双方充分合作，但要以“我”为主，如前所说，以“我”为主不是说要让软件厂商完全满足我的需要，而是说要建立以“我”为主的观念，我关心、我参与、我管理、我配合。

（2）正确认识“一把手”工程。很多专家和企业实施信息化的人员都深刻体会到信息化建设是“一把手”工程，非常希望得到企业“一把手”的支持，因为信息化推进的过程中会遇到很多阻力。特别是在企业管理创新、管理改革等信息化最难、最核心的方面，离不开“一把手”的支持，如同近些年来在企业管理中流行的“流程再造”，实施过“流程再造”的企业都有推进的体会，其中更多的是辛酸的体会。同样道理，信息化也是要“变革”，因为很多时候，并不知道怎样“变革”才是正确的，此时最需要“一把手”的正确决策，同样也需要“一把手”的执行力。

总之，电力企业管理信息化过程是一个全员参与过程，只有充分调动广大员工积极参与、不断创新、持续实践，让信息化管理融入企业管理的各个环节中去，才能实现真正意义上的信息化，才能实现企业的持续、稳定发展。

2. 全方位服务的管理思想

国家电网公司将建设成为“一强三优”的现代公司，强调“服务优质”；南方电网公司提出“管理好、服务好、形象好”的公司愿景，两大公司都强调了对客户的全方位服务。

客户全方位服务是在现有营销服务管理模式基础上，更加强调以客户服务为中心、以市场为导向的经营策略，通过业务流程优化及信息集成技术，整合服务渠道、前台、后台等全方位、多层面的营销资源和服务手段，构建以客户为中心的营销服务体系，为客户提供更加全面、厚重的客户服务，进一步提升客户服务水平以及客户满意度。客户全方位服务通过 95598、营业厅、现场服务、在线服务、智能终端等多种畅通的渠道满足客户的接入；在前台服务方面强调“全”，通过提供报装、缴费、报销、投诉、停电通知等多种服务满足客户业务需求；在后台响应方面强调“快”，通过后台快速的抢修、配送、维护、咨询设计，满足客户的业务感受；技术手段方面强调“强”，通过短信平台、智能表计、移动作业等多种先进技术手段，提升服务能力。客户全方位服务整体上需要前台的营销服务和后台的生产管理、工程管理、项目管理、物资管理进行集成贯通，围绕客户满意度目标进行业务流程的重组，通过技术手段实现客户、前台服务人员、后台管理人员的交互和互动，整体提升客户服务水平和客户满意度。

3. 全生命周期管理思想

所谓全生命周期管理，是指从人们对设备或产品的需求开始，到淘汰报废的全部生命历程。全生命周期管理是一种先进的企业信息化思想，这些年来国家电网、南方电网、各大发电公司都十分重视设备的全生命周期管理。

按照现代企业管理和内部控制的要求，打破部门界限和信息壁垒，实现资产实物管理和价值管理的高度统一，实现对资产的规划设计、设备采购、工程建设、生产运营、退役报废等全生命周期的全过程综合管理，实现项目管理、物资管理、财务管理、设备运维四大业务的横向融合，以及从上到下的纵向贯通，形成由管理策略、业务流程、组织架构、评估考核、信息系统支撑所组成的界面清晰、统一协调、科学高效的现代化资产全生命周期管理体系，最终达到资产使用的可靠性、使用效率、使用寿命和全生命周期成本的综合最优。

按照资产全生命周期管理的理论，信息化建设应该具备以下特征：

（1）在资产定义方面，将发电设备、变电设备、主网设备、配网设备、表计设备、工器具和 IT 设备纳入资产全生命周期管理中。还应考虑将房屋、土地、无形资产等纳入统一的资产全生命周期管理中。

（2）在应用功能方面，丰富和完善资产规划、项目计划、项目管理、设备运维、资产报废、物资管理等相关的应用功能点。满足执行层执行资产建设，如状态管理、资产运行维护、调度运行和安全的具体业务过程的需求；满足管理层关注资产建设及运维策略细则、制定建设及运维计划和标准、对资产进行监控和绩效评估的需求；满足决策层关注资产策略、制定公司总体资产绩效指标体系、进行资产绩效综合分析的需求。

（3）在基础数据方面，实现资产编码、设备编码、项目分解结构、物资编码等的规范的统一和关联。

（4）在数据分析方面，实现对资产全生命周期各环节的数据收集、汇总，引入多种分析模型和工具进行综合分析，形成资产管理的策略建议。

1.5.3 “PDCA 持续改进”的管理思想

企业管理信息化过程中，信息系统的建立与应用是一个不断创新、不断完善的动态管理过程。随着信息技术的发展，企业总体战略目标的变化，信息系统需要持续改进。为满足行业进步和企业发展的需求，使信息系统持续发挥效用，在信息化建设及实施过程中需要运用 PDCA 持续改进的管理思想。

（1）P 是计划（Plan）：提出建设电力企业信息系统的构想或规划，制定建设方案及实施计划。

（2）D 是实施（Do）：编制信息系统标准流程，在全企业范围内推广使用信息系统。

（3）C 是检查（Check）：通过实践来检验信息系统的成效，并检查信息系统流程是否正确、完善。

（4）A 是处理（Action）：针对实际应用中信息系统流程的不足，及时收集反馈信息，并组织软件开发人员进行改进。然后继续进入下一轮 PDCA 循环中，以达到持续改进的目标。

对“PDCA”持续改进可以简单地总结为：确定要解决的问题→计划应采取的措施→正确地实施这些措施→检查措施实施的效果→找出存在的问题再改进。

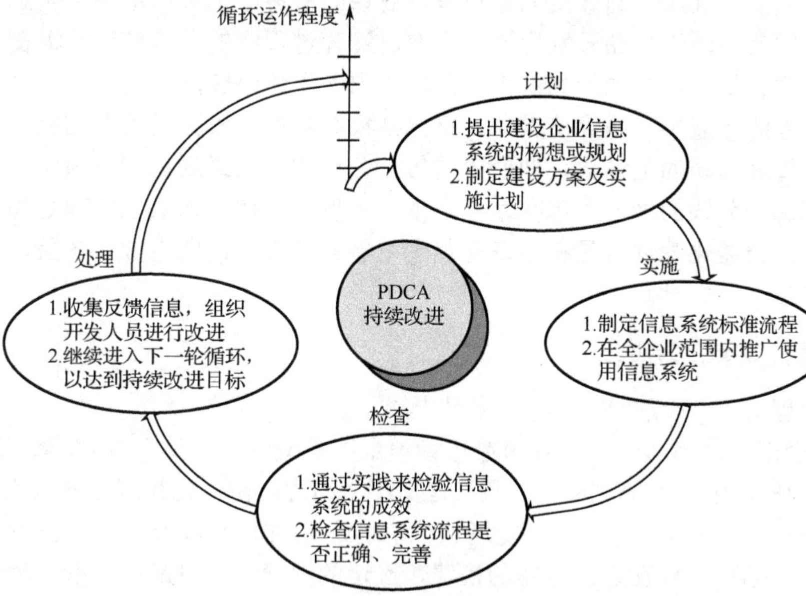

图 1-4　PDCA 持续改进和循环运作过程示意图

PDCA 通过计划、实施、检查、处理四个步骤，确立目标，寻找并选择解决办法，实施解决办法，测量、验证、评价实施的结果，处理不足和缺陷，达到持续改进。对这次循环中尚未解决的问题转入下一次循环去解决，并为下一个 PDCA 循环制订计划提供依据，其持续改进和循环运作过程如图 1-4 所示。这样不断地循环往复、周而复始，使管理工作不断完善，使管理水平螺旋上升，使事物持续发展，由此达到企业的信息管理目标。PDCA 循环法不但可以应用于信息管理，还可以将 PDCA 循环法运用于基建管理、质量管理、安监管理、营销管理、服务管理等方面，不断提升管理水平。

1.5.4　精益化管理思想

美国研究人员通过对日本丰田生产方式（TPS）及一些有代表性的西方生产方式的对

比分析，在大量实地考察与研究的基础上，于1990年提出了“精益化管理”思想。所谓精益化管理，就是摒弃传统的粗放型管理方式，通过减少资源浪费、缩减闲置用工、精简作业流程等方式，实现企业更高的效率、更好的质量、更多的效益、更大的市场份额和更明显的竞争优势。国家电网公司围绕建设“一强三优”现代公司的发展战略目标，要求大力实施“集团化运作、集约化发展、精益化管理和标准化建设”；南方电网公司在“十二五”规划中提出“公司未来管理向集约化、精益化方向转变”。说明中国的电网企业都已经将精益化管理提到了企业的战略管理层面。

1. 精益化与精细化的关系

从字面上看，精益注重利益、效益；精细注重细节、详细。精细化管理就是摒弃传统的粗放型管理方式，将具体、明确的量化标准渗透到管理的各个环节，精细化管理最基本的特征就是注重每一件事、每一个细节。而精益化管理把焦点更多地放在“抓大放小”上，而不是所有细节上，注重以最合适的投入，取得最大的产出效益。以最低的成本、合理的价格，全面、灵活、优质、高效地为用户提供满意的服务，把最终成果落实到效益上。用一句话概括：即努力消除产品开发设计、生产、管理过程中的无效劳动及浪费的思想和技术，以最优品质、最低成本和最高效率对市场需求做出最迅速的反应，从而达到企业效益的最大化。这里的效益不只是经济效益，更包括社会效益；不只是眼前利益，更包括长远利益。精益化管理强调的是结果，即所做的每一分钱的投入最后都能够得到相应的收益；而精细化强调每一分钱的投入，都在掌控之中、不发生失控。精益化管理是精细化管理更高层次的延伸，精益化管理就是在精细化管理发展的基础上，向企业要效益，实现“细”到“益”的跨越。

2. 精益化管理的构成

精益化管理由“一个主体、两个支柱”构成。

（1）“减少浪费，不断改善”是精益化管理永恒不变的“主体”。精益化管理中提出的“浪费”和我们日常生活中提到的“浪费”含义不尽相同。精益化管理方式认为，只有能增加价值的生产和管理才是有效的，不能增加价值的是无效的生产和管理，是一种浪费。TPS将“浪费”归为七种，分别是：等待的浪费，搬运的浪费，不良品的浪费，动作的浪费，加工的浪费，库存的浪费，制造过多（或过早）的浪费。引申到电力企业，我们可以归纳为以下几种浪费：①等待的浪费：主要包括等待上级的指示，等待外部的回复，等待下级的汇报，等待生产现场的联系。②协调不利的浪费：主要包括工作进程的协调不利，领导指示的贯彻协调不利，信息传递的协调不利，ERP业务流程的协调不利。③闲置的浪费：主要包括固定资产的闲置，职能的闲置或重叠，工作程序复杂化形成的闲置，人员的闲置，信息的闲置。④无序的浪费：主要包括职责不清造成的无序，业务能力低下造成的无序，有章不循造成的无序，业务流程的无序。⑤失职的浪费：主要包括不认真完成日常基础工作，做表面文章应付检查，工作没有计划缺乏主动，做不好甚至不会做本岗位工作。⑥低效的浪费：主要包括工程进程缓慢，人员占用过多，工程交付拖期等。⑦管理成本的浪费：主要包括计划编制无依据，计划执行不严肃，计划查核不认真，计划处置完善不到位，费用投入与收入（收益）不匹配。

（2）准时化和自动化（人员的自觉化）是精益化管理的“两大支柱”。两大支柱支撑着在精益化管理中不断改善、减少浪费、最大化地创造价值。①准时化（Just In Time，JIT）：准时化管理源自准时化生产，有人将其形容为“在正确的时刻、正确的地方，得到精确数量的材料和产品”。准时化管理方式以准时为出发点，首先暴露出工作流程方面的浪费，然后对设备、人员等进行淘汰、调整，对原料、存料进行精确定量需求分析，达到降低成本、简化计划和提高控制的目的。这是一种“拉式”计划管理模式，确保设备在需要的时候才进入施工现场，完成任务后及时撤出，但保证在需要的时候，能够及时得到各种资源，避免闲置，杜绝无效支出浪费。它力求将生产过程中供应链上下游的每一个环节的浪费，包括人员过剩、等待时间、交工延时、质量欠缺等减小到最低程度。准时地、不断地寻求并消除生产管理活动中的各种浪费，然而，准时化是一种极限理想状态，我们可以无限接近，但永远不可能达到，但是它提供了一个不断改善的途径，即“寻找浪费→发现问题→解决问题→寻找浪费”，给精益化管理以有力的支撑。②自动化（人员的自觉化）：员工是各项管理工作正常运转的执行者，对管理理念的有效施行起着至关重要的作用，能否最大限度地调用员工的积极性是精益化管理取得成功的关键。人是生产力三要素中最积极、最活跃、最关键的因素，精益化管理的实质就在于不断地激励人、培养人，极大地提高员工的积极性和创造力，改变传统的“以物为中心”成为“以人为中心”。精益化管理中的“以人为中心”体现在两个方面：一是以顾客为中心，以顾客需求为拉动力，不断地追求顾客满意；二是以员工为中心，完善激励机制，健全奖励制度，使员工置身于一个企业主人而非被雇佣者的位置，使员工自觉、自愿、自动地参与到精益管理中去，充满归属感、责任感与参与意识，充分发挥其主体作用，为工作的不断改善做出贡献。

精益化管理是从精益生产中衍生提炼出来的一种全新的管理思想，它是精益生产理论的扩展，是精益思想在各种企业与企业的各个层面的深入应用。作为一种新的管理方式和企业文化，精益化管理正在迅速地得到全世界的认可与推崇。

1.5.5 追求“零”目标管理思想

1. 信息管理“零”距离

由于电力企业的特殊性决定了人员、机构的布局是分散的，这就给信息传递提出了问题，怎样才能在分散的人员、机构之间实现信息的实时传递、“零”距离传递、“零”延误，这就是向信息系统要效益的关键。如何将它们有机地联系起来，实现信息的实时共享、远程数据录入、远程数据查询、远程报表打印，必须利用现代信息技术，如企业内部网或因特网，实现诸如电网公司总部、网省公司、地市公司、县公司、变电所、营业所之间在信息传递方面的“零”距离管理。

2. 人力资源管理“零”待岗

人力资源管理的目标是实施人才战略，发挥人的潜能，实现人尽其用，从企业角度出发实现人力资源整体价值的最大化。具体而言，将不同个性的人配置在合适的岗位上，实现人力资源管理“零”待岗的目标（其操作过程示意图如图 1-5 所示）。在实现人力资源“零”待岗的同时，借助信息化平台软件实现全企业人力资源的管控。

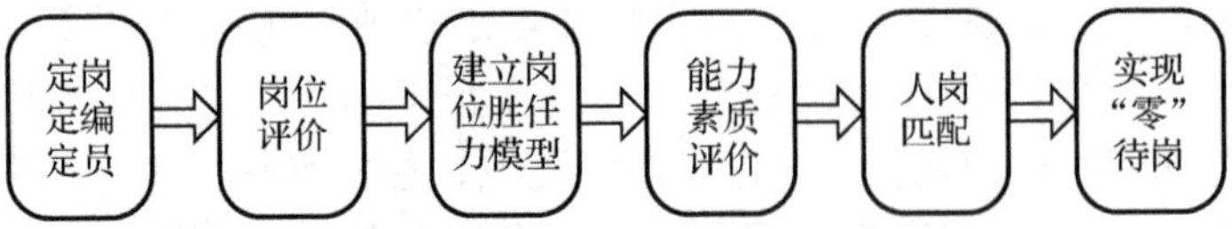

图 1-5　人力资源管理“零”待岗操作过程示意图

3. 安全管理“零”事故

安全是一个企业的重中之重，由于电力行业的特殊危险性，安全管理显得尤其重要。电力企业在安全工作上要强化安全意识、加强日常管理，固本强基，深化安全隐患排查治理。安全管理工作涉及企业管理的方方面面，渗透到企业管理的全过程。基建项目管理，以安全策划为引领，需要加强全过程安全管理；对输电线路等电力设施需要加强保护，防止外力破坏事故的发生。总之，通过强化培训学习，提高安全意识和技能，夯实安全管理基础，形成公司上下重安全、保安全的企业文化；通过加强安全计划管控，实施安全风险预警机制；加强应急体系建设，提高应急管理水平；通过借助安全管理信息系统来加强各工作环节的安全管理，加强工作过程中的安全监控，达到提高管理水平、实现安全管理“零”事故的目标。

4. 物资管理“零”浪费

物资成本在企业成本中占有很大的比重，如近年来火力发电企业一直处于亏损发电的状态，其原因除了近年煤价上升的因素外，与发电企业在燃煤的采购、输送、储存等环节不同程度存在着浪费也有关系。发电企业、电网企业在基建管理中存在着物资采购价格偏高、采购数量超额、采购期提前过多、库存量大、库存管理丢失等浪费现象；一些电力企业在信息化建设方面投入巨大，但成效不佳，存在着一定程度的浪费现象，这些浪费无一不给电力企业的效益带来了巨大的冲击影响。做好物资管理一个很重要的部分就是要加强管控，减免浪费，借助信息化手段实施物资管理的统一采购，统一调配，统一监督，统一激励，实现物资管理的“零”浪费。

5. 质量管理“零”缺陷

质量是企业的生命，加强质量管理是提高企业生存能力的有效措施。电力企业的质量如基建工程质量、输变电设施质量、供电设备质量、供电可靠性等都是关系到国计民生的大事。借助信息技术和自动检测技术，以可靠性为主线，深入推广资产全生命周期管理理念，深入开展设备状态检修，加强电力设施和设备的远程监控，实现输变电设备和供电设备管理的“零”缺陷；借助信息化手段，在充分发挥监理公司作用的同时，加强基建工程施工质量的管理，实现电力工程质量的“零”缺陷。

6. 工期管理“零”拖延

在电力工程基建、设备安装和设备检修等项目中，有可能会碰到一些工期拖延的情况，工期拖延有客观原因和主观原因，大多是由于施工图纸变更多、施工方案不恰当、施工计划不周详、建筑资金不到位、地方老百姓不支持、解决问题不及时等原因引起的，工期拖延会导致后续一系列工作的顺延，往往会造成很大的损失。工期管理应该借助于基建项目管理信息系统，加强施工过程中各个环节的管理，确保出现问题及时沟通、及时解决，做到工程进度实时跟踪、实时管控，达到工期管理“零”拖延的目标。

7. 服务管理“零”投诉

服务管理主要体现在供电企业中，供电企业承担着为众多用户供电的任务，是与用户打交道的一线企业，随着用户标准与要求的不断提高，对电力企业供电服务提出了更大的挑战。客户群体众多，维权意识较强，对供电服务工作提出了更高的要求和标准，客户投诉也成为工作的热点和难点问题。企业与用户之间的矛盾虽然难以避免，但通过与业主建立实时的信息交流机制，许多问题和矛盾可以消除在萌芽当中。例如，对抄收、抢修、95598等服务质量进行严格监督检查，定期对全公司服务工作进行深入分解、分析，细化投诉举报类别，逐一查阅工单，听取录音，明确责任人，对责任投诉进行连带考核；客户服务中心设立95598领导热线，接听、解答客户咨询；建立局长接待日制度，增加服务的深度。总之，通过实施多种措施，最终实现服务管理“零”投诉的目标。

8. 制度规范“零”虚设

作为我国的基础支柱行业，电力企业近些年来呈现出一种迅猛发展势头，各方面管理也越来越规范化，规范化的体现在于名目繁多的、系统化的各种制度的制定。电力企业的规章制度很多，可是执行起来却往往偏差较大，有章不循、以批代管、以言代“法”的现象非常普遍。规范化管理有名无实，许多行为规范、管理制度形同虚设，给企业领导和员工带来了很大的困扰。制度的设定固然重要，但是更加重要的在于执行，假如不去执行，让制度形同虚设，不仅使制度本身失去了意义，还使制度失去了严肃性，制度规范“零”虚设对企业长远发展意义深远。

上述实现“八零”的目标，各个电力企业的进展情况不同。有的目标一些企业已经实现，例如国家电网公司已经实现了信息管理“零”距离的目标；有的目标可能永远是“向零点无限逼近”的理想值，难以真正实现，例如物资管理“零”浪费。“八零”的实现难度不同、实现程度不同，如图1-6所示。

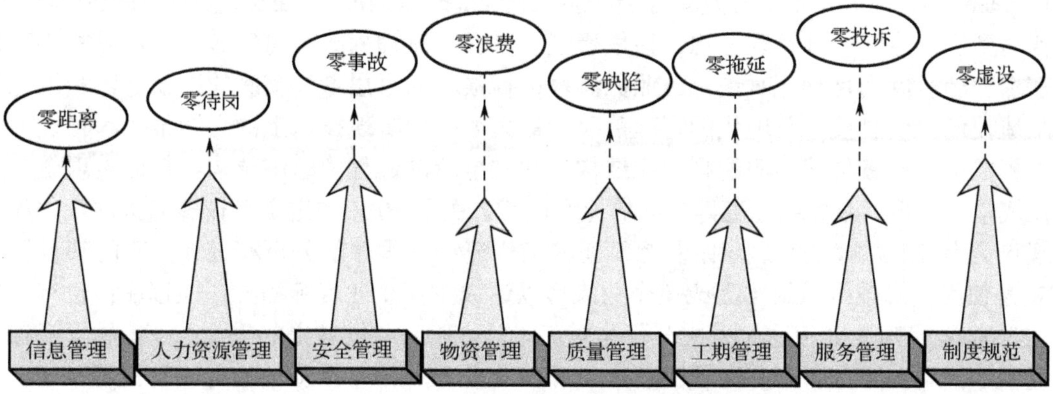

图1-6 实现“八零”目标的难度和程度示意图

1.5.6 “事先计划、事中控制和事后评价”的项目管理思想

项目就是在人、财、物等一定资源约束条件下完成既定目标的一次性活动。“21世纪的社会，一切都是项目，一切也必将成为项目”，这是美国项目管理认证委员会主席 Paul

Grace 的断言。的确，项目的应用范围越来越广，在电力企业同样如此，如信息系统开发项目、可行性研究项目、基建工程项目、设备检修项目等，广义上讲，许多工作可以纳入项目管理的范畴。

“事先计划、事中控制和事后评价”是目前比较先进的项目管理思想，电力企业在推广实施 ERP 等信息系统时，要有完善的计划体系，并要有严格的控制和考核体系，以保证目标的实现。针对电力企业，项目管理思想具有如下特定的含义。

（1）事先计划：主要是通过计划管理来体现的，计划管理主要包括：人力资源需求计划、设备需求计划、物料需求计划、采购计划、成本计划、进度计划等。计划是下一步控制和评价的基础，将计划、控制、评价完全集成到整个项目管理过程。不同的项目其计划编制的内容、计划的目标体系是不同的，计划一旦制订，将上下沟通，保存起来，将来作为事中控制、事后评价的主要依据。

（2）事中控制：是在项目实施过程中，项目方案实施预控，项目目标实施严控，项目过程实施监控。通过实时对比分析实际值与计划值的偏差，加强过程化管理，以便调整和有效配置人、财、物等资源，实现项目目标，避免浪费，提高效益。

（3）事后评价：设置安全、质量、成本、进度、资源利用等方面的评价指标，对项目实施事后评价。主要是指在项目结束后，依据原先的计划数据与实施过程中的实际数据，对项目进行综合的、全面的考核与评价，评价的结果，将直接与项目人员的收入分配挂钩。

1.5.7 注重整体流程最优的系统化管理思想

在传统劳动分工的影响下，作用流程被分割成各种独立的任务，并根据任务组成各个职能管理部门，有些部门经理将精力集中于本部门独自任务效率的提高上，而忽视了企业整体目标。对企业进行业务流程重组实际上是系统思想在重组企业业务流程过程中的具体实施，它强调整体全局最优而不是单个环节或单个作业任务的最优。

践行该管理思想的主要方法就是业务流程重组，业务流程重组（Business Process Reengineering，BPR）最早由美国的 Michael Hammer 和 Jame Champy 提出，在 20 世纪 90 年代达到了全盛的一种管理思想。该思想强调以业务流程为改造对象和中心，以关心客户的需求和满意度为目标，对现有的业务流程进行根本的再思考和彻底的再设计，利用先进的制造技术、信息技术及现代的管理手段，最大限度地实现技术上的功能集成和管理上的职能集成，以打破传统的职能型组织结构，建立全新的过程型组织结构，从而实现企业经营在成本、质量、服务和速度等方面的巨大改善。关于 BPR 的定义有较多的提法，比如有的观点认为 BPR 就是对组织中及组织间的工作流程与程序的分析和设计；有的观点认为 BPR 是使用信息技术从根本上改变企业流程以达成主要企业目标的方法性程序；也有的观点认为 BPR 是对企业流程的基本分析与重新设计，以获取绩效上的重大改变。尽管观点的描述不尽相同，但它们的内涵是相似的，即 BPR 实质是一个全新的企业经营过程（这里的企业经营过程是指为了达到某一经营目标而实施的一系列逻辑），这个过程不受现有部门和工序分割的限制，以一种最简单、最直接的方式来设计企业经营过程，要面向经营过程设置企业的组织结构，以实现企业的重组。本书认为业务流程重组 BPR 强调以业务流程为改造对象和中心，以关心客户的需求和满意度为目标，对现有的业务流程进行根本的再思考和彻底的再设计，利用先进的制造技术、信息技术及现代化的管理手段，最大限度地实现技术上的功能集成和管理上的职能集成，打破传统的职能型组织结构，建立全新的过程型组织结构，从而实现企业经营在成本、质量、服务和速度等方面的全面改善。关于业务流程重组的方法在本书后续的章节中会具体介绍。

本 章 小 结

本章首先介绍了管理信息系统的相关概念，给出了管理系统的分类，简要介绍了管理信息系统的产生和发展，回顾了相关基础知识。在此基础上，给出了电力企业管理信息系统的基础知识，包括电力企业信息相关的基础概念，电力企业中的信息流，信息集成，管理信息系统及其组成，电力企业管理信息化定义及其发展过程，最后对电力企业管理信息化的现状、存在的问题进行分析，并给出了相关对策。本章是基础性概念的介绍，在学习时应该注意对相关定义熟练掌握并对相似定义仔细辨析找出异同点。

复习思考题

1. 管理信息系统的概念及其分类。
2. 管理信息系统的发展历程。
3. 电力企业信息、电力企业信息系统和电力企业信息化的概念。
4. 电力企业信息化问题及解决方案。

第二部分

- 第 2 章　电力企业管理信息系统基础诊断和总体规划
- 第 3 章　基于业务流程梳理的电力企业管理信息系统分析
- 第 4 章　电力企业管理信息系统设计
- 第 5 章　电力企业管理信息系统实施
- 第 6 章　电力企业管理信息化平台建设及信息化集成

第 2 章　电力企业管理信息系统基础诊断和总体规划

企业管理信息化总体规划是实施信息化建设项目、构建管理信息系统首先要进行的工作，一般要几年进行一次。要做好企业管理信息化总体规划工作，首先要进行企业管理信息化基础诊断工作。

2.1　电力企业管理信息化基础诊断

企业管理信息化基础诊断是企业管理信息化总体规划、管理信息系统设计选型和系统实施的重要基础工作，如图 2-1 所示。只有完全掌握了企业管理信息化的基础，才能在后续的信息化实施工作中不走或少走弯路，才能做到心中有数、有的放矢，才能避免信息化建设项目的失败。

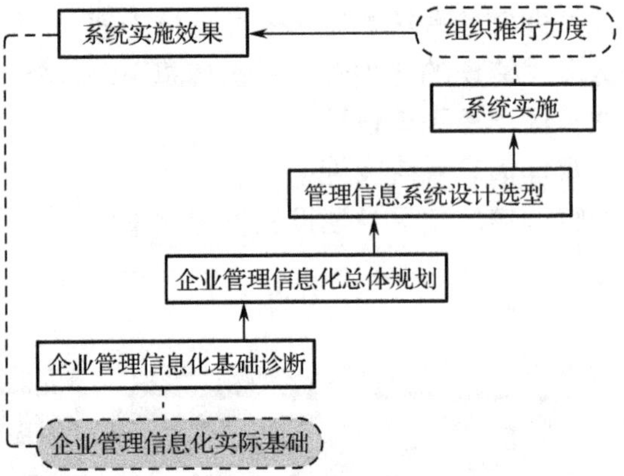

图 2-1　企业信息化实施步骤流程图

2.1.1　电力企业信息化基础与现状分析

电力企业信息化基础与现状分析，应从企业管理水平逐步攀升的程度，领导信息化意识和员工信息化水平，企业计算机应用软件、网络和硬件等信息化基础设施等方面做出评价和分析。

1．企业管理水平逐步攀升的程度

电力企业的标准化和规范化工作进行得如何，直接影响企业信息化工作的成功率。只

有当企业具有完善的管理体系、全面的管理制度和标准化的业务流程后进行企业信息化工作方可成功。具体来说，企业管理水平逐步攀升的程度大致可以分为 5 个层次，如图 2-2 所示。在分析电力企业管理信息化基础时，首先要分析企业所处的管理层次，不同的管理层次应规划不同的信息化实施方案。

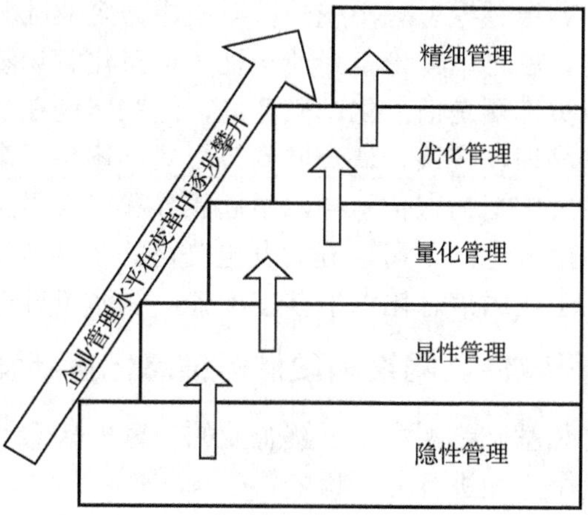

图 2-2 企业管理水平逐步攀升的程度

（1）隐性管理层次：企业没有健全的管理制度和核心业务流程，管理处于粗放状态，企业缺少明细的管理理念，领导决策比较随意。在这个层次从事信息化工作，一般来讲难以成功。

（2）显性管理层次：企业已经建立了较为实用的管理制度，但管理制度的执行力不够，管理不够准确，领导决策依然缺乏依据。在这个层次从事信息化工作，需要特别重视信息化项目的成功率。

（3）量化管理层次：企业的任何部门、任何人都有明确的工作职责，都有可量化的工作目标，企业领导的决策依据比较充分，企业管理制度比较健全。在这个层次企业可能有了一定的信息化基础，从事进一步的信息化工作，一般来讲成功率较高。

（4）优化管理层次：企业决策者能够基于大量信息进行优化决策，不但能够及时发现经营管理中的问题，更能追溯问题的根源。达到这个层次，说明企业的信息化基础已经比较雄厚，通过进一步的信息化建设，向精细管理迈进。

（5）精细管理层次：这是企业管理的最高境界，对于电力企业来说，借助于高度集成的信息化手段，集团公司总部对基层企业在人力资源、物资、设备、财务费用、生产、质量、安全等方面实现全过程管控，实现全企业精细化、集成化、过程化和网络化管理。目前国家电网公司在实施 SG186 的基础上，通过实施 SG-ERP 正在向精细管理层次发展；南方电网公司在“十二五”规划中提出“公司未来管理向集约化、精益化方向转变”，同样正在向精细管理层次发展。

2．领导信息化意识和员工信息化水平

在电力企业管理信息化基础诊断中，通过座谈、访问、调查问卷、查阅领导讲话等方式了解和掌握企业领导和员工的信息化意识和水平，特别是了解企业一把手的信息化意识和水平是至关重要的。我们常说企业信息化项目是“一把手工程”，说明了企业一把手在信

息化建设中的作用是非常大的。如果企业的一把手在信息化建设中有意识、有思路、有措施并且高度重视，那么这个企业的信息化建设项目一定能够成功；如果企业的一把手缺少信息化意识，借故工作忙，将信息化建设项目委托给信息中心的技术人员去实施，无暇顾及信息化建设项目，这样的信息化项目往往难以成功。有些电力企业的一把手也比较重视信息化建设项目，但企业高层领导思想不统一；有些电力企业的一把手信息化意识很强，但员工的信息化基础很弱。总之，无论是企业一把手信息化意识淡漠，还是企业高层领导思想不统一，抑或是企业员工还是信息化基础薄弱，这些问题在实施信息化建设项目以前都要高度重视，通过系列培训、座谈、调查问卷等方式，逐步提高他们的信息化意识并形成统一的思想和行动，通过广泛的宣传引导，引起领导和广大员工对信息化建设项目的重视。目前国家电网公司、南方电网公司、五大发电公司的领导信息化意识和员工信息化水平都比较高，而电力施工企业的信息化水平参差不齐，总体相对较低。

3. 企业计算机应用软件、网络和硬件等信息化基础设施

在电力企业管理信息化基础诊断中，了解企业的计算机软/硬件、网络等基础设施十分重要。例如可以在如下几个方面进行分析诊断：

（1）企业每百人计算机台数。这个指标需要区分企业人员的类型，如管理人员应每人一台计算机，而技能人员可以考虑每班组一台或几台计算机。

（2）企业信息网络建设情况，包括网络覆盖率、带宽、可否接入因特网等情况。例如，国家电网公司在“十一五”期间建成了以光纤通信为主的现代化电力通信传输干线网络，形成覆盖公司总部、网省电力公司、地市公司和县公司的信息网，覆盖了公司系统全部网省公司和所有直属单位，网络覆盖率为 100%，一级骨干网平均网络带宽 100MB 及以上；地市公司到县公司网络带宽达到 10MB 及以上，形成高速、畅通、安全、可靠的国家电网公司信息网。但为了提高信息安全性，国家电网公司的信息网络没有接入因特网。

（3）数据中心（或称中央数据库）建设情况。企业是否建设了全企业信息集成、共享的数据中心，数据中心能否保证数据的唯一性、准确性、完整性、规范性和时效性，这些都是应该考查诊断的内容。

（4）企业信息化投入占企业产值的比重。一般来说，信息化程度比较低的企业其投入比例也往往比较低。具体到某电力企业来说，虽然投入有高有低，但在管理信息化基础诊断中一定要分析企业的软/硬件现状水平、差距和不足，并给出与信息化建设方案相适应的具体措施。

（5）信息化保障体系建设情况。例如，国家电网公司为保障公司信息化发展的协调性与连续性，顺利落实公司信息化发展的战略重点，“SG186 工程”提出了要“建立健全六个信息化保障体系”，这六个体系分别是：信息化安全防护体系、标准规范体系、管理调控体系、评价考核体系、技术研究体系和人才队伍体系。这些体系的建立为公司的信息化建设提供必需的资源、技术、管理和人才保障。

2.1.2 电力企业信息系统需求分析

电力企业管理信息化基础诊断中的需求分析应建立在现状分析的基础上，首先要考虑如何满足企业的需求。企业通过实施管理信息化项目，企业的决策工作更加透明公正，企

业的管理工作更加标准规范，责任更加明确。要实现管理上的创新和组织上的创新，无论是高层领导还是普通员工，都需要基于网络实现扁平化工作方式，信息化项目需要满足不同层次人员的需求，具体包括：

1. 高层领导对信息化项目的需求分析

目前企业信息化项目的规划设计不同于过去，绝不能立足于单个部门需求进行规划设计，要遵循“从上到下，由内及外”的设计原则，要立足于集团公司、总公司或行业需求，要考虑不同部门之间的信息共享，要考虑信息的集成和综合。对于电力企业的高层领导来说，一般出差较多，工作繁忙，用于网上办公的时间有限，需要进行网上批文、网上会签和网上浏览等工作。例如，物资采购合同的审核、会签与批准；财务付款的网上审批，人员调动的网上批准，外出培训或参加会议的网上审批；财务利润或负债报表的浏览，基建工程进度形象图的浏览，工程质量或安全情况报表的浏览等。

总之，高层领导需要借助管理信息系统进行大量审批或浏览工作，而这些工作往往需要专门的窗口界面，最好的办法是将领导审批的所有事务，浏览的所有文件全部集成在OA界面和手机界面，领导可以在出差、旅游或家庭进行办公，极大地提高领导的工作效率和工作潜能。但有些企业出于信息安全考虑，不支持因特网工作，目前条件下难以实现网络化办公。

2. 基层业务人员对信息化项目的需求分析

基层业务人员可以从业务、流程、软件的界面美观性和操作使用的方便性等方面提供需求，并且需要与企业整体的需求相统一，避免采用对过去手工业务进行简单照相的方式，需要对原有流程进行梳理和改造。

基层业务人员使用的物资管理、基建管理等信息系统软件，应当具有与现有的桌面应用程序方便集成的功能。例如，提供方便的微软Word、Excel工具的编程接口，能实现Word报表、Excel报表或将数据库数据导出为特定格式的Excel表格或Word文档的功能；应具有基于浏览器的系统自动安装与自动更新的功能。对于诸如电力企业管理信息系统这样的大型软件，其最佳的模式是C/S与B/S混合开发模式。这种模式的软件可以实现基于浏览器的系统自动安装与自动更新，保留了C/S系统安全、快速、高效等优点，同时也保留了B/S客户端免安装、因特网范围使用等优点。

3. 中层管理人员对信息化项目的需求分析

由于中层管理人员居于高层领导和基层业务人员之间，其对信息化项目的需求也表现为两者兼有。即需要系统不但要有基层业务人员常用的数据录入、查询、报表打印等功能，同时也要有网上拟稿、核稿、会签、审核等功能，并对系统有一些通用性的软件需求。例如：完全的标准化和规范化设计；方便的自定义和自动提醒功能；完善的权限管理功能；良好的开放性、安全性和扩展性；灵活的配置功能；标准与统一的打印方式；灵活的查询功能；更加美观的用户界面。

总之，需求定位不准，软件难以实用。因此，准确定位电力企业管理信息系统的需求是管理信息化基础诊断的关键。

2.2 电力企业管理信息系统总体规划

信息系统建设分为几部分的内容，其中最重要的内容之一就是根据企业的实际需求进行总体规划，以确定企业信息化建设的发展目标和方向。电力企业管理信息系统的实施，涉及的部门和人员较多，投入和风险都较大，因此在基础诊断的基础上，需要进行信息系统建设的总体规划工作。企业信息系统建设的总体规划为企业创建了一个全面的宏观的概况，以指导企业信息系统建设工作的顺利开展。

2.2.1 总体规划概述

1. 总体规划的概念和意义

企业管理信息系统总体规划是关于企业管理信息系统长远发展的规划，也称为战略规划，是企业战略规划的一个重要部分。总体规划是企业建立管理信息系统的纲领，是企业进行管理信息系统分析与设计的依据。

制定总体规划对于提高管理信息系统的科学性、经济性、先进性和适用性，对于合理规划信息资源、使信息得到充分利用、促进管理信息系统应用的深化等都具有重要意义。

2. 总体规划的原则

由于总体规划对企业信息系统建设而言意义重大、牵涉面众多，因此，必须遵循一定的原则开展工作，具体如下：

（1）侧重企业宏观的需求分析，对需求分析有比较具体的准则。

（2）自上而下地展开信息规划，总体规划和局部的详细数据设计相结合。

（3）“一把手”或主管领导全程参与。

（4）保持信息的一致性，对数据进行全局的规划。

（5）整体上着眼于高层管理，兼顾各管理层的需求。

（6）便于实施。

3. 总体规划的内容

电力企业管理信息系统总体规划是电力企业管理信息系统建设生命周期的第一个阶段，这一阶段的总目标就是从整个企业的发展战略出发，制定出企业管理信息系统长期的发展建设方案，规划系统的目标范围、功能结构、开发进度、投资规模、主要信息技术、参加人员和组织保证等，制定规划和实施方案，并进行项目开发的可行性认证。总体规划的重点是确定系统目标、总体结构和子系统的划分。

制定管理信息系统总体规划的阶段划分为 3 个步骤：根据企业的发展战略，制定管理信息系统的战略规划；信息需求分析，制定管理信息系统的总体方案，制订项目开发计划；制订系统建设的资源分配计划。具体如下：

（1）制定管理信息系统战略规划。

深入分析领会企业的目标、发展战略，分析企业重要的业务流程；根据企业的目标和发展战略确定管理信息系统的发展建设战略，对当前的管理信息系统的功能、应用现状和应用环境进行评价；制定建设管理信息系统的政策、目标和战略，提出新的管理信息系统建设报告。这一阶段的关键是要使管理信息系统的战略与整个企业的战略和目标协调一致。

（2）信息需求分析。

对用户的需求进行初步调查，调查业务过程、现实环境，包括技术、经济、资源、基础条件等方面内容，分析系统开发的可行性，制定出实用、先进的总体规划方案。

用户的需求包括功能要求、性能要求、可靠性要求、安全保密性要求及开发费用和开发周期、可使用资源等方面的限制需求。

分析确定企业在管理事务处理和在决策支持方面的信息需求，为整个企业提出管理信息系统的总体结构方案，制订发展计划，根据发展战略和系统总体结构，制定管理信息系统的总体方案，确定系统、各子系统的开发次序和时间安排，制订项目开发计划。

（3）资源分配。

制订为实现开发计划所需要的软/硬件资源、数据通信设备、人员、技术、服务、资金等计划，提出整个系统建设的概算规划。

规划是对较长时期的活动进行总体的、全面的计划。现代企业的结构和活动内容都很复杂，实现企业的管理信息系统需要经过长期的努力，因此必须对企业的管理信息系统建设进行规划，根据企业的目标和发展战略、内部条件和外部环境，科学地制定管理信息系统的发展战略、总体方案，合理安排系统建设步骤。

4. 总体规划的实施

总体规划是系统规划阶段的主要工作，进行信息系统的总体规划，可以由企业专业人员来做，也可以委托软件公司、咨询公司或高校专门机构来做。在总体规划报告中，首先应对电力企业所处信息化发展阶段详细分析，同时要了解和分析电力企业在信息系统建设方面与同行企业和其他行业企业之间的差距，分析企业在信息系统建设中存在的问题和不足。通过总体规划安排各个子系统开发的先后顺序，考虑子系统与子系统之间的关联。一方面使每个子系统内部具有很强的功能内聚性，各个子系统之间的接口数量应尽量少；另一方面，使整个信息系统又可以根据电力企业的发展需要进行相应的扩展。系统规划阶段的任务是对企业的环境、目标、现行系统的状况进行初步调查，根据企业目标和发展战略，确定信息系统的发展战略，对建设新系统的需求做出分析和预测，同时考虑建设新系统所受的各种约束，研究建设新系统的必要性和可能性。

作为企业信息系统建设过程中的一个重要的环节，总体规划这一步骤是必不可少的，它正如在产品开发中产品设计决定了后期产品成本的 80%一样，总体规划对企业信息系统建设能否成功起着重要的作用。可以这样说：当一个企业的前期总体规划工作做得较好时，企业的信息系统建设就会实施得很顺利；而当一个企业还没有一个清晰的总体规划时就进行信息系统建设，这个企业的信息系统建设就是不系统的，是很容易形成“信息孤岛”的。因此，从信息化建设的角度来说，总体规划工作是决定着企业的信息化建设成败的关键。

2.2.2 制定管理信息系统总体规划的方法

制定管理信息系统总体规划的常用方法有战略集合转换法、关键成功因素法及企业系统规划法等。目前还没有一种规范方法制定一个科学合理的战略规划，更多地取决于管理者对企业发展趋势的正确估计和对环境理解，各种规划方法只能起到辅助作用。规划方法很多，但无论在何种规划方法中，保持企业业务战略与信息系统战略的一致性，即业务战略与 IT 战略的集成是非常重要的。下面对战略集合转换法、关键成功因素法及企业系统规划法 3 种方法进行介绍。

1. 战略集合转换法

战略集合转换法（Strategy Set Transformation，SST）是在制定 MIS 的战略规划时，从组织的战略目标导出 MIS 战略目标。MIS 战略由使命、目标、策略、设计原则和其他战略等组成。

（1）阐明组织的战略规划。

如果企业还没有这类战略规划，就要去制定构造其战略，制定构造企业组织战略的步骤简述如下。

① 确定与该组织相关的各类人员，如企业的所有者、经理、雇员、供应商、顾客、贷款人、政府代理人、地区社团及竞争者等。

② 识别每类人员对该组织目标的要求。

③ 对应每类人员的要求拟定相应的策略，这些策略构成组织的战略集合。

（2）将组织战略集合转换成 MIS 战略。

当识别组织战略后，首先送交组织的最高领导者审阅和修改，然后将已被组织的最高领导者确认的组织战略集合转化成 MIS 战略进而对应于组织战略集合中的每个元素识别出对应的 MIS 目标、约束、相应策略等要素，最后提出整个 MIS 的结构，选出一个方案送交组织的最高领导者审阅。

战略集合转换法是从组织的战略目标转换导出 MIS 战略目标，但如何进行转换，非常依赖于系统分析人员的经验和素质，此过程具有不确定性。

2. 关键成功因素法

企业管理经营成功依赖许多因素，起关键性作用的因素被称为关键成功因素（Critical Success Factors，CSF），简称关键因素。一个企业要获得成功，就需要识别出其关键因素，围绕关键因素进行各方面的管理工作，保证关键因素的资源投入。抓住了关键成功因素，企业经营的成功才能有最大保证和可能。关键成功因素与企业战略规划密切相关，围绕关键因素进行管理信息系统建设，才能使管理信息系统发挥最大的作用；围绕关键因素进行系统规划，才能抓住管理信息系统的根本。

关键成功因素法就是找出企业的关键成功因素、围绕关键成功因素分析并确定企业的信息化需求，并进行管理信息系统的规划。关键成功因素法通常包含以下步骤：

（1）确定企业的战略目标。通过与高层管理者的交流，可以了解企业的发展战略。

（2）识别所有成功因素。了解企业的发展战略后，再识别达成该战略的所有成功因素。可以采用逐层分解的方法找出影响战略目标的各种因素。

（3）识别关键成功因素。从所有成功因素中找出达到战略目标需要的关键成功因素。

（4）识别每个关键成功因素的性能指标和标准。

（5）根据这些关键成功因素来确定信息化建设的优先级别。

以上步骤如图 2-3 所示。

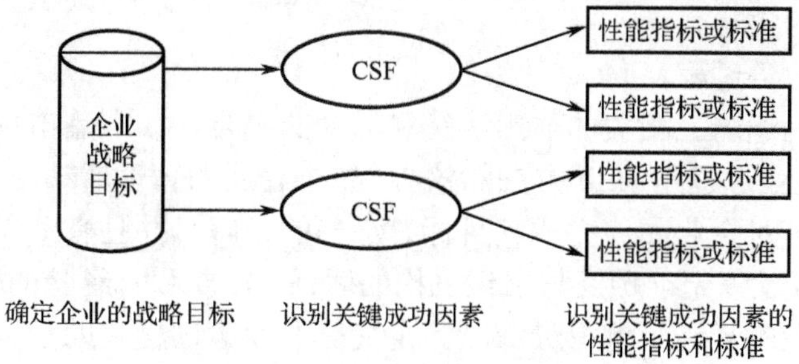

图 2-3 关键成功因素法步骤

以电网建设中的输变电工程项目为例，为了保质保量地按期完成电网中的输变电工程建设项目，用树枝图画出影响它的各种因素，以及影响这些因素的子因素，如图 2-4 所示。

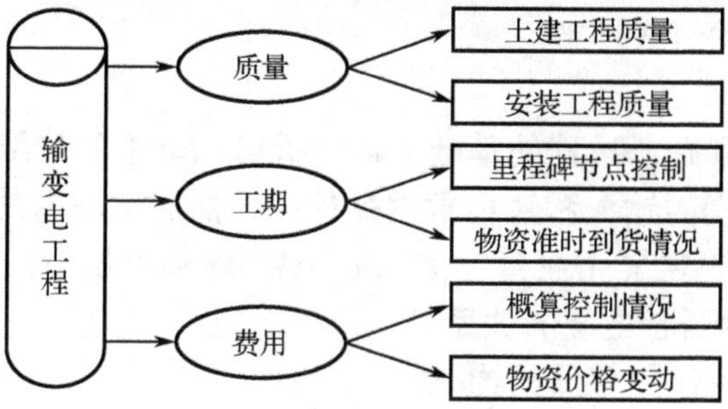

图 2-4 关键成功因素法示例

3．企业系统规划法

企业系统规划法（Business System Planning，BSP）是通过对企业全面调查，分析其信息化需求，制定管理信息系统总体方案的一种方法。BSP 方法基于用信息技术支持企业管理的思想，把企业目标转化为 MIS 战略，完成由企业战略到 MIS 战略的转化。BSP 方法包含了战略集合转换法思想，可操作性较好。

面向整个电力企业的管理信息系统是非常庞大的系统，企业系统规划法对电力企业建立大型的管理信息系统的思路是“自上而下规划，自下而上实施”。BSP 大致工作阶段包含以下详细步骤，如图 2-5 所示。

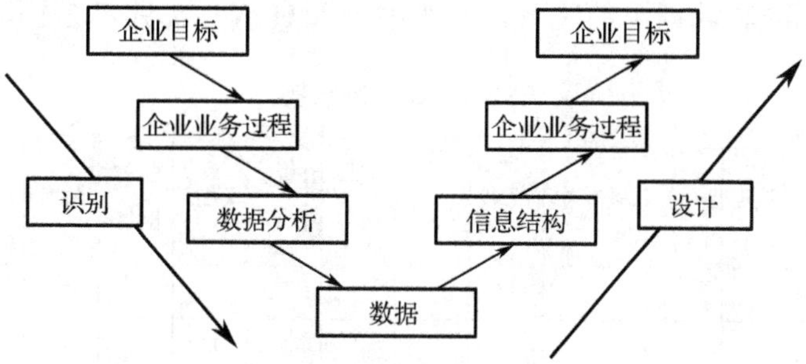

图 2-5 BSP 详细步骤

（1）定义企业目标。

确定企业的总目标和各级管理的子目标，各级管理的子目标要服从企业的总体目标。由企业管理目标界定管理信息系统的目标，管理信息系统为企业的管理工作提供需要的信息，支持管理目标的实现。

（2）定义企业业务过程。

企业业务过程为逻辑上相关的一组决策和活动的集合，如产品市场预测、原材料库存控制等，识别定义企业过程是 BSP 方法的核心。整个企业的管理活动由许多业务过程组成，识别企业业务过程可对企业如何完成其目标有深刻的了解，并且有助于定义信息系统的功能和流程。识别业务过程无须顾及与组织机构的联系，需要和有经验的管理人员讨论商议，因为只有他们对企业的活动了解得最深刻。定义企业业务过程有助于了解企业的功能、任务、信息需求与关联等，从而进一步形成信息系统模型。

企业业务过程的识别过程大致上分为三类：计划与控制、产品与服务和支持资源（资金、材料、设备等）。这样定义业务过程的目的是使管理信息系统最大限度地独立于组织机构的变化，具体的企业定义业务过程时按照这三类过程识别方式再细化。每一个过程包括小的活动，活动是过程的组成环节。

（3）定义数据类。

定义数据类是在识别企业过程的基础上，分析每一个过程使用什么数据，产生什么数据，或者说分析每一过程的输入和输出数据是什么，然后将所有的数据分成若干类。BSP 方法将过程和数据类作为定义企业管理信息系统总体结构的基础，它利用过程/数据矩阵（也称 U/C 矩阵）来表达两者之间的关系。

（4）定义管理信息系统的整体结构。

定义管理信息系统的整体结构，划分子系统，确定各部分的数据之间的关系，这是管理信息系统的长期目标。由整体结构出发，可以识别出每一模块，再按管理信息系统的计划来安排开发日程。BSP 方法是根据信息的产生和使用来划分子系统的，它尽量把信息产生的企业业务过程划分在一个子系统中，从而减少子系统之间的信息交换。定义信息系统的整体结构用多层的子系统结构图表示。

在确定子系统时，可以采用 U/C 矩阵的方法描述组织的业务过程和数据类的关系。矩阵中的行表示数据类，列表示业务过程，矩阵元素的值为 U 或 C，U（Use）表示业务过程使用数据类，C（Create）表示业务过程产生数据类。

使用 U/C 矩阵确定子系统的步骤如下：

1）列出管理功能（业务过程）和数据类，建立二维表。

2）分析管理功能和数据类的关系，在表中填入 U 或 C（见表 2-1）。

表 2-1　U/C 表示例

数据类 管理功能	客户	订货	产品	加工路线	材料表	成本	零件规格	原料库存	成品库存	职工	销售区域	财务	计划	设备负荷	材料供应	工作指令
经营计划						U						U	C			
财务计划						U				U		U	U			
产品预测	U		U								U		U			

续表

管理功能＼数据类	客户	订货	产品	加工路线	材料表	成本	零件规格	原料库存	成品库存	职工	销售区域	财务	计划	设备负荷	材料供应	工作指令
产品设计开发	U		C		U		C									
产品工艺			U		C		U	U								
库存控制								C	C						U	U
调度			U											U		C
生产能力计划				U										C	U	
材料需求			U		U										C	
作业流程				C										U	U	U
销售区域管理	C	U	U													
销售	U	U	U								C					
订货服务	U	C	U													
发运		U	U						U							
会计	U		U							U						
成本会计		U				C										
人员计划										C						
人员招聘考核										U						

3）调整管理功能和数据类的位置，使矩阵中的 C 最靠近对角线，U 相对集中（见表 2-2）。

表 2-2 调整后的 U/C 表

管理功能＼数据类	计划	财务	产品	零件规格	材料表	原料库存	成品库存	工作指令	设备负荷	材料供应	加工路线	客户	销售区域	订货	成本	职工
经营计划	C	U													U	
财务计划	U	U													U	U
产品预测	U		U									U	U			
产品设计开发			C	C	U							U				
产品工艺			U	U	C	U										
库存控制						C	C	U		U						
调度			U					C	U							
生产能力计划									C	U	U					
材料需求			U		U					C						
作业流程								U	U	U	C					
销售区域管理			U									C		U		

续表

数据类 管理功能	计划	财务	产品	零件规格	材料表	原料库存	成品库存	工作指令	设备负荷	材料供应	加工路线	客户	销售区域	订货	成本	职工
销售			U									U	C	U		
订货服务			U									U		C		
发运			U				U							U		
会计			U									U				U
成本会计														U	C	
人员计划																C
人员招聘考核																U

4）将表中U和C密集的地方框在一起，并命名为子系统。框外的U说明子系统间的数据流（见表2-3）。

表2-3 U/C表调整后划分出子系统示例

数据类 管理功能	计划	财务	产品	零件规格	材料表	原料库存	成品库存	工作指令	设备负荷	材料供应	加工路线	客户	销售区域	订货	成本	职工
经营计划	C	U													U	
财务计划	U	U													U	U
产品预测	U		U									U	U			
产品设计开发			C	C	U							U				
产品工艺			U	U	C	U										
库存控制						C	C	U		U						
调度			U					C	U							
生产能力计划									C	U	U					
材料需求			U		U					C						
作业流程								U	U	U	C					
销售区域管理			U									C		U		
销售			U									U	C	U		
订货服务			U									U		C		
发运			U				U							U		
会计			U									U				U
成本会计														U	C	
人员计划																C
人员招聘考核																U

经营计划子系统

产品准备子系统

生产制造子系统

销售子系统

财会人事子系统

这三种系统规划方法各有所长，战略集合转换法识别企业战略集合，确定了企业相关各类人员的需求，并对这些需求进行分析和综合后转换为MIS的战略集合，这种方法能保证目标，但它不如关键成功因素法能够突出企业管理的重点。关键成功因素法能够突出企业管理的重点，适用于确定管理目标。企业系统规划法从企业的既定目标出发，识别企业业务过程，确定信息需求，通过U/C矩阵的分析可以定义出支持其业务过程的MIS的总体结构。

在进行系统规划时，三种方法可以并用，用关键成功因素法确定管理目标后，再用战略集合转换法补充并将这些目标转化为管理信息系统目标，最后用企业系统规划法检验目标，确定MIS总体结构。至今，解决系统规划问题还没有一种全面的单一方法，开发人员应根据企业的实际情况和掌握的技术，以解决问题为目标灵活选择各种方法。

2.2.3 企业管理信息化基础诊断和总体规划报告的内容框架

企业管理信息化的基础诊断和总体规划，在企业管理信息系统建设项目进程中是非常重要的一环。本节根据本书编写组的学习、理解和实际项目的经验，总结起草出如下“企业管理信息化基础诊断和总体规划报告”的内容框架：

1．企业管理信息化基础诊断

（1）分析企业管理信息化历程，包括阐述这一过程中的重要里程碑事件；

（2）分析企业管理信息化建设情况，从建设规模、覆盖面等维度展开分析，尽量用数据加以说明；

（3）分析企业管理信息化应用情况，从业务系统应用范围、终端使用规模、各类应用用户注册数与在线数等内容展开分析；

（4）分析企业管理信息化建设成效，从管理改革、管理创新、管理水平提升、管理信息化程度提高、管理成本降低、如何避免浪费等方面阐述原有管理信息化项目对公司发展的贡献，尽量用数据进行分析说明；

（5）分析企业管理信息化建设中存在的问题，从与同类型发达企业的管理信息化差距、现行业务应用系统在功能和集成化程度等方面的不足、信息资源共享使用的不足、管理信息化操作使用人员在线办公人数的不足等方面进行阐述。

2．企业管理信息化发展战略

（1）分析企业发展管理信息化的必要性和整体需求；

（2）给出企业管理信息化发展指导思想，确定本单位管理信息化发展规划；

（3）针对企业管理信息化现状和特点提出管理信息化发展的基本原则；

（4）确定企业管理信息化建设目标和发展战略，尽量给出量化的总体目标和分期目标。

3．企业管理信息化战略体系

（1）企业管理信息化战略体系总体框架；

（2）基础技术架构，在广域网络平台、统一信息平台、硬件基础设施、软件基础设施等方面进行阐述；

（3）业务应用体系，在企业信息门户、协同办公平台、各个业务应用系统、业务应用集成平台和集成关系等方面进行阐述。

4. 组织管理与保障措施

（1）组织管理，包括建立企业管理信息化领导小组和工作小组、建立信息化沟通和反馈机制、实施信息化项目管理、引进先进的 IT 运维管理方法与手段、建立健全信息安全管理体系、建立专业化和集约化的信息化服务体系、加强信息化培训以提高组织的 IT 能力等；

（2）保障措施，针对企业管理信息化发展面临的困难和压力，提出为实现企业管理信息化发展目标将采取的保障措施及相关建议，包括组织保障、人才保障、管理制度和规范标准保障、资金保障等。

5. 企业管理信息系统建设实施步骤和进度计划

（1）企业管理信息化总体推进策略，包括新建哪些业务应用系统，更新改造哪些系统，各个业务应用系统分步实施的计划，制订管理信息系统建设的阶段计划；

（2）企业业务流程梳理和优化的计划；

（3）开发方式的选择和开发合同的签订，包括采购哪些成熟软件，定制开发哪些专用软件等；

（4）管理信息系统的概要设计和详细设计的计划；

（5）管理信息系统开发、实施和运行维护的计划；

（6）企业管理信息系统应用的可行性分析。

6. 投资估算

给出规划项目清单并估算每个项目的投资，给出分年度投资计划，包括如下几个方面：

（1）基础技术架构大概投入；

（2）业务应用体系大概投入；

（3）保障体系大概投入；

（4）其他投入。

以上总体规划报告的内容框架仅供参考，在实际工作中根据企业特点或上级单位要求，可能会有一定出入。

2.2.4 电力企业管理信息系统总体规划应用案例

1. 某电力施工企业管理信息化总体规划

下面结合实例详述电力施工企业总体规划报告的主要内容，其中有底纹的部分是电力施工企业管理信息系统项目总体规划报告中的摘要部分。

对企业管理信息系统建设的必要性进行分析如下：

（1）以总公司为中心，对项目部实行全面管控需要管理信息系统。

公司的日常管理中需要在总公司与各个项目部之间存在频繁的信息流和物流，需要快速传递信息、需要统一的物资、设备和材料供应，这样就产生了总公司与不同项目部之间的流通和管理环节，各个环节将直接影响到总公司的成本和效益，因此在每一环节上都要提高管理水平，提高信息化程度，即实现以总公司为中心，对项目部实行全面管控需要管理信息系统。

（2）企业实现体制创新需要管理信息系统。

体制创新包括管理创新、技术创新和经营创新。全企业综合项目管理信息系统提倡的企业管理方式是以团体为核心的扁平化组织结构，并行工作和协同工作方式。某公司实现网络互联后，为推广实施综合项目管理信息系统创造了条件。

全企业综合项目管理信息系统帮助企业进行流程重组、机构重组、建立新的管理体制，其特点在于实现企业间的信息流、物资流、资金流敏捷畅通，实现企业内部相互监督和相互促进，消除旧观念，注入新观念，员工自觉发挥最大潜能工作，报酬和劳动成果紧密相连，决策更加透明，更有利于调动员工的积极性。

（3）建立“以人为本”的竞争机制需要管理信息系统。

基于信息化手段的精细化管理要制定明确量化的目标体系，针对某个员工而言，需要建立“以人为本”的竞争机制，即给每个员工制定一个工作任务和评价标准，并以此作为对员工奖励的依据，员工必须达到这个标准，不断超越这个标准，超越得越多受到的奖励就越大。标准不断提高，工作效率必然跟着提高，这样就建立了“以人为本”的竞争机制。

（4）从企业发展的角度看需要管理信息系统。

信息化工作是企业生存和发展的必经之路，信息化工作在电力施工企业成为加强管理和提高经济效益的必要手段，而且也成为电力施工企业竞争的必备条件。投标靠信息化工作优化建设方案，模拟建设过程；施工过程靠信息化工作优化资源组合，形成既经济又省时的施工方案，并且在优化的条件下形成完全透明的经济效益，能够避免过去的管理模式下存在的弊端。信息化工作的引入是电力施工企业管理的变革、是思维和工作方式的转变、是传统管理方式向现代管理方式的转变，我们要想发展壮大必须加强和提升信息化工作水平。

（5）从企业资源利用的角度看需要管理信息系统。

只有将企业的信息资源、软件资源、硬件资源、人力资源、财力资源、设备资源等各种资源完全整合，并建立充分的资源共享机制后，才能有效降低企业生产成本和综合经营成本，提高企业效益。特别是像我们这样的电力施工企业，施工现场分布在全国各地，而且施工工期相对比较长，产品单一，但工序繁多，手工劳动和机械设备使用品种多，原材料品种多。实施全企业综合项目管理信息系统有利于各种资源的综合调配，减少管理环节，降低管理成本。

（6）从企业管理的角度看，公司推行强势管理需要管理信息系统。

电力施工企业经过多年的机构变革和转化，形成分散经营、松散管理的现象，在市场经济的形势下，微利竞争，只有靠堵住管理漏洞，才能创造良好的经济效益，因此推行全企业综合项目管理信息系统有利于减少管理层次，实现集约经营。形成现代化的管理模式，使管理效益功能成倍地放大，对企业进行品牌经营有很大的益处。

（7）从企业领导决策的角度看需要管理信息系统。

全企业综合项目管理信息系统的实施，各子项工作相互关联，录入数据及时准确，而且领导可以及时进入模块中进行查询得到准确的信息，并可以基于事实进行决策和指挥，进而不同程度地避免决策失误。

对电力施工企业管理信息系统建设的目标和作用进行分析如下：

（1）优化企业组织结构，减少管理层次，规范企业内部管理。这将增强企业对市场的敏感程度及对市场的反应速度，降低管理成本，大大提高企业对市场的应变能力。

（2）降低企业综合经营成本。库存管理系统可以为企业建立动态的合理库存，在不出现库存短缺的情况下，尽量减少库存；采购管理系统可以为企业缩短采购提前期，建立更为合理科学的采购周期，从而减少资金占用周期和缺货情况。更为重要的是全企业综合项目管理信息系统整合了企业集团的综合优势，加强了企业内各部门、各分/子公司之间的相互协调，并有机地结合在一起。这样就避免了企业各部门之间各自为战、盲目决策的情况出现，减少了管理上的失误，减少了企业内部因为不协调而造成的资源（包括人力、物力、财务等）浪费。

（3）全企业综合项目管理信息系统的应用可以强化总公司对各项目部、各个分/子公司经营情况的管控力度，避免企业内部因监管不力而造成的损失。

（4）应用全企业综合项目管理信息系统可以使企业内部各分/子公司之间、部门之间、企业与客户之间达到充分的信息共享。企业可以为客户提供更高层次的信息化服务，加强企业与客户之间的有机联系，从而赢得客户，赢得市场。

（5）实施全企业综合项目管理信息系统使企业管理全方位变革、实现信息化管理。管理结构从"金字塔"走向"扁平"；变职能管理为过程管理，由过去静态的、片面的、孤立的管理变成动态的、全面的、网络化的理性管理，使企业成为一个有机整体，实现"现代化集成管理"；成本管理是企业经营管理的核心，打破壁垒，实现信息共享。

2. 国家电网公司"SG186工程"总体规划

2006年4月29日，国家电网公司提出了在全系统实施"SG186工程"的规划报告。在本规划报告中描绘出国家电网公司"十一五"期间信息化发展的美好未来。

（1）实现四大目标。

"SG186工程"将实现四大目标：一是建成"纵向贯通、横向集成"的一体化企业级信息集成平台，实现公司上下信息畅通和数据共享；二是建成适应公司管理需求的八大业务应用，提高公司各项业务的管理能力；三是建立健全规范有效的六个信息化保障体系，推动信息化健康、快速、可持续发展；四是力争到"十一五"末，公司的信息化水平达到国内领先、国际先进，初步建成数字化电网、信息化企业。

（2）建设一体化的企业级信息集成平台。

"SG186工程"中的"1"指的是一体化企业级信息集成平台。这个平台的建设，既源于企业发展的战略构想，也源于日常的工作需要。针对诸如"一些数据要反复报给不同的上级部门，而这些部门的报表软件各不相同，填写起来要占用大量时间"的问题，建设一个一体化企业级信息集成平台刻不容缓。平台建设完成后，将具备统一的数据交换功能，做到"一处录入，多方使用"，为数据的真实性、一致性和完整性提供保障。

对这样一个平台的建设，规划报告提出了明确的要求和界定：首先是起到畅通信息渠道的作用；同时平台还承担着促进业务集成，整合已建应用系统，避免重复建设，降低开发成本，消除信息"孤岛"等作用，并在生产、经营、管理等各环节实现数据共享，建立企业全局数据字典等一系列作用。

（3）建设覆盖公司业务的八大业务应用。

"SG186工程"中的"8"，就是按照国家电网企业级信息系统建设思路，依托公司企业信息集成平台，在公司总部和公司系统，建设财务（资金）管理、营销管理、安全生产管理、协同办公管理、人力资源管理、物资管理、项目管理、综合管理等八大业务应用。

规划报告将国家电网公司21个分散的业务应用模块，全部归并到“SG186工程”的八大业务应用中，以适应公司的信息化建设统一格局。八大业务应用，基本上涵盖了公司的主要业务范围和业务工作。如果遵循“横向集成”的原则，通过整合、完善、改建和新建的方式，实现各应用间的数据共享，将极大提高工作的质量和效率。

在具体实施中，八大应用模块将先采取典型设计的方式，试点成功后，再分阶段推广。这样不仅可以节约费用和时间，同时大大降低可能产生的风险。

（4）建设六个保障体系。

“SG186工程”中的“6”，就是为保障公司信息化发展的协调性与连续性，顺利落实公司信息化发展的战略重点，提出要建立健全六个信息化保障体系。这六个体系分别是：信息化安全防护体系、标准规范体系、管理调控体系、评价考核体系、技术研究体系和人才队伍体系。这些体系的建立将为公司的信息化建设提供必需的资源、技术、管理和人才保障。建成后的六个保障体系将以国家电网公司通信网络为基础，覆盖公司总部、直属单位及网省公司、地市公司、县公司，形成高速、畅通、安全、可靠的国家电网公司信息网。

“SG186工程”总体架构如图2-6所示。

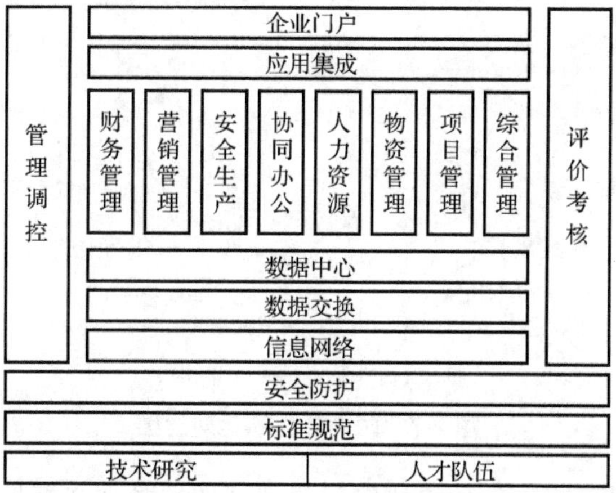

图2-6 “SG186工程”总体架构示意图

3. 省级电力企业“十二五”信息化总体规划

综合省级电力企业“十二五”信息化规划的特点，其总体规划报告的框架结构包括如下十个部分：

（1）总则，包括规划依据、规划范围、规划年限、规划执行、规划修订等内容。

（2）信息化现状，包括信息化历程、“十一五”信息化实现跨越式发展、“十一五”信息化工作整体成效、国内外信息化对标、差距与不足等。

（3）信息化面临的形势。

（4）指导思路、基本原则、发展思路和规划目标。

（5）一体化信息平台，包括规划目标、平台架构、建设原则、规划内容。

（6）业务应用与集成。

（7）信息化保障体系。

（8）投资估算，包括总体投资、重点项目计划、节约投资的措施。

（9）信息化成效目标，包括信息化主要指标完成的目标、信息化全面支撑公司发展战略、信息化支撑公司各项业务发展战略。

（10）保障措施，包括优化完善信息化管理、保证稳定的资金渠道、加强信息化人才培养、严格信息化项目管理、强化信息化监督考核。

限于篇幅，本节给出其中的要点或值得参考学习的部分内容。

（1）国内外信息化对标。

公司定义了信息化工作以规划、建设、运维为主线，以信息化管理调控为核心，以应用、数据、基础设施为支撑的信息化运营能力模型。根据信息化运营能力模型，从如下六个维度，21 个子项与国外信息化先进企业进行对比研究，总结公司信息化取得的成果及与信息化先进企业间的差距，如图 2-7 所示。

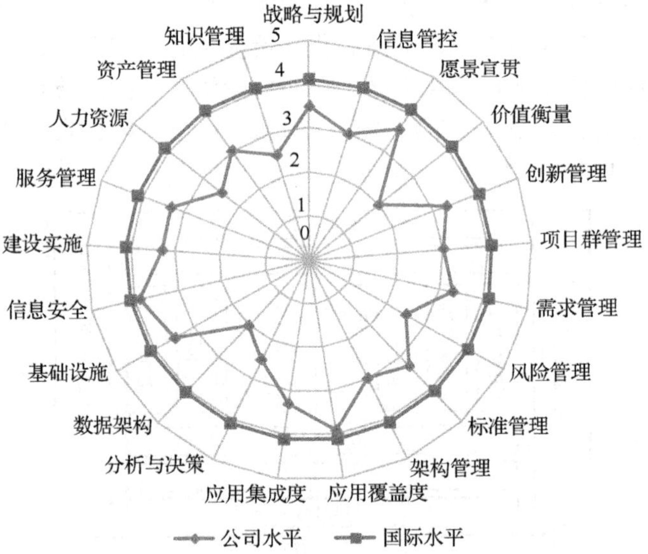

图 2-7　国内外信息化对比图

1）信息化战略管理，将保证信息化的投资被有效地管理并满足业务部门的期望，分解为信息化战略与规划制定、信息化管控框架规划与管理、沟通信息化愿景和目标、信息化价值衡量、信息化创新管理等五个子项。

2）信息化管理调控，是对信息化运营的管理与控制，分解为项目群管理、业务需求管理、信息化风险管理、信息化标准管理、信息化架构管理和应用覆盖度等六个子项。

3）信息化技术支撑，是为满足、保障业务需求与业务应用提供相应的技术支撑环境，分解为应用与集成架构、分析与决策、数据架构、基础设施、信息安全等五个子项。

4）信息化建设实施，是对信息化项目的范围、进度、预算、资源、质量、风险、合同的管理能力。

5）信息服务管理及运行维护，是确保解决方案被正确的交付，保证基础设施环境的正常运维、对生产环境中的服务进行日常的管理与支持的管理及运行体系。

6）信息资源管理，是对信息化使用资源的管理，分解为信息化人力资源管理、信息化资产管理、信息化知识管理三个子项。

（2）信息化打造“一强三优”现代公司。

国家电网公司发展战略是将国家电网公司建设成为电网坚强、资产优良、服务优质、业绩优秀（“一强三优”）的现代公司。“十一五”期间，国家电网公司在“一强三优”现代公司发展战略引领下，经过不懈努力，在“两个转变”和“四化”工作中取得了重大突破和显著成效，进入了以集团化和集约化为重要特征、全面推进标准化和精益化管理的新阶段，盈利能力、创新能力、发展能力不断增强，综合实力、核心竞争力和社会影响力全面提升；电网发展在科学规划指导下，进入了以特高压和智能化为重要特征、各级电网建设协调推进的新阶段，资源配置能力和抵御风险能力明显提高，建设水平、技术水平、管理水平不断提高。

国家电网公司为了实现战略目标，“十二五”期间将全力推进“三集五大”工作，打造统一的国家电网，提升“四化”管理水平，不断拓展发展空间，提升国际竞争力和国际影响力。为适应国家电网公司发展要求，国家电网公司提出“在继承‘SG186 工程’建设成果的基础上，建成国家电网公司一体化企业资源计划系统（SG-ERP），优化整合信息资源，增强一体化信息平台承载能力，深化业务应用建设与集成，提升分析决策水平，全面建成信息化企业，信息化整体水平达到国际领先”的信息化发展目标，为公司发展提供强有力的支撑，实现建设世界一流电网、国际一流企业愿景，推进国家电网公司可持续发展。图 2-8 给出了信息化支撑公司发展战略的实现路线。

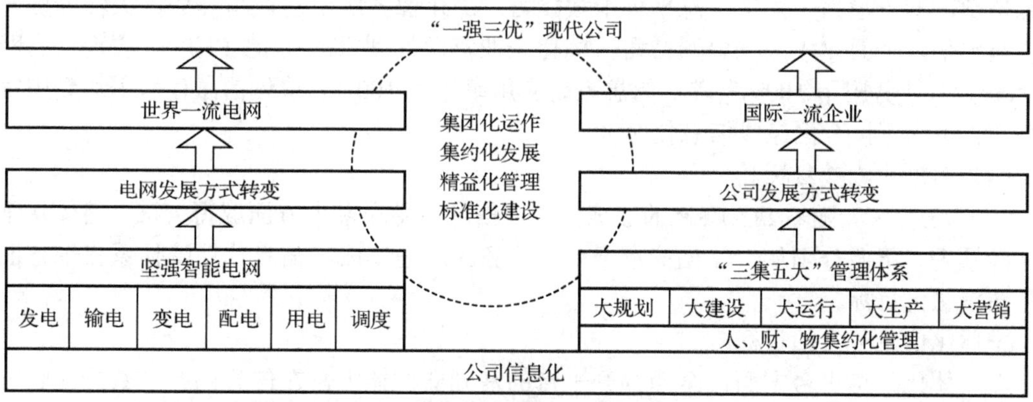

图 2-8　信息化推进实现公司发展战略

（3）信息化指导思想、基本原则与发展目标。

1）指导思想。

围绕国家电网公司建设“一强三优”现代公司的发展战略目标，按照以建设坚强智能电网为核心的转变电网发展方式和以“三集五大”为核心的转变公司发展方式的工作要求，坚持信息化统一领导、统一规划、统一标准、统一建设（“四统一”）原则，严格按照国家电网公司信息化工作总体部署和要求，充分继承“SG186 工程”建设成果，在强化应用、不断完善的基础上，加快信息化企业建设，加快 SG-ERP 推广应用，推动公司信息化持续快速发展，提升服务质量与水平，为建设坚强智能电网和推进“三集五大”工作提供强大的信息化支撑，为建成“世界一流电网，国际一流企业”提供有力的信息化保障。

2）基本原则：整体继承、兼顾实际；统一规划、统筹实施；完善优化、突出提升；强调实用、追求实效。

3）发展思路。

根据一体化集团企业级信息系统的建设要求，在“SG186 工程”基础上，按照如下“更广、更深、更高、更强、更好和更优”的发展思路推进信息化建设。

覆盖面更广：向前延伸至规划领域，向后扩展到用电领域，进一步扩展至能量管理领域，消除信息管理盲点，全面覆盖公司各项业务，覆盖到公司各供电单位和各综合单位。

集成度更深：按照业务主线深度集成所有业务流程，高度集中相关业务应用，实现公司整体资源共享和业务协作，建设整合共享的信息资源池，提高信息资源的使用效率。

智能化更高：实现经营决策智能分析、管理控制智能处理、业务操作智能作业，深化数据分析与处理，提高管理决策支撑能力。

安全性更强：健全公司信息安全保障体系，实现主动防御，建成一体化信息运维系统，确保信息安全可控、能控、在控。

互动性更好：实现电力系统各个环节的良性互动与高效协调，建设高效的企业门户、呼叫中心，提升协作水平、用户体验和服务水平。

可视化更优：通过可视化技术更直观地反映电网运行和企业经营状态，更形象更清晰地展现业务管理全过程信息和辅助决策支持信息。

4）总体目标。

全面继承“SG186 工程”建设成果，按照国家电网公司的统一部署和要求，优化整合信息资源，不断增强一体化信息平台承载能力，深化业务应用建设与集成，大幅度提升分析决策水平，全面建成国家电网公司一体化企业资源计划系统（SG-ERP），实现信息网络100%覆盖、业务应用 100%覆盖、信息系统应用率达到 100%，整体信息化水平达到国家电网公司先进水平，全面建成信息化企业。

（4）信息化成效目标。

“十二五”末，随着 SG-ERP 的建成，公司信息化将在多个方面取得突破，整体水平达到国际领先。下面分别从一体化信息平台、业务应用与集成、信息化保障体系三个方面说明公司信息化目标。

一体化信息平台的目标：

在一体化信息平台方面，全面提升平台的基础支撑能力，在信息网络、数据（容灾）中心、集成服务、信息展现等四个指标值较“十一五”末都有显著增长。

1）信息网络：公司形成能够适应特大型、数字化、网络化智能电网电力生产和发展需要，支持电力市场运作和现代化企业经营管理需要的安全可靠、高效灵活、体系完整、功能全面的一体化通信网络架构。

2）数据中心：建成三地容灾中心，实现应用级容灾，提升数据中心的存储能力和处理能力，实现稳健、灵活的结构化数据管理，建立权责清晰的数据管理团队，实现全业务的数据管控。

3）集成服务：为业务应用的深度集成和业务应用的流程集成提供集成服务，提升数据之间的快速可靠地交换和复制能力。

4）信息展现：全面提升信息展现可视化能力、互动化水平。

业务应用与集成的目标：

在业务应用与集成方面，较“十一五”末有显著突破。

1）业务应用覆盖：实现业务应用在信息外网的延伸，满足公司、分/子公司员工的外网办公要求，为公司外部用户提供更广泛的信息服务，全方位搜集上下游用户信息，为决策分析提供信息基础。

2）业务应用集成：实现分/子公司与公司的信息交互和共享。打通各类业务应用的信息壁垒，实现数据全面共享、流程充分互通。

3）分析与决策：完成决策分析体系的构建，运用多维分析与数据挖掘支撑业务趋势预测，提高科学决策能力，助力管理变革实施，推进信息实用化。

4）应用成效：借助实用化评价机制，提升本部、分/子公司信息系统实用化水平，实现信息系统全面深化应用，建立信息化价值衡量体系。

信息化保障体系的目标：

在信息化保障体系方面，较“十一五”末保障更加有力。

1）安全防护：实现公司信息内外网各类信息资源的安全存储和可靠访问。

2）标准规范：积极参与国际和国家级别的有关标准制定，提升公司在国际和国家级别标准制定中的实力。

3）信息管控：完善计划与信息化建设管理，深化信息化企业架构管理，建立信息化价值衡量、风险管理体系，实现公司信息化优质、高效、绿色、低成本的可持续发展。

4）信息运行：建设具有主动预防能力的后端运维，并实现主动、集中、统一的信息调度运行管理，实现信息系统可控、能控、在控。

5）技术研究：加强信息网络安全、软件工程、运行仿真中心等信息化实验环境建设，在关键技术领域取得突破，充分实现信息技术对公司发展做出的成效共享。

6）人才队伍：有效提升信息化人才队伍的业务水平与综合素质，打造一支国家电网公司品牌的信息化专业队伍，推进信息产业化。

4. 某发电公司信息化总体规划

某电力投资公司编制的“信息化战略规划”报告结构完整、内容翔实，下面给出部分核心的规划内容。

（1）战略体系框架

在信息化指导思想和原则的指导下，为实现信息化建设目标，制定信息化“二四二三”发展战略，具体内容如下：

① 面向两个产业层级——信息化建设将面向能源集团产业链和电力核心产业级，整合核心产业和相关产业资源，促进能源集团建设目标的实现；

② 建设四大应用体系——建立支持业务与管理的建设、生产、经营、管理四大应用体系；

③ 构建两个技术平台——构建集团广域网络平台、集团统一数据平台；

④ 实施三个建设阶段——信息化建设分三个阶段完成，分别为：信息资源规划与重点专项应用建设阶段；以集成应用为主、全面应用推进阶段；综合决策应用建设阶段。

“二四二三”信息化战略框架如图2-9所示。

（2）四大应用体系

应用体系是信息化建设的核心内容，赛迪顾问基于对中电投业务与管理模式的分析，构建了建设、生产、经营、管理四大体系。信息化应用系统建设将围绕这四大体系展开，每个体系各有重点，四大体系之间密切联系，通过四个体系的应用建设，形成支撑整体业务与管理运作的信息化应用架构。

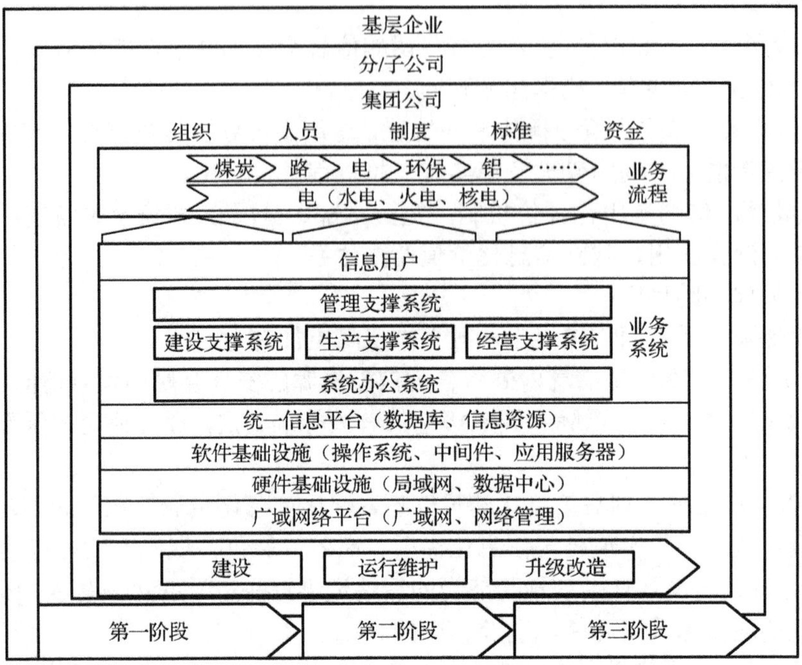

图 2-9　信息化总体框架

① 建设支撑系统。

建设支撑系统主要包括工程建设管理系统，建设的目的是支持集团公司对建设项目的管理，包括新建火电项目、水电项目、核电项目的项目开发、项目建设，以及技改工程项目。管理内容包括安全管理、进度管理、质量管理、造价管理、招投标管理、设计管理、施工管理、档案管理、信息管理等。

工程建设管理中涉及集团内部的四层主体和外部的设计机构、工程公司、监理单位，项目管理复杂，信息交互多。

工程建设管理系统面向工程建设项目，以项目实施机构（项目公司、发电企业）为主体，贯通分/子公司、集团本部管理部门，同时对项目设计单位、施工单位、监理单位开放，成为项目相关参与者信息交互的平台、集团管理部门监督管理的工具，如图 2-10 所示。

工程建设管理系统由集团统一开发建设，向新项目推广。在实际开发建设中，可借鉴集团内已有项目管理系统的成功经验，或基于已有系统进行功能扩充与推广使用。

② 生产支撑系统。

生产支撑系统建设的目的是建立安全生产的有效管理监督机制、提高安全生产水平，提高电厂发电量，加强设备管理、提高设备健康水平、提高生产可靠性、降低维修成本。

生产支撑系统主要支持中电投对电、热、气产品生产方面的管理，包括生产调度指挥、安全管理、运行管理、设备管理、生产技术管理（可靠性管理、技术监督及环保管理、节能管理等）。

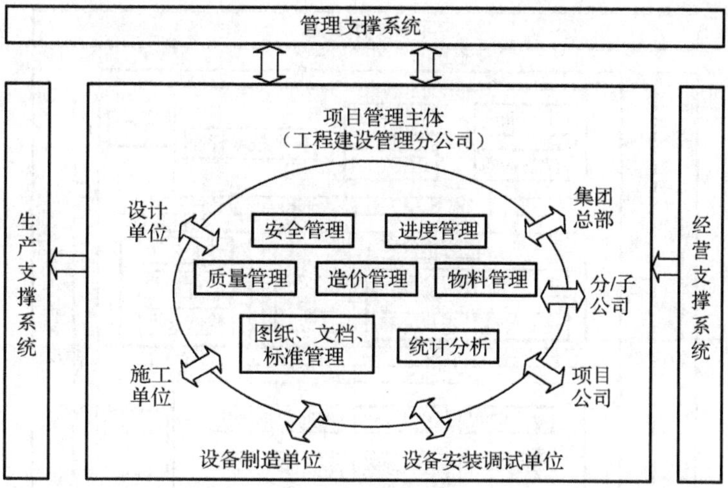

图 2-10　建设支撑系统结构

生产支撑系统根据集团公司在生产管理上的三级管理体制和“分级管理、越级监督”的特点而建设。在生产调度方面，集团本部立足于成为集团公司系统实时发电生产指挥中心、生产运营信息中心、电力调度业务协调中心、竞价上网督导中心。集团本部通过生产调度系统了解集团各发电企业的生产实时、设备状态、生产经营指标、电力市场等信息，对集团范围内的生产活动进行组织、协调，整合集团内部发电资源，发挥整体优势，提高市场竞争力。分/子公司对所属发电企业的生产运行进行组织、协调。

集团本部对各发电企业的安全生产、节能、环保等进行统一管理，实行“分层管理、分级负责、上下贯通、协调一致”的安全生产管理体系。分/子公司对所属区域内的发电企业生产安全、节能、环保等进行协调、指导、监督和管理。基层企业负责对本企业安全与生产实行全面管理。

生产支撑系统以发电企业的生产、安全管理为重点，通过实时监测、状态监控、优化运行等进行实时的生产管理；分/子公司、集团本部以生产组织、协调为主，通过采集发电企业生产运行信息，进行跟踪分析、优化调度、整合资源，如图 2-11 所示。

生产调度管理以集团统一建设，分/子公司、发电企业分布应用；设备管理、运行管理、安全管理、生产技术管理以发电企业为核心，分/子公司、集团本部以信息收集、跟踪、分析为主。

对于相关产业的企业，在生产管理上可根据行业和企业特点建设相应的专业系统，通过应用接口与集团公司建立连接，根据管理需要向集团公司上传生产相关信息，实现集团的监督、管理需求。

③ 经营支撑系统。

经营支撑系统主要支持集团公司系统的燃料管理、物资管理、市场营销管理。经营支撑系统建设的目的是：适应集团公司在燃料、物资管理方面的专业化、集约化管理模式，为保证电力生产的煤炭供应、物资供应、控制生产成本提供支持。

燃料管理系统。建设集团公司统一的燃料管理系统，以区域燃料公司为主体，包含集团公司、区域分/子公司、发电企业燃料管理在内的燃料管理纵向一体化系统。同时，燃料管理系统与财务管理系统、生产管理系统建立联系。

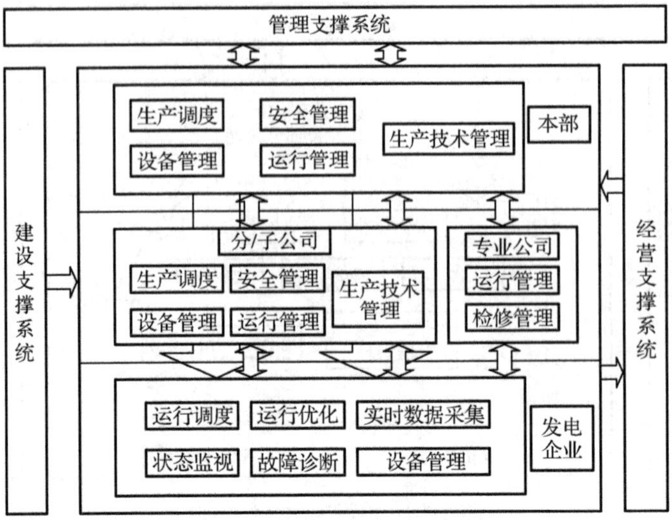

图 2-11　生产支撑系统结构

物资管理系统。建设集团公司统一的物资管理系统，发电企业以物资的管理为主，进行物资的采购、付款、库存、领用等管理；区域分/子公司以所属区域内的物资信息管理为主，协调区域内的物资采购、调配；集团公司以全集团的物资信息管理为主，立足于全集团的战略性物资管理，进行物资采购、信息管理，建立数据中心，实现虚拟库存管理。建立集团公司的电子商务平台，提供对采购的支持。物资管理与财务管理建立联系，形成物流、财务集成化。

营销管理系统。中电投营销管理系统一方面要协调组织公司的电力、热力销售和竞价上网，另一方面要获取电力市场的动态信息，进行电力市场分析、预测，为公司的电力、热力销售服务。

对于相关产业的企业，在经营管理上可根据行业和企业特点建设相应的专业系统，通过应用接口与集团公司建立连接，根据管理需要向集团公司上传生产相关信息，实现集团的监督、管理需求。经营支撑系统构成如图 2-12 所示。

④ 管理支撑系统。

管理支撑系统建设的目的是通过信息化手段建立集团公司上下贯通、横向渗透的管理渠道，提高管理效率与效益，促进集团现代化管理水平的提高，增强中电投的竞争能力、盈利能力和可持续发展能力。

管理支撑系统主要包含企业综合管理（综合计划、经济活动分析、综合统计）、财务管理、人力资源管理、资金结算管理、资本与股权管理、监察与审计等方面。

管理支撑系统在集团公司组织上分为三层纵向贯通，横向与建设支撑系统、生产支撑系统、经营支撑系统之间紧密联系。管理支撑系统从内容上分为两个层次：职能管理层和决策分析层，职能管理层主要包括财务管理、资金管理、资本与股权管理、人力资源管理、科技管理、党群工作管理、对外关系管理、行政事务管理；决策分析层主要包括综合计划管理、绩效管理、经营统计分析、竞争情报管理、纪检、监察与审计管理、综合决策等，如图 2-13 所示。

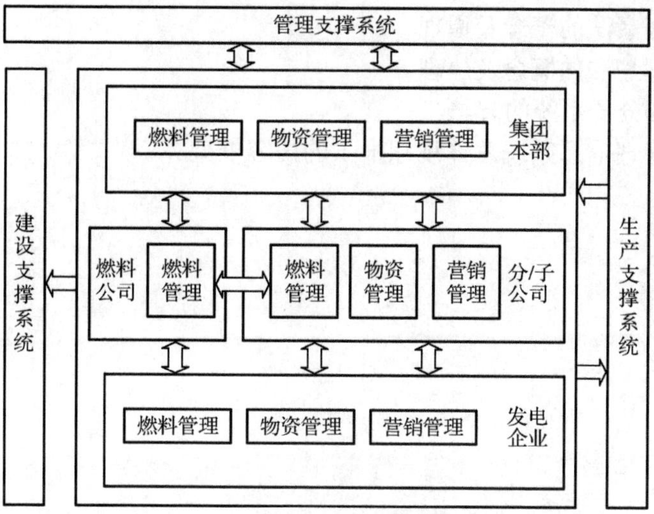

图 2-12 经营支撑系统结构

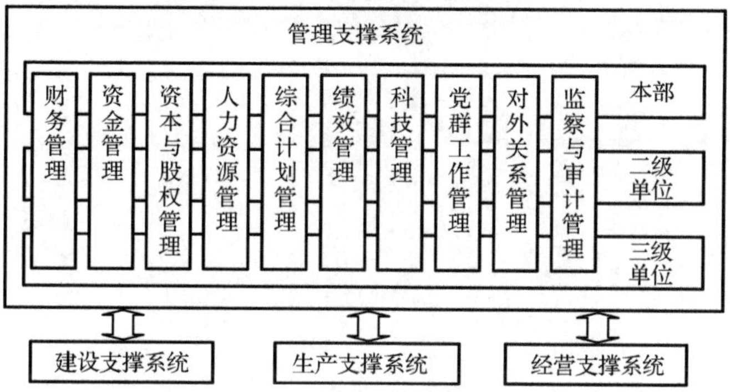

图 2-13 管理支撑系统结构

本 章 小 结

管理信息系统基础诊断和总体规划是企业管理信息系统实施过程中的重要组成部分，是企业管理信息系统实施中的基础工作，通过在管理信息系统实施初期对企业信息化进行基础诊断、需求分析，摸清企业的战略愿景、信息化现状后，在此基础上进行管理信息系统的总体规划设计，完成信息系统总体报告的撰写。在本章末尾给出了不同电力企业类型的管理信息系统案例，以供相关人员参考学习使用。

复习思考题

1．电力企业管理信息化基础诊断包含的内容。
2．电力企业管理信息化需求分析需要注意的内容。
3．电力企业管理信息系统总体规划的概念，意义及原则。
4．战略集合转换法的概念及原理。

5．关键成功因素法的概念及原理。
6．企业系统规划法的概念及原理。
7．U/C 矩阵划分子系统的方法。
8．电力企业管理信息系统总体规划报告的内容框架。

第 3 章　基于业务流程梳理的电力企业管理信息系统分析

电力企业服务的本质是为用户提供优质电能，因此，在当前以客户为中心的时代，由于其客户导向的特性，企业业务流程以客户满意度为导向就成为企业获取持续竞争力的一个关键。所以，要利用电力企业管理信息系统规范企业管理，提高企业管理效率，从而提高企业的竞争力，就需要对企业现有的业务流程进行彻底的梳理和改造。管理信息系统分析部分需要完成的工作是依据梳理和改造后的企业业务流程解决系统具体“做什么”的问题。

3.1　业务流程梳理的概念和作用

3.1.1　业务流程梳理的概念

业务流程是为达到特定的价值目标而由不同的人分别共同完成的一系列活动。活动之间不仅有严格的先后顺序限定，而且活动的内容、方式、责任等也都必须有明确的安排和界定，以使不同活动在不同岗位角色之间进行转手交接成为可能。简单地说，流程就是不能靠一个岗位、一个人的技能和能力完成的工作和活动的集合。

随着企业管理模式向以过程为核心的方式转化，企业的许多信息化系统都加入了对过程管理的支持。例如，最早以文档流转为核心功能的办公自动化 OA 系统以及以业务过程自动化为目标的工作流程系统等。在有关业务流程的研究方面，引入了“业务流程重组”这一概念。业务流程重组（Business Process Reengineering，BPR）是最早由美国的 Michael Hammer 和 Jame Champy 提出，在 20 世纪 90 年代达到了全盛的一种管理思想。BPR 强调以业务流程为改造对象和中心，以关心客户的需求和提高客户的满意度为目标，对现有的业务流程进行彻底的重新分析，利用先进的信息技术和现代化的管理手段，最大限度地实现技术上的功能集成和管理上的职能集成，以打破传统的职能型组织结构，建立全新的过程型组织结构，从而实现企业管理在市场竞争、客户服务、成本控制、质量安全等方面的巨大改善。关于 BPR 的定义有较多的提法，比如有的观点认为 BPR 就是对组织中及组织间的工作流程与程序的分析；有的观点认为 BPR 是使用信息技术从根本上改变企业流程以达成主要企业目标的方法性程序；也有的观点认为 BPR 是对企业流程的基本分析与重新设计，以获取绩效上的重大改变。尽管观点的描述不尽相同，但它们的内涵是相似的，即 BPR 实质上是一个企业为了达到某一经营目标而实施的一系列逻辑活动，这个逻辑活动要不受现有部门和工序分割的限制，以一种最简单、最直接的方式来分析企业经营过程，要面向经营过程设置企业的组织结构，以实现企业的重组。

业务流程的梳理在公司管理方面只是很小的一个层面，但是它的重要性却不容忽视。面对现如今日益激烈的竞争市场，业务流程重组对每个企业而言都是要面临的一个重要议题。业务流程重组的结果是要优化企业业务流程，使之更好地适应电力企业快速变化的需求，更有效规范企业内部管理。企业采用专业化的业务流程分析方案不仅出于更加长远的考虑，而且也是迫于日益严峻的压力。不断变化的外部条件（竞争、客户行为、新技术等）要求企业不断评估调整企业内部及企业间的业务流程，更重要的是不断加以改进，以提高企业的核心竞争力。从企业内部角度看，提高经济效益和创新，以及保持高质量标准方面的压力，也要求企业正确面对业务流程，因为业务流程是创造利润、增加收入和降低成本的最终驱动因素。只有建立快速灵活应对业务流程、满足客户和市场需求的企业结构，企业才能提高满足内部和外部需求的能力。

3.1.2 业务流程梳理的作用

在进行业务流程梳理后，成功的流程梳理可以对电力企业的管理发挥以下几方面的重要作用：

（1）实现职能管理到面向业务流程管理的转变。业务流程梳理强调面向业务流程的管理，将业务的审核与决策点定位于业务流程执行的地方，缩短信息沟通的渠道和时间，从而提高工作效率。

（2）注重整体流程最优的系统思想。业务流程梳理根据整体流程全局最优的目标分析和优化流程中的各项活动，尽可能地减少无效的或不增值的活动。各个部门可以协调工作，以企业整体效益为目标，保证工程项目顺利进展。

（3）建立扁平化组织。业务流程梳理要求先分析流程，然后根据流程建立企业组织，尽量消除纯粹的中间环节，这不仅降低了管理费用和成本，更重要的是提高了组织的运转效率及对市场的反应速度。

（4）各部门数据共享，减少了中间环节，避免了导致信息分流而出现的信息重复、隔阂甚至丢失，提高了流程运作效率，节省了人力、物力资源，实现了成本的精确控制，增强了电力企业的信息化。

（5）充分发挥每个人在整体业务流程中的作用。业务流程梳理要求将决策点定位于业务流程执行的地方，这就强调了业务处理流程上人员的素质，并强调了团体合作精神，将个人的成功与其所处理流程的成功作为一个整体考虑。

（6）各个部门可以实时掌握整个供应链或价值链的动态，有利于各个部门审时度势，明确自己现时的工作目标，及时调整工作重点。

（7）面向客户和供应商整合企业业务流程。当前的竞争不再是单一企业的竞争，而是一个供应链与另一个供应链之间的竞争。只有对供应链的各个环节实施有效管理，企业才有可能真正获得市场上的竞争优势。这要求不仅对一个企业内部的业务处理流程，还要求对客户、企业自身与供应商组成的整个供应链业务流程进行重新分析。

3.2 业务流程梳理应注意的问题

业务流程的梳理与分析工作是一项长期的工作，工作内容琐碎。针对电力企业的独特性，在流程分析时，应该重点考虑以下几个方面的问题。

（1）高层领导的重视程度。高层领导特别是企业“一把手”持续性的参与和明确的支持能够明显提高业务流程分析的成功率。因为业务流程分析工作是从公司的整体进行思考的，涉及的范围广泛。业务流程分析并不仅仅是分析出来就可以的，还应该将分析的新业务流程应用到实际工作中。业务流程分析是一项重新分配利益的工程，会对员工和他们的工作产生较大影响，特别是业务流程分析常常伴随着权力和利益的转移，有时会引起一些人尤其是中层领导的抵制，如果没有高层管理者的明确支持，则很难推行。

（2）抗拒变革的阻力因素。人的因素是业务流程分析中最重要的因素，这里所说的人的因素，既包括企业的高层管理人员，也包括广大的中下层管理人员和普通员工。许多企业在进行业务流程分析时，往往是高层管理人员进行决策，然后实施，缺乏与中下层管理人员和普通员工的交流和沟通，未能使企业的全体员工认识到流程分析的必要性。在新业务流程推广过程中，由于组织中存在抗拒改变的惯性和阻力，一些员工容易对新流程产生抵触情绪，企业的高层管理人员又往往不能正确化解这些阻力，倾向于采取行政命令的手段强制员工服从，导致分析后的新流程不能正确发挥其应有的效率，使业务流程梳理分析失败。

（3）迷失在细节中。在绘制流程图时，通常很容易陷入所接收到的细节信息中，以至于忽略了整个大范围的总体画面。随着从被采访者处不断获得细节信息，应当努力记住该流程的总体目标。如果这些细节对于所绘制的流程或者流程绘制项目的目标来说并不重要的话，他们就不是必要信息。为防止流程绘制人员迷失在细节中，在工作中可以使用两个人，记录员和流程绘制人员来完成每次采访与流程图绘制。

（4）客户满意度至关重要。客户是企业管理的最终目标服务对象和效益的源泉，客户的满意度对企业的流程分析至关重要。客户参与的程度是不同的，其所分析的关键性流程就有所不同，并不能一概而论，但是应该将存在的主要关键性流程识别出来，在它的基础上进行流程分析，增强流程的灵活性。

（5）加强人员的自主性。一线工作人员是最熟悉现场操作的具体程序和标准的。要提高工作质量和效率，并不能一味地靠强化纠错程序、监管程序来达成，应该重点考察业务流程，找出错误率高的业务流程，并进行分析，从而降低错误率。让工作人员了解自己的工作对企业的贡献，提高他们的积极性和自主性。

（6）业务流程分析需要持续改进。业务流程分析的实施并不是一蹴而就的，业务流程分析的实施将给企业带来多层次的包括流程、组织结构、管理责任在内的一系列改变。显然，如此巨大的改变不是一朝一夕就可以实现的。变革既能使人兴奋，也会成为难以逾越的障碍。许多实例表明，企业的“文化壁垒”、既得利益阶层带来的阻力不可小视。因此，在业务流程分析的实施过程中，应该结合每个企业的实际情况，制定切实可行的实施方法，并通过持续改进来达到目标。

（7）企业内部缺乏统一的业务流程描述语言和工具。企业内部不同组织单元、部门的流程采用不同的描述方法，在内部进行业务流程交流和沟通时，容易各说各话，无法有效沟通，阻碍跨部门流程的衔接和最佳实践的推广。这种情况在大型企业集团内部尤为明显，严重影响了各业务单元的业务协同和业务最佳实践的提炼和推广。

（8）多管理主题的流程描述并存。企业内部各部门或组织根据其业务需求，如质量管理部门通过 ISO（国际标准化组织）认证的需求、环保部门从 HSE（健康与安全执行局）体系需求、内控部门遵从 SOX（萨班斯法案）的需求等分别进行了一些流程分析，形成了大量自成体系的流程文档。这些流程文档对部分业务活动进行了重复描述，不但增加了流程描述的工作量，而且业务人员需要在实际业务执行中参照多个流程文档，影响了工作效率。同时，对同一业务的流程描述可能不一致，导致业务人员执行过程中无所适从，影响流程分析的执行和运管效率。

（9）缺乏统一的流程架构，流程之间缺乏衔接、协调，形成流程孤岛。企业内部从单一部门或者管理主题角度出发进行的流程分析工作，通常在企业中缺乏对业务运营活动的总体考虑，局限于本部门的业务需求，各部门和各管理专题之间的流程无法衔接，信息的共享和传递困难，存在大量流程断点，难以形成端到端的流程体系，影响到整个业务流程运行的效率、成本、质量，无法在激烈的市场竞争环境下，满足客户的需求。

有研究指出，大多数企业流程遵守 80/20 法则，也就是说，约 80%的企业流程时间中皆处于闲置状态。这段时间耗费在等候、按顺序执行、传输或追踪状态之上。这段停滞时间无法为企业创造任何价值，只有 20%的时间属于确实执行作业时间。这些停滞时间大部分是由于流程之间的衔接、信息传递不畅导致的，其根源即是部门出发的、分散化的流程分析。正是由于上述原因，部分企业中的信息系统，如 ERP、CRM 等，虽然能实现部分业务流程的自动化，提升作业质量和缩减作业时间，但仍无法实质性改善企业的整体流程效率，提高企业的竞争力。因为即使这些系统能缩短 50%的作业时间，其中只有 10%是真正执行流程的时间，对整体流程效率的影响微乎其微。

（10）信息系统成为流程“黑箱”，阻碍流程的持续改进。随着信息技术的发展，越来越多的信息系统如 ERP、CRM（客户关系管理）、SRM（供应商关系管理）等得到广泛应用，其中部分信息系统能实现工作流的固化和自动化，提高流程效率。企业在实施这些信息系统时，通常先进行流程描述，然后根据流程描述进行系统配置，但是在信息系统使用及维护过程中，进行配置调整时，不会修改流程描述文件，原有的流程描述文件不能反映信息系统中内嵌流程现状。系统实施一段时间后，由于系统对流程的自动化，相关的业务人员通常已经忽略其内嵌的业务流程。这时，既没有这些流程的准确描述文件，也没有能清楚掌握这些流程的业务人员，信息系统事实上成为流程的“黑箱”。由于流程“黑箱”的存在，业务部门对信息系统内嵌的流程，缺乏直观认识和关注，尤其缺乏对信息系统内嵌流程与其他业务流程衔接关系的关注，不能随着业务内外部环境的变化，及时进行流程的调整。这种情况下，最初为促进业务流程运行效率而建设的信息系统逐渐成为流程调整的障碍，影响流程的持续改进，反而成为阻碍企业整体流程运行效率的因素。

（11）缺乏业务流程全生命周期管理的理念。管理大师迈克尔 •哈默（Michael Hammer）曾经预言“对于 21 世纪的企业来说，流程将非常关键。优秀的流程将使成功的企业与其他竞争者区分开来”。这一观点已经在国内企业界得到广泛认同。很多企业都进行了业务流程重组（BPR），企图建立一个优秀的业务流程，提高企业的竞争能力，但是多数效果不佳。IDS Scheer 认为有两方面的原因：一是企业缺乏相应的变革管理能力；二是业务流程分析、实施缺乏评价体系。业务流程重组通常会对企业的组织结构、利益分配及既有的工作模式进行较大调整，会在内部面临较大的阻力，需要进行变革管理才能顺利完成新流程的推行。同时，新流程的推行过程中应当有相应的绩效考核及测试审核和监控，才能保证流程的持续推行。针对这一问题，IDS Scheer 提出了业务流程全生命周期管理的理念，即流程战略、流程分析、流程实施和流程监控的循环管理，实现业务流程的持续优化和改进：从企业的发展战略出发制定流程的战略，将战略指标分解为流程的目标体系，通过流程实现战略的落地，根据流程战略进行业务流程的梳理、分析和优化，通过组织结构和信息系统的调整来实施业务流程，通过流程合规管理和流程绩效监控，对流程执行情况进行监控，根据结果调整业务流程分析。IDS Scheer 提倡的业务流程全生命周期管理（BPM）和业务流程重组（BPR）都是基于企业流程的变革，二者有着异曲同工的作用，但是从实施方法和效果上看存在着极大的差异。BPR 是对企业流程进行根本性、一次性的变革，创造出新的组织机构，再通过 IT 技术对这些流程进行技术支持；而 BPM 则在企业里面建立一种管理机制，在 BPR 一次性转换之后，继续不断完善流程，实现流程的持续优化。一般来说，一个企业里面 BPM 与 BPR 可以同时进行，也可以单独实施，这两个项目可以互相融合。

基于上述问题，可知电力企业管理信息化工作的前提条件是必须进行业务流程梳理和重组，并且随着信息化的进程，需要对业务流程进行持续改进，业务流程重组是一个只有起点没有终点的管理提升过程。

3.3 电力企业业务流程的系统分析原则

企业业务流程开始于客户需求调查，结束于客户满意。业务流程分析在于提高流程运行质量，满足客户的需求，提高客户满意度。在目前环境下，我国电力企业的业务流程分析，还需要考虑如何提高企业的管理水平和工作效率，如何实现企业的集成化管理和企业管控。在进行电力企业业务流程分析梳理过程中应该遵循的原则有：环境要求，满足资源约束，以客户满意为中心等。

1. 遵循环境要求原则

电力企业流程分析的前提为遵循环境要求原则。企业在一个特定的环境中运营，必然要受到环境的约束。电力企业的主要环境约束为政府的法律法规、相关制度。企业流程分析的前提必须考虑政府的法律法规和客户的具体要求，如安全、可靠、环保、经济、信息化等因素。

2. 满足资源约束原则

电力企业的资源主要为组织资源、设备资源和技术资源。组织资源包括人（决策者、员工、客户）、制度和文化等；设备资源主要包括发、输、配、供电设备；技术资源包括分析技术、生产技术、信息技术、管理技术等。

电力企业的业务流程必然要受到企业组织资源和技术资源的约束，产品和服务相同的企业，资源不同，企业业务流程方式也就不尽相同。企业应充分分析企业的资源约束，分析符合实际条件的企业业务流程。因而在进行业务流程分析时，企业必须把握自己的核心竞争力，根据自己的核心竞争力确定企业的核心业务工作内容。业务流程分析在企业资源允许的范围内，重点支持企业的核心业务工作，达到企业资源最优化。

3. 以客户满意为中心原则

企业流程分析的核心原则是以客户满意为中心原则。业务流程是企业为实现既定目标而开展的一系列活动，要以提高产品和服务、满足客户需要的能力为中心。ISO9000：2000标准规定的八项质量管理原则中的第一条原则就是“以客户为中心”。

客户满意是流程质量的最终评价标准，基于客户满意的评价指标是流程质量的评估标准。企业依据客户满意指标制定组织的效率目标。客户满意指标影响组织投入资源的种类和数量，无疑也影响着流程分析，客户满意决定流程的能力和效率。

客户的要求：在适当的时间、方便的地方，以低的价格获得高质量的产品和服务。因此可以归纳评价客户满意的指标为：产品质量、服务质量、管理费用、响应时间等。客户满意的指标是企业业务流程质量的评估标准，对流程质量的要求是在保证产品质量和服务质量的前提下，降低流程成本，提高流程速度。

4. 业务流程合理化原则

信息、物料、资金等通过业务流程才能流动，要保持资源的敏捷畅通，使企业能适应信息社会的高效率和快节奏，适合企业员工参与企业管理，实现企业内部上下左右的有效沟通，具有较强的应变能力和较大的灵活性，需要对业务流程进行分析梳理。通过业务流程梳理，可显著提高管理效率，并实现以下几个目标：

（1）企业竞争力得到大幅度提升；

（2）企业对市场的响应速度大大加快；

（3）客户满意度显著改善。

5. 业务流程其他分析原则

（1）有需求、有目标，向全体员工讲明并成为自觉的行动；

（2）要注意信息资源的开拓和采集；

（3）围绕业务流程，而不是按任务或职能来进行重组；

（4）按照提高客户满意度的业务流程建立组织机构；

（5）要推行平行作业，加速信息处理；

（6）授予员工一定的决策权，把控制作为业务流程的一项内容。

3.4 业务流程梳理的分析思路和方法

3.4.1 业务流程梳理的分析思路

在对电力企业流程梳理进行深入分析的基础上，提出流程梳理的分析思路，以此来为电力企业信息化过程中的流程梳理提供参考。

1. 开展流程梳理的培训和研讨

流程梳理是一种对企业影响深远的变革，因此管理层必须形成统一的认识。企业的高层必须对企业的现状进行客观评价，在此基础上对未来的发展愿景进行展望，通过宣传使员工清楚企业的工作对象是什么和工作方式应该如何，以争取最广泛的支持。在这一阶段，要打破员工的职能分工的观念，树立起正确的流程观念，使员工能够从流程的角度来看问题，把流程纳入企业的战略规划中。“流程”将成为企业战略的一个关键词，只有树立了以流程为核心的战略观念，才能紧跟市场趋势，真正做到以合同为主线，以成本为中心。企业可以通过开展一些有关流程梳理的基本概念和相关技术、流程梳理在其他公司的成功和失败经验、流程梳理如何提高企业的竞争力等相关的培训和研讨会来加深对企业流程梳理的认识。通过这样的培训和研讨，可以使管理层了解到流程梳理对企业战略的重要性，这样才能使管理层思想统一、全力以赴支持企业的梳理活动，确保流程梳理的顺利进行。

2. 选择核心流程

通常意义上的核心流程是指在众多的流程中，集成组织的各种核心竞争力，对组织的最终输出贡献大的流程，也就是对企业而言价值贡献度大的流程。在企业流程梳理的过程中所选定的核心流程要符合两个特征：①流程的价值贡献度高，符合一般核心流程的特点；②流程的优化潜力大，有很大的提升和改进空间。一方面根据流程分析原则，企业有限的资源必须集中在关键的业务中，必须选择对组织价值贡献度高的流程进行梳理；另一方面只有对优化潜力大的流程进行梳理，改造才容易取得显著效果。

在电力企业流程梳理的过程中，首先找出企业所有的流程，然后从贡献度和提升潜力两个维度对流程进行评估和分析，选出需要梳理的核心流程。

3. 流程诊断

选出需要梳理的核心流程后，就要对其进行诊断，首先应对现有的流程进行描述，然后还要对其进行分析和研究，找出存在的问题，探讨病源，以改进流程效率。

（1）记录现有流程，画出流程图。流程图通过图示的方法使得流程易于阅读和理解。在绘制流程图的过程中，与员工相互合作，从头到尾绘出他们工作的流程全图，有助于增加对别人的任务和问题及自己如何支持同伴完成任务的认识。绘图活动往往会激起团队和个人的进取欲望——明显的浪费、笨拙的步骤、错误的环节等都会促使人们对流程进行改进。在绘制流程图的过程中，通过与流程参与者的面谈，了解信息流及相互关系、信息处理的方式和信息处理过程中涉及的资源等。通过访谈得到的信息、资料要做出详细记录，尤其是信息的收集、处理、传输及各种等待时间等都应记录下来，均将作为流程改进的度量标准。

（2）分析现有流程的弊端。结合流程图，与流程的参与者一起对流程涉及的文件、制度、报告等必要性逐个进行审查，找出不增值的活动。在此基础上，列出流程在执行过程中存在的问题，然后进一步分析挖掘破坏企业流程整体效率的授权体制、企业原则、工作流程等，找出问题的根源。这一阶段的主要任务是挖掘弊病，分析原因，将这些作为流程改进的依据。

4．流程优化

我国电力企业现有的业务流程，往往被分割为一段段分裂的环节，每一环节关心的焦点仅仅是单个任务和工作，而不是整个系统的全局最优，存在着许多重复无效的业务流程。各个职能部门存在分离，每个职能部门只负责与本部门有关的业务，而没有以整个供应链的利益为己任。部门的划分割裂了流程，极大地影响了企业的效率。

传统的流程梳理的方法有两种：系统化改造法和全新分析法。对于流程的某些要素，彻底重新考虑可能最为合适；而对另一些要素，则应该采用清除、简化、整合、自动化的系统化改造方法。这两种方法不是水火不相容的对立物，在梳理的实践中，要根据具体情况，采用其中的一种方法或两种方法并用。

5．建立配套措施

流程梳理主要针对电力企业的业务流程展开，但也会涉及与之相关的组织、岗位、制度和考核等方面的问题，涉及信息技术的应用。流程优化梳理要达到预期的目标和取得实际的成效，就必须针对业务流程优化方案和企业实际情况给出流程优化梳理的配套措施。

（1）组织结构的调整。根据优化方案对流程进行梳理后，企业的管理层次、规章制度、部门职责、员工的角色和职责等都可能发生改变。新的组织结构及详细的职务分配必须传达给受到影响的员工，规定他们新职责，规范他们的行为。员工知识和技能的发挥必须符合新流程的要求。激励和报酬结构也必须以小组表现为基础重新分析，个人的绩效考核标准要重新设定。

（2）信息技术的运用。在完成流程优化后，对企业的组织结构进行梳理以保证新的流程方案的平滑过渡的同时，要选择信息技术平台来执行新的流程。

总之，电力企业流程梳理需要经过上述几个阶段，但这几个阶段不是一个简单的线性过程，而是一个循环改进的过程。电力企业必须不断地重新思考将来该如何经营，并且要坚持不断地进行日常的改进。只要组织存在，这几个步骤的循环就不应该停止。

3.4.2 业务流程梳理的主要方法

BPR 作为一种重新分析工作方式、分析工作流程的思想，是具有普遍意义的，但在具体做法上，必须根据本企业的实际情况来进行。美国的许多大企业都不同程度地实施了BPR，其中的主要方法可总结如下。

1. 合并相关工作或工作组

如果一项工作被分成几个部分，而每一部分再细分，分别由不同的人来完成，实践证明许多人会出现责任心不强、效率低下等现象。而且，一旦某一环节出现问题，不但不易于查明原因，更不利整体的工作进展。在这种情况下，企业可以把相关工作合并或把整项工作都由一个人来完成。这样，既提高了效率，又使工作人员有了成就感，从而鼓舞了士气。如果合并后的工作仍需几个人共同担当或工作比较复杂，则成立团队，由团队成员共同负责一项从头到尾的工作。还可以建立数据库、信息交换中心，来对工作进行指导。在这种工作流程中，大家一起拥有信息，一起出主意想办法，能够更快更好地做出正确判断。

2. 工作流程的各个步骤按其自然顺序进行

在传统的组织中，工作在细分化的组织单位间流动，一个步骤未完成，下一个步骤就难以开始，这种直线化的工作流程使得工作时间大大延长。如果按照工作本身的自然顺序，是可以同时进行或交叉进行的，这种非直线化工作方式可大大加快工作速度。

3. 根据同一业务在不同工作中的地位设置不同工作方式

传统的做法是，对某一业务按同一种工作方式处理，因此要对这项业务分析出在最困难最复杂的工作中所运用的处理方法，把这种工作方法运用到所有适用于这一业务的工作过程中。这样做，存在着很大的浪费，可以根据不同的工作设置出对这一业务的若干处理方式，这样就可以大大提高效率，也使工作变得简捷。

4. 模糊组织界限

在传统的组织中，工作完全按部门划分。为了使各部门工作不发生摩擦，又增加了许多协调工作，因此 BPR 可以使严格划分的组织界限模糊甚至超越组织界限。例如，美国宝洁公司根据超级市场信息网传送的销售和库存情况，决定什么时候生产多少、送货多少，并不一味依靠自己的销售部门进行统计，这也就避免了很多协调工作。

3.4.3 业务流程分析和绘制工具

1. 业务流程分析工具

业务流程分析工具有很多种，根据功能归纳可以分为以下 6 种类型：

（1）项目管理类，用于项目规划、进度安排、预算、协调和监控，如 PM Office，P3E，MS Project。

（2）建模工具类，用于建立业务流程模型，如 IDEF，ARIS，DEM。

（3）仿真工具类，用于预测变革对业务流程造成的影响，如 QUEST，WBI Workbench。

（4）业务流程分析工具，用于分析和缩减企业业务流程。

（5）人力资源分析工具，用于分析和建立重组过程中人力资源部分的内容，如 Microsoft Flowchart，Microsoft Visio。

（6）系统开发工具，用于使业务流程重组能够自动化运行，如 Visual Studio，Eclipse IDE 等。

2. 业务流程图绘制工具

目前比较常用的业务流程图绘制工具有：Microsoft Word，Microsoft Visio，OmniGraffle 等。

微软公司的 Microsoft Word，Microsoft Excel 中都有一些常用的业务流程分析工具。一般用于非正规业务流程分析，使用这些工具可以分析出一些简单的业务流程，但在正式分析中使用不方便。

微软公司的 Microsoft Visio 工具主要用于各种流程图的专业分析。使用模板和内置主题，可以轻松建立具有专业外观的业务流程图。

Omni Group 公司的 OmniGraffle 分析工具相较于 Microsoft Visio 具有如下特点：漂亮的界面，能轻而易举地绘制出漂亮的图形；定义了一套自己的样式；丰富、精致的模板；可自动生成流程图。

这里的流程图绘制主要是现有业务流程的展现，即将已有的业务流程通过图的方式直观地展现出来。业务流程图的绘制并不是一下就可以绘制出来的，也不是凭借业务流程绘制小组想象绘制的。业务流程图要通过在信息收集时，不断实时创建，累积完善而成的。流程图的顺序一般按照业务实际发生的时间顺序进行。

流程可以细分为单元，单元又可以细分为任务，任务又可以细分为行为。单元、任务和行为为我们从各种不同的深度了解流程提供了机会。从高层级理解流程便于我们了解总体概况，有助于帮助定义该行为的目的；以行为作为开始使审查人员能够更加容易创建流程图初稿，然后根据流程初稿来更好地理解流程的任务和单元。通过将流程细分，形成层次不同、详略程度不同的流程图，将流程的整个过程正确地展示出来。

在需要分解更多细节信息的时候，可以使用“深入挖掘”的流程图，并且创建概括性流程图来总结所审查的流程。

3.5 业务流程分析步骤

企业的业务流程直接体现企业的核心能力，是企业完成其使命、实现其目标的基础。传统的企业管理模式下的业务流程，非增值环节多，信息传递缓慢，同一流程各个环节之间和不同流程之间关系混乱。特别是完整的业务流程被不同职能部门分割，大大降低了流程的效率与效益，难以及时捕获迅速变化的市场机会，致使整个企业效率与效益低下，应变能力差。因此必须应用现代信息技术，对企业流程进行改造和更新，对业务流程进行分析。

企业业务流程分析是建立在对系统思考分析的逻辑上的，采用系统一体化方法。美国学者彼得·圣吉在其名著《第五项修炼》一书中所说的“第五项修炼”就是“系统思考”。企业学会整体运作的思考方式，才能提升组织整体运作的质量。系统分析是为完成组织预定目标对组织所做的总体整合的分析。系统一体化方法以整个流程为对象，强调的是企业为完成预定目标所做的整体的成功。换句话说，企业运作一体化关注的是整体最优，而不是局部最优。

公司作为一个整体，其内部由数目众多的流程组成。这些流程又是以各种关系联系在一起，发生在每个业务流程中的活动总和将最终决定公司能否实现自己的战略目标。进行流程分析首先应该明白分析的目的，即根据分析结果并结合企业目标制定目标流程，并在企业中实施有助于今后为企业创造价值的目标流程。对公司进行流程分析有如下好处：①有助于探寻流程之间相互关系；②流程分析的实现方式使所有员工——从主管人员到一线员工，都能对最终产品有所了解；③帮助员工了解他们的工作是如何带来新价值的，并且使他们对自己的工作产生额外的自豪感。

业务流程分析并不是一步一步严格顺序进行的，相反，业务流程分析的各个步骤之间是相互交叉的。例如业务流程识别、业务流程分析前期准备、信息收集、业务流程图绘制、业务流程分析等各个步骤有时需要同步进行。

业务流程分析是要按尽可能低的成本，最快的速度支持业务活动。以时间为基础的流程优化，以增值和反应速度为基准。流程分析是了解各个业务流程的过程，明确各个部门之间的业务关系，明确每个业务处理的意义，为业务流程的合理化改造提供建议，为系统的数据流程优化提供依据。流程分析是业务流程分析成功的关键，它不能与其他任何一个阶段隔离，分析是不断发生的，伴随着业务流程分析的全过程。

3.5.1 业务流程图及其绘制

业务流程的最基本的展现形式是业务流程图（Transaction Flow Diagram，TFD），业务流程图就是用一些规定的符号及连线来表示某个具体业务处理过程，业务流程图对于开发者理顺和优化业务过程是很有帮助的。业务流程图的绘制基本上按照业务的实际处理步骤和过程进行，但目前的绘制方法不太统一，仔细分析就会发现它们大同小异，只是在一些具体的规定和所用的图形符号方面有所不同，而在准确描述业务流程方面是一致的。

业务流程图是一种用尽可能少、尽可能简单的方法来描述业务处理过程的方法。由于它的符号简单明了，所以非常易于阅读和理解业务流程。但它的不足是对于一些专业性较强的业务处理细节缺乏足够的表现手段，它比较适用于反映事务处理类型的业务过程。

1. 业务流程图基本符号

（1）传统的业务流程图的基本符号非常简单，只有六个。有关六个符号的内部解释则可直接用文字标于图内。这六个符号所代表的内容与信息系统最基本的处理功能一一对应，如图 3-1 所示。

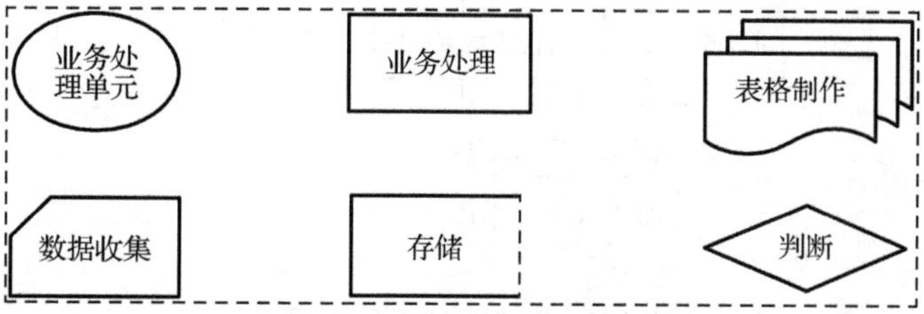

图 3-1 传统业务流程图符号

(2)目前许多企业采用比较流行的 Microsoft Visio 工具软件绘制流程图，Microsoft Visio 提供了功能强大的绘图模板，其中的绘图符号众多，适用于绘制流程图的符号也比较多，本书列出 Microsoft Visio 基本流程图的一部分符号，如图 3-2 所示。

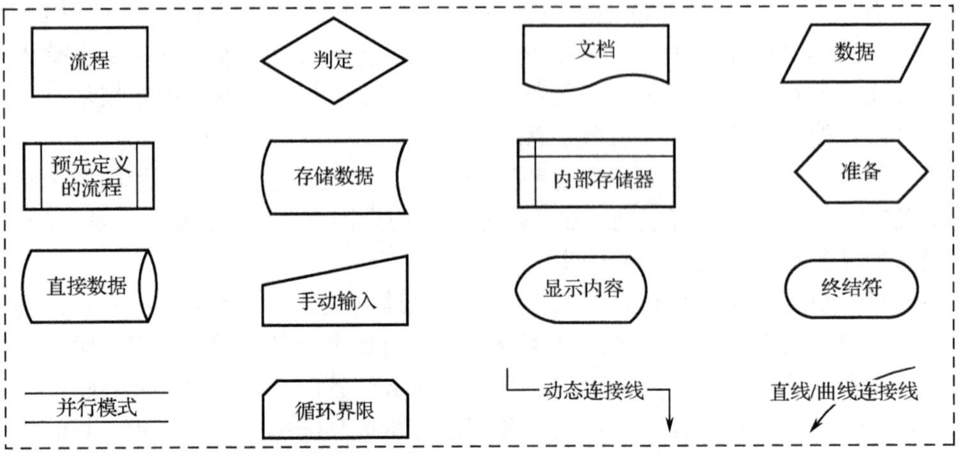

图 3-2　Microsoft Visio 业务流程图符号（部分）

2．业务流程图绘制举例

在进行流程图绘制时，应当保持流程图和符号的简单，努力使流程在视觉上变得易懂。

（1）传统业务流程图绘制举例

根据所收集到的资料，按业务实际处理过程分不同层次、不同详细程度将它们绘制在同一张图上。例如财务付款业务流程图如图 3-3 所示。

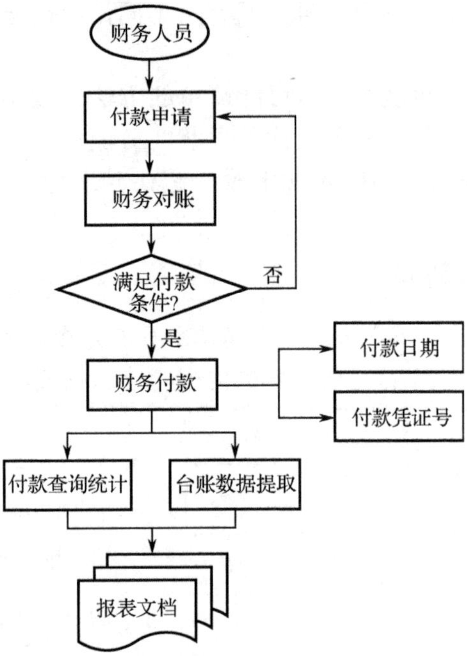

图 3-3　财务付款业务流程图

（2）目前国家电网公司等电力企业采用 Microsoft Visio 绘制比较规范、标准化的流程图，不仅给出流程的先后顺序，同时给出处理事务的责任部门，最右边给出过程描述。例如物资采购支付业务流程图如图 3-4 所示。

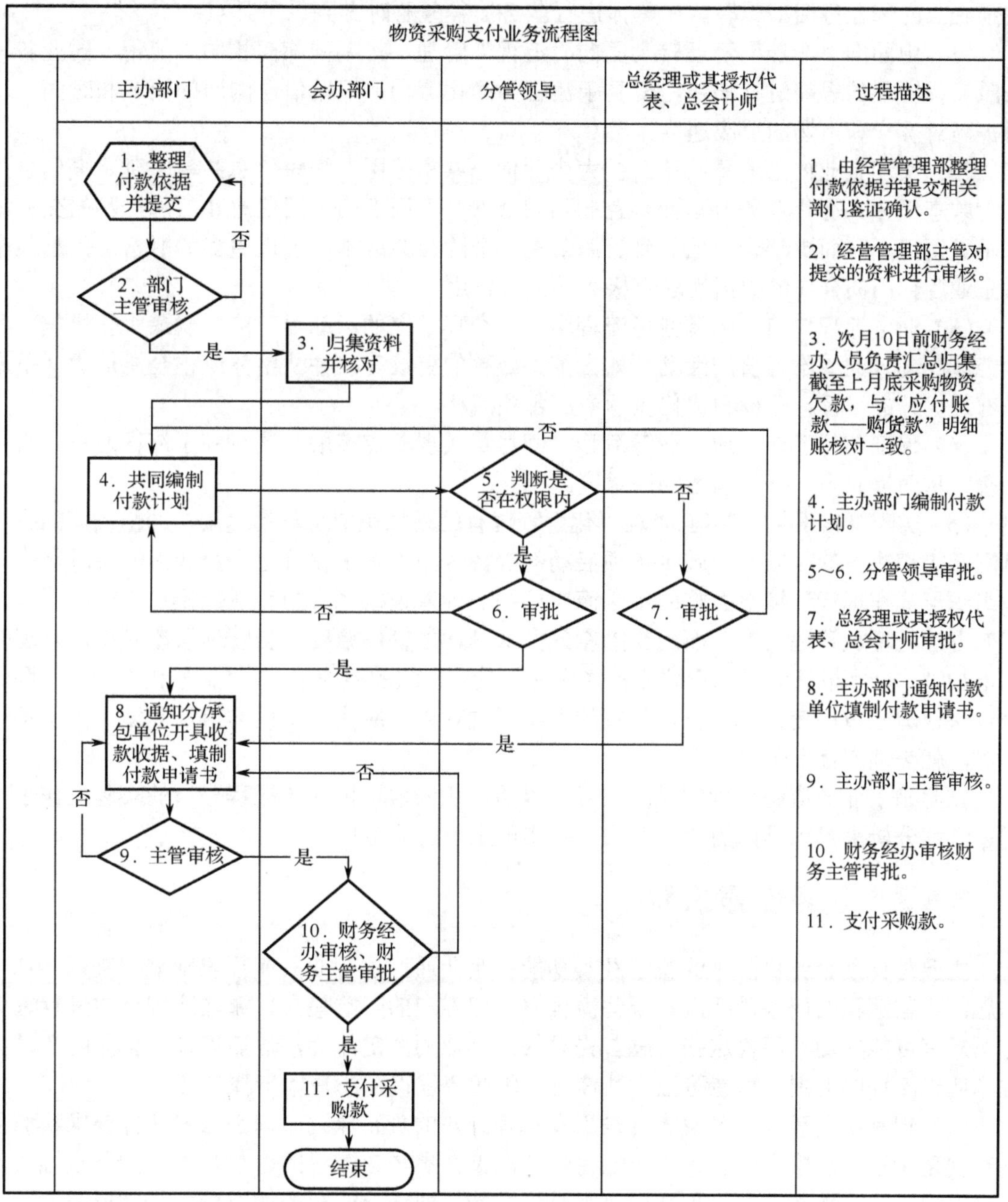

图 3-4 物资采购支付业务流程图

3.5.2 业务流程分析前期准备

在开展业务流程分析各项工作之前，首先应该明确企业进行流程分析的原因是什么、要通过业务流程分析来达到什么目的。

面对经济全球化和日益激烈的竞争环境，企业要想在竞争中保持自己的优胜地位，就需要能及时快速地对需求变化做出反应，提高客户满意度。这就要求企业减少非增值活动，减少等待时间，消除重复工作，减少协调工作量，针对自身的业务流程进行一系列的转变，增强企业内部业务活动效率。在具体进行业务流程分析时做到以下几点：

（1）由面向“职能”管理转到面向“流程”管理。对不同部门相同“流程”的业务只按照流程管理的思路进行描述，变复杂流程为简化流程，缩短信息沟通的渠道和时间，从而提高对客户和市场的反应速度。

（2）实现企业内部信息共享。扩大企业信息共享范围、缩短信息共享时延。变信息孤岛为共享平台。优化业务流程使得企业不同层次、不同部门之间信息和信息产品的交流与共用更便捷，从而更加合理地达到资源配置，节约社会成本，创造更多的财富。信息共享对企业各部门间合作的数据需求有极大的促进作用。

（3）业务流程增值。强调业务流程中每一个环节上的活动尽可能实现最大化增值，尽可能减少无效的或不增值的活动，如去掉不必要的审核等。并从整体流程全局最优（不是局部最优）的目标，分析和优化流程中的各项活动。

（4）保证信息流转畅通。业务流程之间尽量实现单点接触，这有利于流程通畅、责任明确，从而提高内、外部顾客的满意度。

（5）实现“扁平化”管理。“扁平化”管理有助于加快信息传播速度，加快决策的执行时间，提高决策的时效性，减少各项活动的等待时间。扁平化管理是企业为解决层级结构的组织形式在现代环境下面临的难题而实施的一种管理模式。当企业规模扩大时，原来的有效办法是增加管理层次，而现在的有效办法是增加管理幅度。当管理层次减少而管理幅度增加时，金字塔状的组织形式就被“压缩”成扁平状的组织形式。“扁平化”管理有利于企业快速适应市场变化的需要，传统的组织形式难以适应快速变化的市场环境，为了不被淘汰，就必须实行扁平化。

在明确了业务流程分析的原因和目的以后，我们就可以开始流程分析的实际工作了。通过流程分析来找到具体的解决办法，并实现企业的战略目标。

3.5.3 业务流程识别

主要是识别企业目前作业流程及其功能，企业通过进行业务流程识别来解决以下几个问题：哪些流程的问题最严重？哪些流程对公司客户的影响最大？哪些流程目前进行重新分析最有可能成功？回答这些问题首先要找出企业的关键流程，然后识别出企业的各种流程，明确流程的范围、功能等描述性信息。因此流程识别的基本步骤包括：

（1）识别触发事件。触发事件是引发流程开始的真正原因。识别触发事件要求我们从外部视角来进行观察，这有助于我们将焦点汇聚在参与该流程的客户身上。如果该触发事件与客户无关，那么这个流程就很可能是多余的。即使该流程的触发事件是老板需要一份报告，这个报告也必须最终对客户有用（有助于驱动价格决策、有助于驱动预算考虑等），否则就根本不应该做这份报告。

（2）识别客户关键流程。客户通过客户关键流程与企业的接触，并形成对企业服务质量的印象。整个客户关键流程的每一个时刻本身并没有积极与消极之分，但是经过客户与企业接触的经历，使得整个过程变得积极或者消极。一个消极的经历会破坏所有积极的付出，使客户对企业的印象变坏。

（3）识别支持性流程。客户与公司之间进行接触，并不会看到所有流程。事实上，大部分的流程是他们所看不到的。客户接触的客户关键流程之下存在着众多的透明化流程。这些透明化流程对客户关键流程来说非常必要，但是不应该与客户发生任何接触。

（4）给流程命名。等到所有流程都被识别出来以后，必须要给它们命名。虽然这似乎是非常琐碎的事情，但是这往往是要求公司员工对实际流程是什么而进行的第一次思考。

（5）准备概括性总体流程图。概括性总体流程图包括流程的起点事件和重点事件、看得见的与看不见的流程及相互依赖和相互独立的流程。该步骤主要通过业务流程时间路线工作表（如图 3-5 所示）来辅助完成。这些将有助于我们把审查的焦点放在对客户需求来说最为敏感的区域。

图 3-5　业务流程时间路线工作表

通过业务流程时间路线图展示客户经历流程如何从第一个触发事件通向最后一个触发事件，同时展示透明化流程是如何支持客户的。通过该图直观地、全面地了解公司的关键业务流程及流程之间的时间顺序、相互关系，对公司业务流程有一个整体性的认识。

3.5.4　业务流程信息收集

通过业务流程识别使我们对企业的整体运作有了一个全面大概的了解，接下来就是要丰富流程描述。通过信息收集获得业务流程更加详细的信息，主要包括：①识别和描述流程；②识别流程所有者；③识别单元及其所有者；④完成流程或者单元概况。

在获得业务流程详细信息的同时，还应该了解该业务流程的业务目标（即该流程正在实现什么）、业务风险（即该流程可能对目标的实现带来哪些收益或损失）、关键控制（即如何减轻这些风险）、评测成功的标准（即如何知道自己成功了）。

信息收集的主要方法有：

（1）行政渠道。行政渠道常用行政手段由上而下层层采集，首先与最高层级的流程所有者进行沟通，然后再逐渐往较低层级开展。这样做，能在一定程度上保证信息的真实性。但中间环节多，较费时间。

（2）参观访问、实地调查。通过业务流程小组成员实地参与企业的工作当中来获取相关信息。该方法便于更直观地了解企业业务流程，收集的信息误差相对较小。

（3）组织座谈会。会议参与人员包括众多各个不同层级的流程所有者。这种方法有助于消除每个人对流程基础的不同理解。

对信息收集过程中获得的各种信息进行整理，在这个过程中应逐步完善以下表格：

（1）流程描述概况：有关所有识别出来的流程、简要描述的概况及流程所有者，见表 3-1。

表 3-1　流程描述概况

所审查的领域		
流程名称	描述	流程所有者

通过流程描述概况表，将流程的开始、结束及流程中发生的主要行为进行简要描述。通过信息收集，识别出流程所有者（即最终负责总体流程的人）。通过该表格展示企业主要流程的简要描述性信息。

（2）流程概略图工作表：有关流程和单元的关键信息的唯一储藏库，见表 3-2。

表 3-2　流程概略图工作表

流程名称	流程编号	流程所有者
描述		
触发点		
开始事件： 结束事件： 额外事件：		
投入（条目与来源）		
产出（条目与客户）		
流程单元	流程单元所有者	
业务目标	业务风险	
关键控制	成功的评测标准	

备注：额外事件指维持流程进展所需的主要行为。

流程概略图工作表将流程描述概况详细分解，帮助工作人员更好地绘制流程图，提供业务流程分析的详细信息。

（3）工作流程调查表：员工对所完成的工作及完成的任务的总结，见表 3-3。

表 3-3 工作流程调查表

姓名		部门		
职称		从事现在岗位的时间		
任务	任务来源	具体工作	流程所需时间	去处

通过工作流程调查表帮助审查人员识别出参与流程的人，并提供这一流程所进行的行为概况。通过该调查表，每个人都开始将自己的职责看作流程。如果员工开始根据流程的思想进行思考的话，将有助于后期工作流程分析讨论的进行。

3.5.5 业务流程分析

企业业务流程分析伴随着整个业务流程分析的全过程。分析是流程绘制成功的关键，因此它不能与其他任何一个阶段隔离。业务流程分析可以帮助我们了解企业业务的具体处理过程，发现现存企业业务流程中存在的错误和疏漏，并通过系统化的思想对不合理的部分进行优化分析。从而，使企业更好地实现自己的战略目标，提高企业竞争力。下面列举企业业务流程分析中的一些关键分析点。

（1）有效流程分析。业务流程是由投入、转化和产出构成的。其中转化是非常重要的一部分。如果一个流程要成为真正有效的流程，就必须发生一些转化。转化意味着投入所发生的变化。如果没有任何变化的话，那么为什么要有这个流程呢？这个流程并没有发生任何价值。在流程分析时，我们要找出没有发生真正转化的流程，然后去除它们。

（2）透明化流程分析。透明化流程的作用主要是支持客户关键性流程。这些流程对客户流程来说都是非常必要的，我们必须寻找出妨碍客户关键性流程的支持性流程。通过仔细观察影响客户满意度的流程来找出问题的发生点，然后将可见的透明化流程努力实现完全透明化。如果所有支持性流程都实现了透明化，那么客户就获得了优质的客户服务。

（3）时间因素分析。这里强调的是那些造成流程延迟的时间因素。首先是周期时间，它是完成任何一个行为所花费的时间；其次是保留时间，它代表的是等待处理所需要的时间。通过将这些时间综合在一起，审查人员就能够了解整个流程总共需要持续多长时间，并知道出现时间瓶颈的地方。通过简化流程和重新分析流程从而提高流程的执行速度和反应效率，消除造成流程延迟的因素。

（4）错误率分析。错误率通常会耗费更多的资源，增加企业成本，降低工作效率。我们应该将焦点集中在错误发生的原因上，而不是简化纠错流程。因为即使是最为简化的纠错程序也不能给这一流程带来任何附加价值。通过分析错误发生的原因，改进业务流程，降低错误率。

经过业务流程分析，找出业务流程中存在的问题，遵从业务流程分析原则，不断调整现有业务流程，从而分析出合理高效的业务流程。

3.5.6 业务流程图审查

业务流程图分析与设计工作完成以后，需要对业务流程图进行审查。流程的焦点必须放在企业战略目标上。带着这一观点评估工作表和流程图有助于确保流程能够带来新的价值。这一工作包括重新查看流程概略图工作表和在流程图中进行搜索。

重新查看流程概略图工作表是为了确保我们最初的理解仍然是正确的，确保最终的分析与主要类别的工作表联系在一起，包括触发点、投入、产出、流程所有权、业务目标、业务风险、关键控制和成功的测评标准。查看业务流程图中是否存在不一致错误或者循环错误，是否存在未解决的问题。确保流程有助于实现企业战略目标。

在业务流程项目结束前，让为制作流程图而采访的人最后再审查一遍流程图以确保这些流程图的正确性，同样还要让参与其中的主管和经理审核这些流程图，最后，我们应当得到流程所有者的确认信息。当业务流程项目结束时，为流程项目所有者准备最终的报告，这份报告至少应当包括所审查的内容、所发现的问题、任何已知的解决方法和流程复印件。

3.6 电力企业管理业务流程分析

电力企业的生产管理方式具有显著的流程行业特点，业务流程纷繁众多，但前后有序，衔接紧密，流程化明显。长期致力于业务流程管理咨询的 IDS Scheer 认为电力企业集团管理体系的整合和各种管理主题的推行要成功落到实地，离不开业务流程的管理。同时，国内外企业多年的管理信息系统，如 ERP 等的实施经验证明，只有在系统实施前对企业的业务流程进行梳理、优化甚至重组，信息系统才能切实支持和促进企业的业务运营管理效率。例如，欧美国家对企业进行过一项调查，结果显示在已经引入了 ERP 等信息系统的企业中，有 80%反映如果给他们一个机会重新再做 ERP，他们将首先优化生产和管理流程。

发电和电网企业都是资产密集型企业，但他们的管理各有侧重，发电企业的管理侧重设备的维护、采购管理、库存管理等，以降低发电成本，从而以较低的上网电价参与竞价上网；电网企业的管理则注重电能质量、服务质量和工作效率，以提高企业的信誉和企业整体效益。由于发电和电网企业的各自特点，对其进行流程分析与重组也要根据企业的特点和管理的基础来分别进行。

3.6.1 发电企业管理的业务流程分析

发电企业的生产专业化程度较高，其工作流程主要围绕以提高资产可利用率、降低企业运行维护成本为目标，以优化企业维修资源为核心，通过信息化手段，合理安排维修计划及相关资源与活动，降低运营成本，提高运营效率，从而提高企业的经济效益和市场竞争力。企业提升管理水平和运营效率的方法很多，信息化时代的到来，发电企业可以利用现有的信息技术对自身业务流程加以重新认识和界定，建立一个可以解释和反映企业行为表现及其内在本质的业务流程模型，即认知现有的业务流程，设计全新的业务流程。发电企业关键的业务流程主要有：设备台账管理流程，主要记录设备的相关信息；维修管理流程，主要包括电厂设备的维修管理，包括缺陷管理及两票管理等；运行管理流程，主要管理运行的相关信息、记录事件；备品备件管理流程，主要是为设备的检修服务的，包括计划、采购、库存和出入库管理等。

发电企业所要研究的流程，主要在于高效率地实现从燃料的投入到电力产出一系列系统上，即保证设备正常运行的设备维护与管理，保证正常的燃料供给和设备维修所需的正常的物资供给等方面。如果向外延伸，则可包括保证科学的市场竞价程序和保证各岗位所需高技术、高技能的人力资源管理方面。因此，可将以下几个管理流程作为发电企业侧重研究的内容：

（1）确保发电生产正常进行的原材料（燃煤）采购供应流程。该流程涵盖职能管理中的燃煤计划、仓储、供应和燃煤成本管理。采购，主要包括购买用于企业价值链各种投入的活动，主要包括燃料的采购、存储，设备采购等。在发电企业生产经营过程中，采购环节非常重要，燃料成本占火力发电可变成本的50%、总成本的30%以上，成为影响发电生产成本的关键因素之一。因此，发电企业的采购活动直接为企业创造价值，采购是发电企业生产经营基本活动的开始。

（2）确保发电设备正常运转的大修、技改（统称项目管理）、维修流程。该流程涵盖职能管理中的设备管理、项目资金预算、合同管理、固定资产管理、点检巡视管理、运行巡视管理、检修消缺管理。如备品备件管理流程，主要是为设备的检修服务的，包括计划、采购、库存和出入库管理；维修管理流程，主要包括电厂设备的维修管理，包括缺陷管理及两票管理等；运行管理流程，主要管理运行的相关信息、记录事件。发电企业虽然注重生产，但往往只是保证安全运营，在生产运行、设备维护和检修等方面，企业主要考虑的是怎样保证安全生产，有时甚至不考虑成本，严重缺乏约束机制。电力市场化改革引入竞争后，电厂要想获得更多的利润，就必须在安全的情况下，严格控制生产运营环节的成本，深挖潜力，降低成本，节能降耗；必须在运行时，合理安排设备的运行状态，达到设备的综合利用，使发电能耗尽量保持最低；必须合理安排机组的启停和检修，将机组的启停次数、机组的检修时间尽量缩小，而达到这些目标就要依靠业务流程重组来实现。

（3）确保发电设备改造与维修的物资采购供应流程。该流程涵盖职能管理中的物资需求计划、采购管理、供应管理和固定资产管理，如设备台账管理流程，主要记录设备的相关信息。

（4）确保发电生产经济和企业高效率实现的电力市场竞价上网流程。该流程涵盖职能管理中的发电计划管理、营销管理和成本分析管理。竞价上网是发电企业市场销售的主要环节，为了成功竞价，发电企业必须在遵循市场规则的基础上进行大量的定量分析，要确切了解市场交易模型，预测市场占有额，不仅要对自身发电成本进行分析，还要对其他发电企业的成本进行预测，同时要预测市场需求，科学确定上网电价的投标报价，力争使自己的报价能多发电并能获得最大利润。这就需要成立专门的投标报价小组，负责跟踪了解竞争对手的情况，研究确定最佳的报价策略。同时，为了规避发电企业的风险，保证报价的质量，提高自己的发电量，有必要对人员进行专门的培训，必要时还需要聘请有关方面的专家进行指导或协助。

（5）确保发电企业业务各岗位需要的技术、管理人才储备的人力资源管理流程。该流程涵盖职能管理中的岗位责任制管理、员工激励管理、培训管理和工资成本管理。在发电企业由计划向市场转变的过程中，人力资源管理的理念也需要转变。发电企业要想真正在市场竞争中获胜，就要实施人才战略和搞好人力资源管理。现在企业之间的竞争归根到底是人才的竞争，是企业人力资源综合素质的较量，也是人力资源配置优劣的较量。首先，要建立科学的用人机制，树立以人为本的人才观，从战略高度来部署人力资源管理工作；其次，实现对劳动力的合理配置，根据分工，用人所长，发挥员工的能力和潜力，树立人人可以成才的观念，建立广纳群贤、人尽其才、能上能下、充满生机和活力的用人机制，在实践中注重业绩、择优上岗，创造宽松、自由的就业氛围；再次，形成有效的激励机制，建立健全绩效评估机制，对绩效评估好的员工给予奖励，真正提高人才的待遇。

（6）确保辅助流程体系。该流程涵盖职能管理中的生活管理、非生产社会领域设备、后勤服务管理、关系管理。例如，在关系管理中发电企业与政府和社会组织之间的关系，发电企业大股东实力强弱及对企业的支持力度，对于发电企业经营规模的扩张是非常重要的。发电企业与电网企业、政府部门、大客户等的关系资源，会影响发电企业的上网电价和上网电量。发电企业应建立良好的政府关系、电网关系、大客户关系，争取大股东支持等，争取有利的水电位置、火电位置、负荷位置，为提高竞争能力打下良好的基础。随着电力市场化改革的推进，发电企业间竞争的加剧，发电企业对于自己的客户（电网和大客户）的服务工作会逐渐细化，并成为企业竞争优势的重要来源之一。

（7）确保各项业务流程中各项计划按期实施的控制管理流程，即传统上的计划控制管理。

（8）确保发电企业持续改进、业务水平不断上升的技术开发流程。传统的发电企业注重生产，在检修技术和调频、调压等方面也都比较注重，但对一些新兴技术不够重视。市场环境下，给发电企业带来了新技术的应用机会，如物流技术、竞价技术等。现在由于运力紧张，运费一路飙升，燃料的运输费用也是煤炭采购过程中成本费用的一大组成部分。因此，火力发电企业应组织相应的业务人员，组织有关的技术培训，最终形成自己在这方面的核心能力，以现代物流理念并应用现代流通技术，进行燃料和材料的运输，力求运费最少，最终降低发电成本。我国在发电侧率先引入竞争的市场化改革，发电企业首先面临的就是参与竞争，如何在竞争获胜，除了对自己的成本、竞争对手的情况、电网的需求情况等了解外，还要在竞价技术方面进行开发，建立有关的报价策略系统和数学模型，对报价进行分析，以适当的报价获得最大利润。

3.6.2 供电企业管理的业务流程分析

随着我国电力工业的快速发展和电力体制改革的逐步深入，电力企业的运营环境发生了根本性变化，电力企业已从单纯重视职能管理向重视流程管理转变，进入内部管理提升的建设整合阶段，特别是随着“以客户为中心”服务理念的不断深化和大用户直接交易改革的推进，电力企业迫切需要进行企业流程优化分析与再造，在此基础上推进标准化与信息化建设，以此提高整体运营管理水平，增强企业核心竞争力，实现企业可持续发展。

随着我国电力企业改革的不断深化及城市电网建设的迅猛发展，社会、公众、政府、客户对于供电企业的业务能力、效率、电能质量、服务质量等各方面的要求都在不断提升，并趋向于更加多元化。在这样的行业发展背景下，通过持续有效的流程再造工作，从根本上改善流程合理性，提升经营绩效，转变人员理念，促进企业变革，是供电企业践行科学发展要求，不断适应未来客户与市场需求的有效手段和适时之举。

1. 供电企业的主要业务流程分析

（1）电能采购、设备采购和工程采购流程。电能的购买对供电企业的经营非常重要，供电企业通过向发电企业购入电能，再输送给用户。设备的质量对于供电企业保证安全经济运营起着重要的作用，供电企业进行设备采购时，应从设备的寿命周期与成本综合考虑，达到最低成本下实现安全供电的功能。工程采购主要是供电企业的工程建设采购，工程建设是供电企业的主要投资方向。供电企业应从投资优化的角度，综合考虑工程建设采购，对规划设计、设备采购、工程建设等进行招标，通过货比数家，以性能价格比最高实现工程建设，这样既可以节省资金又可以高质量地实现供电企业工程建设。

（2）电力负荷预测流程。电力负荷预测是电力系统经济调度中的一项重要内容，由于电能是不可储存的，电能的发、输、变、配、供同时进行、瞬时完成，发电企业必须按计划发电，以保证正常用电需求，因此电力负荷预测是一项十分重要的工作。电力负荷预测的主要内容是测算最大有功负荷及其分布、无功负荷及其分布、需电量、电力负荷曲线及其特征值。

电力负荷预测根据目的不同可以分为超短期、短期、中期和长期。具体内容如下：超短期负荷预测是指未来1h以内的负荷预测，在安全监视状态下，需要5～10s或1～5min的预测值，预防性控制和紧急状态处理需要10min至1h的预测值；短期负荷预测是指日负荷预测和周负荷预测，分别用于安排日调度计划和周调度计划，包括确定机组启停、水火电协调、联络线交换功率、负荷经济分配、水库调度和设备检修等，对短期预测，需充分研究电网负荷变化规律，分析负荷变化相关因子，特别是天气因素、日类型等和短期负荷变化的关系；中期负荷预测是指月至年的负荷预测，主要是确定机组运行方式和设备大修计划等；长期负荷预测是指未来3～5年甚至更长时间段内的负荷预测，主要是电网规划部门根据国民经济的发展和对电力负荷的需求，所做的电网改造和扩建工作的远景规划。对中、长期负荷预测，要特别研究国民经济发展、国家政策等的影响。

（3）供电线路及设备维护和检修流程。供电线路保持正常是确保正常供电的必要条件，供电线路出现问题，整个供电系统将陷入瘫痪，2008年南方雪灾造成如此严重的损失，供电中断是主要原因之一，之所以停电就是因为输电线路结冰压倒了铁塔、压断了电线。供电企业的设备主要包括供电线路和变电设备。

（4）变电、配电流程。由于企业购入的电能都是高电压，无法满足客户生产和生活使用，必须经过变电配电过程才能适应不同客户的需要。

（5）售电流程。售电作为供电企业价值链的中心环节，收益在这个环节中得到实现。销售过程由各分公司代表公司按国家规定电价卖给客户，回收电费。电力市场化改革，需要供电公司改变过去那种老化的观念，积极适应市场经济的要求，开拓新的市场、开发新的需求，这样供电企业才能保证持续的盈利，获得进一步发展。供电企业的市场营销要整合优化供电区域内的营销资源，贯彻优质服务的理念，积极开拓有效需求，引导客户合理用电，科学预测并调节电力供需，推广各种营销辅助技术，提高供电企业的市场营销水平。

（6）供电企业客户服务流程。客户服务管理是指企业为了建立、维护并发展顾客关系而进行的各项服务工作的总称，其目标是建立并提高顾客的满意度和忠诚度、最大限度地开发利用顾客。客户服务管理的核心理念是企业全部的经营活动都要从满足客户的需要出发，以提供满足客户需要的产品或服务作为企业的义务，以客户满意作为企业经营的目的。

客户服务质量取决于企业创造客户价值的能力，即认识市场、了解客户现有与潜在需求的能力，并将此导入企业的经营理念和经营过程中。优质的客户服务管理能最大限度地使客户满意，使企业在市场竞争中赢得优势，获得利益。

（7）供电企业正常运行的保障管理流程。保障管理流程是指，为供电企业业务工作的正常开展和顺利进行提供保障和支持的流程，主要包括人力资源管理流程、企业财务管理流程、信息资源管理流程、后勤服务管理流程等。

（8）供电企业技术开发流程。随着供电企业经营压力的增大，供电企业不但要注重安全运营，而且要注重经济运营。电能这种具有规模经济和收益递增的产品，数量和成本对其极其重要，供电企业要采用先进的预测技术，搞好电力需求预测，为购电、规划建设服务；采用先进的营销技术，扩大用电需求；采用先进的检修技术，降低检修费用和运营成本；采用先进的服务技术，做好普遍服务；优化电力资源配置，提高整体的运作效率。

2. 供电企业的作业流程分析

供电企业的作业流程很多，流程梳理的重点工作之一是将其标准化。限于篇幅，下面给出供电企业标准化作业流程。

（1）安全管理方面：安全性评价工作流程、“工作票”管理工作流程、“操作票”工作流程、安全工作（制度）实施流程、安全生产例会流程、安全监督检查工作流程、电力设施保护条例实施流程、两措运行管理工作流程、交通安全管理工作流程、防火安全管理工作流程、事故调查分析工作流程、安全工器具管理工作流程、漏电保护器管理工作流程等。

（2）生产管理方面：设备巡视管理流程、春（秋）查管理工作流程、设备检修工作流程、预防性试验管理工作流程、设备资料（台账）管理工作流程、设备评定级管理流程、缺陷管理工作流程、备品备件管理工作流程、技改工程管理工作流程等。

（3）营销管理方面：高压业扩工程管理工作流程、低压新装工作流程、低压变更用电工作流程、电费抄核收工作流程、欠费催收停电复电工作流程、电能表计量管理工作流程、用电检查工作流程等。

（4）专业管理方面：电压无功管理工作流程、电压监测点管理工作流程、供电可靠性目标管理工作流程、计划停电工作流程、临时停电工作流程、事故停电工作流程、线损管理工作流程等。

（5）优质服务方面：优质服务工作流程、电力紧急服务工作流程等。

（6）综合管理方面：经济活动分析会工作流程、培训工作流程、仓储管理工作流程、质量控制（Quality Control，QC）小组活动流程、考核工作流程等。

3.7 电力企业管理业务流程重组

随着电力企业所处的运营环境发生了根本性的变化，企业管理从目标管理到过程管理，从重视职能管理到重视流程管理，这是企业自身发展的需要，随之而来的是企业流程分析与重组。业务流程重组的重点就是清除非增值活动和调整核心增值活动，其基本规律方法可概括为“清除、简化、整合、自动化”。例如，对于供电企业而言，即清除售电业务活动中的等待时间，清除重复、不必要的检验、协调等活动，简化不必要的表格填写、程序、沟通活动，整合原职能分工过细的工作和倡导顾客自助服务，将困难乏味的作业和数据采集、数据传递等工作，尽量应用可行的技术手段予以自动化，从而实现售电业务流程再造的目的。

结合电力企业的管理现状，电力企业业务流程重组可以按以下路线实施：

1. 确定目标并组建团队

本阶段任务是由企业高层确认企业业务流程重组的必要性，进行职责划分，明确业务流程重组要达成的战略目标（如降低成本、提高客户满意度、提高产品质量或服务水平等），成立项目领导小组，制定详细的项目规划。

企业在准备进行业务流程重组前，需要为流程重组配置人员和相应的组织。这个组织必须是强有力的，参加人员必须掌握企业真实信息和相关技术，拥有良好的个人声誉和和谐的人际关系。规划企业流程重组的领导者，一般由总经理担任，负责确认企业流程重组的使命和目标。流程负责人从某一流程相关的部门中选定，他们需要熟悉特定流程的相关知识，与他人容易合作。流程负责人负责组建队伍，为流程重组队伍配置各种资源，与其他团队进行信息沟通、交流成果，拟定流程重组团体的工作日程，调解团队内部的分歧，在流程重组实施后对新的流程进行维护。指导委员会由公司内各职能部门的主管组成，指导委员会负责解决跨越重组项目和过程的全局问题，协调重组过程的优先次序，分配总体资源。在重组过程中，为了企业的整体利益，有时会使部门的利益受到侵害，此时就需要部门的主管进行沟通、协调。

2. 业务流程分析

在业务流程分析阶段我们要获得对业务流程的系统描述，主要包括：

（1）流程的属性，包括流程的名称、输入输出、参加者、相关的文件、使用的资源、使用的时间；

（2）活动的属性，包括活动的名称、工作的内容、参加者、使用的工具、活动的前后状态、使用的时间；

（3）参加者的属性，包括描述流程的参与部门和参加者、部门的名称、人员姓名、具备的能力；

（4）相关次序信息，包括描述活动被执行的前后顺序。

分析企业流程现状是企业流程重组的重要部分，首先对现有流程进行描述，描述是用来反映企业中流程的现有状态，在详细描述基础上建立模型。模型可以预测一些我们不能直接观察和测量的特性。有时，直接获得数据是需要昂贵代价的或不可能达到的，模型恰恰解决了这个问题。通过模型，可以清楚地看出活动之间的关系，流程和流程之间的关系。详细的描述和模型为进一步的分析流程提供了依据。

3. 确定企业关键业务流程

由于企业业务流程众多，加上时间、人力、财力的有限性决定了企业不可能对所有流程进行重组，必须有重点地选取需要重组的流程，本书中称之为关键业务流程。通常意义上的关键业务流程是指在众多的流程中，集成组织的各种核心竞争力，对组织的最终输出贡献大的流程或者是改进空间大、对企业效益提升明显的流程，也就是对企业而言价值贡献度大的流程。在企业流程梳理的过程中选定关键业务流程，从如下三个方面考虑：

（1）绩效的低下性，即流程运行效率很低，直接影响其他流程正常运行。

（2）位置的重要性，即某流程对企业来说很重要，就要很好地对这个流程进行检查研究。

（3）落实的可行性，即流程改进之后，应该较容易落实，很快给企业带来效益。

确定关键业务流程的技术方法有两种，如图 3-6 与图 3-7 所示。

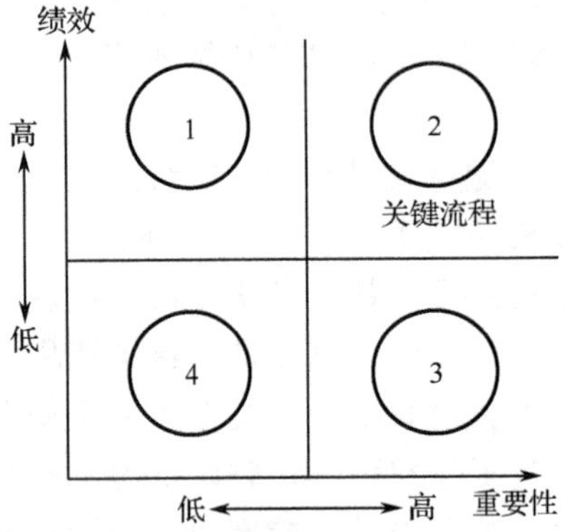

图 3-6　绩效—重要性关系

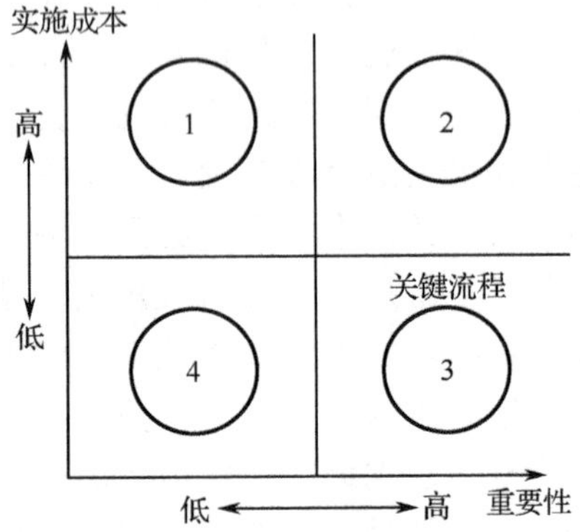

图 3-7　实施成本—重要性关系

4．业务流程诊断

选出需要梳理的核心流程后，就要对其进行诊断，首先应对现有的流程进行描述，然后还要对其进行分析和研究，找出存在的问题，探讨病源，以改进流程效率。

（1）记录现有流程，画出流程图。流程图通过图示的方法使得流程易于阅读和理解。在绘制流程图的过程中，应该与员工相互合作，从头到尾绘出他们工作的流程全图，有助于增加对别人的任务和问题及自己如何支持同伴完成任务的认识。绘图活动往往会激起团队和个人的进取欲望——明显的浪费、笨拙的步骤、错误的环节等都会促使人们对流程进行改进。在绘制流程图的过程中，通过与流程参与者的面谈，了解信息流及相互关系、信息处理的方式和信息处理过程中涉及的资源等。通过访谈得到的信息、资料要做出详细记录，尤其是信息的收集、处理、传输及各种等待时间等都应记录下来，均将作为流程改进的度量标准。

（2）分析现有流程的弊端。结合流程图，与流程的参与者一起对流程涉及的文件、制度、报告等必要性逐个进行审查，找出不增值的活动。在此基础上，列出流程在执行过程中存在的问题，然后进一步分析挖掘破坏企业流程整体效率的授权体制、企业原则、工作流程等，找出问题的根源。这一阶段的主要任务是挖掘弊病、分析原因，将这些作为流程改进的依据。例如，我们可以通过分析发现限制组织目标完成的约束，这些约束是限制组织得到较高绩效的活动。约束是在企业的流程中没有必要存在的、运行不良的、有所欠缺的活动。把发现的所有约束汇集、整理、归类，通过流程的再分析来消除这些约束。

5．业务流程再分析

本阶段任务为分析目前的关键业务流程，根据要达成的战略目标分析出新流程的概念模型，制定出新流程下的组织结构和需要采用的信息技术手段。

业务流程的再分析一般有两种情况，一种是激进地完全重新分析，另一种是在原有流程的基础上进行更新改造。前一种流程的分析方法是激进的，类似于从“白纸”开始，假定现有的流程都是有问题的、低效率的，因而在分析新流程时完全基于目标，不考虑现有流程。但由于这种方法忽略了人的因素，在具体实施中往往遇到诸多困难。在实践中，我们往往采用在原有流程的基础上进行更新改造的业务流程再分析方法，这种方法采取渐进的方式，将新流程的分析分为四个步骤：理解、简化、整合、自动化。①理解是指流程分析部门对关键流程的每一个活动取得一致性的看法，对于流程的假设进行分类，然后描述当前流程；②简化是指在理解当前流程的基础上，对比目标，找出当前流程中重复的活动、遗漏的活动、浪费的活动、过于官僚化的活动、瓶颈活动等，然后将这些活动进行重新整理，消除不必要的流程，组合冗长、低效率的流程；③整合就是把一些零散的、单个的流程通过某种方式而彼此衔接，从而实现整个系统的资源共享和协同工作，目标在于最终形成有价值、有效率的一个整体；④自动化是指将简化的、整合的流程通过利用合适的信息技术手段，建立相应的组织机构进行固化及自动化。

流程再分析的核心是分析流程的输入和输出，以及输入和输出之间的过程。在流程分析和识别重组的基础上，围绕着企业流程重组的目标和使命，系统地清除存在的约束，提高企业运行的绩效指标。要尽可能多地准备备选方案，再经过一系列的确认评估，最终形成完善的分析，这是一个不断完善、持续改进的循环过程。

6．重组后的业务流程实施

企业的新流程分析以后，在现实环境实施之前应先进行模拟，在模拟中进行定量和定性的分析，集中检验新流程的性能。定量和定性分析是从部分再分析的流程开始，得到的结果用于流程的进一步优化和作为备选方案的筛选依据，基本步骤为：

（1）按照新的流程画出流程图。

（2）给出衡量输出的绩效指标，并且确认绩效指标的水平。

（3）选择部分流程进行试点，从中积累经验，及时总结失败的教训，这些经验和教训对于其他部分的流程重组都可以借鉴。

在完成流程的模拟分析以后，如果模拟分析过程中没有出现问题，就可以在实际工作中实施新的业务流程了，这就需要为新分析流程制订实施计划，确保新分析流程正常运行，包括下列内容：

（1）在组织中建立流程管理系统。以各种流程为基本控制单元，对流程规划、分析、构造和调控等所有环节实行系统管理，全面协调各种流程的匹配关系。

（2）建立有效的组织保障。必须建立有效的组织保障，才能保障流程管理工作的连续性和长期性，制定各种流程之间的动态关系。

（3）规划新流程实施的时间表。排定切换新旧流程的顺序和时间，这需要考虑风险和受益之间的平衡。

按照实施计划将分析好的新流程落实到企业的日常经营管理中，为新流程购买技术，培训员工，对企业资源进行再分配，编写新流程的相关文件。实施过程中要充分注意到人的因素，与员工就新的方案进行沟通，制订并实施变更管理计划，制订阶段性实施计划并实施，制订新业务流程和系统的培训计划，对员工进行培训。

7. 重组业务流程的维护与持续改善

为保证重组后的流程能够持续改善且长期运行，需要从两个方面进行保障：

（1）建立长期有效的组织保障。具体来说，要建立流程管理机构，明确责权范围，制定各流程内部的运转规则与各流程之间的关系规则，逐步做到用流程管理图取代传统企业中组织机构图。

（2）加强企业文化与人才建设。企业必须建立与其流程管理相适应的企业文化，加强团队精神建设，培养员工的主人翁意识。同时由于流程运作对员工提出了更高的要求，因此企业必须注重内部人才的建设，培养出适应流程管理的复合型人才。

业务流程重组结束后，就可以根据项目开始时设定的目标对当前流程进行评估，检查新的流程是否达到了预期目标。此外，一次业务流程重组项目的实施并不代表企业改革任务的完成，整个企业的绩效需要持续改善才能实现。这种持续的改善实际上就是不断对流程的分析和改变。内外部环境是不断变化的，对系统的要求也是随时间而改变的，系统适应这些要求是很重要的，因此再分析流程必须不断地进行，为保证系统的先进性就必须进行持续改善，以适应未来环境的变化。同时，为了巩固企业流程重组项目的成果，还需要把适应环境变化并采取变革的行为融入企业文化之中，使员工具有变革意识。

在对以上基本实施步骤的简要介绍的基础上，相信读者已经有了自己的思考。下面引入 IDS Scheer 对电力企业集团业务流程管理体系的建设的相关内容，以供读者参考。

IDS Scheer 认为电力企业集团进行管理提升和管理信息系统整合建设的当务之急是建立业务流程管理体系。根据长期的咨询经验，结合电力企业集团的管理现状，IDS Scheer 认为电力企业集团业务流程管理体系的建设可以遵循如下路线图：

（1）搭建企业统一的业务流程架构。从战略和业务出发，在企业集团内部建立一套统一的、涵盖所有业务活动的流程架构（目录），打破流程的部门化（孤岛化），建立流程的衔接体系，为构建端到端的流程体系建立基础。业务流程架构搭建的重点是建立流程的分类和分层体系，以清晰展现企业的业务分类、层次和逻辑。

（2）建立业务流程管理信息系统，作为企业集团业务流程管理的统一平台。基于业务流程管理信息系统，建立统一的业务流程描述方法和规范，根据已经建立的统一的业务流程架构，对企业内部所有的业务流程进行梳理、补充、完善和优化，搭建端到端的流程体系。流程分析完成之后，统一发布实施，作为企业内部流程执行的唯一依据，实现“一个企业，一套流程”的管理目标。

（3）建立统一的业务流程管理制度。成立专门的部门或者指定相应部门承担业务流程管理的职责，负责组织进行业务流程的持续优化和改进。建立业务流程分析、发布、监控、优化、变更方面的流程和制度。

（4）多管理主题的集成。根据企业的管理需要，对与流程相关的各种管理主题，如 ISO、HSE、SOX 等在业务流程管理信息系统中基于统一的业务流程进行整合，实现“一套流程、多种应用”的管理目标。

IDS Scheer 的业务流程管理信息系统适合于企业集团的多业务组织架构，能有效实现集团内部业务流程的分散建模、统一发布、集中控制。该系统能支持从业务流程战略、业务流程分析、业务流程实施、业务流程绩效及合规控制的全生命周期管理。系统基于数据库的流程建模方式，配合 IDS Scheer 独特的“房式建模”方法，能实现产品、组织、系统、数据、功能等多管理要素的集成，具有强大的流程分析功能。系统能与多种ERP系统（如SAP）的无缝衔接，实现IT系统内嵌流程的可视化和透明度，促进ERP系统实施效率和效果。

3.8 基于工作流技术的流程分析

3.8.1 工作流简介

在传统的管理信息系统中，具体的业务流程和系统的最终实现是密切相关的。管理业务的改动将会直接影响系统的分析与实现。也就是说，管理业务流程是完全通过软件编码而固化在最终的软件系统中的。传统的管理信息系统这种僵化的结构特征，难以经济、灵活地适应业务改进和变化的需求。为了实现业务流程的管理、控制与具体的应用系统分离，设计出更具通用性和灵活性的信息系统，工作流技术日益受到重视，并在现代的企业管理信息系统中得到了广泛的应用。

工作流是全部（或部分）由计算机支持或自动处理的业务过程。工作流系统实现了过程管理与具体应用软件的分离，具有过程自动化处理的特点。工作流管理系统通过运用关系数据库、网络及其他一些软硬件技术，实现企业的文档、信息、资源或任务等在既定的工作流规则及其参与者之间传递和处理，进而完成整个业务流程的处理。

工作流参考模型（Workflow Reference Model）如图3-8所示。

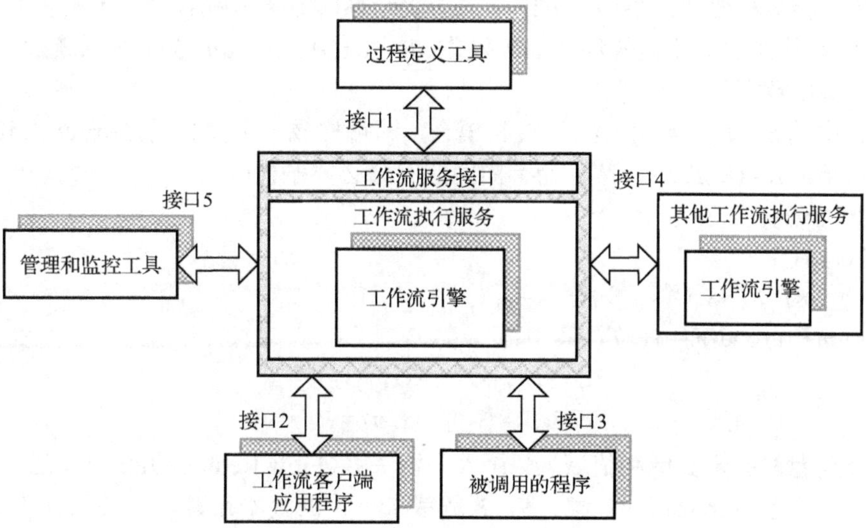

图3-8 工作流参考模型图

工作流引擎（WorkFlow Engine）是工作流系统的核心，一个或多个工作流引擎组成了工作流执行服务（WorkFlow Enactment Service）。工作流引擎基于一个或多个工作流定义，工作流定义由过程定义工具（Process Definition Tools）构造。工作流系统对业务流程建模，并通过工作流执行服务操作和管理业务案例功能将过程管理从应用软件中提取出来，实现业务管理和应用系统的分离。工作流客户端应用程序（WorkFlow Client Application）用来与工作流执行服务进行交互。被调用的程序（Invoked Application）也是工作流系统的重要组成部分，用于辅助工作流系统的运行，包括属性设置、配置管理、自动执行部分业务功能等。工作流系统可以实现交互操作，由若干个独立的、不同的工作流执行服务交互对某个业务进行处理，如图 3-8 中其他工作流执行服务（Other WorkFlow Enactment Service）。工作流系统还包括了管理和监控工具（Administration & Monitoring Tools），它用于负责工作流的运行管理和记录报告。

以工作流参考模型为标准构建的电力企业管理信息系统，能够有效地将控制、处理与具体的业务流程分离，避免了靠硬编码来实现业务流程的情况，从而能设计出灵活高效、可自定义业务流程的应用系统。

3.8.2 工作流建模介绍

1. 工作流建模理论

工作流建模的理论基础是 Petri 网。Petri 网于 1962 年由 Carl Adam Petri 作为一种过程建模和分析的工作提出。Petri 网是由库所、变迁和有向弧组成的过程描述，具有坚实的数学基础和直观的图形表达。经过多年的发展，Petri 网也经过一定的扩展，如为 Petri 网加上颜色扩展、时间扩展和层次扩展，使之更适应于工作流建模，能够直观地描述一个工作流过程。

设模型 P 为一个业务流程定义；$S=\{s1, s2, \cdots, sn\}$表示系统业务流程的各个环节；$K=\{k1, k2, \cdots, kn\}$表示系统业务流程当前的执行状态；$T=\{t1, t2, \cdots, tn\}$表示系统业务流程各个环节之间的状态转移和变迁；$C=\{c1, c2, \cdots, cn\}$表示系统业务流程各个环节的控制条件；$O=P\rightarrow P$ 定义为系统在业务流程各环节上的操作；$D=\{d1, d2, \cdots, dn\}$表示在系统业务流程各环节的输入、输出数据。

模型 P 中的 S，T 元素加上流关系 F 集合，即可构成一个完整的 Petri 网，其常见的数学定义为三元组 $N=\{S, T, F\}$；N 称为有向网的充分必要条件是：

（1）$S\cap T=\varnothing$；

（2）$S\cup T\neq\varnothing$；

（3）$F\subseteq S\times T\cup T\times S$（“×”为笛卡儿积）；

（4）$\mathrm{dom}(F)\cup\mathrm{cod}(F)=S\cup T$，其中：

$$\mathrm{dom}(F)=\{x|\exists y:(x, y)\in F\}$$

$$\mathrm{cod}(F)=\{y|\exists x:(x, y)\in F\}$$

它们分别为 F 的定义域和值域。其中，F 为流关系（Flow Relation）；S 为 N 的库所（Place）集，T 为 N 的变迁（Transition）集。S，T 是有向网 N 的基本元素，流关系 F 由 S，T 构造而成。

Petri 网中，库所通常用符号◯表示，在工作流建模中用于描述工作流环节；库所可容纳标记（Token），用符号●表示，在工作流建模中用于描述条件；变迁常用符号□表示，在工作流建模中通常表示要实施的任务；有向弧则表示业务办理的走向。利用 Petri 网，能方便地表示如下几种流程类型：

（1）顺序执行的流程。主要由开始、处理、结束三部分顺序组成，即为顺序执行的流程，如图 3-9 所示。

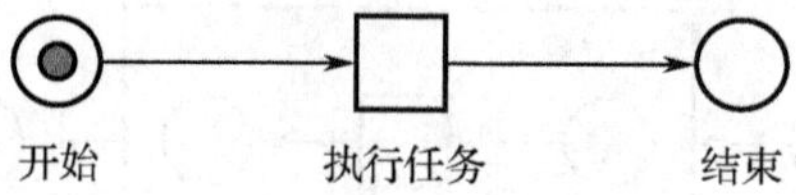

图 3-9 顺序执行的流程

（2）并行执行的流程。业务处理需要经过两个或多个部门同时处理的情况，而且这几个部门之间彼此独立，互不影响，不存在先后执行的限制。此类情况称为 And-split 和 And-join。

（3）选择执行的流程。一个业务可能面临多个部门的审查、处理，但在特定条件下却只能由其中一个部门对该业务做处理工作，这样的情况为 Or-split 和 Or-join。

除了上述两种情况之外还有一个混合情况，即 And/Or-split，在这种业务里，具体是并行处理还是选择处理，将由业务当前的性质来决定。这些流程的符号表示如图 3-10 所示。

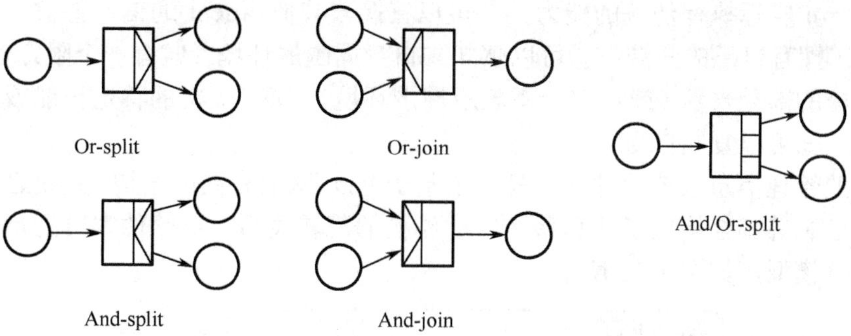

图 3-10 并行、选择和混合执行的流程

（4）循环执行的流程。业务的处理过程常常会在某几个环节间反复交互处理，直到最终满足特定的条件后才递交给下一个环节去执行，这种情况类似于程序设计中的循环结构。Petri 网中判断循环是否结束，用 Or-split 进行决策。常见流程如图 3-11 所示。

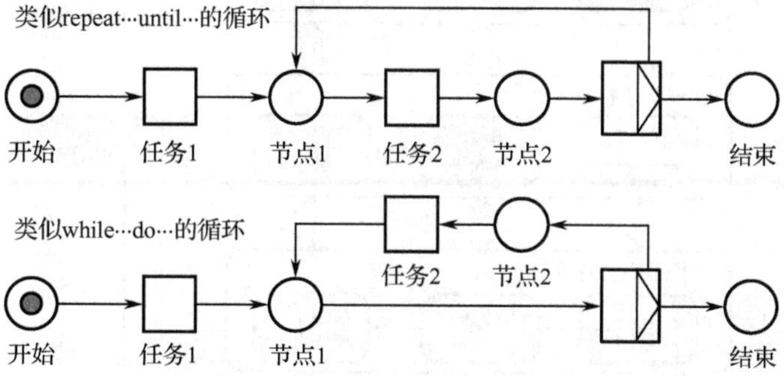

图 3-11 循环执行的流程

（5）流程的嵌套。当上级部门对一件业务 T 进行处理，到某个环节后任务移交到下级部门，在下级部门中将形成一个新的完整的业务流程 Sub$T$ 继续该业务的处理，处理完毕后再将处理结果递交到上级部门的业务流程中继续进行处理。这种情况下，下级部门中的业务流程 Sub$T$ 将只是全局业务流程 T 的一个节点，称之为内嵌流程或子流程，如图 3-12 所示。

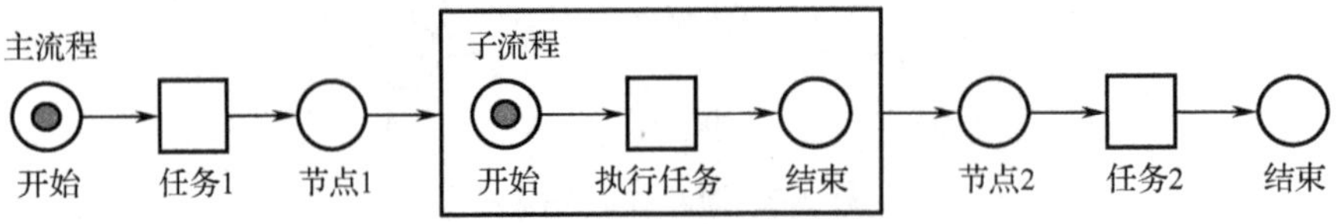

图 3-12 内嵌流程或子流程

综合运用上述几种流程类型，结合实际业务的需求，即可为具体业务建立起恰当的工作流模型，并以此为基础分析出扩展性良好的信息系统。

工作流参考模型中的各个组成部分，可以是计算机的服务程序，也可以是一个独立运行的应用程序。这些程序通过特定的协议和数据规范来完成交互，从而实现完整的业务流程。

多 Agent 系统的 Agent 具有一系列比较适合用来开发工作流系统的特点：①可以在一个环境中有一定实际执行任务的能力；②可以直接与其他 Agent 通信；③被一系列的需求趋向驱动；④拥有自己的资源；⑤可以感知到自身周围的环境（但有一个限定范围）；⑥只是其周围环境的部分表示（或许完全不表示周围环境）；⑦有一定的特定技能或者可以提供一定的服务；⑧可以复制自身。

电力企业管理信息系统软件模型是一个基于 Petri 网的有向网结构。系统之间的状态转化、操作、控制等集合构成了信息系统网状结构的流转关系。该软件本质上是一个以流程为核心的软件模型，如图 3-13 所示。

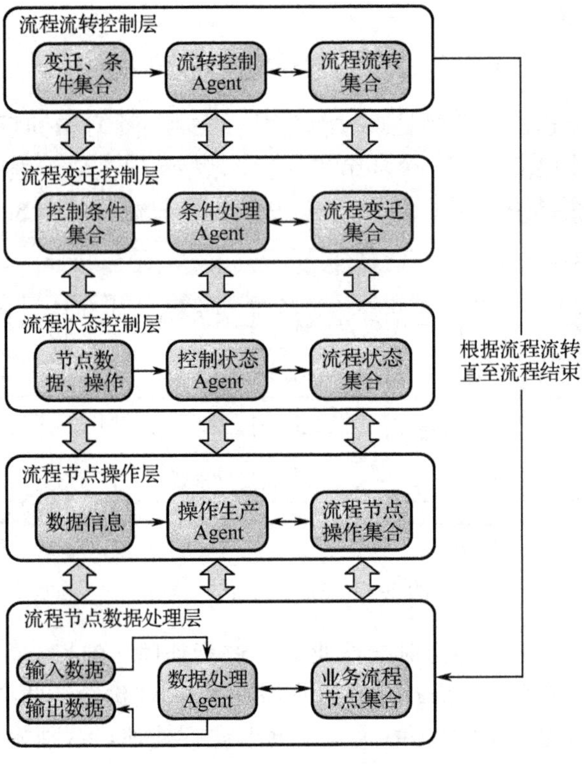

图 3-13 以流程为核心的企业管理信息系统软件模型

2. 工作流引擎设计

工作流引擎是工作流系统的核心组成部分。工作流定义的解析、工作流实例的创建、流向控制、条件控制 Agent、处理工作流的并行、选择、循环等，都由工作流引擎来完成。这里利用多 Agent 技术设计构造基于多 Agent 的工作流引擎。

工作流引擎主要包括：节点数据处理 Agent，工作流定义解析 Agent，工作流状态控制 Agent、工作流变迁控制 Agent，工作流流向控制 Agent，并行、选择、循环等流程处理 Agent 等部分。这些 Agents 具备自适应环境的能力，相互独立，同时能够相互协作和配合，各 Agent 之间通过消息接口进行交互，如图 3-14 所示。

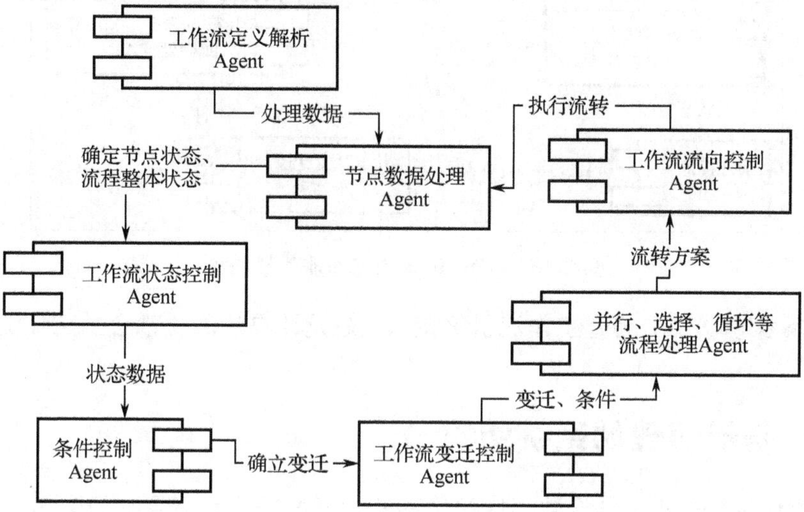

图 3-14 基于多 Agent 的工作流引擎结构

这些 Agent 具备自适应环境的能力，相互独立，同时能够相互协作和配合。各 Agent 之间通过 XML 格式的消息接口进行交互。采用面向服务的体系架构（SOA）封装工作流引擎，将其与外部交互的接口公开为 Web Service 服务接口，如图 3-15 所示。

Web Service 基于 XML 描述，使得不同系统之间的数据交换和通信成为可能。Web Service 是实现 SOA 架构的有效方法。

图 3-15 中各接口简述如下：

（1）启动流程，指客户端或其他自动触发设置，向工作流引擎发出请求，生成对应业务流程的实例，并开始执行该实例，使得流程进入工作状态。

（2）流程状态，获取当前流程的办理人、办理进度、流程是否正常执行、是否办理完成、是否有特殊处理等状态信息。

（3）流程跟踪，获取截至当前状态流程所经历过的所有操作记录和执行情况信息。

（4）流转控制，根据并行、串行等流向控制，对流程的流转走向进行控制。可以是人工参与选择流向，也可以根据既定条件自动地流转。

（5）流程监督，查看流程是否有违规，办理是否超时等情况，以保障流程的正常运转。

（6）查询统计，主要是针对特定的流程，特定的节点，查询统计其办理件数、办理效率等情况。

（7）其他，包括与其他应用系统交换数据的接口，与其他工作流系统对接的接口等。

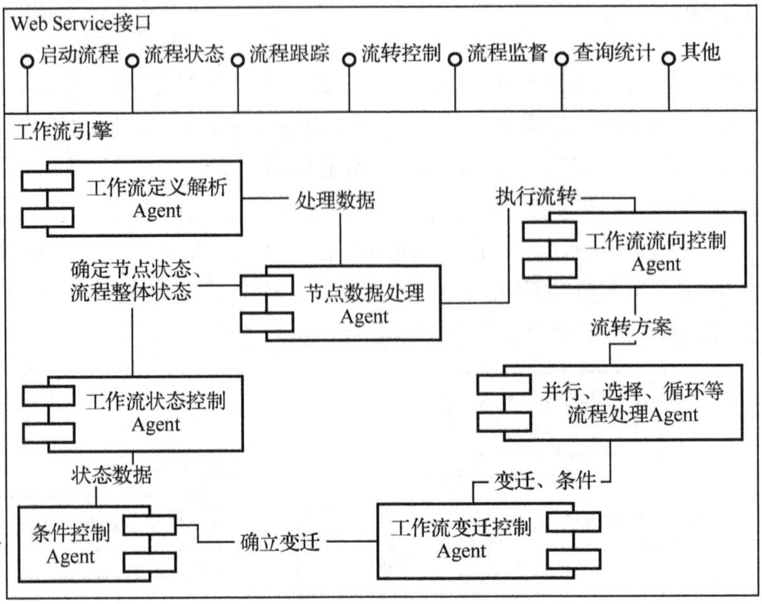

图 3-15　SOA 封装的工作流引擎结构

采用 SOA 架构方式，公开工作流引擎接口，是设计灵活的松耦合的工作流客户端系统的基础。

3.8.3　基于流程的系统结构

以工作流理论为依据，结合数据库技术和软件开发技术，可得到如图 3-16 所示的企业管理信息系统的整体系统结构。

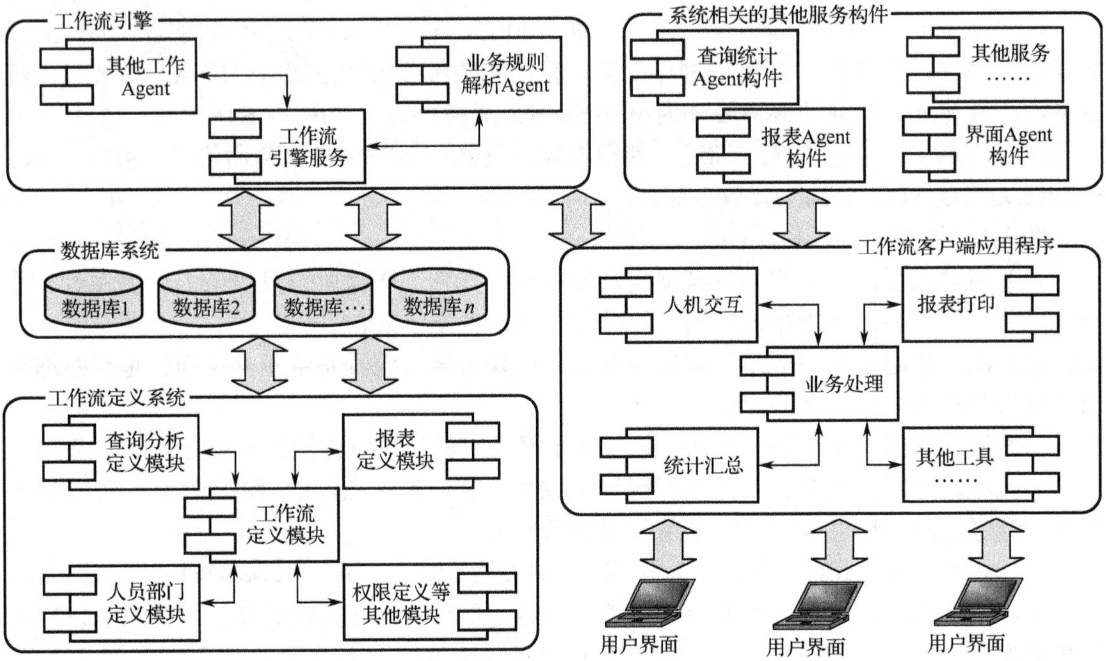

图 3-16　基于工作流技术的企业管理信息系统结构

图3-16所示的企业管理信息系统主要由工作流定义系统、数据库系统、工作流引擎及系统相关的其他服务构件、工作流客户端应用程序、用户界面等五大部分组成，系统整体结构符合MVC（Model-View-Control）模式结构，具有良好的扩展性和高度的灵活性。系统各组成部分的具体介绍如下：

（1）工作流定义系统。这部分是整个信息系统的核心，是整个信息系统的模型（Model）定义部分。系统中实现了对业务流程的重组、抽象和建模。企业的每一类业务流程对应于一种工作流模型定义，并且结合报表定义、查询定义、权限控制等功能模块为每种业务定义了相应的数据信息支持。利用工作流定义系统，企业实现了业务流程和业务处理应用程序的分离、独立管理业务流程类型和数据等功能。工作流定义系统定义的业务流程工作流模型，是信息系统应用程序执行业务处理的基础。从面向对象的角度来看，工作流定义系统所定义的每个工作流模型，相当于定义了一类业务的类（Class），而工作流引擎则负责这些类的实例化、实例修改、实例删除等工作。

（2）数据库系统。数据库系统是整个信息系统的基础，它负责存储和管理工作流模型定义的数据字典、业务处理的相关信息等重要数据。

（3）工作流引擎及系统相关的其他服务构件。这部分实现了业务的具体处理逻辑，可称之为系统的控制（Control）部分。如果说工作流定义系统为整个信息系统定义了业务流程的类，那么本部分则应当是类的具体功能实现部分。由于特定的工作流所包含的具体操作类型是有限的，因此可以将工作流在各个节点上所要执行的操作集中编写实现，提供规范的调用接口，从而可以写出基于WFMC（工作流管理联盟）标准的复用价值高、通用性强的实现代码。本部分还包括了查询统计、报表分析等一系列的中间层构件，用于为客户端程序提供调用接口。

（4）工作流客户端应用程序。在本部分主要提供了与工作流引擎及其他服务构件交互的功能，实现系统的分布式结构。

（5）用户界面。这部分是信息系统的视图（View）部分。随着模型和控制系统的确立，整个应用程序基本上即可架构完成。选择恰当的用户界面来表达业务处理的流程则是一个相对容易的事情。这部分内容要求模型和控制部分预留好良好的用户界面接口，以满足用户界面的定制需求（如基于C/S的用户界面或基于B/S的用户界面设计）。

本 章 小 结

本章介绍了业务流程梳理的概念和作用、业务流程梳理应注意的问题、业务流程的设计思路和方法、如何进行业务流程的步骤，并针对电力企业中的发电企业管理、供电企业管理的相关业务流程进行了分析，给出了电力企业管理业务流程重组需要注意的事项，最后对工作流技术下的业务流程设计进行了介绍。要掌握好业务流程分析相关内容，需要结合实际认真思考，将业务流程的相关理论、知识、技术和实际结合，灵活掌握，逐步积累经验。

复习思考题

1．业务流程的概念是什么？其作用是什么？
2．业务流程梳理时候应注意什么问题？
3．业务流程分析需要遵循什么原则？
4．业务流程分析的步骤有哪些？
5．电力企业业务流程重组的路线有哪些？
6．什么是工作流？

第 4 章　电力企业管理信息系统设计

系统分析完成后，得到了新系统的逻辑模型，解决了“做什么”的问题，然后进入系统设计阶段，解决“如何做”的问题。系统分析确定了用户的需求，进行了方案的设计，系统设计将用来实现方案，系统设计相当于建筑工程中的画图纸，还没有建筑施工。系统设计阶段根据系统分析阶段的逻辑模型，考虑各种约束，基于现有技术进行各种具体设计，提出一个新系统的实施计划方案，解决“系统怎样做”的问题。信息系统模型分为逻辑模型和物理模型。逻辑模型主要确定系统“做什么”，逻辑模型在系统分析阶段提出；物理模型则主要解决“如何做”的问题，物理模型在系统设计阶段提出。

4.1　电力企业管理信息系统总体体系架构设计

信息系统的体系架构就是支持一个组织内部信息技术服务供应的硬件、软件、与计算机相关的电子通信技术的统称。体系架构的基础结构包括四种主要元素，即技术平台、数据资源、应用方案和信息化组织。电力企业管理信息系统总体体系架构大体是包括一个企业和信息化结构、信息资源结构和信息管理结构在内的一个统一信息结构。

电力企业管理信息化体系架构是一个系统的基本组织，它体现在组件与组件之间的相互关系，以及组件与环境的关系中，还包括指导系统设计和进化的原则和规范等。在电力企业信息化工程的实施过程中，需要有强有力的技术服务支持和组织管理保障，包括技术保障、人员保障、资金保障等。为了确保电力企业管理信息化中各类系统安全、可靠、稳定地运行，需要构建一个涵盖系统支撑、应用服务、安全保障、相关法律和各种规范标准的大系统体系，以保证管理信息化系统的安全、有效运行，保证各模块准确、无障碍衔接。

电力企业管理信息化体系总体架构由自下而上的四个层次和两大支柱构成（如图 4-1 所示），以保证电力企业管理信息化的实现与正常运行。

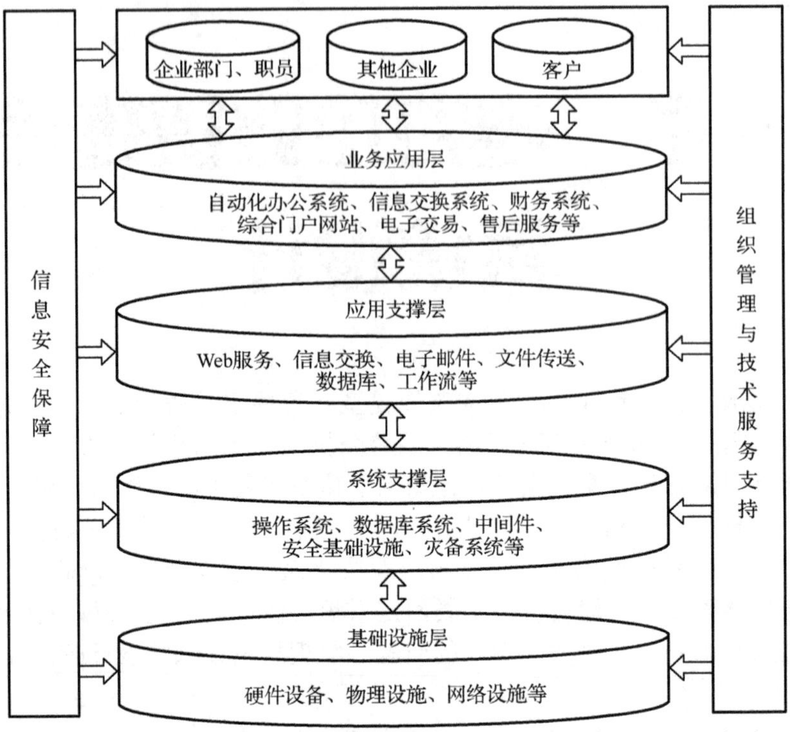

图 4-1 电力企业管理信息化体系总体架构

图 4-1 所示的总体架构主要包括以下内容：

（1）基础设施层。基础设施层主要包括硬件设备、物理设施和网络设施等。它位于整个体系结构的底层，面向各类电力企业管理信息化应用提供可靠的基础设施，是承载各类企业信息的基础。硬件设备主要包括网络服务器、交换机、路由器、计算机等；物理设施主要涉及各类信息化应用系统中各种信息处理终端设备、信息存储介质及各类外设资源等；网络设施主要向各类信息化应用系统提供必要的网络基础环境，为各类信息化应用提供可靠、有效的信息传输服务通道，是各类信息的最终承载者。

（2）系统支撑层。系统支撑层是与基础设施层紧密结合的软件环境，为应用支撑层提供通用的系统服务，主要包括操作系统、数据库系统、中间件、安全基础设施、灾备系统等。

（3）应用支撑层。应用支撑层构建在基础设施层及系统支撑层之上，提供承载最终应用系统的功能服务，它能有效地简化电力企业管理信息化中应用系统的设计和实现。应用支撑层提供对基本应用的支持，包括 Web 服务、信息交换服务、电子邮件服务、文件传送服务、数据库服务、集成化的通用事务处理服务和流程控制服务等。应用支撑层包括了服务器端的应用支撑及客户端的应用支撑。通过提供安全支撑接口，上层应用系统可以根据业务逻辑的需要进行各种安全服务的调用，实现整个信息系统的整体安全。应用支撑平台通过安全传输层和应用层安全协议、访问控制、完整性保护、审计与监控等功能提供安全保护。

（4）业务应用层。业务应用层包括在应用支撑层上构造的各种电力企业信息化应用，是电力企业面向最终用户的层面，主要分为面向企业部门的内部应用系统和面向客户及其他企业的应用系统两部分。其中，面向企业部门的内部应用系统是在企业内网上实施的应用，主要包括各类自动化办公系统、电子邮件系统、信息交换系统、财务系统、企业内部网站等；面向客户和其他企业的应用系统主要包括综合门户网站、电子交易、售后服务等。国家电网公司在“十一五”期间推广实施的“SG186”工程包括 8 大业务应用，包括财务管理、营销管理、安全生产管理、协同办公管理、人力资源管理、物资管理、项目管理和综合管理；在“十二五”期间推广实施“SG-ERP”工程，其业务应用系统从原来的 8 个扩展到 10 个，增加了规划计划和运行管理两大业务应用系统。

（5）信息安全保障。信息安全保障主要由管理信息化安全支撑环境和各类信息化规范、标准、法律、法规组成。安全支撑环境由各类安全技术和防护手段构成，主要包括加密、信任基础设施、访问控制、身份验证、数字签名和验证、可信时间等多种技术手段，为信息系统中的各种应用提供安全保障，并最终为应用系统提供各种安全服务，安全支撑环境是建立一个通用的、高性能的安全信息系统的必要条件。此外，法律体系的建设、标准规范的建设与应用始终贯穿整个电力企业管理信息化的各个层次，起着规范与监督的作用。信息化安全保障在各个层次为电力企业管理信息化体系提供机密性、完整性、可用性、鉴别、抗抵赖等安全服务，以及合规性、合理性、合法性等安全保证。

（6）组织管理与技术服务支持。电力企业管理信息化需要相对固定的组织机构，需要信息化项目领导小组和工作小组、企业领导和信息系统操作人员的支撑，还需要各级信息化组织管理体系具有明确量化的目标体系和相应的考核体系。只有各负其责、职责明确，才能保证信息化项目的正常建设和顺利开展。组织管理作为电力企业管理信息化体系的支柱之一，组织的健全对于信息化项目的成功具有重要的作用。

4.2 电力企业管理信息系统功能结构设计

1．功能结构图设计

在电力企业管理信息系统设计阶段最终需要设计出电力企业管理信息系统的功能。由于电力企业管理信息系统需要实现的功能较多，因此在设计阶段需要对这些功能之间的结构关系进行分析，确定系统的总体功能结构，一般采用结构化的系统设计方法。

结构化系统设计的思想是采用自顶向下、逐层分解的方法，把整个管理信息系统的功能划分为若干子系统，而子系统又划分为若干功能模块，模块又划分为子模块，层层划分，逐层分解，逐步细化，直到每一个模块是相对独立、业务处理功能单一为止，最终形成一个结构设计图。从概念上讲，上层功能包括下层功能，上层功能笼统，下层功能具体。功能分解的过程就是一个由抽象到具体、由复杂到简单的过程。图中每一个框为一个功能模块，注意此处的功能模块与软件意义的模块不完全相同。一般用多层的倒置的树型结构图表表示系统功能的结构。

以供电企业的电力营销管理为例，在对电力企业营销管理信息系统设计时，首先根据系统分析得到电力营销的核心业务功能主要集中在营销业务层和营销工作质量管理层两个方面这一信息，经过流程图的进一步分析，可以给出系统的功能模块主要包括以下部分：业扩报装管理系统、电能计量管理系统、电量电费管理系统、电费收费管理系统、低压设备管理系统。

（1）业扩报装管理系统。业扩报装管理是用电管理部门与外部交往的窗口，它接受并处理客户服务层传递的每一项业务，并对相关部门的工作单的制作、传递进行处理，管理用户的用电档案。业扩报装管理涵盖了客户报装接电及日常营业的所有业务。

（2）电能计量管理系统。计量部门是电力系统的基础部门，计量管理系统主要辅助计量管理人员对电能计量器具、标准计量装置的资产情况和运行情况的管理。它包括计量方案的设计审查、计量器具的选型、订货验收、检定、检修、保管、安装、竣工验收、运行维护、现场校验、轮换、故障处理、报废等。计量管理质量直接影响到电力的生产收入正确性，在整个电力的生产经营中占有重要的位置。

（3）电量电费管理系统。电费与电价管理系统是供电公司体现经济效益的重要部分之一，它所涉及的职能部门之间联系密切，其概括起来有以下两项工作：第一，负责管辖范围内的用户及趸售用户的电费抄核工作，根据用电政策及用电计划，经过业扩、计量等环节建立的用户档案，把用户用电量按不同计费标准，通过繁杂的电量计算，分成不同性质的电量，乘以与之相对应的电价，打印出电费发票；第二，应收管理，包括分管区域的应收和全公司的应收汇总管理，并生成统计报表，同时为电费收取做好准备。

（4）电费收费管理系统。电费收费管理系统负责进行电费回收及账务管理，也是供电公司体现经济效益的重要部分之一，它关系到电费工作情况中的回收率的考核，因此，该系统的建设，可较准确地反映供电公司指标完成情况，使电力企业能更好地投入再生产活动。

（5）低压设备管理系统。县供电局低压设备管理系统是供电局生产部门与用电部门之间的联系纽带，是完成从生产到分配、再到销售的保障。

除去核心业务功能之外，营销管理信息系统一般还包括客服支持和决策支持两部分功能，这两部分实际上是核心功能的延伸部分。客服支持一般用于售电服务和相关的业务电话咨询、报修和批评建议等客户服务支持，包括呼叫中心、客服网站和移动服务支持；决策支持则随着电力企业的业务需求的变化在不同的电力企业中有着不同的部署，目前大多数电力公司中应用较多的是客户关系管理和营销风险管理。客户关系管理用于用户资料的数据挖掘，包括欠费风险评估、信用等级评估、售电优惠政策制定等应用。营销风险管理则是对电力公司在供电、售电、用电管理、客服支持等方面的各种风险进行风险预警和风险决策，为电力公司在营销工作中遇到的各种突发事件提供合理的决策。营销管理信息系统的核心业务、客服支持、决策支持的模块构成如图 4-2 所示。

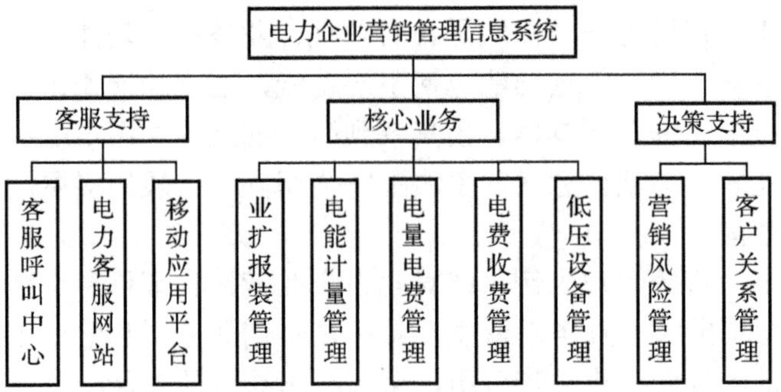

图 4-2　电力企业营销管理信息系统功能结构图

2. 子系统划分设计

设计功能结构图过程就是把一个复杂的系统分解为多个子系统的过程。这种将一个复杂系统分解为多个功能较单一的子系统模块的方法称作模块化。模块化方法指的是把一个复杂的系统分解为一些规模较小、功能较简单、更易于建立和修改的子系统模块。各个子系统模块具有相对独立性，可以分别加以设计实现。各子系统模块代表的子系统共同构成一个统一的整体，完成系统的功能。

子系统划分的原则实际就是系统的结构设计原则，系统的结构设计根据数据流图和数据字典借助一套标准的设计准则和图表工具，按照自顶向下逐层把整个系统划分为若干个大小适当，功能明确，具有相对独立性，并容易实现的子系统，从而把复杂系统的设计转变为多个简单模块的设计，然后再自下而上地逐步设计。

系统的结构设计原则是：

（1）独立性。

划分的子系统要具有相对独立性，子系统的划分必须使得子系统内部功能凝聚性较好。每个子系统相对独立，这样对于设计调用都比较方便。

（2）依赖性尽量小。

子系统之间数据的依赖性尽量小。子系统之间的联系要尽量减少，接口要单一。将联系较多的数据依赖尽量划入子系统内部。

（3）前瞻性。

子系统的设置应考虑今后发展的需要。使系统实现更合理地完成现存的业务，而且还可以支持更高层次的管理决策。

（4）阶段性。

信息系统的开发是一项较大的系统工程，一般要分期分步进行。子系统的划分应便于系统分段实现。

（5）习惯性。

子系统的划分还必须兼顾组织机构的习惯性要求。系统实现只有符合人们的习惯，才能更好地运行。

此外，子系统的划分应考虑到各类信息资源的合理分布和充分利用，减少系统对网络资源的需要，提高网络的处理能力。

继续以上述供电公司的电力营销管理为例，对业扩报装子系统相关业务流程进行子系统模块化划分设计，其内容如下：

业扩报装子系统的功能为：业扩报装管理接受并处理客户服务的每一项业务，包括报装申请受理、工作票的处理和传递、勘察管理、供电方案管理、供电施工工程管理、用户用电档案管理、业扩报装费用管理、供用电合同管理、业务查询和统计分析。

业扩报装管理的业务流程如图4-3所示。

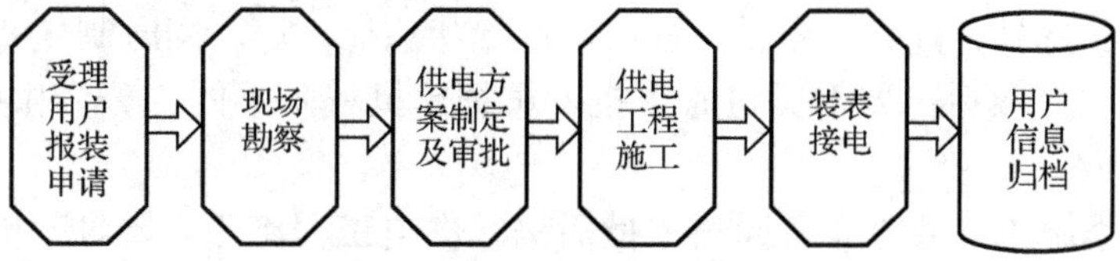

图4-3　业扩报装管理的业务流程

具体业务流程抽象层各个模块化设计的内容为：

（1）受理用户报装申请。接受用户各类用电申请书，记录用户基本信息和报装资料，对用户原用电信息进行查询，然后按照报装业务的分类制定相应计量装换工作票发送各有关部门。另外，对报装申请要进行业务分类统计，用户的报装业务分类见表4-1。

表4-1　用户报装业务分类

序　号	报装业务分类	序　号	报装业务分类
1	低压用户新装申请登记	10	减容申请登记
2	低压用户增容申请登记	11	减容恢复申请登记
3	高压用户新装申请登记	12	临时用电申请登记
4	高压用户增容申请登记	13	移表申请登记
5	并户申请登记	14	销户申请登记
6	分户申请登记	15	表计申请登记
7	更名或过户申请登记	16	暂换变压器申请登记
8	暂停用电申请登记	17	改变用电类别申请登记
9	暂停用电提前恢复申请登记	18	其他杂项变更申请登记

该模块的功能设计要求如下：

通过权限来控制操作权限；在对参数修改时，记录修改权限信息，自动记录修改人员信息；处理大批量的报装业务（如新增小区、成批新装、定期换表），系统引入批量业务。系统即可根据客户需要自动生成批量工作单，进行批量勘察、批量收费、批量领表等功能。

根据实际的报装业务和现场情况，定制和修改所需的业务。

对于用电业务中的分户、并户业务采用复合业务的处理方法，将复杂业务简单化。系统提供复合业务的灵活设置功能，支持多户复合，完成如一户分为多户，多户并为一户等业务。

对暂停用电、临时用电、恢复用电业务根据业务期限提供自动提示功能，业务人员能及时了解相关业务信息。对每个流程，在每个环节实现倒计时提示。

（2）现场勘察。按用户用电报装申请书的内容进行勘察员分派，勘察员按照计量装换工作票信息，记录现场勘察内容形成勘察记录，并对勘察员的工作情况进行考核。

对于勘察员的分派要进行权限控制；同时，如果分派的权限有所变化，应自动记录修改人员信息和权限变化情况。

（3）供电方案制定及审批。按照勘察记录中的用户设备信息、配电网络信息和报装费用，制定并管理供电方案。供电方案信息包括供电方式（供电线路名称、供电点、供电电压、主供电源、备用电源、进线杆号等）、计量方式（总分表关系、变损、线损等）、计费方式（电价、力率标准、计费容量、用电类别等）、配电网络基本信息（线路长度、导线型号、变压器编号、型号、台数、容量、性质、运行状态等）等。同时制定相应的贴费标准。

供电方案制定完成后，要对其进行审批，根据审批权限不同，分为供电所审批、营业厅审批、局长审批。

（4）供电工程施工。供电方案通过审批后进行供电工程施工。要对工程信息进行记录，管理并监督工程立项、工程竣工、工程验收等环节，记录并生成工作票、工程竣工报告、工程验收单，生成工程验收单时还要自动生成低压设备台账。

（5）装表接电。填写计量装换表信息、制发工作票。接受计量反馈工作票形成用户计量设备信息。在填写计量装换表时，应自动取得上月表读数。

（6）用户信息归档。用户报装完成后，若是新用户，则将用户的基本信息、计量装换表信息、投运验收记录、用户设备信息、用户工作票信息保存为用户正式档案，并自动形成用户相应计费参数信息。若为已有用户档案变更，则原信息应备份到历史库。

对以上用户业扩报装中的各种流程，要形成并显示完整的流程控制表以便操作。流程中各个环节产生的工作票记录着用户申请内容及工作单处理情况，是营业部门传送工作信息和命令的凭证，也是各部门进行联系的工具，系统应对工作票进行记录，并提供统计和查询功能。

4.3 电力企业管理信息系统的数据流程图设计

系统的功能结构图描述了管理信息系统的功能的结构，依据企业业务进行功能结构划分后，再进一步进行模块划分，确定子系统和模块功能，然后进入到数据流程图设计。

数据流程图设计结合对功能的分析，以及在第 3 章中的系统分析阶段绘制的业务流程图所表示的原有业务处理过程，按照计算机处理数据的思路，对新信息系统下的数据流程进行设计，给出相应的数据流程图（Data Flow Diagram，DFD）。数据流程图是全面地描述信息系统逻辑模型的主要工具，它可以用少数几种符号综合地反映出信息在系统中的流动、处理和存储情况。

数据流程图的基本图形符号非常简单，只有四个，如图 4-4 所示。

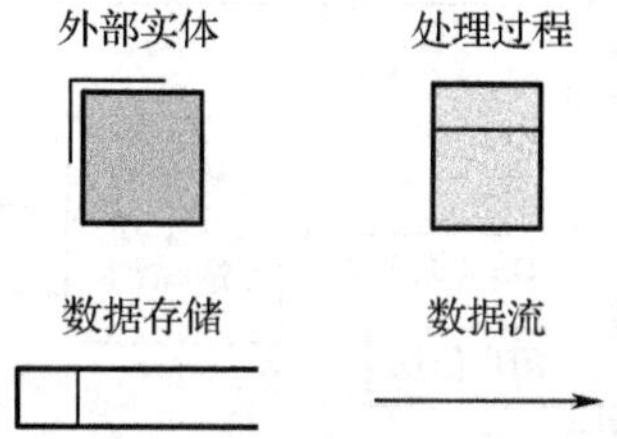

图 4-4 数据流程图的基本图形符号

数据流程图主要表达各功能之间的数据传送关系，管理信息系统中许多业务或功能都是通过数据存储起来的。例如，某一功能模块向某一数据存储中存入数据，而另一个功能模块则从该数据存储中取出数据，数据流程图可以反映各个处理功能与数据存储之间的关系。

数据流程图的设计方法是：首先按照业务流程图理出的业务流程顺序将相应调查过程中所掌握的数据处理过程绘制成一套完整的数据流程图，一边整理绘图，一边核对相应的数据和报表、模型等。如果设计的信息系统和实际业务流程分析中有问题，很大可能会在这个绘图和整理过程中暴露出来，因此，数据流程图也具有信息系统设计对信息系统分析的校验功能。

数据流程图和业务流程图最重要的区别在于，数据流程图是从计算机处理数据的视角考虑数据在系统中的流转；而业务流程图是从实际业务的角度出发对业务进行图示性的说明。因此，数据流程图的设计中，不会出现真正的实体物质要素，如真实的产品、实际的单据等，这些在数据流程图中可以直接归纳为外部实体或者是单据储存的数据库或表。

数据流程图在设计的时候，也可以借鉴结构化分解的方法，对数据流程图绘制时采取分层次的、自顶向下逐层分解的办法。以上述营销系统中的业扩报装功能模块为例，对绘制数据流程图进行说明：

（1）首先画出顶层（第一层）数据流程图。顶层数据流程图只有一张，它说明了模块所对应功能中的总的数据处理功能、输入和输出，如图 4-5 所示。

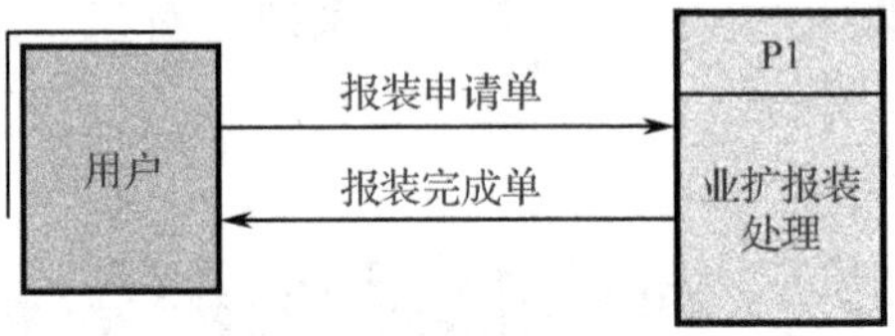

图 4-5　业扩报装模块顶层数据流程图

（2）对顶层数据流程图中的“处理”进行分解，此例就是将“业扩报装处理”分解为更多的“处理”，如图 4-6 所示。

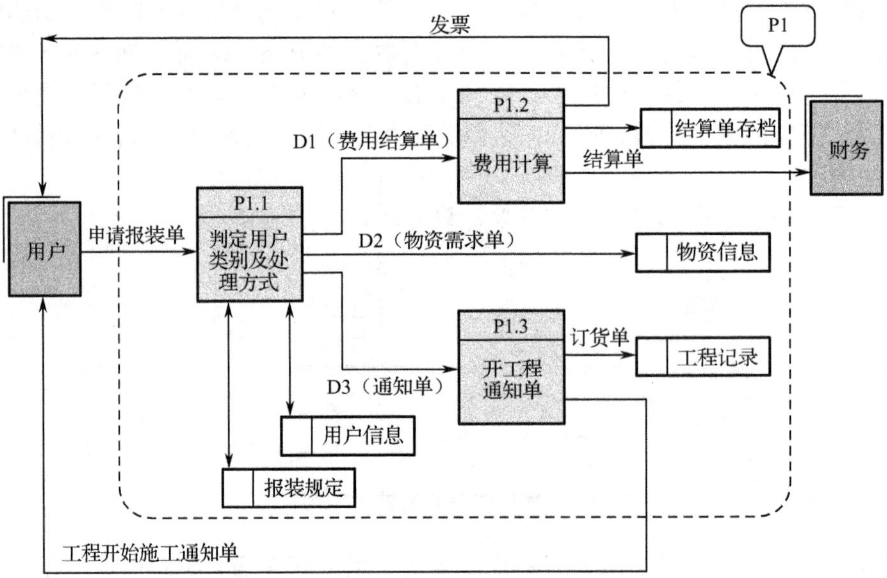

图 4-6　业扩报装模块分解后的第二层数据流程图

4.4　电力企业管理信息系统的代码设计

1．代码的定义及作用

代码是表征客观存在的实体或属性。一个计算机能够识别和处理的符号，可以是字符、数字或它们的组合。由于管理信息系统是计算机信息系统，其处理的对象必须可以表示为计算的识别形式，并能够由计算机处理，信息首先要进入计算机就需要对现实中的数据进行一定的转换和处理，才能将信息按照一定形式存储在计算机中。信息有属性信息、空间信息，空间信息占人类全部信息的 80%，管理信息系统处理的是属性信息，属性信息如姓名，年龄、金额等，属性信息都可以用文字或数字表示。管理信息系统之所以进行代码设计，是因为方便使用信息的标准化。

如对姓名编码，因为存在同名同姓的现象，在一个班级假设有两个张三，计算机就不知如何识别张三该是谁。因此，对学生的姓名进行编码，其结果成为学号。进行代码设计方便了计算机对数据的分类、统计、查询等处理。代码设计的任务就是对编码对象设计出一套供管理信息系统开发和运行所需的代码系统。因此，代码的作用主要有两个：

（1）识别，用来标识客观实体或属性，是识别对象的唯一标识。

（2）分类，即按照一定规则对编码对象进行分类。

分类是编码问题的关键。准确的分类是我们的工作标准化、系列化、合理化的基础和保障。一个良好的分类方法要保证科学管理的需要。

2．代码设计的原则

代码体系设计是管理信息系统设计的基础工作，需要技术和时间的积累。代码体系设计对管理信息系统的成功非常关键，有一些管理信息系统就是因为代码体系设计失败导致管理信息系统使用不方便。因此，代码设计有一定的原则：

（1）代码的标准化。

标准化和通用性指的是代码设计要尽量采用国际、国家或行业的编码标准。这些标准对编码对象、属性的定义、编码方法、编码规则、编码的显示、编码的打印、编码结果、编码校验规则、编码的使用等有严格的定义。如果有国际标准，出口的商品应采用国际标准；如果有国内标准，则应采用国内标准。

（2）代码的唯一性。

代码的唯一性是指一个编码只能代表一个编码对象，一个编码对象也只能有一个编码。在实际工作中，如在人事管理中，人员退休了，空出一个号，计算机操作人员认为不能浪费一个号码，对新进入企业的人员重新使用了该号码，短期内没有问题，长期的话会出现混乱。违反了代码的唯一性原则。

（3）代码的稳定性。

代码的稳定性指编码对象和编码的对应关系，一经使用，不要改变。代码应能适应环境的变化，要具有不能改变的持久性，避免修改代码，要具有稳定性。因此，编码时在代码使用生命期内，不应当考虑可变动因素。

比如，对学生进行编码，编码对象是全校的学生，有的用户把学生的入学年限、系、专业、班级、性别等都考虑进学号编码里，本意是看到学号就知道其所在的系、专业、班级，对学生也按其学号蕴含的系、专业、班级进行成绩的统计分析。但现实中学生有可能变换院系、专业及班级，也有留级的。如果按照最初编码原则，要根据最新的学生状况对院系班级等进行改变其学号的处理，并且需要将改变后的学号和成绩记录、考勤记录、图书借阅记录等进行重新关联。这样在数据库中的数据操作量巨大，并且原有记录如果保留的话，可能会造成数据重复的问题，甚至，学号更换后，学生本人容易混淆新学号和旧学号。因此，稳定的学号不应当考虑系、专业、班级，只需要考虑录取时的年级和报名序号。

这样的学号，是唯一的和稳定的。

（4）代码的可扩充性。

代码的可扩充性是指要考虑管理信息系统应用的发展，代码体系留出足够的编码位置，当增加新的编码对象实体时，直接利用原代码加以扩充，而不需要变动代码系统。需要计算代码体系的容量。

还以学生学号编码为例，如果最后两位用两位数字的流水码，表示为：XX，则代码体系的容量为 10*10=100，第一个编码是 00，最后一个是 99。如果一个专业或班级的学生人数超过了 100，两位数字码就不能容纳了，因此，在设计时，如果预见有上百人时，应设计成三位数字的流水码。

（5）代码的结构简单化、长度尽可能短。

如果编码需要在计算机键盘上输入，考虑到输入效率，代码的结构要简单化，长度尽可能短，以提高输入的速度。代码的长度会影响所占据的存储单元和信息处理速度，也会影响代码输入时出错的概率及输入与输出速度，代码打印时也会占较大的位置。

（6）代码要易于记忆。

代码设计时应便于记忆，便于编码，看到代码应便于联想到原意。国内习惯将姓名采用汉字拼音首字母缩写，也是便于记忆。编码如果具有逻辑性、直观性，就便于用户的识别和记忆。

3. 代码设计方法

（1）代码使用的符号。

理论上，编码可以采用任何字符，使用代码的目的之一就是便于把数据输入到计算机中，直接使用键盘的符号是合适的方法。如英文字符（Aa～Zz）、数字（0～9）、特殊符号（如-/\=.,），建议只采用数字和英文字符。使用英文字符时，应定义大小写。有时为了便于阅读代码，采用了特殊符号作为分隔符。汉字一般不用于编码，但也有例外，如车牌号就包括汉字，在输入时要采用一些技术以提高输入速度。

（2）代码的种类和编码方法。

1）顺序码（流水码）。

顺序码（或称为流水码）用连续数字代表编码的对象，如 1 代表张三，2 代表李四，3 代表王五。顺序码优点是简单短小，易理解掌握和管理。缺点是增加新对象时只能在最后追加，删除则造成空码，不能在中间加入代码。适用于代码对象数量少、稳定的体系结构。顺序码也作为其他编码用于类别细分，在复杂对象的编码中，分类码多用顺序码。

2）分组码。

分组码是复杂对象的编码，分组码把数据项分成几个组，每组表示一个含义或主题。

例：身份证编号 37010519800908335。

前两位 37 表示省份山东，01 表示济南，05 表示天桥区，19800908 表示出生日期，33 是序号，5 是校验位。

分组码优点是便于表示复杂的对象，代码中包含更多的信息。需要注意的是不要在代码中包含过多的信息。

3）助记码。

助记码用文字、数字或文字与数字结合起来描述编码对象，其特点是可通过联想帮助记忆，助记码一般用于汉字输入时加快速度。

如会计软件，输入凭证摘要速度很慢，可以把一些常用的专业术语，建立摘要字典，如用代码 fghk，表示付购货款。会计软件提供把助记码翻译为汉字的功能。

目前，计算机的操作系统汉字输入的功能很强，可以建立用户字典，类似摘要字典助记码在操作系统一级完成，不用开发人员专门开发助记码翻译模块。

另外，在一些中药管理软件中，因为中药名字非常难记，也经常使用助记码。

4）缩写码。

缩写码英文与中文都常用，英文缩写码用英文的首字母，中文用汉语拼音的首字母。在商品型号的编码中，经常用缩写码。

例：BJ213 代表北京吉普 213 型汽车。

GM，表示美国通用汽车公司。

缩写码也经常用于网络域名中，如 www.ncepu.edu.cn，其中 ncepu 表示华北电力大学。

（3）代码校验。

为了保证关键代码输入和传输的准确性，减少错误，可用代码设置校验位的方法，校验位的值通过事先规定的数学方法计算出来。当代码输入后，计算机会以同样的数学方法按输入的代码计算出校验值，并将它与输入的校验值进行比较，以验证是否有错。在生成代码和输入代码时都要计算校验位。

校验方法常用的是“加权取余”，即选一组确定的权值和模，将原代码加权运算，然后除以模数，将余数作为校验码。如何选取权值和模，开发人员可以自己确定。

利用校验位，可以发现抄写错误、易位错误（如 012340 写成 013240）、双易位错误（如 0269130 写成 0219630）、随机错误（包括以上两种或三种综合性错误）。

校验位可以是一位或多位，校验位越多，可以发现的错误也越多，但代码也越长，计算方法也越复杂，经常用的是一位校验位。

校验位生成的过程：

n 位原代码：$X_1 X_2 X_3 \cdots X_n$。

n 位权因子：$P_1 P_2 P_3 \cdots P_n$。

权因子选择有算术级数法、几何级数法、质数法。算术级数法权因子是 2，3，5，7，…；几何级数法权因子是 2，4，6，8，…；质数法权因子是 3，5，7，11，13，…。

加权和：$S=X_1 P_1 + X_2 P_2 + X_3 P_3 + \cdots + X_n P_n$。

求余数：$R=S \text{ MOD } M$，

M 是模，其值一般为 10 或 11。

例：以 11 为模，加权取余：

原代码：23456；

各乘以权：65432；

乘积之和：12+15+16+15+12=70；

以 11 为模除以乘积之和，余数作为校验码：

70/11=6……4；

代码为：234564。

注：以 11 为模时，若余数是 10，则按 0 处理。

当这种带校验位的代码输入时，计算机就能根据输入代码的前几位代码和后面的校验码用预先编好的校验程序自动对代码进行校验，以减少输入错误。

4. 代码管理与维护

代码是信息系统正常运行非常重要的基础，需要日常对代码进行管理与维护，代码体系建立后，不可以让任何人随意修改，否则会引起系统运行混乱，导致整个管理信息系统运行失败。代码体系、代码对象的修改要经过管理部门的评价和批准，评价代码修改对整个管理信息系统的影响。

代码管理维护的原则是：服从全局，对代码的修改不影响原代码体系的使用，从而避免对程序和数据文件的修改。

为了对代码管理与维护，企业要在制定管理信息系统运行管理条例时，制定代码管理的规章制度。代码维护应设专人负责，不经授权不能进行修改；对代码的修改应作日志记录，以便分析。

4.5 电力企业管理信息系统的数据库设计

管理信息系统的特点是对大量的数据处理来获得管理所需要的信息，因此，管理信息系统要存储和管理大量的数据。数据库设计是管理信息系统设计非常重要的部分，数据库设计就是根据管理信息系统中数据的用途、安全保密性等，来设计数据的结构、类别、载体、组织方式、保密等级等。数据库设计是在选定的数据库管理系统上建立数据库。目前广泛使用的是关系数据库系统，它是以关系模型作为数据模型的系统，设计要求相对简单。

在数据库设计中涉及的数据库系统知识是一门独立的学科，涉及的理论和知识很多。在数据库理论中，将数据库设计分为四个阶段：用户需求分析、概念结构设计、逻辑结构设计和物理结构设计。

1. 数据库设计用户需求分析

数据库设计用户需求分析在管理信息系统的系统分析阶段进行，系统分析阶段的用户需求包含了对数据管理的需求。数据库设计用户需求分析的结果用数据流程图和数据字典等工具表达。

2. 数据库的概念结构设计

概念结构设计对应在系统分析逻辑设计阶段，概念结构设计是根据用户需求设计数据库的概念模型。概念模型是从每类用户业务角度看到的数据库，概念模型用 E-R 模型表示。

概念结构设计的结果为概念模型，通常用实体—关系分析法建立概念模型，实体—关系分析法建立的模型为实体联系模型，简称为 E-R 模型。E-R 模型描述的是用户处理的业务数据对象及对象间的联系，如在学生收费系统中的缴费项和学生都是数据对象，E-R 模型用规范的方式来描述这些对象和关系。相关的概念有：

（1）实体（Entity）。

“实体”是用户处理的业务数据对象概念。有数据含义的对象在数据模型中都称为实体，如在学生收费系统中的缴费项目和学生都是实体。实体可以是人，也可以是物或抽象的概念。可以指事物本身，也可以指事物之间的联系，如一个人，一件物品，一个部门等都可以是实体。建立 E-R 模型要先识别对象，而且要在具体的业务环境中确认实体。

（2）联系（Relationship）。

业务环境中有许多实体，业务和业务的处理中，业务的联系表现为实体间的关系。缴费项和学生有联系，这种联系表现为收费关系，用收费单记录收费关系，从这个例子看到，实体间的联系也可以看成实体。

（3）属性（Attribute）。

实体作为一个整体有许多数据项，如学生在收费系统中，有身份证号、姓名、性别、系、年级、专业等数据项。描述实体的数据为实体的属性。“属性”指实体具有的某种特性。实体绝对意义上有许多属性，要在具体的业务环境中确认实体的有用属性。

（4）联系的类型。

实体有个体和总体之分。学生实体作为一个集合是一个总体，学生集合包含许多元素，每个元素为个体，如学生实体有“张三”“李四”等个体。一般说实体指的是实体集合。

实体的个体唯一识别属性是实体集合的关键字，如身份证号是实体学生的关键字。

设 X，Y 为两个包含若干个体的总体，其间建立了某种联系，从两个实体包含的个体间的对应数量关系角度分析，联系方式可分为三类：

1）一对一联系。

如果对于 X 中的一个实体，Y 中至多有一个实体与其发生联系，反之，Y 中的每一实体至多对应 X 中一个实体，则称 X 与 Y 是一对一联系，用 1∶1 表示。

2）一对多联系。

如果对于 X 中的每一实体，实体 Y 中有一个以上实体与之发生联系，反之，Y 中的每一实体至多只能对应于 X 中的一个实体，则称 X 与 Y 是一对多联系，用 $1:n$ 表示。

3）多对多联系。

如果 X 中至少有一实体对应于 Y 中一个以上实体，反之，Y 中也至少有一个实体对应于 X 中一个以上实体，则称 X 与 Y 为多对多联系，用 $m:n$ 表示。

实体间联系类型的概念在将 E-R 模型转换为数据模型时使用。

（5）逐步形成系统的 E-R 模型。

设计整个系统 E-R 图的第一步，是设计局部 E-R 图，就是要根据系统的具体情况，从描述最详细的最低层次的数据流图开始设计局部 E-R 图。设计局部 E-R 图的要点是参照对应的数据流程图，识别实体，确定实体的属性、实体之间的联系及其联系类型，在画图时用矩形表示实体。实体之间的关系用菱形表示，用无向边把菱形与有关实体连接，在边上标明联系的类型。实体的属性用椭圆表示，并用无向边把实体与属性联系起来。图 4-7 给出了一个 E-R 图的简单实例。

3. 数据库的逻辑结构设计

逻辑结构设计是将概念模型转换为数据模型，该数据模型在被选定的数据库管理系统上运行，目前这类数据库管理系统都采用关系模型，因此，逻辑结构设计是将概念模型转换为关系模型。数据库的逻辑结构设计的方式实际上是将 E-R 模型转换为关系模型。

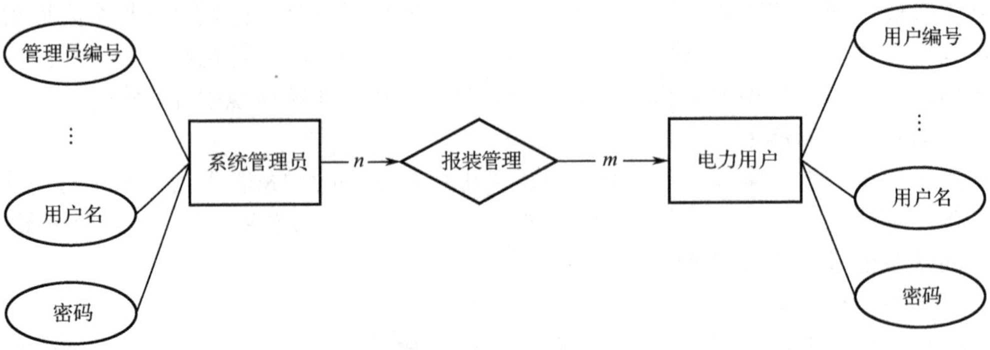

图 4-7　业扩报装系统中的一个简单 E-R 图实例

E-R 模型转换为关系模型的方法是把实体及实体的联系转换为表，具体做法是：

（1）将一个实体转换为一个关系模式。实体的属性作为关系的属性，实体的关键字作为关系的关键字。

（2）一个 1∶1 联系可以转换为一个关系模式，也可以把 1∶1 联系的两边的实体合并为一个实体，再转换实体为关系。如果转换为一个关系模式，则与该联系相连的各实体的关键字及联系本身的属性都转换为联系的属性。

（3）1∶n 实体间的联系转换为一个关系模式，也可以与 n 端的实体合并。联系的属性作为关系的属性。

（4）m∶n 联系转换为一个关系模式，与该联系相连的两个实体的关键字及联系本身的属性转换为关系的属性，该关系的关键字是两个实体的关键字的组合。或者也可以把一个 m∶n 联系转换为两个 1∶n 的联系。

因此，上面的 E-R 关系图可以简化为下列数据关系表，见表 4-2、表 4-3。

表 4-2　系统管理员信息表

列　名	数据类型	是否允许为空值	字段描述
id	varchar	否	编号（主键）
username	varchar	否	用户名
password	varchar	否	密码

表 4-3　电力用户信息表

列　名	数据类型	是否允许为空值	字段描述
id	int	否	编号（主键）
username	varchar	否	用户名
password	varchar	否	密码
realname	varchar	否	姓名
…	…	…	…
tel	varchar	否	联系电话
add	varchar	否	联系地址

直接转换过来的关系表在进行数据库设计时并不是最优的，在形成数据库的时候需要利用关系数据模型优化，以关系数据库的规范化理论为指导。规范化理论具体概念最重要的是需要满足范式要求。

（1）关键字：有的关系可以有多个关键字，选择其中一个作为主关键字、其他为候选关键字。如果属性不是本关系的关键字，但它是另一个关系模式的关键字，则称它为一个外部关键字。

（2）第一范式（1NF）：关系模式的所有属性都是不可分的基本数据项，没有复合数据项。

（3）第二范式（2NF）：关系模式属于 1NF，且所有的非关键字属性完全函数依赖于其关键字，则关系为 2NF。

（4）第三范式（3NF）：关系模式属于 2NF，且所有的非关键字属性都不传递函数依赖于其关键字。第三范式是其所有的属性都互相独立。

关系数据模型的优化不一定从非规范逐步设计到 1NF、2NF、3NF，有经验的设计人员一步就设计到 3NF。对关系要会分析，判断其是否为 3NF，不是 3NF，要修改成为 3NF。

4．数据库的物理结构设计

物理结构设计是为关系模型在具体的关系数据库管理系统和设备上实现选定合适的存储结构和存取方法，以获得数据库的最佳存取效率。物理结构设计的主要内容包括应用系统的数据库文件在网络系统的存取路径等。

4.6 电力企业管理信息系统的软件模块控制流程设计

在系统设计阶段需要给出软件模块处理的流程设计。软件模块处理流程设计是根据系统中各个模块的处理过程描述，在系统设计阶段明确了软件模块功能设计和数据存储的基础上，对软件模块内部的处理流程进行设计。软件模块结构化程序设计中常用图表或格式化语言来进行过程的描述，对模块进行较详细的逻辑设计或算法设计。常用的工具很多，如控制流程图等。

控制流程图（Flow Chart）是最经典的流程设计表达工具之一，模块的功能分为输入、输出、处理逻辑等几个基本部分。框图的优点是清晰易懂，便于初学者掌握，其图形符号为：

（1）方框表示处理；

（2）菱形框表示判断；

（3）箭头表示控制流。

在控制流程图的描述中只使用结构化程序允许的 3 种基本结构：顺序结构，选择结构和循环结构。

1. 顺序结构

顺序结构表示多个连续的处理步骤按程序语句书写的先后顺序从上到下一条一条执行。如图 4-8 所示，处理过程按顺序进行。

2. 选择结构

选择结构是一种双向或多向语句，它根据菱形表达式条件成立与否或根据不同情况选择数据处理加工中的某一个。当执行完被选择的语句后，程序将控制转向后续语句，如图 4-9 所示。

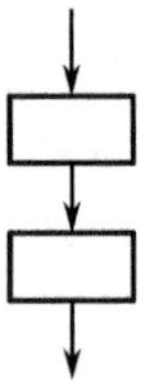

图 4-8　顺序结构

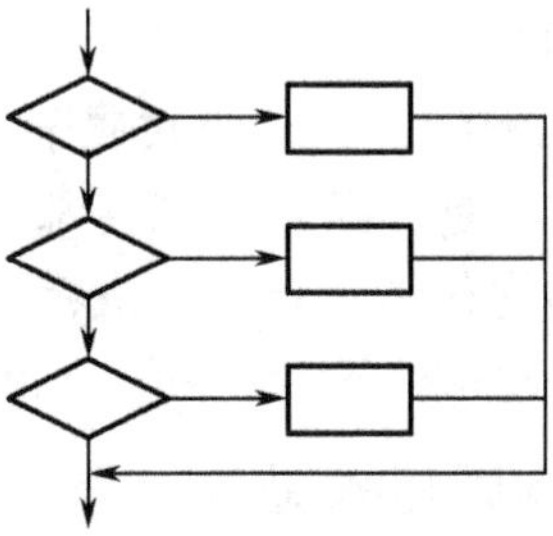

图 4-9　选择结构

3. 循环结构

循环结构有两种类型：“当”型循环结构和“直到”型循环结构。

两种循环结构无本质区别，“当”型循环结构只是测试条件后决定是否继续执行处理 T；“直到”型循环结构不管条件 P 为何值，至少要执行一次处理 T，如图 4-10 所示。

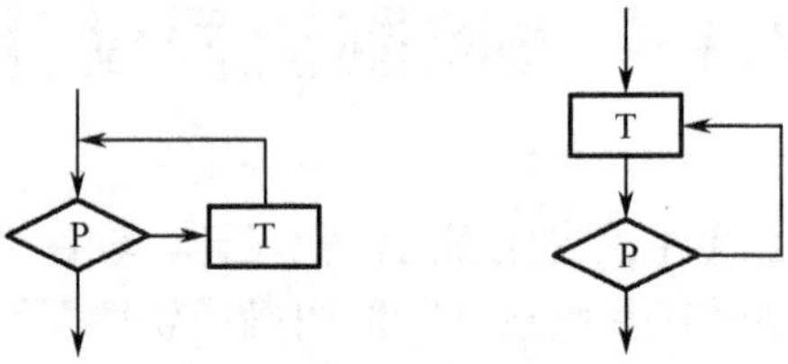

（a）“当”型循环结构　（b）“直到”型循环结构

图 4-10　循环结构

4.7　电力企业管理信息系统的输入/输出设计

管理信息系统对用户来说，最关键、最费时的是输入信息的操作。输入设计的关键是保证输入数据的正确性，输入设计工作主要包括：确定输入的信息内容，确定输入方式，进行输入格式的设计及输入校验等工作。

1. 输入数据的设计分析

数据输入是管理信息系统工作的起点，输入正确数据是管理信息系统输出正确信息的前提。在数据流程图中，外部项是数据流的起点，因此分析输入的数据就需要对外部项发出的数据流进行分析。键盘输入的数据内容一般是用户手工方式记录的数据，如发票、考勤表等。大部分是直接输入原始数据凭证，有时为了保证输入正确，先对输入原始数据凭证进行整理，然后输入。

对于设计人员来说，更关心的是输入信息内容的完整性和及时性。输入信息内容的完整性指描述一项业务的数据应全面，不要有遗漏；输入信息内容的及时性指发生业务后应立即把数据输入到计算机中。

输入信息内容数据量的大小影响到输入的方式和格式设计。管理信息系统输入的信息是属性数据，有文字、字符、符号、日期、数字、金额等，个别情况下输入笔迹、图像、声音、照片、地图、运动影像等。

管理信息系统输入的信息也有从其他系统导入的电子数据，如目前用得较多的二维码扫描输入，或者是从数据库中恢复备份的数据。

2. 输入数据校验设计

对输入的数据要进行校验以保证正确性。输入的数据校验主要检测原始数据抄写错误、丢失或重复而引起数据本身的错误，以及输入时的输入错误等。

对输入数据的校验尽量接近原数据发生点，使错误能及时得到改正。校验的方法有重复录入校验、打印校验、范围校验、平衡校验等。

（1）重复录入校验。

重复录入校验指的是对同一数据重复输入两次以保证其准确性，如最常见的密码设置输入。在管理的实际业务输入中，最好是不同的两个人输入数据。两次在同一个地方发生错误的概率很低，如一名文字输入人员的错误率是万分之二，两名输入人员在同一个地方发生错误的概率是一亿分之一，小概率事件时不可能实现，因此重复录入校验能检测出大部分错误。但是由于是重复输入，因此会增加输入过程和输入次数，使得重复录入校验方法的成本增加，因此，对于特别重要的数据才采用该方法，如银行的数据、财务数据、电子图书、电子期刊等。对于开发人员，要设计重复录入校验程序，校验程序有两类：一类是实时校验，一类是事后批量校验。

（2）打印校验。

打印校验，输入数据后，打印出数据，然后与原始凭证或输入记录单进行比较找出错误。打印校验在实际工作中经常使用，该方法对输入程序设计没有特别的要求，应设计出方便的打印程序，打印的格式便于校验，如采用交错的深浅颜色，便于数据对行。打印校验都是事后校验，在数据输入后进行校验，靠人工方式进行核查。

（3）范围校验。

如果事先知道数据的范围，可以采用在设计阶段设置数据输入范围校验的方式。设置范围校验检查可以在输入时判断某项输入数值的大小是否在预先指定的范围内，超出该范围，马上提出警告或拒绝接受，如在输入电力物资数据的时候，其生产日期不可能在录入日期之后，也不能超过其质保期间，这种数据在程序设计时候，可以在设计说明书中明确要求对于输入数据程序要设置范围校验。

（4）平衡校验。

平衡校验方法通过检查应该平衡的有关数据来发现输入数据是否有错。如财务的记账凭证，借方金额合计应等于贷方金额合计，这是一个平衡关系。平衡校验是多数据项校验，发现的错误在多个数据项中，可能存在一个或多个错误。

3. 输出数据的设计分析

管理信息系统对大多数用户来说，最重要的是输出信息。用户所需的信息、报表等都要由系统输出完成，因此，我们先设计输出，输出设计工作主要包括：输出信息内容的设计，输出方式的设计，输出格式的设计等。

（1）输出信息内容的设计。

输出设计，首先分析用户需要哪些信息，管理信息系统为企业的不同层次的用户提供信息和数据。不同层次的用户需要的信息和数据不同，底层用户需要的是详细信息，数据量很大，数据的加工方法简单；越高层需要的信息越概括，数据量小，数据的加工方法复杂。这一部分分析工作，在系统分析阶段已经完成了一部分。而在设计阶段对于设计人员来说，更关心的是输出信息类型，输出信息分为规范的外部信息输出与内部信息输出两类。输出信息内容的设计具体包括：

1）输出信息使用方面的情况，如使用者、目的、写份数等；

2）输出信息的内容，如输出数据项目、位数和数据形式等，输出数据形式包括文字、数字、语音和图像等；

3）输出格式，数据的布局；

4）输出设备，如打印机、显示器、文件等；

5）输出介质，如纸或电子方式等。

（2）输出方式的设计。

输出方式主要指输出设备与介质，输出设备目前使用较普遍的有各种移动触摸屏、显示器、打印机、绘图仪、光盘机和多媒体等。输出设备决定了输出介质，输出介质有打印纸、光盘等。

1）包括移动设备触屏类的显示器输出。

建议尽可能采用包括移动设备触屏类的显示器输出，其优点是运行成本最节省，而且速度快，信息量巨大，可以灵活地进行查询，显示方式灵活。

但是利用计算机显示器输出的缺点是需要操作人员会使用计算机，尤其是键盘操作中涉及汉字输入时。如果需要用显示屏而又不能对用户进行培训，建议当前以手机、平板电脑为主流显示设备的触摸屏。触摸屏是输入/输出一体设备，可以进行直观的输入，方便不懂计算机的人员查询信息。对于公共服务的信息查询，经常使用触摸屏，如银行的 ATM 机，火车站自动购票机等。

2）打印输出。

打印机用于打印正规的报表和票据，如发票、出库单、入库单、交费清单等。打印机有激光打印机、喷墨打印机、针式打印机等，有彩色和单色之分，管理信息系统一般只使用单色。

需要强调的是，打印机也分为通用和专用，票据打印机是专用。打印有普通的全部内容打印和套打，票据是事先印好的，打印时需要精确定位，用票据打印机很方便精确定位。

打印输出有单联和多联打印，单联打印用普通的打印纸，多联打印可以一次打印多份，提高了打印速度。多联打印必须购买多联打印纸，多联打印纸有两联、三联、四联、五联、七联。多联打印必须购买针式打印机，不能使用激光打印机。

3）电子文档输出。

随着互联网的普及，更多情况下需要进行电子文档输出，如上级机关要求的报盘和电子邮件。电子文档输出格式设计与前面的屏幕和打印输出显示格式设计基本一样。电子文档的文件格式有许多，常用的有 Word、Excel、HTML、dbf、mdb 等，电子文档输出设计就是要选择文档的保存文件类型。电子文档输出设计另外一个功能是直接发送电子邮件，在管理信息系统中要包含电子邮件的发送和管理。

（3）输出格式的设计。

确定了输出信息和输出方式，下面介绍的是输出格式的设计，输出格式的设计是输出设计中最费时的工作。输出格式的设计内容包括报表名称、日期、输出内容等，输出内容又具体包括项目名称、项目数据的类型、长度、精度、格式、输出方式等。在输出格式的设计上，应尽量保持输出内容和格式的统一性，即同一内容的输出，对于显示器、打印机、文本文件和数据库文件应具有一致的格式，包括布局、字体大小、颜色、亮度、抖动、背景图像、背景颜色也应完全一致。输出设计要尽量考虑用户使用的特点，尽量按用户的使用习惯设计输出。

4.8 电力企业管理信息系统的系统运行环境设计

4.8.1 硬件平台的建设

1. 企业信息化平台的硬件构成

企业信息化平台是在综合企业各方面信息的基础上经过一定的计算机数据处理后得到的可操作界面平台。一个可靠稳定的信息化平台需要有适量的、过硬的计算机硬件。通常企业信息化平台的硬件主要包括：主服务器、辅助服务器、显示设备（终端机）及连接设备等几大类。

主服务器用于处理和储存各业务系统传递的信息，并将处理结果反馈给各业务系统及操作人员，同时将结果发送到显示设备上供企业决策者进行各项有效的管理工作；辅助服务器主要提供各系统与主服务器间的实时数据传输，并对传输数据进行预处理和筛选，确保信息通道的便捷、安全，同时也为企业中层领导者提供管理依据和传递中层管理者的各项指令；企业各项目服务器主要为企业的日常管理、生产和销售提供服务，处理相关信息及传递上层指令；显示设备等终端设备为企业领导者及企业员工提供直观的视觉信息，也是信息平台接受企业决策者决策指令的输入/输出设备。

2. 服务器选型原则

服务器指一种管理资源并为用户提供服务的计算机软件，通常分为文件服务器、数据库服务器和应用程序服务器等，运行以上软件的计算机或计算机系统也被称为服务器。服务器是网络环境中的高性能计算机，它侦听网络上的其他计算机（客户机）提交的服务请求，并提供相应的服务。服务器是硬件设施中最重要的部分，服务器必须具有承担服务并且保障服务的能力，相对于普通计算机来说，服务器在稳定性、安全性、性能等方面都要求更高，因此CPU、芯片组、内存、磁盘系统、网络等硬件和普通计算机有所不同。

服务器选型要遵循如下原则：

（1）成熟性好，采用经实践证明是实用的、市场占有率比较高的硬件产品。

（2）可靠性高，根据实际应用需要，可考虑采用高可靠性的设备和必要的容错措施（如硬件容错、软件容错、系统容错）。

（3）实用性强，网络应满足峰值业务需求，保证在3～5年内的实用性，并具有很好的可维护性。

（4）扩充性好，系统可根据系统功能需要和规模增长进行扩充和升级。

（5）灵活性好，网络系统中的硬件或软件模块能根据实际情况进行各种组合的灵活的配置，以适应技术的发展和业务需求的变化。

（6）可管理性好，主要包括以下几个方面：主要部件便于拆装、维护和升级；具有方便的远程管理和监控功能；具有较强的安全保护措施；在有可能出现故障时能发出隐患提示信号等。

3. 服务器选型分析

根据企业管理信息化应用系统建设目标的要求，系统的服务器主要分为：Web应用服务器、数据库服务器、网管防病毒应用服务器、网站服务器等；另外，根据具体系统维护和数据安全考虑还需要设置数据交换服务器、文件服务器和备份服务器等。其中Web应用服务器和数据库服务器是整个系统的核心硬件设备。

数据库服务器作为数据中心建设的核心服务器，是用户访问最为频繁的地方，所有的数据汇总计算、存储都在上面运行，因此对服务器的要求很高，并且要求服务器具有良好的扩展能力以保护已有的投资和满足业务增长后的需求。大型应用对数据存储和传输要求也很高，要求服务器不但应具有高速的I/O能力，而且应具有良好的容错能力。

Web应用服务器的选型除了要考虑常见的性能指标外，还需要考虑服务器的空间占用情况。此外，由于系统是以B/S、Web Service中间层/智能客户端为主的混合体系架构，因此对Web服务器的I/O带宽和数据的可用性要求也比较高，要求能够保证在多用户数并发的情况下保持良好的系统响应。

另外，系统运行的中间层应用程序，承担着业务系统的各类应用服务，主要强调其强大的计算能力，并且能够处理大量的并发连接处理能力，能够提供连续可用的可靠性能力及能够适应各种网络环境的扩展能力等也是需要考虑的因素。基于高中端PC服务器系统是适合于应用层服务器的选择。

网管防病毒服务器为整个企业的网络正常、稳定、安全地运行提供服务，需要较高的容错性、可靠性和并发性，选型时可考虑PC服务器。

网站服务器，用于对外发布网站程序，选型时可考虑PC服务器。

数据交换服务器，处理上下级数据中心的数据交换，对系统的容错能力要求比较高，建议采用双机集群方式运行，保证数据交换的顺利进行。文件服务器提供文件共享与服务，选型时可根据用户数量选择部门级PC服务器或企业级的PC服务器。备份服务器负责系统数据的备份工作，建议采用企业级PC服务器。

4.8.2 网络平台的建设

1. 网络平台设计原则

网络系统是各类信息系统建设的基础设施，在建设时必须慎重，既要尽可能节约投资，又要获得较高的性能，还要保证业务的长期发展。结合电力企业的实际需求及未来的发展需要，保证系统正常稳定运行，在较长的时间内不落后，网络系统的建设应遵循以下原则：

（1）技术先进性。系统必须符合技术发展方向和最新的技术标准，使系统具有较长的生命周期，尤其是关键设备在一段时间内不会落后，从而有效地保护用户的前期投资。

（2）可靠性与安全性并举。作为信息系统的核心基础设施——网络系统，其对可靠性方面的要求是不言而喻的，系统的可靠性、安全性问题压倒一切。系统的可靠性、安全性既与设备及整个系统的结构有关，也与系统的管理维护有关，网络管理人员一方面可以严格限制防范非法用户对网络的访问控制，另一方面网络管理系统应能够有效防止管理人员的误操作。

（3）高可用性与高性能。网络系统的性能和网络的带宽、网络设备处理能力及系统的结构密切相关。在投资许可的情况下，尽量选择最合适的设备，优化设计，达到提高系统的可用性同时也提高系统性能的目的。

（4）可管理性。为保障系统的正常运作及提高系统的安全性、可靠性，整个系统必须是易于管理的。易于管理一方面体现在管理人员可以通过快速学习就能管理整个系统；另一方面体现在网络管理系统对整个网络通信系统及设备的管理控制程度。

（5）经济性。进行产品选型时，在保证系统性能和可靠性及扩展性要求的基础上，尽量选择适合的产品型号，而不是一定要选择最高档的产品，从而节约成本。同时充分利用原有的软、硬件资源，减少投资浪费，做到高性能价格比。在结构设计时也对主/备份系统进行区分，在可能的情况下，备份系统往往选用成本相对较低的设备予以实现。

（6）标准性和开放性。选择统一性的网络结构与软/硬件平台，有利于系统的建立与开发。为了实现与各种网络互访的要求，要选择开放的网络体系结构，既要选择当前的主流产品，又要具有开放性，以利于后期的扩充。

（7）可扩展性。系统要有可扩展性和可升级性，随着业务的增长和应用水平的提高，网络中的数据和信息流将按指数增长，需要网络有很好的可扩展性，并能随着技术的发展不断升级。易扩展不仅仅指设备端口的扩展，还指网络结构的易扩展性，即：只有在网络结构设计合理的情况下，新的网络节点才能方便地加入已有网络；网络协议的易扩展，无论是选择第三层网络路由协议，还是规划第二层虚拟网的划分，都应注意其扩展能力。

2. 电力企业网络结构设计实例

（1）某电力施工企业信息系统网络结构。

电力施工企业的网络结构相对比较简单，一般分为公司内网和外网两部分，内网和外网之间物理隔离。整个系统运行的网络环境以企业内网为中心，分三个部分：公司内部综合项目管理信息系统平台、项目部客户端系统和系统对外发布的网站及程序。内部办公网与企业办公业务专网、企业外网在采取一定的安全隔离措施后，通过数据交换中心按数据交换体系实现定时互动数据交换。内部网络和外部因特网之间采用防火墙进行安全过滤，通过数据交换服务器和隔离器完成信息互动，内网处理的信息可以利用专用网络，通过公司总部共享给下级机关和单位。其网络结构如图 4-11 所示。

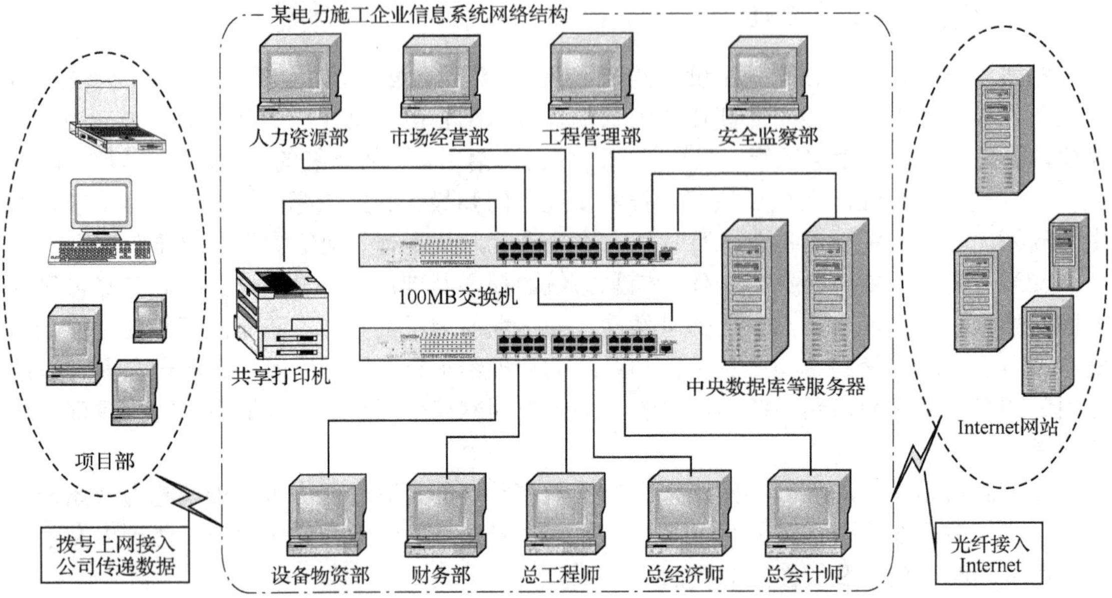

图 4-11　某电力施工企业信息系统网络结构示意图

（2）某发电企业信息系统网络结构。

某发电企业信息系统网络结构如图 4-12 所示，网络体系结构划分为接入层、汇聚层、核心层三个层次。三层交换机，具有二层交换能力和三层路由能力。二层实现的网络处理简单、性能高，但是由于在 TCP/IP 协议中处于平面型结构，冗余的收敛、规模扩展都面临问题；三层转发的智能性高、可扩展性好，有路由协议帮助，线路的自动收敛和恢复都很快，传统路由方式有性能问题，但在三层交换技术驱动下，正确的设计和使用，已经没有性能的瓶颈。根据一般的设计准则，在局域网范围划分 VLAN（逻辑工作组），在 VLAN 内部使用二层交换，VLAN 之间进行高速路由（三层交换）；在广域范围内，由于拓扑连接更为复杂，对备份恢复能力和可扩展性能力要求更高，应当采用三层交换的路由方式连接各个远程节点。在系统建设中，建议在一个节点单位内部划分 VLAN，VLAN 之间用三层交换连接；在远程各单位之间使用点对点的路由线路连接（类似传统的路由器连接模式），不过路由转发是由三层交换解决的。这样设计避免了 VLAN 端到端的扩展到全局而导致的管理问题，也把二层结构的拓扑简化，而由稳定性和收敛效率更高的三层拓扑替代，增强了整体网络的可扩展性和稳定性。

3. 网络存储设计

由于电力企业业务众多，涉及面极广，企业管理信息系统一般会产生大量的数据，系统运行时网络中会有大量数据交换，使得对海量空间数据的高效、稳定存取成为系统正常运行的保证。随着计算机网络技术和存储技术的飞速发展，目前主要有两种应用广泛的网络存储技术：存储空间网络 SAN（Storage Area Network）和网络附加存储 NAS（Network Attached Storage）。

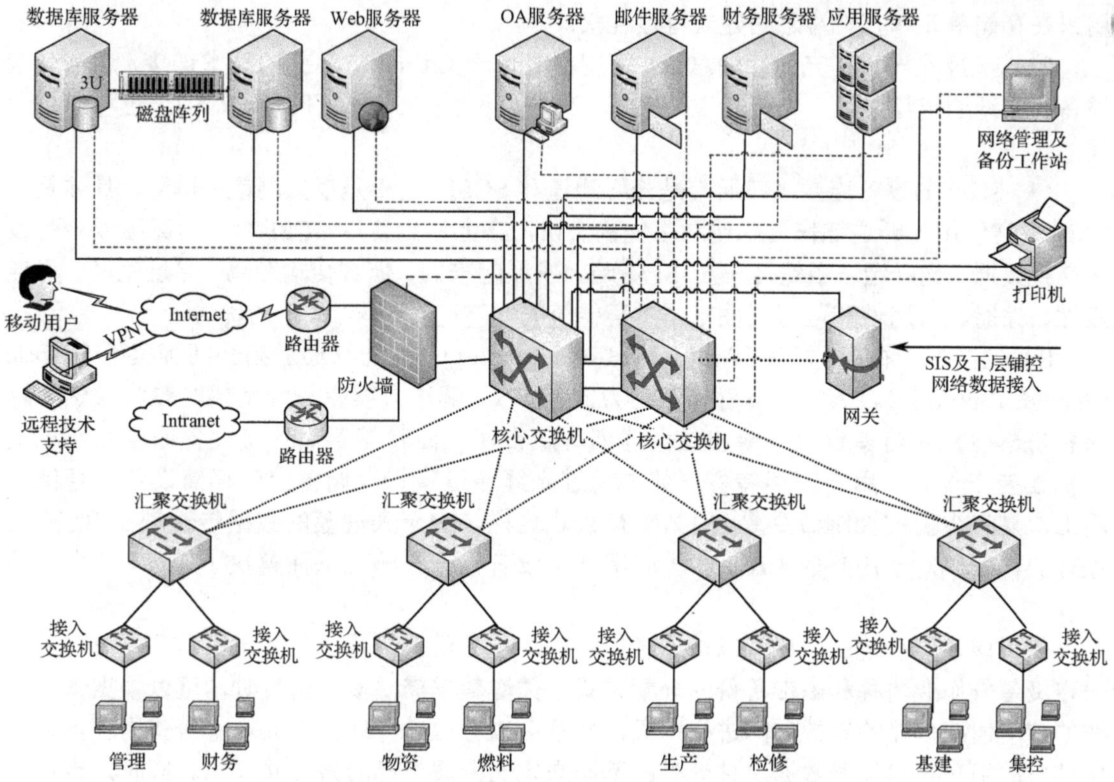

图 4-12 某发电企业信息系统网络结构示意图

考虑到系统涉及大量数据，包括大文档、图形文件等，建议采用基于 SAN 的网络存储方案，保证对文本、图形等数据的快速存取和访问。在网络中通过光纤交换机提供高速数据访问的光纤通道，从而避免访问瓶颈的出现，保证访问速度和安全性。同时这种基于光纤交换技术的 SAN 为将来访问量增大和进行带宽扩展留有充足的余地。因为光纤通道交换机可以根据数据传输的实际需要配置交换链路，还可以在多个交换机和多个节点之间扩充这个链路。在这种配置下，任何交换机端口都可以全双工速率访问其他网络端口，不仅提供高可用性，而且为将来的扩展做好了准备。SAN 环境如图 4-13 所示。

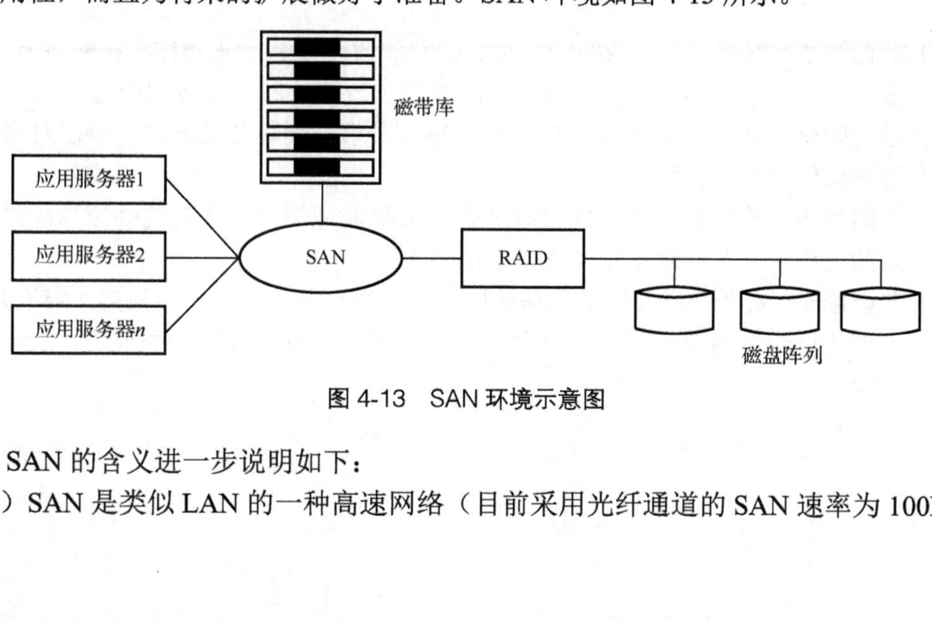

图 4-13 SAN 环境示意图

对 SAN 的含义进一步说明如下：

（1）SAN 是类似 LAN 的一种高速网络（目前采用光纤通道的 SAN 速率为 100Mb/s），

用来在存储单元和客户端之间建立直接连接。

（2）SAN 是一种扩充的存储总线，可用在类似于 LAN 和 WAN 的技术连接，通常连接设备有光纤通道集线器、光纤通道交换机、网桥和网关；SAN 可以是本地的，也可以是远程的。

（3）SAN 的设备连接接口通常是光纤通道和 SCSI，而不是以太网或令牌环。具体是指 SAN 通常使用光纤通道作为底层网络传输协议，在上层则使用 SCSI 协议与磁盘或磁带设备交换数据。光纤通道虽然是在 SCSI 基础上发展起来的，但在传输距离、寻址空间、可连接性、性能、可用性和可管理性方面具有传统的 SCSI 方式不可比拟的优势。

SAN 主要有仲裁环拓扑（Arbitrated Loop Topology）和光纤通道拓扑两种类型（Fabric Channel Topology）。LAN-Free 存储备份方式是 SAN 解决方案中一种重要的较为成熟的存储备份模型，它将多台服务器和磁盘阵列、磁带库、磁带等存储备份设备通过光通道交换机连接在一起，用户的存储备份数据通过光纤通道直接存储备份到存储设备或存储介质上，只有少量的控制命令通过 LAN 交换。这样，由于大规模的数据传输是在 SAN 上进行的，所以对于用户的 LAN 在线应用几乎没有什么影响，从而解决了 LAN 带宽瓶颈问题。

使用该备份系统的用户可以按照各自的需求与备份系统管理员共同协商备份策略。统一定义备份作业名称和磁带备份的分配方式。关键数据需要多份拷贝时，可以根据备份系统的使用情况安排特定的时间进行拷贝，并且可以存放在异地作为灾难备份使用。具体应用部门的用户可以按照数据文件分类的不同来定义专属自己的磁带共享池。同时，也可以根据需要，不同的用户可以将相同类型的文件存储在相同的磁带存储池。

4. 网络管理

网络管理是网络维护的基础，是网络高效、经济、安全、可靠运行的保证。网络管理就是监督和控制网络的运行，如网络日常运行监控；定位网络系统问题、解决问题；规划网络的未来扩充；跟踪网络设备清单等。通过使用特定网管系统的解决方案实现实时连续地收集网络运行的相关数据，监视网络拥塞、设备失效的情况，用图形方式显示网络情况发生的级别，在需要时发送命令到各节点，进行网络控制。网络管理主要包括以下几方面内容：

（1）配置管理。网络节点、线路的增加、删除和改动及显示拓扑结构；网络节点插板、端口和冗余结构的配置；网络节点访问口令的设置和改变；网络业务的配置。

（2）性能管理。通过人机接口，根据业务特性要求，配置各类参数。可以对必要的故障、拥塞监测阈值进行设置和改变。

（3）故障管理。应能够从网络中实时地收集故障监视信息，并对这些信息及时处理，显示较明显的告警，并对网络设备实施必要的控制。

（4）安全管理。安全管理可以避免非法用户进入网络管理系统，控制接入级别和范围。网络管理系统可以配置用户识别符、口令，以及登录操作员的查询指令等，并能给管理员分配管理权限。

4.8.3 软件平台的建设

1. 操作系统平台软件

目前主流的操作系统主要有两类：一类是Unix/Linux操作系统，另外一类是Windows操作系统。Unix操作系统相对于Windows操作系统，在硬件支持的广泛性上稍差，但在性能、安全性等方面具有一定的优势。Windows操作系统具有人性化的操作界面，整体易用性较好，且系统支持的应用软件比较丰富，在软件可管理性、价格方面较Unix操作系统有比较大的优势。

操作系统区分为服务器端操作系统和客户端操作系统。客户端操作系统比较简单，目前比较流行的客户端操作系统有：Windows XP系列、Windows Vista系列、Windows 7系列和Windows 8系列等。作为服务器操作系统（或称网络操作系统），高性能、高可靠性和高安全性是首先要考虑的要素，尤其是日趋复杂的企业应用和因特网应用，对其提出了更高的要求。应考虑系统的先进性、兼容性、可扩展性要求，满足先进软件技术架构的要求，同时注重利用现有资源，保护现有投资。

2. Web Server平台软件

目前主流Web Server平台主要有两种方案：一种是采用微软的一系列产品，另一种是使用Unix/Linux系统及一些第三方的网络产品。由于微软的网络产品技术比较成熟，维护方便，因此Web Server平台可选择Windows Server 2008 + Internet信息服务（IIS）7.0或Windows Server 2012 + IIS 8.0。其中，Windows Server 2008及以上版本为网络应用程序服务器管理引入了许多新的特征，提供更强的性能和扩展性，具有高效性、高可靠性和安全性等特点。

3. 数据库平台软件

目前市场上关系型数据库管理系统主要有：Oracle公司的Oracle、Microsoft公司的SQL Server、IBM公司的DB2等。目前国家电网公司一般使用Oracle数据库管理系统，而电力施工企业考虑到够用、性价比等原则，更多使用SQL Server数据库管理系统。SQL Server是微软推出的大型数据库软件系统，能和Windows操作系统、.NET框架无缝地整合在一起，具有海量数据存储能力和高性能的数据处理特性，全面支持商务智能和软件开发。

4. 开发平台软件

对于电力企业而言，较为实用开发平台有：B/S架构部分的开发平台主要基于J2EE或.NET Framework；C/S部分则主要采用VB或Delphi进行MIS类软件的开发，部分对实时性要求较高的核心业务也可采用C/C++等技术进行开发。

Microsoft .NET是一项能够将信息、人员、系统及设备彼此连接起来的软件技术。它可借助XML Web服务将软件集成化水平提升到一个崭新层次，通过因特网将相对分散的构建模块应用程序彼此连接起来，并将它们连接成更加庞大的应用程序。.NET框架如图4-14所示。

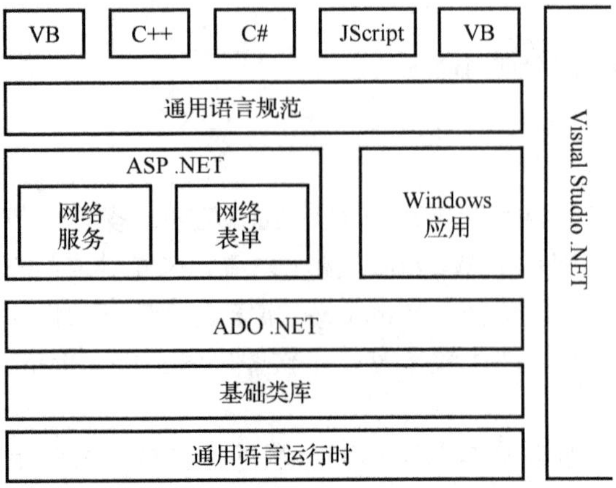

图 4-14　.NET 框架结构图

Microsoft .NET 开发框架，给开发者提供了完善的基础类库、下一代的数据库访问技术 ADO .NET 和网络开发技术 ASP .NET，开发者可以使用多种语言及 Visual Studio .NET 来快速构建下一代的网络应用。随着相关的互联网标准及技术的普及，可以预言将会有越来越多的开发者采用这种开发结构，开发出丰富多样的下一代互联网应用。

另外，J2EE 平台拥有规模最大的开源社区来为其提供技术支撑，并有丰富的软件框架、类库、文档和其他开发资源可供系统开发与设计人员利用。而且，Oracle 在收购 Sun 之后继续加大对 Java 的投入和支持，并成立了学习中心来完善 Java 的教育和培训体系。由于 Java 具有良好的跨平台性、安全性和优秀的网络和数据库开发能力，J2EE 应用在电力企业信息化的过程中也将会发挥巨大的作用。

5. 安全软件平台

部分安全软件中的产品是基于专门的硬件平台（如防火墙软件、入侵检测软件等）设计的，这类安全软件在特定硬件平台下提供的安全性能要更高。因此，在选择安全软件时，如果购买了该厂商的硬件或软件产品，可优先考虑相应的配套产品。

（1）防病毒软件。

在目前各种病毒肆虐，而没有彻底的病毒解决方案时，防病毒措施是很有必要的，也是必需的。很多电力企业是基于网络的大型企业级应用，由于单机版防病毒软件无法满足网络化的防病毒要求，因此在防病毒方案上应该优先选用企业级的网络防病毒方案。

一个实用可行的企业级网络防病毒解决方案应该能够在整个网络中有可能感染和传播病毒的地方都有相应的解决方案，防止病毒的入侵和传播，确保网络的安全。

在选择企业级网络防病毒解决方案时应主要考虑以下几个因素：

1）多层次、全方位的防病毒体系，同时具有跨平台的技术及强大功能，在网络的每一个层次包括网关一级、服务器一级、客户端一级都应有相应的解决方案。

2）应该具有简易的、统一的、集中的、智能的和自动化的管理手段和管理工具，包括客户端自动化的安装、维护、配置、病毒定义码和扫描引擎的升级、定时调度、实时防护等。尽量使防病毒的管理简单易行。

3）采用先进的防病毒技术，能够有效地查杀各种多态病毒和未知病毒。

4）集中和方便地进行病毒定义码和扫描引擎的更新。由于在一个防病毒软件中，主要靠扫描引擎来清除病毒，因此能否方便、快捷地升级扫描引擎直接影响到防病毒体系的防毒能力。在病毒定义码和扫描引擎升级方面，主要考虑以下几个方面：①扫描引擎和病毒定义码同时更新、升级；②所有平台可以在同一时间，采用同样方式升级；③升级方式简单，不需要重新安装软件；④在广域网是否支持分级病毒定义码和扫描引擎的更新，以便降低由于病毒定义码和扫描引擎的更新而引起占用大量的广域网带宽。

5）方便、全面、友好的病毒警报和报表系统管理机制。

6）病毒防护自动化服务机制。

7）客户端防病毒策略的强制定义和执行，它可以确保客户端不会因为人为因素而造成防病毒策略的更改、破坏等。

8）良好的服务与技术支持。

9）紧急处理能力和对新病毒具有最快的响应速度。由于病毒总是不断出现，因此对于这些新出现的病毒，防病毒体系应该具有足够强的紧急处理能力和快速的响应速度，从而确保在新病毒出现时，系统不受其影响，或尽量少地受其影响。

（2）软件防火墙产品。

防火墙是位于两个信任程度不同的网络之间（如内部网络和因特网之间）的软件或硬件设备的组合，它对两个网络之间的通信进行控制，通过强制实施统一的安全策略，防止对重要信息资源的非法存取和访问，以达到保护系统安全的目的。

防火墙有多种形式，有的以软件形式运行在普通计算机之上，有的以硬件形式单独实现，也有的以固件形式设计在路由器中。总的来说防火墙可以分为三种：包过滤防火墙、应用级网关和状态监测防火墙。

1）包过滤防火墙。包过滤式的防火墙会检查所有通过的信息包中的IP地址，并按照系统管理员所给定的过滤规则进行过滤。如果防火墙设定某一IP地址的站点为不适宜访问的话，从这个地址来的所有信息都会被防火墙屏蔽掉。包过滤防火墙的优点是它对于用户来说是透明的，处理速度快而且易于维护，通常作为第一道防线。但包过滤防火墙还具有配置烦琐的缺点，另外也不能在用户级别上进行过滤，即不能鉴别不同的用户和防止IP地址盗用。

2）应用级网关。应用级网关就是代理服务器，它适用于特定的Internet服务，如HTTP、FTP等。代理服务器通常运行在两个网络之间，当代理服务器接收到用户对某站点的访问请求后会检查该请求是否符合规定，如果规则允许用户访问该站点的话，代理服务器到相应的站点取回用户所需信息再转发给用户。代理服务器通常都拥有一个高速缓存来缓存存储用户经常访问的站点内容，从而节约了网络资源。应用级网关比单一的包过滤更为可靠，而且会详细地记录所有的访问状态信息。但是应用级网关也存在一些不足之处，首先它会使访问速度变慢，应用级网关需要对每一个特定的Internet服务安装相应的代理服务软件，并非所有的因特网应用软件都可以使用代理服务器。

3）状态监测防火墙。状态监测防火墙具有非常好的安全特性，它使用了一个在网关上执行网络安全策略的软件模块——监测引擎。监测引擎在不影响网络正常运行的前提下，采用抽取有关数据的方法对网络通信的各层实施监测，抽取状态信息，并动态地保存起来作为以后执行安全策略的参考。监测引擎支持多种协议和应用程序，并可以很容易地实现应用和服务的扩充。当用户访问请求到达网关的操作系统前，状态监视器要抽取有关数据进行分析，结合网络配置和安全规定做出接纳、拒绝、身份认证、报警或给该通信加密等处理动作。状态监测防火墙的优点是一旦某个访问违反安全规定，就会拒绝该访问，并报告有关状态，做日志记录。状态监测防火墙的另一个优点是它会监测无连接状态的远程过程调用（RPC）和用户数据报（UDP）之类的端口信息。但是它会降低网络的速度，而且配置也比较复杂。

4）选择企业级防火墙解决方案时主要应考虑以下几个因素：

① 防火墙管理的难易度。防火墙管理的难易度是防火墙能否达到目的的主要考虑因素之一。

② 防火墙自身的安全性。防火墙也可能存在安全问题，防火墙如果不能确保自身安全，则即使防火墙的控制功能再强，也不能完全保护内部网络。当防火墙出现安全漏洞时，防火墙本身也将受到威胁。

③ 防火墙应该能够支持多种操作系统平台。

④ 应该向使用者提供完整的安全检查功能。

⑤ 应该具备包括检查、认证、警告、记录的功能，具备灵活可扩展的安全策略。

⑥ 可解决 IP 不足形成的 IP 转换、信息加密/解密的问题。

⑦ 能够透过 Internet 集中管理的问题等。

⑧ 可扩展的结构和功能，防火墙的规模和功能应该能够适应内部网络的规模和安全策略的变化。

⑨ 提供对 VPN（虚拟专用网）的支持，同时还应该具有可扩展的内驻应用层代理，除了支持常见的网络服务外，还应该能够按照用户的需求提供相应的代理服务。除了上述因素外，还应具有及时完善的售后服务体系。

（3）入侵检测软件。

入侵检测系统是实时网络自动违规识别和响应系统。它位于被保护的内部网络和不安全的外部网络之间，通过实时截获网络数据流，寻找网络违规模式和未授权的网络访问尝试。当发现网络违规模式和未授权的网络访问时，入侵检测系统能够根据系统安全策略做出反应，包括实时报警，事件登录，自动阻断通信连接或执行用户自定义的安全策略等。

在选择入侵检测软件时主要应考虑以下几个因素：

1）是否有完整特征库升级与维护的机制。入侵检测的特征库需要不断更新才能检测出新出现的攻击方法，因此该软件必须能够及时地更新特征库。

2）软件是否容易被躲避。可使用常用的躲开入侵检测的方法（如分片、TTL 欺骗、异常 TCP 分段、慢扫描、协同攻击等）进行测试。

3）产品的可伸缩性。

4）产品支持的入侵特征数。

5）产品的易用性。有灵活的策略编辑、日志报告等功能，界面操作方便。

6）是否通过了国家权威机构的测评。主要的权威测评机构有：国家信息安全测评认证中心、公安部计算机信息系统安全产品质量监督检验中心。

（4）漏洞扫描软件。

漏洞扫描就是对重要计算机信息系统进行检查，发现其中可被黑客利用的漏洞。漏洞扫描的结果实际上就是系统安全性能的一个评估，它指出了哪些攻击是可能的，是安全软件选型的一个重要组成部分。漏洞扫描从底层技术来划分，可以分为基于网络的扫描和基于主机的扫描这两种类型。

1）基于网络的漏洞扫描。在检测过程中，不需要在目标系统上安装任何东西，维护简便，当企业的网络发生了变化的时候，基于网络的漏洞扫描器不需要进行调整。

2）基于主机的漏洞扫描。基于主机的漏洞扫描，扫描的漏洞数量多。通常在目标系统上安装了一个代理（Agent）或者是服务（Services），以便能够访问所有的文件与进程，这也使得基于主机的漏洞扫描器能够扫描更多的漏洞。

其特点主要有：

① 集中化管理。所有扫描的指令，均从服务器进行控制，服务器下载到最新的代理程序后，再分发给各个代理。集中化管理模式，使得基于主机的漏洞扫描器的部署上，能够快速实现。

② 网络流量负载小。由于管理器与代理之间只有通信的数据包，漏洞扫描部分都有代理单独完成，这就大大减少了网络的流量负载。当扫描结束后，代理再次与管理器进行通信，将扫描结果传送给管理器。

在选择基于主机的漏洞扫描产品时，主要应考虑以下几个因素：

① 可扩展性。是否可以在全企业范围内方便、快捷地部署，支持大规模的网络环境。

② 支持多种操作系统平台。

③ 产品自身的安全性。

④ 是否用户可以自定义安全策略。

⑤ 是否支持软件的远程部署及安全策略的自动、动态升级等。

⑥ 是否提供 API 接口和相应的 SDK，用户根据自身的应用情况做相应的开发。

选择基于网络的漏洞扫描，主要考虑攻击特征数量和扫描速度等因素。

本章小结

本章介绍了电力企业管理信息系统设计的相关内容，包括管理信息系统的总体体系架构设计、系统功能结构设计、系统数据流程图设计、代码设计、数据库设计、软件模块控制流程设计、输入/输出设计等内容，内容很多，涉及许多计算机的知识，要掌握好该部分，需加强练习。可首先开发一些小型的系统进行体会，在体会的时候可以不拘泥于整个系统设计的步骤，灵活掌握，逐步积累经验。

复习思考题

1. 电力企业管理信息系统总体体系架构包括哪几个主要部分？
2. 电力企业管理信息系统功能结构设计的方法。
3. 数据流程图设计的方法及步骤。
4. 代码设计需要注意什么？
5. 数据库设计用什么方法？
6. 软件模块控制流程设计有几种基本形式？
7. 电力企业管理信息系统运行环境设计包括哪些部分？

第 5 章　电力企业管理信息系统实施

系统设计方案确定后，将系统进行实现是整个管理信息系统建设的最后一步。系统实施过程是将系统设计方案转换成实际运行系统的全过程，包含系统程序开发实现、系统测试、系统转换等几个步骤。通过上述这些步骤，配合相应的管理保障机制，可以使得电力企业管理信息系统实际运营。

5.1　信息系统实施包含的内容

管理信息系统在经过详细设计阶段后，将进入系统实施阶段，系统实施阶段的任务是在前面对系统所做的分析、设计工作基础上，完成系统硬件环境的建立、软件程序设计、系统调试和系统转换、培训用户等任务，最后把一个可以实际运行的系统交给使用者。系统实施阶段往往需要大量的人力、物力，占用时间也较长，因此需要在用户的支持下，做好系统实施的组织管理工作，在系统试运营转换期间，还要进行人员的培训，安排好旧系统向新系统的顺利过渡。

在管理信息系统正式部署试运营前，需要对系统进行测试，测试是指运用测试技术与方法，进行软件功能模块测试、组装测试、确认测试、系统测试和验收测试几个步骤，校验、发现和排除系统可能的错误，保证系统质量可靠性。系统转换是指以新开发的系统替换旧的系统，它包括系统交付前的准备工作、系统转换方法的选择。

该阶段的主要任务或工作内容是：

（1）系统程序上的实现，即通常所说的系统开发，通过编程从物理上实现系统；

（2）进行系统测试，排除错误并完善功能；

（3）软件安装、调试及试运行；

（4）进行系统交接及转换；

（5）制定系统相应的管理制度，保障正确运行系统。

在系统分析和系统设计阶段，信息系统实际上还没有对企业产生事实上的影响，系统实施后，管理信息系统正式运行，就开始对企业工作进行影响，并产生效益，在运行期间，系统实施的效果受企业各方面因素的影响，或者说，系统的运行也同时会受到企业各方面因素的制约。对于企业的领导和系统项目的开发人员来说，应对影响实施的企业方面的因素了解清楚，根据这些因素，制定可行的实施方案，保证系统正常实施。

5.2 选择信息系统的开发模式

信息系统的开发模式有 C/S 模式、B/S 模式和混合模式 3 种，对于适合电力施工企业如综合项目管理这样大型的信息系统软件，一般应采用混合开发模式，因为混合开发模式避免了各自的缺点，保留了各自的优点。

（1）C/S（Client/Server）模式为客户机/服务器软件模式，该模式的网络软件仅共享数据，即数据库管理系统和数据全部安装在服务器上，而软件安装在客户机上（如图 5-1 所示）。由于 C/S 模式软件具有安全性高、速度快、界面美观等优点，目前仍然占有一定地位。

（2）B/S（Browser/Server）模式为 Web 浏览器/服务器软件模式，该模式的网络软件同时共享数据和共享软件，即数据库管理系统、数据和软件全部安装在服务器上。由于 B/S 模式的软件存在速度慢、安全性不高等缺点，而它的优点是客户端不需要安装软件，用户在客户端借助浏览器即可方便使用该软件。

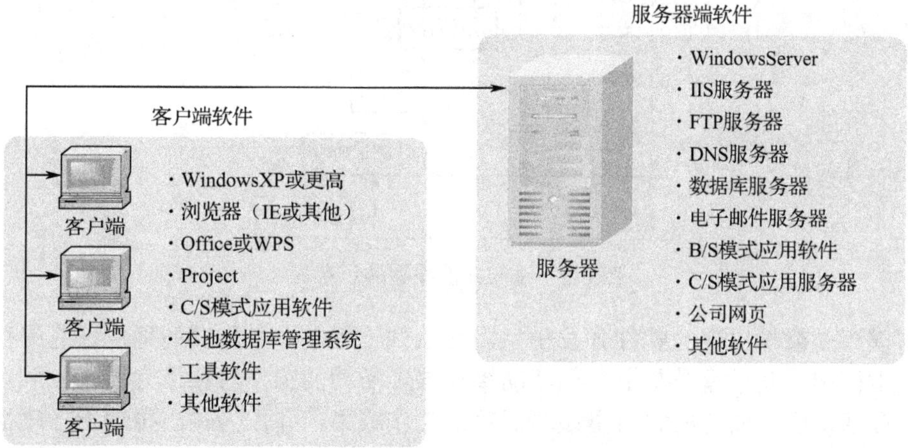

图 5-1 电力施工企业信息系统的软件结构示意图

（3）混合模式是指在一个信息系统中同时具有 C/S 模式和 B/S 模式。可以有两种理解方式。①第一种是，在一个大的信息化软件开发项目中，一部分子系统采用 B/S 模式，而另一部分则采用 C/S 模式。例如，合同管理、物资管理等子系统采用 C/S 模式的网络软件，而企业网站、网上发文批文系统、综合查询系统等采用 B/S 模式的网络软件。②第二种是，从信息系统软件的启动到使用过程中，变更软件模式。例如，软件启动是通过浏览器，感觉是 B/S 软件，但启动后的界面回到了 C/S 模式。由于混合模式同时避免了前两种模式的缺点，保留了两者的优点，所以在目前得到了较为广泛的应用。

5.3 电力企业管理信息系统的开发方法

5.3.1 瀑布模型

1970 年温斯顿·罗伊斯（Winston Royce）提出了著名的“瀑布模型”，直到 80 年代早期，它一直是唯一被广泛采用的软件开发模型。瀑布模型将软件生命周期划分为制订计划、需求分析、软件设计、程序编写、软件测试和运行维护等 6 个基本活动，并且规定了它们自上而下、相互衔接的固定次序，如同瀑布流水，逐级下落。从本质来讲，它是一个软件开发架构，开发过程是通过一系列阶段顺序展开的，从系统需求分析开始直到产品发布和维护，每个阶段都会产生循环反馈，因此，如果有信息未被覆盖或者发现了问题，那么最好“返回”上一个阶段并进行适当的修改，开发进程从一个阶段“流动”到下一个阶段，这也是瀑布开发名称的由来。

瀑布模型核心思想是按工序将问题化简，将功能的实现与设计分开，便于分工协作，即采用结构化的分析与设计方法将逻辑实现与物理实现分开。采用瀑布模型的软件开发过程如图 5-2 所示：

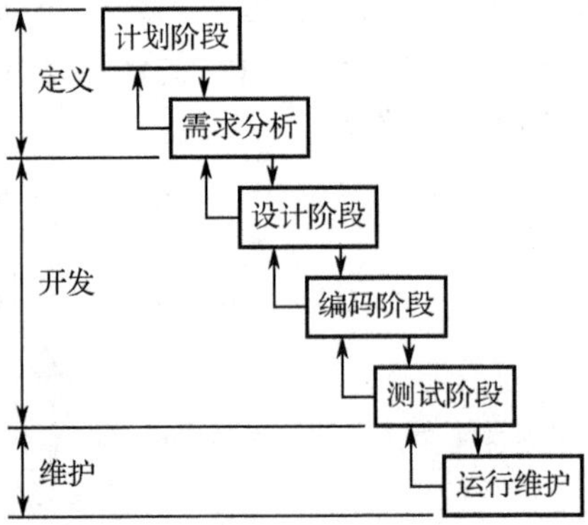

图 5-2　瀑布开发模型的示意图

瀑布模型是最早出现的软件开发模型，在软件工程中占有重要的地位，它提供了软件开发的基本框架。其过程是从上一项活动接收该项活动的工作对象作为输入，利用这一输入实施该项活动应完成的内容给出该项活动的工作成果，并作为输出传给下一项活动。同时评审该项活动的实施结果，若确认，则继续下一项活动；否则返回前面，甚至更前面的活动。

由于瀑布模型适用于早期的小系统开发，随着系统的不断完善，其规模也越来越大，瀑布模型目前不再适用，但是它的开发思想渗透到当前系统开发的每个环节中。

5.3.2　原型法

原型法（Prototyping Approach）产生于 20 世纪 80 年代中期，其基本思想是：在投入大量的人力、物力之前，在限定的时间内，用最经济的方法构造一个系统原型，使用户尽早看到未来系统的概貌。在系统原型的实际运行中与用户一起发现问题，提出修改意见，不断完善原型，使它逐步满足用户的要求。结合电力施工企业的应用特点，用原型法开发信息系统可以分为如下 4 个步骤：

（1）明确用户的信息需求与管理流程。电力施工企业的管理流程常常是变动的，任意性较大。通过实施信息系统，就是要逐步规范管理流程，并且这种规范是逐步的、渐近的，因此，在信息系统开发以前，先分析用户的主要功能要求和实现这些要求的业务流程、数据流程、打印报告格式、屏幕要求等，给出一个初步的需求文件。

（2）建立初始原型。借助软件开发工具，先制作一个初始原型（即开发出满足上述需求的子系统），要求这个原型满足第一阶段提出的基本要求，是一个可以实际运行的系统。

（3）评价原型。用户在开发人员的协助下，运行原型系统，评价系统的优点和不足，进一步明确用户要求，提出修改原型系统的具体意见。对于电力施工企业，应该在软件的试运行阶段，用户进一步提出修改意见，同时软件开发人员与用户进行广泛的信息交流，逐步形成相对固定的业务流程和数据流程。

（4）修改和完善原型。根据用户的意见，尽快修改原型系统并交给用户运行。

上述工作流程如图 5-3 所示，后面两步是反复进行的，直到用户满意为止。

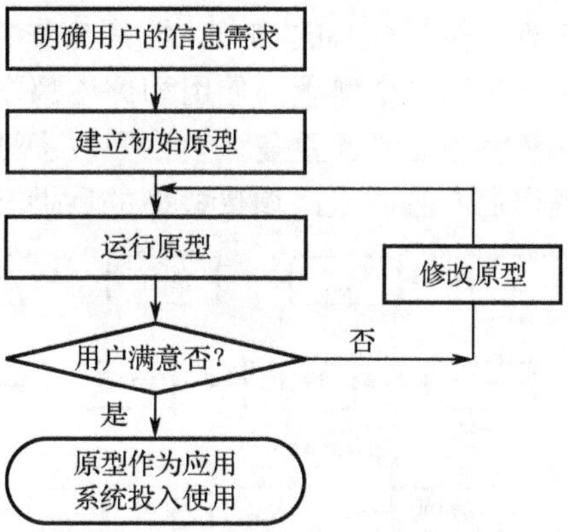

图 5-3　原型法工作流程示意图

原型法具有如下优点：①增进用户与开发人员之间的沟通。用户通过实际运行原型系统，具有“看得见，摸得着”的感觉，可以很清楚地把他们的意见告诉给系统分析员。②用户在系统开发过程中起主导作用。结构化方法用户参与较多的是系统分析，而采用原型法进行系统开发，用户在整个开发过程中起主导作用，随时提供现场的第一手资料，帮助开发者认识用户的真正需求。③辨认动态的用户需求。系统分析的困难之一是用户与开发者之间的沟通，尤其对一些动态需求，不容易用语言文字来描述。通过系统原型有助于开发者发掘和验证这类不易用一般语言来规范交谈的动态需求。④启迪衍生式的用户需求。在系统投入运行之前，有些功能用户也无法预先知道。衍生式的需求是指当系统投入运行之后，用户有了使用经验而提出的需求。在整个开发过程中，原型系统可以启发用户的这些衍生的新需求，并把这些需求告诉开发者。⑤缩短开发周期，降低开发风险。原型法以用户为主导，更有效地辨认用户需求，不仅使系统分析的时间大为缩短，而且减少了开发人员对用户需求的误解，从而降低了系统开发的风险。

针对电力施工企业特点，原型法具有如下缺点：①原型法可能引起成本增加，如果用户对原型不满意，需要抛弃原型反复开发，增加了人工成本。②由于用户在开发过程中起主导作用，也会产生一些不良问题。例如，用户的要求很低，降低了软件的标准和价值。③在多次的修改过程中，容易偏离原型的目的。④使用者往往注重功能上的要求，而疏忽了对实际环境的适应性及系统的安全性、可靠性等要求。⑤直接将原型系统转换成最终产品，这种过早交付产品的结果，虽然缩短了系统的开发时间，但损害了系统的质量，增加了维护代价。

由上面的分析可以看出，原型法的优点主要在于能更有效地辨认用户需求。对于电力企业信息系统软件的开发，一般分析层面难度较大、技术层面难度较小的系统适合于用原型法开发。一般将原型法与结构化生命周期法结合起来使用，用原型法进行需求分析、进行子系统和局部功能的开发，将经过修改、确认的原型系统作为整个系统集成开发的依据，而整个大系统的完成主要采用结构化的生命周期法。

5.3.3 增量模型

增量模型融合了瀑布模型的基本成分（重复应用）和原型实现的迭代特征，该模型采用随着日程时间的进展而交错的线性序列，每一个线性序列产生软件的一个可发布的“增量”。当使用增量模型时，第 1 个增量往往是核心的产品，即第 1 个增量实现了基本的需求，但很多补充的特征还没有发布。客户对每一个增量的使用和评估都作为下一个增量发布的新特征和功能，这个过程在每一个增量发布后不断重复，直到产生了最终的完善产品。增量模型强调每一个增量均发布一个可操作的产品。采用增量模型的软件开发过程如图 5-4 所示：

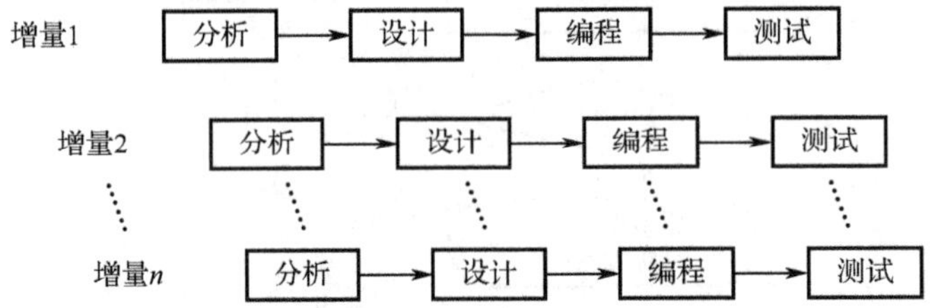

图 5-4 增量模型的软件开发过程

5.3.4 迭代模型

早在 20 世纪 50 年代末期，软件领域中就出现了迭代模型。最早的迭代过程可能被描述为“分段模型（Stagewise Model）”，其背景是 H. D. Benington 领导的美国空军 SAGE 项目。迭代模型是 RUP（Rational Unified Process，统一软件开发过程，统一软件过程）推荐的周期模型。在 RUP 中，迭代被定义为包括产生产品发布（稳定、可执行的产品版本）的全部开发活动和要使用该发布必需的所有其他外围元素。所以，在某种程度上，开发迭代是一次完整地经过所有工作流程的过程：（至少包括）需求工作流程、分析设计工作流程、实施工作流程和测试工作流程 4 个部分。

实质上，它类似小型的瀑布式项目。RUP 认为，所有的阶段（需求及其他）都可以细分为迭代。每一次的迭代都会产生一个可以发布的产品，这个产品是最终产品的一个子集。迭代的思想如图 5-5 所示。

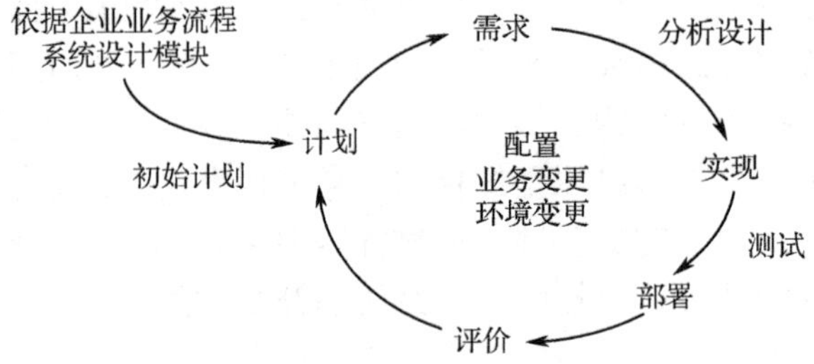

图 5-5 迭代模型的软件开发过程

5.3.5 螺旋模型

1988 年，巴利·玻姆 Barry Boehm 正式发表了软件系统开发的“螺旋模型”，它将瀑布模型和快速原型模型结合起来，强调了其他模型所忽视的风险分析，特别适合于大型复杂的系统。螺旋模型采用一种周期性的方法来进行系统开发。这会导致开发出众多的中间版本。使用它，项目经理在早期就能够为客户实证某些概念。该模型是快速原型法，以进化的开发方式为中心，在每个项目阶段使用瀑布模型法。这种模型的每一个周期都包括需求定义、风险分析、工程实现和评审 4 个阶段，由这 4 个阶段进行迭代。软件开发过程每迭代一次，软件开发又前进一个层次。采用螺旋模型的软件过程如图 5-6 所示。

螺旋模型基本做法是在“瀑布模型”的每一个开发阶段前引入一个非常严格的风险识别、风险分析和风险控制，它把软件项目分解成一个个小项目。每个小项目都标识一个或多个主要风险，直到所有的主要风险因素都被确定。螺旋模型强调风险分析，使得开发人员和用户对每个演化层出现的风险有所了解，继而做出应有的反应，因此特别适用于庞大、复杂并具有高风险的系统。对于这些系统，风险是软件开发不可忽视且潜在的不利因素，它可能在不同程度上损害软件开发过程，影响软件产品的质量。减小软件风险的目标是在造成危害之前，及时对风险进行识别及分析，决定采取何种对策，进而消除或减少风险的损害。

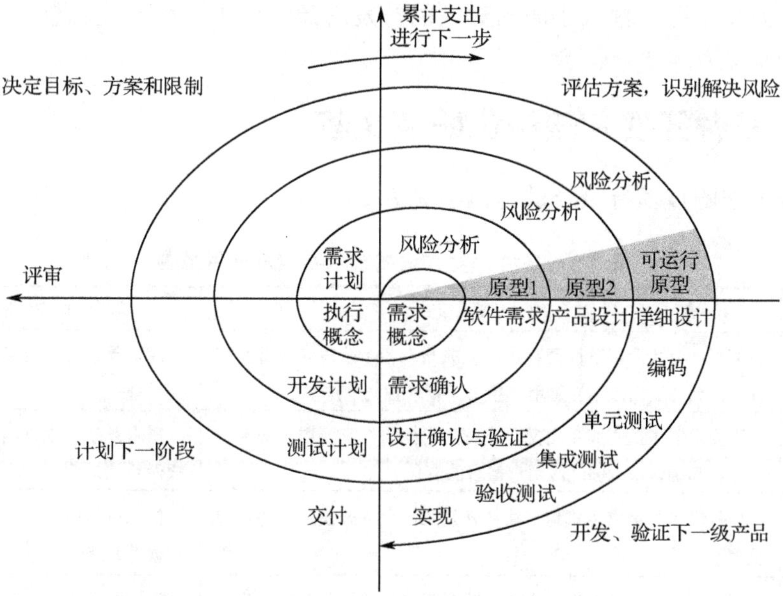

图 5-6 螺旋模型的软件开发过程

5.3.6 面向对象方法

面向对象的开发方法是从 20 世纪 80 年代末随着各种面向对象的程序设计方法（如 Smalltalk、C++等）逐步发展而出现的。面向对象（Object Oriented，OO）方法从另一个角度为我们认识事物，进而开发系统提供了一种全新的方法。

面向对象的开发方法认为：客观世界是由许多各种各样的对象组成的，每种对象都有各自的内部状态和运动规律，不同的对象之间的相互作用和联系就构成了各种不同的系统。当我们设计和实现一个客观系统时，如能在满足需求的条件下，把系统设计成由一些不可变的（相对固定）部分组成的最小集合，这个设计就是最好的。因为它把握了事物的本质，因而不再会被周围环境（物理环境和管理模式）的变化及用户没完没了的变化需求所左右。而这些不可变的部分就是所谓的对象。

因此，以对象为主体的面向对象的开发方法就可以简单地解释为以下几点：

（1）客观事物都是由对象（object）组成的，对象是在原事物基础上抽象的结果。任何复杂的事物都可以通过对象的某种组合结构构成。

（2）对象由属性和方法组成。属性（attribute）反映了对象的信息特征，如特点、值、状态等。而方法（method）则是用来定义改变属性状态的各种操作。

（3）对象之间的联系主要是通过传递消息（message）来实现的，而传递的方式是通过消息模式（message pattern）和方法所定义的操作过程来完成的。

（4）对象可按其属性进行归类（class）。类有一定的结构，类上可以有超类（super-class），类下可以有子类（subclass）。这种对象或类之间的层次结构是靠继承关系维系的。

（5）对象是一个被严格模块化了的实体，称之为封装（encapsulation）。这种封装了的对象满足软件工程的一切要求，而且可以直接被面向对象的程序设计语言所接受。

目前在企业管理信息系统中采用的开发语言大部分是属于面向对象的语言，因此现代企业管理信息系统中已经融入了面向对象的开发思想，对于这种开发思想可以结合相应的编程语言进一步深入地学习体会。

5.3.7 各种开发方法的优缺点比较

各种开发方法的技术特点及适用范围见表 5-1。

表 5-1 各种开发方法的技术特点及适用范围

模型名称	技术特点	适用范围
瀑布模型	简单，分阶段，阶段间存在因果关系，各个阶段完成后都有评审，允许反馈，不支持用户参与，要求预先确定需求	需求易于完善定义且不易变更的软件系统
原型法	不要求需求预先完备定义，支持用户参与，支持需求的渐进式完善和确认，能够适应用户需求的变化	需求复杂、难以确定、动态变化的软件系统
增量模型	软件产品是被增量式地一块块开发的，允许开发活动并行和重叠	技术风险较大、用户需求较为稳定的软件系统
迭代模型	不要求一次性地开发出完整的软件系统，将软件开发视为一个逐步获取用户需求、完善软件产品的过程	需求难以确定、不断变更的软件系统
螺旋模型	结合瀑布模型、快速原型模型和迭代模型的思想，并引进了风险分析活动	需求难以获取和确定、软件开发风险较大的软件系统
面向对象方法	将系统封装成类，通过实现变为对象，通过这些对象之间的联系进行系统的实现	较为抽象，实现细节难以掌握

5.4 信息系统测试

系统测试是对要使用的整个系统进行检测，发现问题，解决问题，保证系统运行的正确性和有效性。没有经过测试的系统是不可靠的系统，尽管可能已经在开发周期的各个阶段均采取了严格的技术审查，但是在实际运行中还是会出现很多问题。系统测试是管理信息系统开发周期中十分重要的步骤，系统测试需要的人力和成本在软件开发整体活动中占有很大比例。系统测试工作要事先准备好测试方案，以提高工作效率，压缩时间，降低费用。完成系统测试后，应完成编写测试报告、绘制程序框图、打印系统源程序清单等工作。

5.4.1 系统测试的步骤

系统测试工作有以下 5 个步骤：单元测试、组装测试、确认测试、系统测试和验收测试，每一步都是在前一步的基础之上进行的，每个步骤包含的内容如下：

1. 单元测试

单元是指程序中的一个模块或一个子程序，是程序设计的最小基本单位。单元测试主要以模块为单位进行测试，测试单个模块的正确性，通常比较容易设计测试用例。模块测试的目的是保证每个模块作为一个单元能够独立运行。

单元测试主要包括数据结构测试、模块接口测试、边界条件测试、覆盖条件测试、出错处理测试。数据结构测试是确认内部数据的内容、形式及相互关系是否正确；模块接口测试是数据能否正确地流进和流出；边界条件测试是确认在边界上的数据能否正确地执行，模块往往在边界上容易出错，如最大值最小值测试；覆盖条件测试是确认能否达到满足特定的逻辑覆盖；出错处理测试是确认出错处理措施是否有效，异常错误不能造成整个系统的崩溃。

2. 组装测试

在每个模块完成单元测试后，需按照设计时制做出的结构图把它们连接起来进行组装测试。虽然单个模块没有问题了，但是组装在一起可能存在问题。多个模块组装在一起又成为一个单元，多个单元组装在一起又成为一个大的单元，组装测试从最低层开始，逐步测试，直到整个系统作为一个单元。

组装测试主要测试各模块是否正确连接；测试数据是否有效传输及数据的完整和一致性；测试人机界面及各种通信接口能否满足要求；测试与硬件的设备连接。

3. 确认测试

在组装测试完成后，在各模块接口无错误并满足软件设计要求的基础上进行确认测试。确认测试是要进一步检查整个软件是否符合软件需求规格说明书的全部要求，主要是进行系统功能测试。

确认测试包括功能方面测试、性能方面测试和限制条件的测试。功能方面测试，测试系统输入、处理、输出是否满足要求；性能方面测试，测试系统的数据精确度、响应时间、更新处理时间、数据转换及传输时间、运行环境适应性；限制条件的测试，测试可使用性、安全保密性、可维护性、可移植性、故障处理能力等。

4．系统测试

经过确认测试后，软件本身已测试完毕，然而软件还要与系统中的其他部分配套运行测试。系统测试是将系统的所有组成部分，包括软件、硬件、用户及环境等综合在一起进行测试，以验证系统的各组成部分是否协调运行，是对整个系统进行的综合测试。

系统测试包括恢复测试、安全测试、强度测试、性能测试。恢复测试是使软件出错，测试其恢复的能力及时间；安全测试是测试其是否有安全保密的漏洞；强度测试是测试系统的极限能力，是否能在最大负载下正常运行；性能测试是检验安装在系统内的软件运行性能。

5．验收测试

系统测试完成，在系统转换后并且系统试运行了一定的时间，最后和用户企业应进行验收测试。确认软件能否达到验收标准，作为开发单位和用户单位的合同执行情况的最后验收手续。此时软件应在实际工作环境下进行验收。

验收测试主要以合同为准，包括审查系统分析报告、审查系统设计报告、审查验收文档资料的全面性和内容、系统功能测试、性能指标测试等等。

5.4.2 系统测试方法

测试是用精心设计的数据运行程序，从而发现程序中的错误的一种方法。系统测试方法大体上分为人工测试和机器测试两种。

人工测试的目的在于检查程序的静态结构，找出编译过程不能发现的程序算法错误。其主要的任务就是进行程序代码复审，一般采用如下 3 种具体形式。

（1）个人复查：指程序源代码编写结束后，由程序员自行进行检查。由于是自查，出于程序员对自身所编写程序的心理偏爱，不易发现习惯性错误。自身对程序功能算法的理解错误也很难发现。一般这种形式效率不高，仅限于小型程序模块的检查。

（2）小组复查：由未参与系统程序设计的有经验的 3～5 个程序员组成测试小组，对系统程序进行复查。通过对系统软件资料和源程序的检查、分析和手工模拟，从中发现并纠正存在的各种错误。由于是人工方式，运行速度较慢，一般采用少量的，简单的测试用例进行。

（3）会审：测试小组的成员组成与小组复查法相似。测试小组成员在进行会审时应仔细阅读有关资料，根据错误类型清单（包括常见的各种编程错误）实施会审，通过测试小组成员与程序员的提问、讲解、回答及讨论等各种交互过程，发现并纠正错误。同时审定整体系统的功能、结构及风格等。

另一种方法是机器测试，就是直接在计算机上运行所要测试的程序模块，从实际运行的结果中发现并纠正错误。机器测试采用的形式主要有如下两种。

（1）黑盒测试：也称功能测试，即不管程序内部的结构是如何设计和编制的，从外部根据 IPO 图的要求，对模块进行测试。也就是说，在程序的输入和输出结果上测试程序模块是否满足设计的功能。

（2）白盒测试：也称结构测试，即将软件看作透明的白盒，按照程序的内部结构和处理逻辑设计测试用例，对软件的逻辑过程进行测试，检查是否符合设计的要求。

经验表明，组织良好的人工测试可以发现程序中 40%～70%编码和逻辑设计错误。机器测试先设计测试标准用例，然后以事先设计好的测试标准用例执行被测程序，对比运行结果与预期结果，如果有差别就可以发现错误。机器测试只能发现错误的结果，还需进一步定位错误原因；人工测试一旦发现错误，同时就确定了错误位置、类型和性质。人工测试是机器测试的准备，是测试中必不可少的环节。

5.4.3 测试用例设计和测试策略

软件测试方案设计中，测试用的输入数据（测试用例）的设计是非常重要且困难的。下面以白盒测试与黑盒测试中的测试用例设计问题分别进行讨论。

1. 白盒测试的测试用例设计

白盒测试是对软件的过程性细节进行检查，因此可以通过程序内部结构和逻辑分析设计测试用例。主要的设计方法有逻辑覆盖法和基本路径测试法等。以下介绍逻辑覆盖法的思路和过程。

所谓逻辑覆盖法，就是以程序内部的逻辑结构为基础的测试技术，其主要思路是通过程序执行测试数据，反映数据覆盖其内部的逻辑程度。一般来说，覆盖程度越高越好，这样，就可以测试到对应程序内部的大部分乃至全部。根据具体的覆盖情况的不同，逻辑覆盖可分为：语句覆盖、判定覆盖、条件覆盖、判定/条件覆盖、多重覆盖和路径覆盖等。

语句覆盖是通过设计若干测试用例，使程序中的每条语句至少被执行一次；判定覆盖使程序中的每个判断的取真和取假分支均至少被执行一次；条件覆盖指利用若干测试用例，使被测试的程序中，对应每个判断中每个条件的所有可能情形至少执行一次；判定/条件覆盖指设计的若干测试用例，可以使程序中每个判断的取真和取假分支至少被执行一次，且每个条件的所有可能情况均至少被执行一次；多重覆盖指设计多个测试用例，使每个判断表达式中条件的各种组合均至少被执行一次；路径覆盖指设计足够多的测试用例，使程序中的所有可能路径均至少被执行一次。

上述方法仅讨论了语句、分支、条件及它们的组合，而对于程序或算法而言，循环也是重要的基础结构之一，因此，也应该进行测试。而对循环的测试，主要是检查其结构的有效性。一般来说，可将循环分为简单循环、串联循环、嵌套循环和非结构循环等类型。测试时可以根据不同的类型，设计不同的测试用例执行。

2. 黑盒测试的测试用例设计

黑盒测试的测试用例设计，应针对程序功能进行。通常用等价类划分、边界值分析、错误推测、因果图、功能图等设计方法，下面介绍前两种方法。

等价类划分的主要思想是，程序的输入数据都可以按照程序说明划分为若干个等价类，每一个等价类按照输入条件又可以分为有效的输入和无效的输入两种。因此，可以对每一个有效的或无效的等价类设计测试用例。如果用某个等价类的一组测试数据进行测试时，不产生错误，则说明对于同一类的其他数据也不会出错；反之，则存在错误。因而，测试时只需从每个类中任取一种输入数据进行测试即可。

边界值分析是等价类划分的一种补充。通常，程序在处理边界时容易发生错误，而等价类划分技术是在某一等价类中任取一组数据进行测试，不一定代表边界状态。因此，边界值分析指对每个等价类的各边界作考察，使测试数据等于、刚刚小于及刚刚大于边界值。

3. 系统测试的策略

不同的测试方案设计的方法各有所长，用某种方法设计出的测试方案可能最容易检测出某种类型的错误，但对于其他类型的错误则可能无法检测出来。可以利用某种测试方法设计出有用的测试方案，但没有一种方法能设计出全部测试方案。

因此，在对信息系统进行测试时，应该联合使用各种设计测试方案的方法，形成一种综合策略。通常的做法是：用黑盒测试法设计基本的测试方案，再用白盒测试法补充一些必要的测试方案。通常采用的策略是：在进行测试方案设计时，将逻辑覆盖、等价类划分和边界值分析等方法综合运用，使测试用例既能检测设计的内部要求，又可以检测设计的接口要求。视具体情况用等价类划分法补充测试方案，必要时再用错误推测法等其他方法补充测试方案，对照程序逻辑，检查已经设计出的测试方案。可以根据对程序可靠性的要求采用不同的逻辑覆盖标准，如果现有方案未达到规定的覆盖标准，则应再补充测试方案。

在对大型复杂系统进行测试时，一般不做全面的测试，而采用抽样测试或重点测试的方式，有针对性地选择具有代表性的测试用例，或将测试重点放在容易出错的位置及重要模块进行测试，以减少测试费用，提高测试效率。

5.4.4 系统测试计划

国标测试计划（GB 8567—1988）对设计制订系统测试计划作出了指导和规定，软件开发人员应根据它来制订自己的系统测试计划。系统测试计划的内容主要包括：

（1）软件说明。

要提供一份图表，并逐项说明被测软件的功能、输入和输出等质量指标，作为叙述测试计划的提纲。

（2）测试内容。

列出组装测试和确认测试中的每一项测试内容的名称标识符，确定这些测试的进度安排及测试的内容和目的，如模块功能测试、接口正确性测试、数据文档存取的测试、运行时间的测试、设计约束和极限的测试等。

（3）进度安排。

给出执行这项测试的进度安排，包括进行测试的日期和工作内容（如熟悉环境、培训、准备输入数据等）。

（4）测试环境。

测试对资源的要求，包括测试所用到的设备类型、数量和预定使用时间；软件类测试环境包括将被用来支持本项测试过程而本身又并不是被测软件的组成部分的软件，如测试驱动程序、测试监控程序、仿真程序、桩模块等；测试人员需求指在测试工作期间预期可由用户和开发任务组提供的工作人员的人数；技术水平及有关的预备知识，包括一些特殊要求，如倒班操作和数据键入人员。

（5）输入/输出数据，输入数据及选择的策略，预期的结果及中间结果。

（6）操作步骤，说明测试的操作过程。

（7）评价标准，说明测试用例能检查的范围及局限性，判断测试工作是否通过的评价尺度等。

5.4.5 测试实施并形成测试报告

在软件测试实施时，要做好测试记录，下面是笔者在项目开发中经常使用的测试记录表，如表 5-2 所示。当然，一般是制作电子版的测试记录，最终便于输出测试报告。

表 5-2 软件测试结果报告

（下面是由测试人员填写，要求测试结束时完成本报告）

标　题	合同管理系统设置用户		
测试人员	XX	测试日期	X 年 X 月 X 日
所属项目	XXX 公司综合项目管理信息系统	所属模块	合同管理系统
测试类型	功能测试	测试阶段	单元测试
预期结果	成功进入系统		
测试步骤	（1）通过“系统|设置用户”菜单打开“设置用户”窗体； （2）添加用户别名为：“TestUser”用户，保存； （3）编辑“TestUser”用户，保存； （4）编辑“TestUser”用户，取消； （5）再次添加“TestUser”用户，并保存； （6）删除“TestUser”用户； （7）最后再添加“TestUser”用户，以便下面测试修改密码		
正确结果	（1）在第 5 步操作后，系统提示主键冲突，也就是“用户别名”应唯一。 （2）别的操作，与实际操作结果应相同		
要点说明	新添加的用户初始密码为：“000”		
备　注			

5.5 软件安装、调试并试运行

5.5.1 信息系统软件的安装

信息系统软件开发工作完成并经测试通过后，就可以为用户单位进行软件安装和调试。对于三种开发结构的软件，其安装方式不尽相同。

（1）对于纯 B/S 结构的软件，安装工作在用户单位的主服务器进行即可，安装工作量比较小，目前电力企业更多采用这种纯 B/S 结构。

（2）对于 B/S 和 C/S 混合结构的软件，其中的 C/S 部分，可以在初次使用时通过自动下载方式安装。

（3）对于纯 C/S 结构的软件，除了在服务器端安装数据库外，需要专门在客户端安装软件，安装工作量比较大，目前电力企业很少采用这种纯 C/S 结构。

在安装的过程中，由于网络环境、操作系统环境的复杂性等因素，可能会出现这样那样的问题，但有经验的系统维护人员一般都可以解决这些问题。一般来说，软件的初次安装工作应以开发方为主、用户方的系统维护人员为辅的方式合作完成，但用户方应该学会安装技术，便于以后的维护使用。

5.5.2 信息系统软件的调试

软件的调试也称纠错或排错，它是孤立并纠正错误的一种技巧性过程，软件错误的外部表现形式与内部原因之间往往没有明显的联系，所出现的差错并非直接就能找出原因。因此，调试既要对错误的性质及程序本身进行系统的研究，在某种程度上也要靠直觉与经验，排错时所采用的方法和时间都不能事先确定。现在的软件调试主要采用一系列专用调试工具来进行，常用的方法有如下几种：

（1）试探法。调试人员分析错误的症状，猜测问题的所在位置，利用在程序中输出语句，分析寄存器、存储器的内容等手段来获得错误的线索，一步一步地试探分析出错误所在。这种方法效率很低，适合于结构比较简单的程序。

（2）回溯法。调试人员从发现错误症状的位置开始，人工沿着程序的控制流程来跟踪代码，直到找出错误根源为止。这种方法适合于小型程序，对于大规模程序由于其需要回溯的路径太多而变得难以操作。

（3）对分查找法。这种方法主要用来缩小错误的范围，如果已经知道程序中的变量若干位置的正确取值，可以在这些位置上给这些变量以正确值，观察程序运行输出结果，如果没有发现问题，则说明从赋予变量一个正确值位置开始到输出结果位置的程序段没有出错，问题可能在除此之外的程序中，否则错误就在所考察的这个程序段中，对含有错误的程序段再使用这种方法，直到把故障范围缩小到比较容易诊断为止。

（4）归纳法。归纳法就是从测试所暴露的问题出发，收集所有正确或不正确的数据分析它们之间的关系，提出假象的错误原因，用这些数据来证明或反驳，从而找出错误所在。

（5）演绎法。根据测试结果，列出所有可能的错误原因。分析已有的数据，排除可能和彼此矛盾的原因，对余下的原因，选择可能性最大的，利用已有的数据完成该假设，使假设更具体。用假设来解释所有的原始测试结果，如果能解释这一结果，则假设得以证实，也就找出错误；否则，要么是假设不完备或不成立，要么有问题。

5.5.3 导入数据

多数基础数据在软件开发阶段就已经提供给开发方，并将其导入。软件在用户单位初次安装后，可能还有大量数据需要导入。例如，用户单位原来数据库中的数据、用户单位 Excel 表中的数据等，如果需要进入新建的大型数据库中，则需要导入。此项工作由软件开发人员为主、用户方的信息维护人员为辅的方式，或在开发方的技术指导下合作完成。用户方的系统维护人员要学会数据导入等维护技术。

5.5.4 用户和系统维护人员的操作使用培训

当信息系统软件安装调试完成后，需对最终用户进行培训，根据用户在系统中的权限定义及责任范围分批分组进行。除了对信息系统软件的操作人员培训外，还应注重培训用户单位信息中心的系统维护人员，培训的重点包括大型数据库的操作使用、系统的设置、权限的设置等日常的系统使用和维护技术。

5.5.5 软件的试运行

信息系统软件安装完毕后，经过了用户的操作使用培训，用户初次使用一周左右，软件能够正常使用，此时应该通过初步的内部验收。初步验收通过后，进入试运行阶段。软件的试运行一般需要3～6月的时间，这是一个进一步发现问题和解决问题的反复过程，这一过程体现了原型法的开发思想。

在试运行阶段，用户应该输入大量数据，进行广泛的操作使用。初始使用阶段，以软件的测试为主，发现问题后，以书面的方式陈述清楚，屏幕有错误提示时最好采用截图的方式，将错误的提示截图下来并送交开发人员，便于开发人员理解和修改。在这一阶段，用户原来的工作方式继续保留，表现为双重工作方式。软件开发方的部分人员在此阶段应该常驻用户单位，与用户一起工作。一方面辅助用户操作使用软件，对用户进行进一步的培训；另一方面，发现问题后及时解决。在试运行过程中，一般要进行双线运行，即同时按产品上线试运行前的操作和在试运行的软件中操作。

5.6 系统交接及转换

系统转换指由原来的系统运行模式过渡为新开发的管理信息系统的过程。新系统通过系统测试后，必须通过系统转换，才能正式交付使用。因此，系统转换的任务就是完成新老系统的平稳过渡，这个过程需要开发人员、系统操作员、用户单位领导和业务部门的协作，才能顺利交接。

5.6.1 系统转换的方式

系统转换关键的任务是选择系统转换方式和转换时机。一般按新、旧系统的并行关系的角度对系统转换进行分类，可以得到以下几类：直接转换、并行转换、试运行转换、分段逐步转换。

（1）直接转换。

直接转换是在确定新系统运行准确无误时，在某一确定的时刻，立刻中止老系统运行，启用新系统。这种方式适用于一些处理过程不太复杂、数据不很重要，即使转换失败也可以方便切换到老系统，对企业影响不大的场合。主要用于小型的不太复杂的信息系统，或信息时效性要求不很高的系统。其特点是转换过程简单，费用低，但风险大，一旦因新系统发生严重错误而不能正常运行时，将导致业务工作的混乱，造成巨大的损失。因此，必须采取一定的预防性措施，充分做好各种准备，制订严密的转换计划。

（2）并行转换。

并行转换是指新老系统并行工作一段时间，经过一段时间的验证无误后，新系统才正式完全替代老系统。其特点是安全可靠，在转换期间，如果新系统没有达到满意程度，对用户的正常业务处理不会带来影响，马上对新系统进行修正，直到无误后，才停止老系统。但费用高，并行转换要保证两套系统都正常运行，转换过程中需要投入两倍的工作量，不过用户可以通过新老系统平行运行的过程，熟悉新系统，确保业务工作平稳有序。对于较复杂的大型系统，这种切换方式提供了一个与老系统运行结果进行比较的机会，可以对新老两个系统的时间要求、出错次数和工作效率给予公正的评价。适用于大型复杂信息系统、可靠性要求级别高的系统，特别是银行、财务和一些企业的核心系统。

（3）试运行转换。

这种类似于并行转换，指在试运行期间，老系统照常运行，新系统承担部分工作，等对试运行感到满意时再全面运行新系统，停止老系统的运行。

（4）分段逐步转换。

分段逐步转换是直接转换和并行转换方式的另一种综合，是指在新系统正式运行前，分阶段、按步骤地完成新老系统的交替。这种切换方式避免了直接切换方式的高风险，保证了系统的可靠性，又可避免并行切换方式的双倍费用，不至于费用太高，但也存在新老系统对应部分的衔接的问题。大多数的管理信息系统的转换多采用这种方式。

5.6.2 系统转换时机选择

确定了转换方式，另一个重要问题是系统转换时机选择。系统转换时机是指何时进行系统的转换，企业要根据自己的生产和信息系统的特点选择合适的转换时机，有以下 3 种选择方式：

（1）常用的时机选择是企业业务新的周期的开始，如财务信息系统一般选择在新的会计期间开始，如一月一日，在进行年结时在一年中都使用计算机中的数据。当然，也可以根据需要灵活选择其他的时间。财务信息系统一般选择并行转换方式，而企业在春节前业务比较繁忙，有的企业在春节后三月份开始，数据从当年一月份开始输入，进行不同步的转换，用正确的数据检测新系统，正确后直接切换到新系统。

（2）根据企业的忙闲周期，企业在一年的业务量不均匀，有的企业选择在业务量小的时候进行系统转换，这样，系统开始时的数据输入量少，使新系统转换的工作量和复杂性较低，便于使用人员快速掌握新系统，使转换成功的可能性提高。

（3）与企业的其他改革同步，企业大的变革或改制后，新系统是按照改革后的要求设计的，改革后，同时开始进行系统的转换。这时，会带来一些混乱，发生问题时，不知是系统设计问题还是企业改革的问题，需要尽力协调。

5.6.3 系统转换的主要工作

根据信息系统实际开发和应用的情况，确定了系统转换的方式以后，需要做好系统转换前的处理工作、数据处理和系统初始化工作。

（1）系统转换前的准备工作包括很多，主要有组织准备、物质准备、文档准备、用户培训。

1）组织制度准备。

新系统要求企业建立新的组织机构形式，建立必要的部门，如建立信息中心、数据中心、网络中心等，并配备相关的领导和工作人员；制定岗位，划分人员与分工，明确其责任；转换前制定符合新系统特点的相关制度，如新业务处理流程、安全保密制度、岗位管理条例、奖罚制度、安全制度、机房管理制度、档案管理制度、系统操作制度、交接班制度、纪律及业务学习考核制度等。从组织、人员、制度上保证系统转换。

2）物质准备。

在系统转换前，应当购置需要的硬件，准备机房、网络系统、服务器、客户机、稳压电源、UPS、打印机、磁盘等，安装好计算机系统和其他办公设备，准备好必要的耗材，如专用打印纸等。

3）文档准备。

文档是开发人员开发工作的依据，也是用户运行系统、维护系统的依据。系统转换重要的文档是系统操作说明书，在系统转换前，开发者应做出全面的系统操作说明书，便于培训系统使用人员。文档资料要与实际系统运行过程、要求一致，并符合一定的规范。在系统运行之前要准备齐全，形成正规的文件。

4）用户培训。

对某些用户的培训在开发的时候就可以开始同步进行，对其他用户的培训在系统转换前应完成。

培训目的是保证系统实施计划的执行。培训对象是系统操作员、运行管理人员、系统管理人员和相关的管理人员。不同人员的培训时间和内容不同。

培训内容包括系统整体结构、计算机基本知识、计算机基本操作与使用、系统设备的使用、汉字输入方法、系统输入方式和操作方式、常见故障与排除、运行操作注意事项、数据的备份、病毒的防治、灾难的避免和系统的恢复等。

用户培训首先要制定培训大纲，用户培训大纲的一般内容包括：新系统的目标和功能、新系统与老系统的重要差别、新系统工作流程、用户手册使用方法、时间进度等。

（2）数据处理是从原系统中整理出新系统所要求的数据格式，具体工作包括：历史数据的整理，数据资料的格式化、分类和编码，个别数据及项目的调整等。对于原来采用人工方式处理的信息系统，这部分工作量十分巨大，应当提前进行准备，否则会影响到系统转换的正常实施。

（3）系统初始化是新系统投入运行之前必须完成的另一项工作。所谓系统初始化，指对系统的运行环境和资源进行设置、系统运行和控制参数设定、数据加载及系统与业务工作的同步调整等内容，其中数据加载是工作量最大且时间最紧迫的重要环节，因为它需要在运行之前必须将大量的原始数据一次性输入到系统中，另外，正常的业务活动中也会不断产生新的数据信息，它们也必须在新系统正式运行前存入系统，因此，系统初始化过程中的数据加载是新系统启动的先决条件，应及时完成并确保输入数据的正确性。

在系统转换过程中，可能又会发现一些系统的错误和功能缺陷。对于这些问题，应对照系统目标决定是否进行系统修改。一般来说，对于程序的错误和漏洞必须改正，但若是超出目标和设计方案的其他问题，应视影响的范围、程度和工作量的大小而定，不可一概而论。在新系统中应允许存在某些不足，可通过在运行过程中的维护和系统更新方式逐步解决。

5.7 系统维护及评价

5.7.1 系统维护

在系统的整个运行使用过程中，都伴随着系统维护工作的进行。为改正潜在错误，扩充功能，完善功能，结构翻新，延长系统寿命而进行的各项修改和维护活动称作系统维护。系统维护的目的是保证管理信息系统正常且可靠地运行，保证系统中的各个因素随着环境的变化始终处于良好的、正确的工作状态，并能使系统在运行中不断得到改善和提高，以充分发挥作用。

1. 系统维护的内容

管理信息系统的维护主要包括以下几个方面的工作：

（1）硬件维护。

主要是指对计算机网络设备、通信线路、服务器、客户主机及外设的日常维护和管理，定期由专人负责进行机器部件的清洗、润滑，设备故障的检修，易损部件的更换等。主要有两种类型的维护活动，一种是定期的设备保养性维护，保养周期可以是一周或一个月不等，维护的主要内容是进行例行的设备检查与保养；另一种是突发性的故障维修，即当设备出现突发性故障时，由专职的维修人员或请厂商排除故障，这种维修活动所花时间不能过长，以免影响系统的正常运行。为了提高硬件系统的可靠性一般可采取双机备份的形式，当一组设备出现故障时立即启动另一组备用设备投入运行，故障排除后再一次进入双机备份状态。以保证系统正常有效地运行。

（2）数据维护。

随着系统应用环境的变化需要调整系统的运行状态，有时不需要对程序代码更改，只对管理信息系统的参数进行调整也可以调整系统的功能。数据维护另一个含义是系统的数据库结构进行调整，比如增加数据记录、修改数据库结构和删除一些不适当的过期数据等。数据维护还包括运行时期的数据备份与恢复。

（3）代码维护。

当系统应用范围扩大和应用环境变化时，系统中的各种代码需要进行一定程度的增加、修改、删除及设置新的代码。

（4）程序维护。

系统的业务处理过程是通过程序的运行而实现的，一旦程序发生问题或业务发生变化，就必然引起程序的修改和调整，因此系统维护的主要活动是对程序进行维护。

2. 系统维护的分类

依据信息系统需要维护的不同原因，系统维护工作可以分为以下 4 种类型：

（1）纠错性维护。

在系统投入运行后的实际应用过程中，随着数据的加载量增加和应用的深入，系统可能暴露出新的错误，修正系统中的错误就是纠错性维护。这种错误往往是从未遇到过，有些系统，运行多年以后才遇到这种情况。在系统刚刚投入使用时，这类错误会发现很多。进行维护的手段是提供软件服务包（Service Pack），由用户从网站上下载安装，如微软公司提供的许多 Service Pack，就是纠错性维护。

（2）适应性维护。

适应性维护是为了适应软件的外界环境变化而进行的修改。由于计算机科学技术的迅速发展，新的软硬件不断推出，使系统的外部环境发生变化。这里的外部环境不仅包括计算机硬件的配置，还包括数据库、数据存储方式在内的“数据环境”。为了适应变化了的系统外部环境，就需要对系统进行相应的修改。

（3）完善性维护。

完善性维护是指为了改善系统功能或应用户的需要而增加新的功能维护工作。系统经过一个时期的运行之后，某些地方效率需要提高，或者使用的方便性还可以提高，或者需要增加某些安全措施等。这类工作占维护工作的绝大部分。

（4）预防性维护。

预防性维护是主动性的预防措施。对一些使用寿命长，目前尚能正常运行，但可能要发生变化的部分进行维护，以适应将来的修改或调整。

根据对多种维护工作的分布情况统计，一般纠错性维护占 21%，适应性维护占 25%，完善性维护达到 50%，而预防性维护及其他类型的维护仅占 4%。可见维护工作中，一半以上的工作是完善性维护。

系统的可维护性对于延迟系统的生存期具有决定的意义，因此必须考虑如何才能提高系统的可维护性，为此，需从 5 个方面入手。

（1）进行明确的质量保证审查：质量保证审查对于获得和维护系统各阶段的质量是一个很有用的技术。审查还可以检测系统在开发和维护阶段内发生的质量变化，可对问题及时采取措施加以纠正，以控制不断增长的维护成本，延长系统的有效生命期。

（2）改进系统的文档：系统文档是对程序总目标、程序各组成部分之间的关系、程序设计策略、程序实现过程的历史数据等的说明和补充，因此，在开发过程中各阶段产生的文档资料要尽可能采用形式描述语言和自动的文件编辑功能。文档是维护工作的依据，文档的质量对维护有着直接的影响。一个好的文档资料应能正确地描述程序的规格，使描述的内容局部化，并且易读、易理解。完成各项系统维护工作后，应及时提交系统维护报告，就所做的系统维护的具体内容进行总结，加入系统维护的有关文档中。

（3）建立明确的软件质量目标和优先级：一个可维护的程序应是可理解的、可靠的、可测试的、可修改的、可移植的、高效率的、可使用的。要实现以上所有的目标，需要付出很大的代价。对管理信息系统，更强调可使用性、可靠性和可修改性等目标，同时规定其优先级，这样有助于提高软件的质量，并对软件生存期的费用产生很大的影响。

（4）选择可维护的程序设计语言：程序是维护的对象，要做到程序代码本身正确无误，同时要充分重视代码和文档资料的易读性和易理解性。因此，要注意编码规则和编码风格，尽量采用结构化程序设计和通用性高的程序设计语言，把与机器和系统相关的部分减少到最低限度。

（5）使用提高软件质量的技术和工具：模块化是系统开发过程中提高软件质量，降低成本的有效方法之一，也是提高可维护性的有效技术。它的优点是如果需要改变某个模块的功能，只要改变这个模块，而对其他模块影响很小，如果需要增加某些功能，仅增加完成这些功能的新的模块或模块层，同时程序错误也容易定位和纠正。

3. 系统维护的步骤

系统的维护和修改往往会“牵一发而动全身”。程序、文件、代码的局部修改都可能影响系统的其他部分，因此，系统的修改必须通过一定的批准手续。通常对系统的修改应执行以下步骤：

（1）提出修改要求。

操作人员或业务领导用书面形式向主管人员提出对某项工作的修改要求。这种修改要求不能直接向程序员提出。

（2）领导批准。

系统主管人员进行一定调查后，根据系统的情况和工作人员的情况，考虑这种修改是否必要、是否可行，做出是否修改、何时修改的答复。

（3）分配任务。

系统主管人员若认为要进行修改，则向有关的维护人员下达任务，说明修改的内容、要求、期限。

（4）验收成果。

系统主管人员对修改部分进行验收。验收通过后，将修改的部分嵌入系统，取代旧的部分。

（5）登记修改情况。

登记所做的修改，作为新的版本通报用户和操作人员，指明新的功能和修改的地方。某些重大的修改可以看作一个小系统的开发项目，因此，要求按系统开发的步骤进行。

5.7.2 系统评价

信息系统的评价就是对系统在运行一段时间后的技术性能及经济效益等方面的评价。评价的目的是检查系统是否达到预期的目标，技术性能是否达到设计的要求，系统的各种资源是否得到充分的利用，经济效益是否理想，并指出系统的长处与不足，为以后的改进和扩展提出意见。系统评价主要的依据是系统日常运行记录和现场实际监测数据。评价的结果可以作为系统改进的依据。

系统评价是管理信息系统开发过程中的一个重要环节，它对一个管理信息系统的技术性能，所产生的经济和社会效益进行全面估计、检查、测试、分析与评审，并将系统运行的各项实际参数值和系统可行性研究阶段、系统分析阶段、系统设计阶段提出的计划指标值进行比较分析，以便确定系统目标的实现。其目的在于：

（1）深入分析信息系统的工作质量，为今后进一步的系统维护工作做好技术上的准备。

（2）深入分析一个信息系统对组织内各部分的影响，为系统今后的发展和应用明确目标，使系统能真正满足企业的需求。

（3）对信息系统所带来的效益和所花费的成本投入产出比进行分析，以便进一步提高系统的投资效益。

（4）深入分析一个信息系统对信息资源的充分利用程度，考察系统是否最大限度地利用了现有的信息资源并充分发挥了它们在管理决策中的作用。

（5）对新系统开发工作进行评定和总结，对系统开发人员（包括终端用户）的工作给予肯定，这对于采取自行开发、联合开发方式的系统来说尤为重要。

由于管理信息系统本身的复杂性，导致其评价要比其他工程类建设项目的评价复杂得多，主要体现在：前者很多评价指标难以量化；系统的建立是一个持续改进的过程，系统的价值具有长期效应及隐形效益，价值具有极大的任意性。因此为了避免片面性，对新系统的评价工作应在新系统运行一段时间后，由系统开发人员、用户及有关专家共同进行。

1．系统评价的内容

管理信息系统作为一项企业的投资工程项目，应从成本和效益两方面进行评价，计算其投资回收期。管理信息系统又是一项特别的项目，其成本容易计算，但其效益计算困难，往往很难用金钱衡量其收益。系统评价的内容有以下几个主要部分。

（1）成本：项目最终的一次性投资成本；设备投资、开发费用、技术投资；经营费用，固定成本，变动成本。成本中大头是设备投资和开发费。从成本角度，评价其是否超出预算。

（2）效益：包括直接的经济效益和间接的社会效益。项目直接的经济效益是企业节约的业务处理时间折算成人工费用；项目实施后一般要减少工作人员，人工成本的节省；项目效率提高带来业务量增加的收益也可以折算为经济效益。

对电力企业而言，往往单纯管理信息系统的直接的经济效益计算是不能全面衡量管理信息系统的效益的，直接的经济效益往往很小。管理信息系统效益大部分体现在间接效益上，间接效益不便于计算。对间接效益的评价应该重点落在提高企业管理水平和管理效率的程度上，提高企业对电力市场的适应能力上，提高电力企业的社会形象上。

此外，系统评价的内容还包括系统性能、系统的完整性、可维护性、可靠性、适应性、方便灵活性、安全保密性、设备利用率、响应时间、系统吞吐量等。对系统进行上述技术评价的目的是评价系统的实际效能，为系统进一步改进或更新提供决策依据。

2．系统评价的步骤

对系统实施评价时，可以按照系统评价流程进行评价，评价流程可以按以下 6 个步骤实施，具体内容如下：

（1）组织系统评价小组。系统评价小组由企业领导、终端用户等组成。

（2）制订系统评价计划。制定系统评价任务、时间、所需评价材料。

（3）制定评价标准。要恰当地评价管理信息系统所产生的效果或者价值，应该制定一个评价指标体系，其中包括指标集、权重集。有些管理信息系统已经有被公认的指标集（例如 MPPII 或 ERP 的指标集），则可以参考。

（4）准备材料。按照评价指标体系中提出的指标，收集相关的数据（除企业自身情况外，还可以收集国内外情况、行业情况、竞争对手的情况），给出定量指标值计算公式，以及计算的结果。评价资料中不能忽视终端用户的使用报告。

（5）系统实施评价。按照系统评价计划，对提交的评价定量指标、定性指标等材料进行评价，提出改进意见或建议，给出结论性的意见。

（6）编写系统评价报告。以书面形式，编写评价报告。系统评价报告是系统评价小组对系统评价活动的一个书面总结材料。评价报告一般包括以下 5 个方面的内容。

1）系统运行的一般情况。

系统运行的一般情况是从系统目标及用户接口方面考察系统，包括：系统功能是否达到设计要求；用户付出的资源（人力、物力、时间）是否控制在预定限度内，如资源利用率；用户对系统工作情况的满意度（包括响应时间、操作方便性和灵活性等）。

2）系统的使用效果。

系统的使用效果是从系统提供的信息服务的有效性方面考察系统，包括：用户对所提供信息的满意度（包括哪些有用，哪些无用，引用率）；提供信息的及时性；提供信息的准确性和完整性。

3）系统的性能。

系统的性能包括计算机资源的利用情况（主机运行时间的有效部分的比例，数据传输与处理速度的匹配，内存是否够用，各类外设的利用率），系统可靠性（平均无故障时间，抵御误操作的能力，故障恢复时间）和系统可扩充性。

4）系统的经济效益。

系统费用：包括系统的开发费用和各种运行维护费用。

系统收益：包括有形效益和无形效益，如库存资金的减少，成本的下降，生产率的提高，劳动费用的减少，管理费用的减少，对正确决策影响的估计等。

5）系统存在的问题及改进意见。

5.8 系统实施的企业信息化的相关管理保障体系

如何实施信息化项目，需要研究其进程和步骤，也就是对整个企业实施信息化的相关步骤。笔者在总结大量电力企业相关信息化项目的基础上，给出如图 5-6 所示的电力企业信息化管理进程示意图。

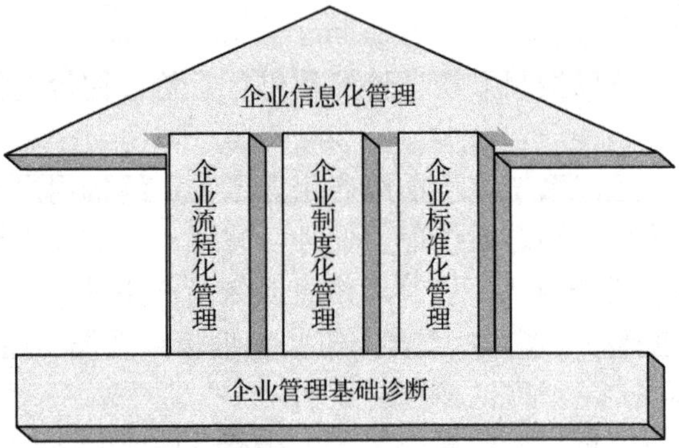

图 5-7 电力企业信息化管理进程示意图

5.8.1 电力企业流程化管理

企业信息化管理的前提是企业流程化管理、制度化管理和标准化管理。因此，在实施企业基础诊断、需求分析和总体规划的同时，要考虑信息化环境下的企业业务流程重组问题。信息系统不同于传统的手工管理系统，它为业务人员提供了丰富的业务处理功能，但是每个业务处理都不是孤立的，它一定与其他部门、其他人、其他事务有关，这就构成了一个业务流程。从标准化和信息化的要求来说，企业的业务流程要通过制度来规范，要用规范的流程图来表述。通过业务流程的重组，要达到满足并行作业快节奏的要求，要使企业的信息流、资金流和物流更加快捷，要对市场的反应速度大大加快。

在业务流程重组并通过管理制度规范的基础上，如何在信息化的软件中体现流程化是需要重视和研究的问题。传统的 MIS 对这个业务流程缺乏有效的控制和管理，一些业务流程被固化在程序里，非此即彼，必须按其执行，否则就要修改程序。现代工作流管理技术是解决业务过程集成的重要手段，它与现代协同办公系统、企业资源计划 ERP 或其他信息系统集成，将实现业务流程的管理、控制和过程的自动化，使企业领导与业务系统真正集成，实现企业业务流程的重构、自定义和图示化，所以工作流管理技术近年来受到人们的高度重视并得到快速的发展。企业管理流程化的管理制度与工作流技术的信息系统相辅相成，形成了企业管理流程化的具体内容。

5.8.2 电力企业制度化管理

电力企业信息化管理需要以制度化和标准化管理为保障，构筑信息化管理的牢固基础。其中的制度化管理要求企业制定标准、规范、全面、切实可行的管理制度，形成“事事有人管、有落实、有考核，人人有事干、有责任、有监督”的全方位的制度管理和执行监督体系。具体内容包括：

（1）管理制度的分层。要立足企业管理高度，对原有的管理制度进行重新的设计和分类整理，即将管理制度区分为公司层管理制度、职能层管理制度和项目部（包括专业公司）层管理制度。

（2）管理制度的整合和修订。按照分层次管理制度的设计原则，对原有管理制度进行整合、修订、废除或合并；在参照上级单位管理要求的同时，根据企业需求，增加部分新制度，形成企业相对规范、标准的制度管理体系。

（3）重新设计标准的流程图模板。对原有管理流程进行分类整理，在此基础上，基于管理制度的条款内容，增加新流程，按照标准模板的要求重新绘制和梳理原有流程图。实现管理制度与流程图的完全整合，形成包括流程图的分层次的管理制度。

（4）重新梳理和修订部门职责。部门职责是公司管理制度和流程的基础和依据，在修订管理制度时，部门职责的条款是重点修订内容之一。通过部门职责的梳理和修订，从根本上解决对目前存在的一些部门职责不清、工作时相互推诿等问题。

5.8.3 电力企业标准化管理

电力企业要实现信息化管理，达到精细管理层次，标准化管理是必不可少的。在参照《中华人民共和国标准化法》、《标准体系表编制原则和要求》、《标准化工作导则》、《企业标准体系 要求》、《企业标准体系 技术标准体系》、《企业标准体系 管理标准和工作标准体系》和《企业标准体系表编制指南》等国家标准化相关文件的基础上，需要制定企业的标准，标准化管理的内容非常丰富，限于篇幅，概括其要点如下：

（1）编制企业管理标准，包括管理标准的职能划分和职能标准代码、管理标准的构成要素、管理标准的编写要求等。企业的管理制度或管理指导书应符合企业管理标准的要求。

（2）编制企业技术标准，包括技术标准的职能划分和职能标准代码、技术标准的构成要素、技术标准的编写要求等。

（3）编制企业工作标准，包括工作标准的职能划分和职能标准代码、工作标准的叙述形式、工作标准条文的编排等。根据定岗定编和岗位说明书情况，应编制每个员工的岗位工作标准。

（4）编制企业标准体系表，包括标准体系表的编写原则、标准体系表的编写要求、标准体系的组成、标准体系表的结构、标准体系表的编制格式、公司内部标准编号、标准体系表的编制程序等。

（5）按照标准化要求，编制“公司管理制度编写导则”，实现管理制度的标准化。包括管理制度的编码、章节条款等编排格式的标准化、流程图绘制的标准化、字体字形和字号的标准化、版面布局和页眉页脚的标准化等。

（6）按照标准化要求，制定信息化实施方案。计算机技术发展到今天，那种封闭的专有系统已经走向消亡。基于服务器/浏览器的体系结构、支持标准网络通信协议、支持标准的数据库访问、支持 XML 的异构系统互联；实现应用系统独立于硬件平台、独立于操作系统和数据库；实现系统的开放性、集成性、可扩展性、互操作性等。这些已成为信息化应用系统必须遵守的标准，不遵守这些标准的应用系统是没有出路的。

5.8.4 电力企业信息化管理

在电力企业流程化、制度化和标准化管理的基础上，推行信息化管理是水到渠成的事情。过去，电力企业的管理很大程度上要靠“人治”，决策靠“拍脑袋”，业务靠手工处理，精细化、信息化、数字化和网络化程度低下，导致企业管理水平低下、管控能力低下、市场竞争能力低下和企业效益低下，因此，实施电力企业信息化管理是必然的发展趋势。例如，国家电网公司在“十一五”期间实施的 SG186 工程，实现了信息的纵向贯通、横向集成，优化了业务流程，支撑了集团化运作，实施了数据资源共享，促进了集约化发展，实现了精益化管理，具有十分显著的经济和社会效益。

5.9 以项目管理为视角的电力企业管理信息化项目的实施

5.9.1 电力企业信息化项目的概念与特点

1．信息化项目的定义与特点

（1）信息化项目的定义

信息化项目与建筑工程等其他项目一样，是在人、财、物等一定资源约束条件下完成信息化目标的一次性活动。项目是由任务组成的，一个信息化项目往往由许多任务组成，如总体规划、需求分析、概要设计、详细设计等。每个任务的完成都需要消耗资源和时间，这里的资源包括人力资源、物质资源等，比如工具、计算机和网络等设备、原材料和场地等。

（2）信息化项目的特点

1）信息化项目具有鲜明的目的性。一般信息化项目的目标是在计划的时间和投入成本内将信息化项目付诸实施，以提高管理水平和效率，降低管理成本等。这里的目标往往是多目标的综合和协调，如在要求信息化项目实用性、成本和进度的同时，追求管理创新，实现提高管理水平的目标。

2）信息化项目具有一定的独特性。项目是一次性的任务，因而每个项目都有一些独特的成分，没有两个项目是完全相同的。项目的这种特征意味着项目不能完全用常规方法完成。这就要求项目领导班子创造性地解决项目所遇到的问题。例如，国家电网公司的“SG186”工程项目，因其特定的需求、特定的典型设计、特定的研发组织体系而具有独一无二的特性。

3）信息化项目具有明确的生命周期。与任何其他项目一样，都有从开始到完成的项目周期，即信息化项目有具体的时间计划或有限的寿命。例如，国家电网公司的“SG186”工程项目，开始于2006年，结束于2010年，是“十一五”期间的特大型信息化项目，在很好地实现了项目的目标后，又开始了新的信息化项目，即在“十二五”期间将大力推广实施“SG-ERP”工程。

2. 电力企业信息化项目管理的特点

电力企业信息化项目是一项费时费力的艰巨复杂的系统工程，信息系统的开发难度往往要大于技术系统的开发难度，对其管理充满了很强的艺术性，具有如下一系列明显特点：

1）电力企业信息化项目的实施，项目组成员必须与电力企业的领导、管理人员和操作人员一同进行广泛的需求调研与分析。对企业领导的需求调研是要掌握和理解企业领导的管理思想和管理理念，并在信息系统的设计与开发过程中体现领导的管理思想，只有紧密结合管理的信息系统才是成功的信息系统；对部门管理人员的需求调研是要掌握该部门信息系统的业务流程和数据流程；与操作人员的交流是要在信息系统软件中达到界面美观、操作使用方便的目标。只有进行了广泛的需求调研，开发出来的信息系统才是实用的、成功的。

2）电力企业信息化项目的开发与实施是一种变革，常常会遇到各种各样的阻力。

① 企业高层的部分领导的阻力主要是由于没有真正了解信息化项目的作用，不重视、不亲自参与。领导不参与，推广的难度就要加大，甚至导致不可能推广。②企业中层的部分干部担心新的信息系统的使用，会增加工作的透明度，企业的领导更容易监管自己的工作，会使权力结构与管理方式发生变化，影响自己原有的地位，从而产生不积极或不合作的阻力。③企业基层的部分业务人员，由于担心自己的工作被计算机替代或对信息系统不熟悉，所以不愿意改变自己的工作方式而采取不合作的态度。

3）电力企业信息化项目的管理工作存在很大的不确定性与不稳定性。不确定性反映在信息系统的开发与运行过程有时难以完整地用文字表达，对信息系统的信息与功能需求一时也不能完全说清楚，使信息系统开发项目带有一定的难度，并需在开发过程中不断地去补充与完善管理过程的描述与目标系统的需求；不稳定性是指信息系统的管理思想、用户需求、业务流程、数据流程常会发生变化，这种变化常使刚开发出的系统或子系统与实际情况不符，在未使用前就要修改，具有很大的不稳定性。

4）电力企业信息化项目与一般的信息化项目一样，项目的目标不够精确、任务的边界比较模糊、质量要求不够具体。对于信息系统的开发，在许多情况下，开始时往往只有一些初步的功能要求，给不出明确的想法，提不出确切的要求。信息化项目的任务范围很大程度上取决于项目组所做的系统规划和需求分析，而项目组对企业的各种业务功能和工作特点的熟悉程度有限，对信息化项目的目标、任务范围和质量要求很难考虑周全。

5）电力企业信息化项目进行过程中，其需求会不断被激发、不断地被进一步明确，导致信息系统软件需要不断修改。尽管在实施信息系统以前已经做好了系统规划、需求分析、典型设计，然而随着用户对软件的试用和正式使用，其新的需求会不断被激发出来，导致软件功能、软件界面及与相关的文档需要不断修改。在修改的过程中又可能产生新的问题，这种不断修改的开发过程符合一般企业信息化规律。我们要遵循信息化规律，就要按照原型法的开发思想，要求软件开发企业遵循原型法的开发原理，将典型设计开发的系统作为原型，在信息系统软件使用过程中不断修改和完善。

6）信息系统开发项目是智力密集型的项目，受人力资源影响最大，项目成员的知识结构、开发技术、沟通能力、责任心和稳定性对信息化项目的质量和成败具有重大影响。

电力企业信息化项目开发工作的技术性很强，充满了大量高智商和高强度的脑力劳动，要求既懂计算机软件开发技术、又懂电力企业业务的复合型人才。这些工作逻辑性强、十分细致、复杂和容易出错，因而信息化项目是智力密集型项目，无论是电力企业还是软件开发公司均需要一些高素质的复合性人才。由于项目开发人员开发出来的应用软件的主体是程序，充满了逻辑性、艺术性和知识性，如果人员发生流动，对于不深入掌握软件知识或缺乏信息系统开发实践经验的人员，是不可能在短时间里做到无缝承接信息系统的后续开发工作的。因此，留住人才、保持项目组人员的稳定性是项目成功的关键之一。信息系统开发中的艺术性是指不同的开发人员开发出来的软件不会完全相同，即软件的开发渗透了人的因素，带有较强的个人风格。为高质量地完成项目，必须充分发掘项目成员的智力才能和创造精神，不仅要求他们具有一定的技术水平和工作经验，而且还要求他们具有良好的心理素质和责任心。与其他行业相比，人力资源的这一特点十分突出，必须给予足够的重视。因而在信息化项目的管理过程中，要将人的因素放到与进度和成本一样高的地位上来对待。

7）信息化项目的管理工作往往需要项目管理软件的支持。信息化项目的管理与其他项目的管理一样，涉及项目研制中的计划编制、进度估计、资源配置、过程监控、质量监控等项目管理的许多问题，往往需要借助专门的项目管理软件的支持。例如，信息系统的计划、进度和成本的控制等管理环节均可采用项目管理软件 Project 做支持，本章的下一节专门介绍这方面的内容。

5.9.2 信息化项目实施的总体流程及其管理方法

1. 信息化项目实施的总体流程

任何事物都有产生、发展、成熟、消亡或更新的过程，信息化项目也不例外。信息化项目的软件系统从开发到使用过程中随着其生存环境的变化，都需要不断维护、修改，当它不再适应现有环境的时候就要被淘汰，就要由新系统代替老系统，这种周期循环称为信息化项目的生命周期。企业信息化项目从信息化基础诊断到信息系统软件维护是一个完整周期，该周期中各个部分的顺序关系，即企业信息化项目的实施方法和流程，如图 5-7 所示。

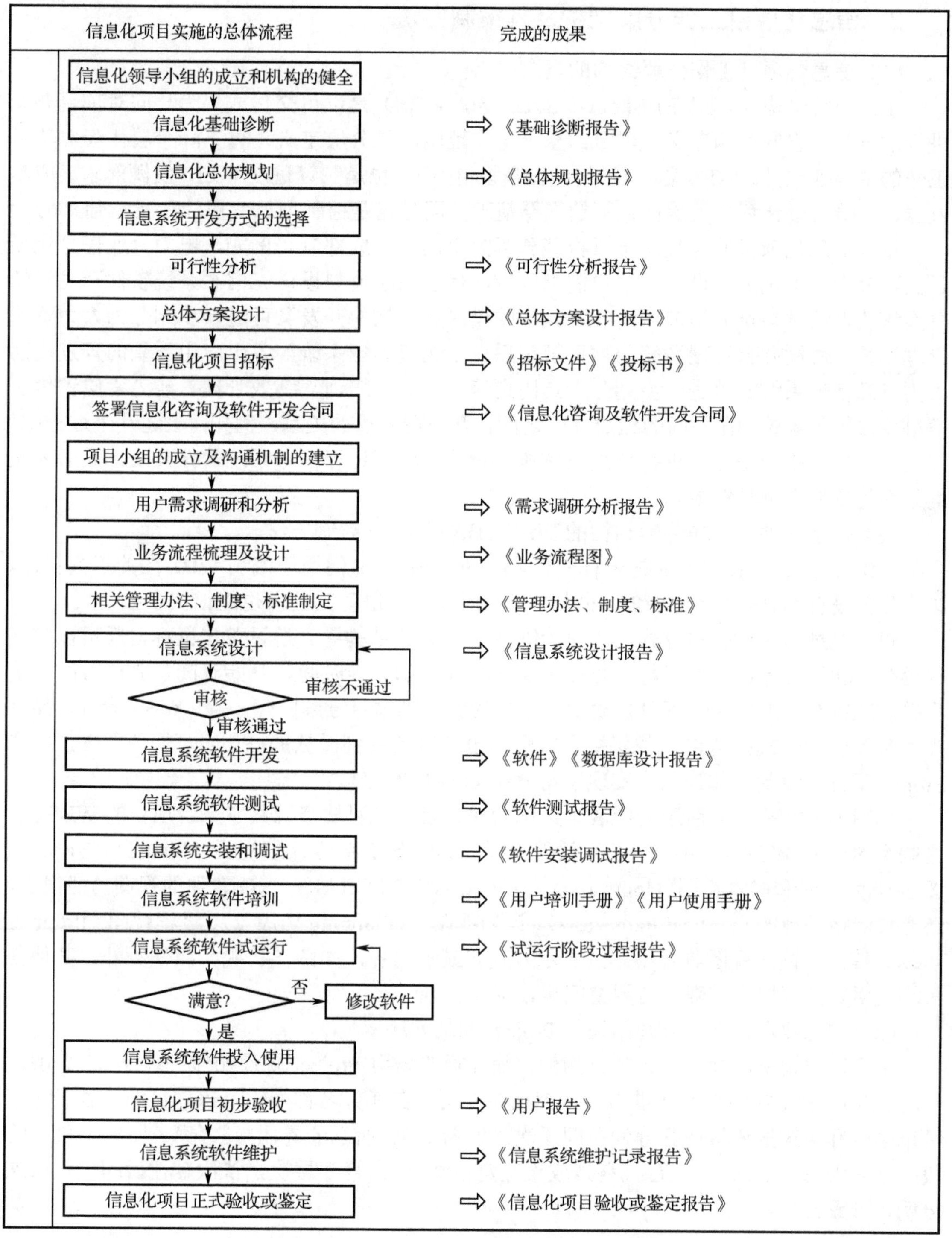

图 5-8　企业信息化项目的实施方法和流程

需要说明的是，图 5-8 所示的企业信息化项目的实施方法和流程仅供参考，在实际工作中，有些步骤可能会先后移动甚至不需要。

2. 信息化项目工作分解结构及其编制方法

（1）信息化项目工作分解结构的概念

工作分解结构（Work Breakdown Structure，WBS）是以可交付成果为导向对项目要素进行的分组，它归纳和定义了项目的整个工作范围，可分层定义，每下降一层代表对项目工作的更详细定义。WBS 总是处于计划过程的中心，也是制订进度计划、资源需求、成本预算、风险管理计划和采购计划等的重要基础；同时也是控制项目变更的重要基础。

依据信息化项目的定义，可以将其分解为不同的组成部分。例如，电力企业信息化项目又可分为网络规划与设计、用户需求分析、信息系统典型设计、信息系统软件开发、信息系统软件调试与集成等多项内容。其中的信息系统软件开发又可进一步划分为人力资源管理系统、协同办公管理系统、项目管理系统、物资管理系统等各个应用系统的开发；而人力资源管理系统又可进一步划分为定岗定编、招聘、培训、绩效管理、能力素质评价、薪酬发放等子系统。在不同的组成部分之间，存在着先后的关系。例如，上述几个过程中，在用户需求分析的基础上进行信息系统典型设计，然后进行信息系统软件开发，最后才是信息系统软件调试与集成。

（2）信息化项目工作分解结构的 WBS CHART PRO 编制方法

WBS CHART PRO 软件是一个基于 Windows 环境，专门用于编制 WBS 图的工具软件。国内目前没有 WBS CHART PRO 的中文版，但没有英语基础的人也能很快学会使用。

可以通过从顶至底的方式，快速绘制 WBS 分解结构图。通过单击鼠标，就可以定义摘要任务和子任务；双击鼠标，可以定义一个任务的持续时间、开始时间、完成时间、费用等。WBS CHART PRO 可以自动增加任务的编号到项目分解的每一级。WBS 图可以显示为各种颜色和形式；可以单独保持和管理，也可以转移到微软的 Project 软件里去，并在 Project 里继续编制工作计划，实现了与 Project 软件的信息共享。

如图 5-9 与图 5-10 所示为笔者为某电力研究院承担科技资源共享平台项目的 WBS 图，这些图均采用 WBS CHART PRO 软件编制。其中图 5-9 为计划视图（Planning View）、图 5-10 为小时和成本视图（Hours and Cost View）。WBS CHART PRO 软件的视图功能很强，还有关键路径视图（Critical Path View）、计划视图 2（Planning View 2）、过程视图（Progress View）等，不同的视图具有不同的显示方式和显示内容，如图 5-9 除一级任务外，其他任务均采用竖排，层次感强，占用空间少，形象直观。

（3）信息化项目工作分解结构的 Project 编制方法

下面以科技资源共享平台项目为例，简要说明采用 Project 软件如何进行 WBS 分解。启动 MS-Project 软件，默认进入甘特图视图界面，在任务名称列输入该项目的任务名称，可以通过升降级按钮将任务分为不同层次。如图 5-11 所示的界面中，“第一阶段、第二阶段”任务为第 1 层次，“出台《科技成果鉴定办法》”为第 3 层次，依次越往后缩进，层次分明，形象直观。

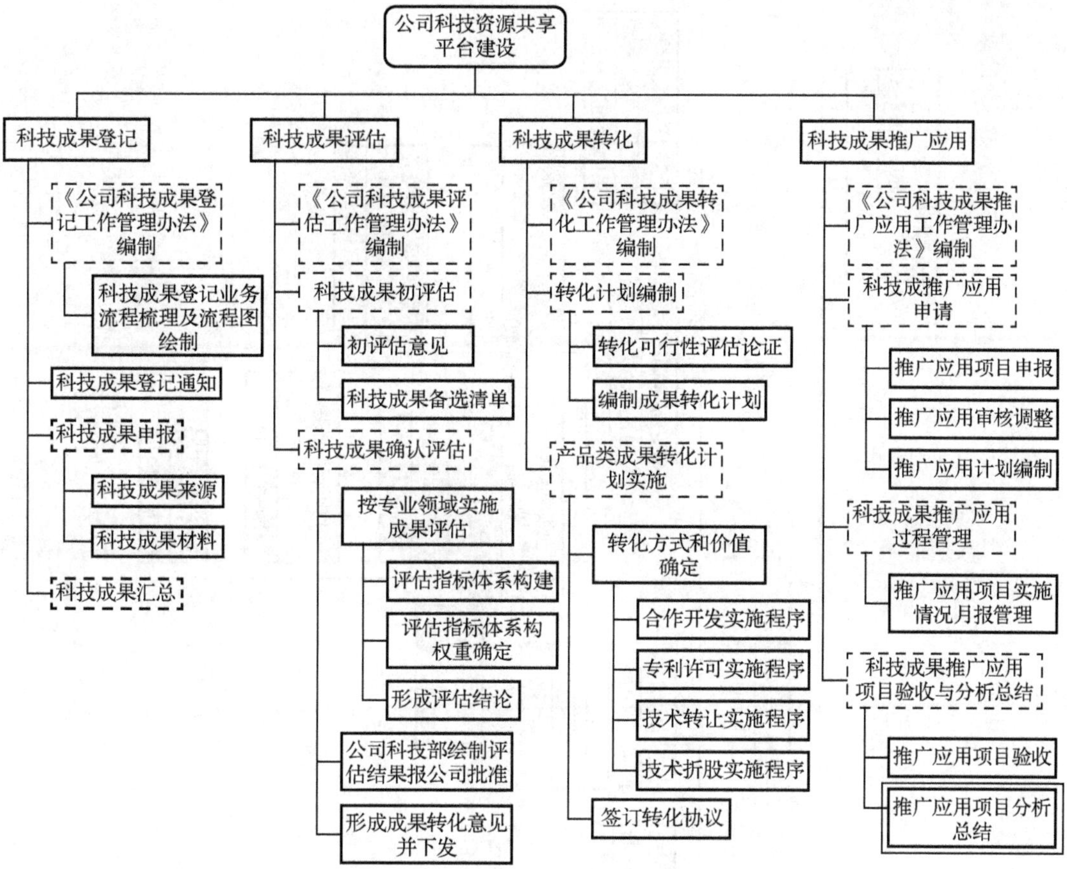

图 5-9 科技资源共享平台建设的 WBS 图（计划视图）

（4）信息化项目工作分解结构的 Visio 编制方法

微软的 Visio 绘图工具这些年来得到广泛的应用，除了可以绘制流程图、工程图、网络图、软件和数据库图、地图、建筑设计图、组织结构图等以外，也可绘制日程安排图。如图 5-12 所示的科技资源共享平台项目的进度计划，就是采用 Visio 的甘特图框架绘制的，输入了开始时间和完成时间后，自动计算持续时间，自动产生右边的横道图。

3. 信息化项目的计划与进度管理

本节从项目管理的角度，专门论述信息化项目的计划与进度管理，其宗旨是运用项目管理的思想和理论，有计划、有步骤地推进和实施信息化项目。

“凡事预则立，不预则废”，一般企业信息化项目实施过程中时常出现拖延进度的问题，为了避免这一问题的出现，信息化项目应事先编制好各方面的计划，比如进度计划、成本计划、人力资源需求计划等。除这些与项目密切相关的实质性计划外，为了信息化项目的顺利进行，还要编制一些保证性计划，比如质量保证计划、风险管理计划等。

一个很重要的方面就是，通过实施有效的计划，对各个业务系统之间的开发顺序做出安排，对信息系统生命周期各阶段的进度和费用做出安排，对关键环节的详细进程做出安排。

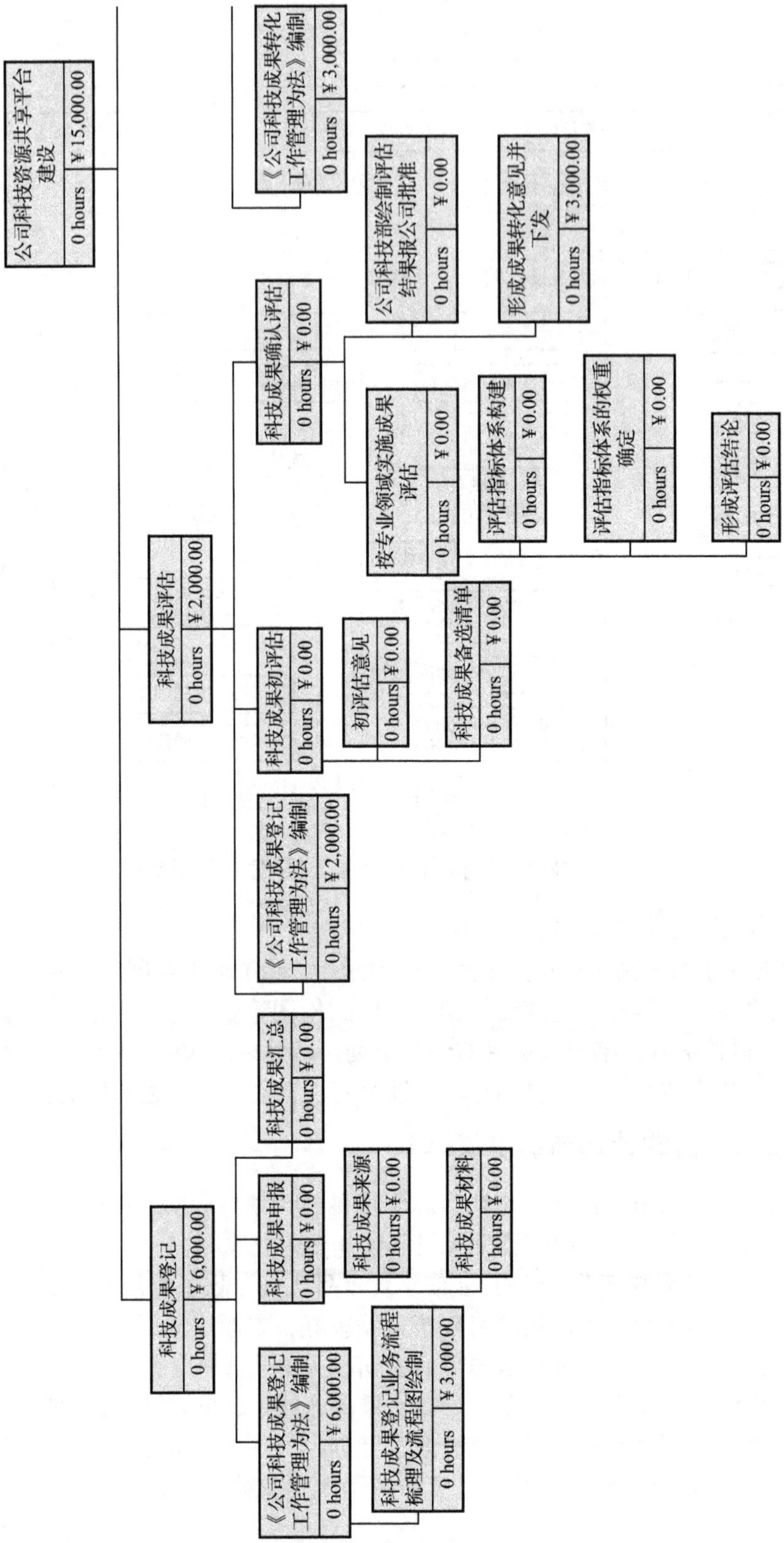

图 5-10　科技资源共享平台建设的 WBS 图（小时和成本视图）

图 5-11　科技资源共享平台项目的 Project 分解图（甘特图视图）

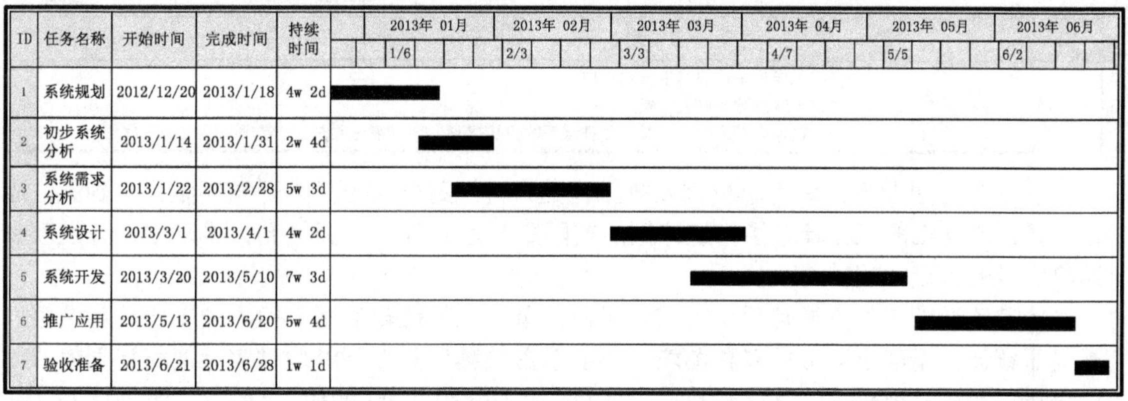

图 5-12　科技资源共享平台项目的 Visio 编制图

信息化项目的计划是用来指导组织、实施、协调和控制信息系统建设的文件，制订一个周密的计划有诸多好处，比如可以将做好的计划写成书面文件并发布，用来控制和对比实际的进度，以保证项目按计划进行。一个好的计划，有助于项目成员之间的交流沟通，有助于大家统一认识，可以作为对项目进行控制和考核工作业绩的基准。

信息化项目的计划可以是全过程计划，也可以是阶段性计划或业务系统计划。考虑到信息化项目的特点，为了使项目团队富有成效地开展工作，项目的全过程计划应该尽可能制订得留有一定余量和弹性，而阶段性计划和业务系统计划则可以按照近期的精细、远期的概略方法展开。这样，随着项目的开展，后期用户的要求和期望会越来越具体，越来越明确，阶段性计划和业务系统计划可以随之精细化，而全过程计划则能保持大体上的稳定。当然，有时根据需要也要对项目的全过程计划进行修改。

结合笔者主持部分信息系统开发项目的工作实践，在信息系统软件的开发阶段，常常出现不能保证进度、拖延计划进度的问题。为此，笔者曾实施严格的计划管理和考核管理，以保证项目能够按计划保质保量完成开发任务。例如，XXX 公司综合项目管理平台开发工作安排如表 5-3 所示。

表 5-3 XXX 公司综合项目管理平台开发工作安排

项目实验室开发总负责：李存斌　　　　　　　　　　　　　　　　日期：2012.8.8

序号	任务名称	开发人员	工作量系数	难度系数	开发期限	备注
1	人力资源管理系统	周××	2.0	1.0	2012.9.8～2012.10.8	第一期重点
2	知识管理系统	李××	1.5	1.0	2012.8.8～2012.9.20	第一期上线
3	投标管理系统	周××	2.5	1.0	2012.8.8～2012.9.10	第一期重点
4	网络协同办公平台	李××	3.0	1.5	2012.8.8～2012.9.20	第一期重点
5	合同管理系统	黄××	2.5	1.2	2012.9.1～2012.10.8	第一期重点
6	质量管理系统	杨××	2.0	1.0	2012.8.8～2012.8.31	第一期上线
7	进度管理系统	张××	1.5	1.3	2012.9.18～2012.10.8	第一期重点
8	物资管理系统	杨××	4.0	1.2	2012.9.1～2012.10.8	第一期重点
9	流程与权限管理	张××	5.0	1.5	2012.8.8～2012.10.8	第一期重点
10	报表管理	刘××	1.0	1.0	2012.8.8～2012.10.8	第一期上线
11～24	……	……	……	……	……	……
说　明	1．工作量系数的取值一般≥1.0； 2．难度系数的取值一般 1.0～1.5； 3．在综合考虑工作量系数和难度系数的基础上，确定每个系统的费用。					

表 5-3 是以业务系统为单位来安排工作的，时间跨度两个月，开发期限具体到天，应该说是比较详细的工作计划了，该计划的期限是 8 月 8 日～10 月 8 日，本阶段是开发项目即将完成的关键时期。

本节阐述的工作安排是手工方式，虽然简单，还算比较实用，但不便于修改和调整，不便于统计，不能自动形成多种图表，不能掌握关键任务，不能通过实际值与计划值的对比分析而实施有效控制，是比较粗放和落后的管理方式。采用现代化的项目管理软件（如 Project）对信息化项目的计划、进度、成本、资源进行有效配置，实施精细化的管理，是必然的发展趋势。

4．信息化项目进度管理的 Project 方法

（1）信息化项目进度计划编制的 Project 方法

首次启动 Project 后，先创建名称为“电力企业信息系统软件开发项目”的新的项目文件，然后定义项目的开始日期，选择项目的工作日历，对于信息系统开发项目可以选择行政日历或标准日历。考虑到开发项目在忙的时候，周六周日不休息，也可以在标准日历的基础上进行修改，创建出专用的信息系统开发日历。也可以修改日历的工作时间，例如，每天工作 8 小时，考虑到晚上加班，可以修改为每天工作 10 小时。

上述基础性工作完成后，在甘特图视图中输入任务的名称和每一个任务的工期。确定各任务间的包含关系，任务间的关系全部确定后，也就自动完成了项目的日程排定工作，项目的结束日期也就知道了。例如，结合信息系统开发项目的实践，笔者曾用 Project 项目管理软件编制 XX 公司综合项目管理信息系统软件开发项目进度计划表，如图 5-13 所示，该项目的开始时间为 2012 年 6 月 18 日，结束时间为 2012 年 12 月 31 日。

（2）信息化项目进度控制的 Project 方法

上述内容主要介绍信息化项目的计划，在实际工作开始前制订并交流项目的计划信息是十分必要的，工作开始后，项目管理的下一阶段是跟踪进度。跟踪就是记录项目的实际信息，如每项任务实际的开始日期、实际的工期等信息，以及实际的成本是多少等，本节重点论述通过跟踪进度来实施进度的控制。

与单纯的计划相对比，跟踪实际值对于合理地管理一个项目也是十分必要的。项目管理者必须知道如何正常地执行，以及什么时候采取正确的行动。合理地跟踪项目执行并比较原始计划可以明确任务是否按照计划开始并完成，如果拖延进度了，那么需要分析原因是什么，有无办法解决，这些对于项目经理都是十分重要的信息。

实际的跟踪过程为：某一项任务开始了，就输入任务的实际开始日期；该项任务完成了，就输入任务的实际完成日期或实际工期。例如，综合项目管理信息系统软件开发项目跟踪到2013年1月15日，其跟踪结果显示如图5-14所示，从图中可以看出，实际的进度与计划的进度往往是有出入的。

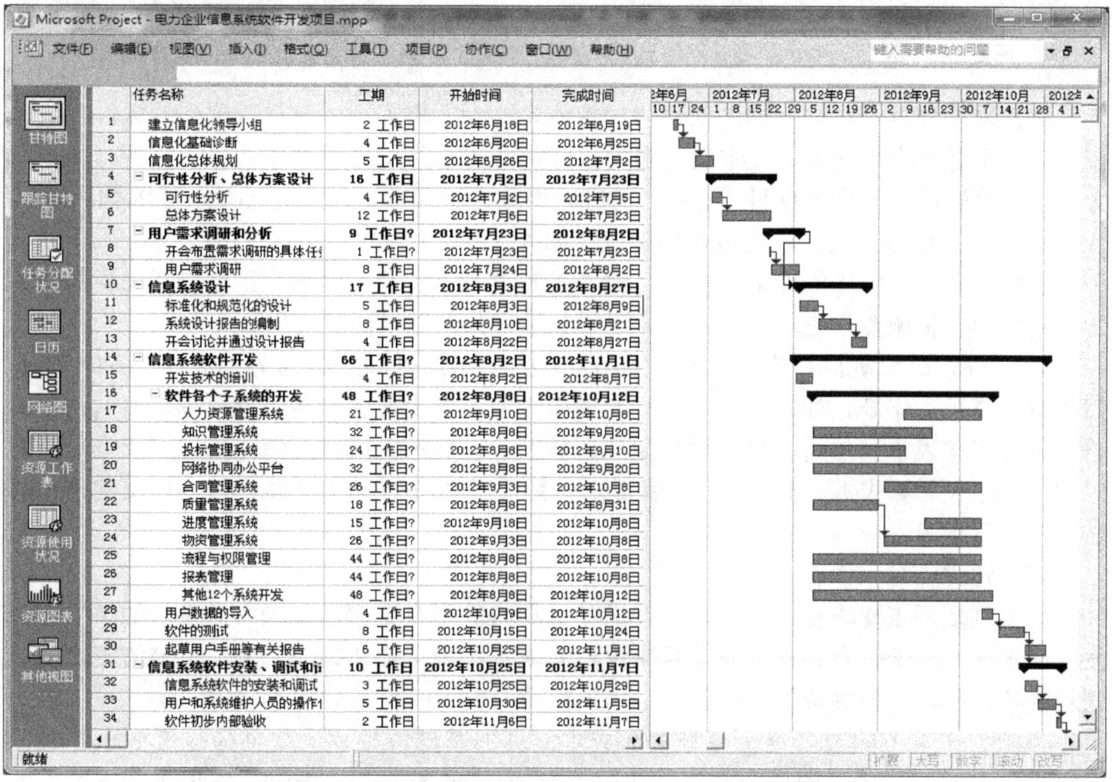

	任务名称	工期	开始时间	完成时间
1	建立信息化领导小组	2 工作日	2012年6月18日	2012年6月19日
2	信息化基础诊断	4 工作日	2012年6月20日	2012年6月25日
3	信息化总体规划	5 工作日	2012年6月26日	2012年7月2日
4	**可行性分析、总体方案设计**	**16 工作日**	**2012年7月2日**	**2012年7月23日**
5	可行性分析	4 工作日	2012年7月2日	2012年7月5日
6	总体方案设计	12 工作日	2012年7月6日	2012年7月23日
7	**用户需求调研和分析**	**9 工作日?**	**2012年7月23日**	**2012年8月2日**
8	开会布置需求调研的具体任	1 工作日?	2012年7月23日	2012年7月23日
9	用户需求调研	8 工作日	2012年7月24日	2012年8月2日
10	**信息系统设计**	**17 工作日**	**2012年8月3日**	**2012年8月27日**
11	标准化和规范化的设计	5 工作日	2012年8月3日	2012年8月9日
12	系统设计报告的编制	8 工作日	2012年8月10日	2012年8月21日
13	开会讨论并通过设计报告	4 工作日	2012年8月22日	2012年8月27日
14	**信息系统软件开发**	**66 工作日?**	**2012年8月2日**	**2012年11月1日**
15	开发技术的培训	4 工作日	2012年8月2日	2012年8月7日
16	**软件各个子系统的开发**	**48 工作日?**	**2012年8月8日**	**2012年10月12日**
17	人力资源管理系统	21 工作日?	2012年9月10日	2012年10月8日
18	知识管理系统	32 工作日?	2012年8月8日	2012年9月20日
19	投标管理系统	24 工作日?	2012年8月8日	2012年9月10日
20	网络协同办公平台	32 工作日?	2012年8月8日	2012年9月20日
21	合同管理系统	26 工作日?	2012年9月3日	2012年10月8日
22	质量管理系统	18 工作日?	2012年8月8日	2012年8月31日
23	进度管理系统	15 工作日?	2012年9月18日	2012年10月8日
24	物资管理系统	26 工作日?	2012年9月3日	2012年10月8日
25	流程与权限管理	44 工作日?	2012年8月8日	2012年10月8日
26	报表管理	44 工作日?	2012年8月8日	2012年10月8日
27	其他12个系统开发	48 工作日?	2012年8月8日	2012年10月12日
28	用户数据的导入	4 工作日	2012年10月9日	2012年10月12日
29	软件的测试	8 工作日	2012年10月15日	2012年10月24日
30	起草用户手册等有关报告	6 工作日	2012年10月25日	2012年11月1日
31	**信息系统软件安装、调试和i**	**10 工作日**	**2012年10月25日**	**2012年11月7日**
32	信息系统软件的安装和调试	3 工作日	2012年10月25日	2012年10月29日
33	用户和系统维护人员的操作1	5 工作日	2012年10月30日	2012年11月5日
34	软件初步内部验收	2 工作日	2012年11月6日	2012年11月7日

图5-13 XX公司综合项目管理信息系统软件开发项目进度计划表

5. 信息化项目成本管理的Project方法

如何编制信息化项目的成本计划，一直认为是比编制进度计划更难的事情。因为成本的构成更复杂、成本的界定更模糊。本节内容主要是立足信息系统项目角度，从项目管理的高度分析如何对成本做出切实可行的计划。只有事先有计划，才能事中有控制。因此，做好信息化项目的成本计划，有助于下一步实施有效的成本控制。

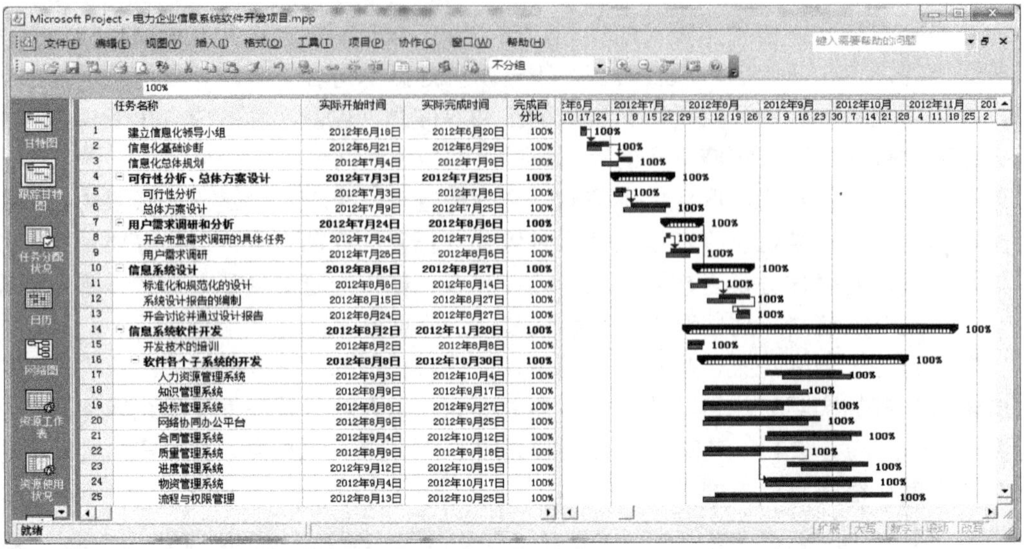

图 5-14　XX 公司综合项目管理信息系统软件开发项目实际进度与计划进度跟踪的视图

如何采用项目管理软件编制信息化项目成本计划，许多人一直认为国外的软件在成本控制方面不适合中国的国情，主要是因为国外软件的思路是先要进行 WBS 分解，将一个大的项目分解成许多个子项目，子项目再进一步分为子子项目，工程上叫分部分项的划分，Project 称为子任务。最后，将成本的构成（如人工费、机械费、材料费等）分配到子任务上面，这种分配在中国的许多工程项目成本控制中难以实现。因为，正如有些人说的，人工费是总的、机械费也是总的，通过人为细分后来分配难以做到实用。

采用 Project 编制信息化项目的成本，也有上述同样的问题。即首先要进行任务的分解，然后建立资源工作表，如完成任务时需要多少人力、多少设备、多少材料等，将这些资源输入资源工作表中。然后，将资源分配到任务上，任务的完成需要消耗资源，意味着消耗成本，由此来测算成本。本节中，笔者提出一种采用 Project 测算成本的既实用又简便的方法，详见下述内容。

（1）建立资源工作表

切换到资源工作表视图，将人员、设备、材料等所有资源信息输入进去。如果立足开发方的角度，对于信息系统开发项目来说，其成本构成主要包括人工费、电脑的折旧费、消耗的各种材料、差旅费等。在资源工作表视图中输入的信息如图 5-15 所示。

资源工作表中的数据是资源配置、成本测算的基础性数据，如何建立资源工作表，有许多艺术性和技巧。例如，在建立如图 5-15 所示的资源工作表时，做出了如下特别的处理：

1）人工费的计算。本例人工费的计算，不是采用传统方式在资源工作表中输入张三、李四和王五等具体的人员或者工程师、高级工程师等职称人员，在下一步资源分配时也不是将具体的人分配到任务上，而是采用了另外一个思路，提出了一个编制人工费的实用方法，即在编制资源工作表时，如图 5-15 所示，引入“基准人工费”的概念，如输入基准设计人工、基准开发人工、基准调研人工、基准培训人工、基准维护人工等基准值；基准费率、加班费率不需要填写，而是需要填写每次使用成本。

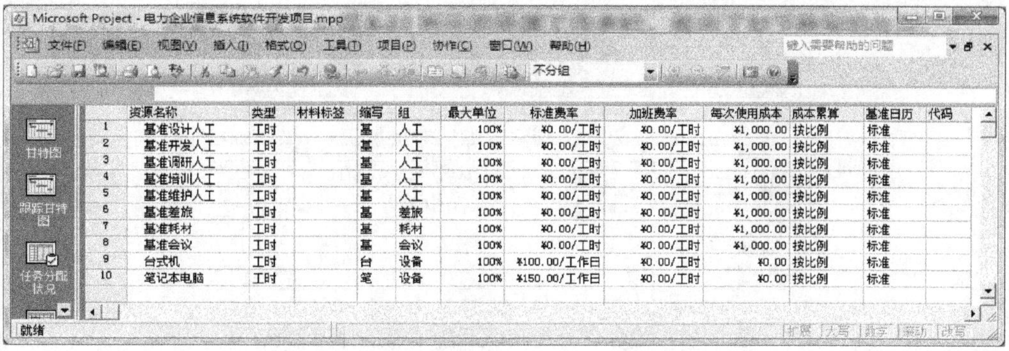

图 5-15　综合项目管理信息系统软件开发项目的资源工作表视图

在计算人工费时，不采用每人每天 XX 元的基准费率法，因为笔者认为这种方法不适合信息系统的项目管理。信息系统的项目不适合采用按时间的多少计算人工费，因为按照时间的多少计算人工费，不利于调动核心人物的积极性，也不利于调动开发人员加班干的积极性。所以，笔者认为，按照承担子系统的工作量、工作质量、难度系统等因素综合确定子系统的开发费用是合适的，因为这种分配方式可以调动大家多劳多得的积极性，也可以调动核心开发人员的积极性，所以应该采用按照子系统的工作量来确定人工费的办法。

2）差旅费的计算采用雷同的办法，先设定基准差旅费及每次使用成本。

3）消耗性材料的费用计算也是雷同的，先定义基准耗材及每次使用成本。

4）会议费的计算方法雷同，先定义基准会议及每次使用成本。

5）设备费的计算，笔者建议采用每天折旧的办法，所以需要列出设备类型即可，需要确定标准费率。本例中台式机电脑、笔记本电脑按照每天提取 20～30 元的租赁费作为设备费计算的基准。

（2）通过为任务分配资源来预算成本

任务的完成都需要消耗资源，也就是消耗成本。为任务分配资源意味着成本计划的制订，其成本计划表如图 5-16 所示；为任务分配资源后的项目统计信息表如图 5-17 所示；保存比较基准后的成本预算表如图 5-18 所示。

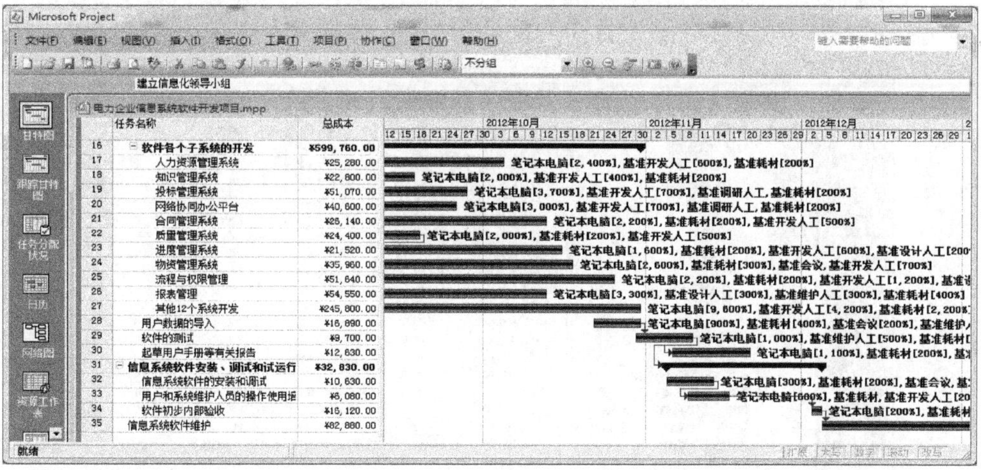

图 5-16　分配资源后的项目进度和成本计划表

"电力企业信息系统软件开发项目.mpp" 的项目统计

	开始	完成
当前	2012年6月18日	2013年1月31日
比较基准	2012年6月18日	2012年12月31日
实际	2012年6月18日	2013年1月31日
差异	0d	23d

	工期	工时	成本
当前	164d?	207,632h	¥754,690.00
比较基准	141d?	0h	¥0.00
实际	164d	207,632h	¥754,690.00
剩余	0d?	0h	¥0.00

完成百分比：

工期： 100%　　工时： 100%

关闭

图 5-17　为任务分配资源后的项目统计信息表

标识号	任务名称	总成本
27	其他12个系统开发	¥245,800.00
35	信息系统软件维护	¥82,880.00
26	报表管理	¥54,550.00
25	流程与权限管理	¥51,640.00
19	投标管理系统	¥51,070.00
20	网络协同办公平台	¥40,600.00
24	物资管理系统	¥35,960.00
21	合同管理系统	¥26,140.00
17	人力资源管理系统	¥25,280.00
22	质量管理系统	¥24,400.00
18	知识管理系统	¥22,800.00
23	进度管理系统	¥21,520.00
28	用户数据的导入	¥16,890.00
34	软件初步内部验收	¥16,120.00
30	起草用户手册等有关报告	¥12,630.00
32	信息系统软件的安装和调试	¥10,630.00
29	软件的测试	¥9,700.00
33	用户和系统维护人员的操作使用培训	¥6,080.00

图 5-18　保存比较基准后的成本预算表

从图 5-17 可以看出，总的预算成本为 75.469 万元。从图 5-18 可以看出，预算成本最高的是“其他 12 个系统开发”，因为开发工作量大、所需费用高。

在信息系统项目的实施过程中，如上所述，通过跟踪方式输入了任务的实际开始时间和实际完成时间后，标志该任务已经完成。此时，在每一任务上重新调整资源的分配，表示输入了实际的消耗。此后，可以将实际成本与计划成本进行对比分析的视图打印和预览出来，如图 5-19 所示。

Microsoft Project - 电力企业信息系统软件开发项目.mpp

	任务名称	总成本	比较基准	差异	实际	剩余
16	**− 软件各个子系统的开发**	**¥598,760.00**	**¥0.00**	**¥598,760.00**	**¥598,760.00**	**¥0.00**
17	人力资源管理系统	¥24,280.00	¥0.00	¥24,280.00	¥24,280.00	¥0.00
18	知识管理系统	¥22,800.00	¥0.00	¥22,800.00	¥22,800.00	¥0.00
19	投标管理系统	¥51,070.00	¥0.00	¥51,070.00	¥51,070.00	¥0.00
20	网络协同办公平台	¥40,600.00	¥0.00	¥40,600.00	¥40,600.00	¥0.00
21	合同管理系统	¥27,140.00	¥0.00	¥27,140.00	¥27,140.00	¥0.00
22	质量管理系统	¥24,400.00	¥0.00	¥24,400.00	¥24,400.00	¥0.00
23	进度管理系统	¥20,520.00	¥0.00	¥20,520.00	¥20,520.00	¥0.00
24	物资管理系统	¥35,960.00	¥0.00	¥35,960.00	¥35,960.00	¥0.00
25	流程与权限管理	¥50,640.00	¥0.00	¥50,640.00	¥50,640.00	¥0.00
26	报表管理	¥54,550.00	¥0.00	¥54,550.00	¥54,550.00	¥0.00
27	其他12个系统开发	¥246,800.00	¥0.00	¥246,800.00	¥246,800.00	¥0.00
28	用户数据的导入	¥16,890.00	¥0.00	¥16,890.00	¥16,890.00	¥0.00
29	软件的测试	¥9,700.00	¥0.00	¥9,700.00	¥9,700.00	¥0.00
30	起草用户手册等有关报告	¥12,630.00	¥0.00	¥12,630.00	¥12,630.00	¥0.00
31	**− 信息系统软件安装、调试和试运行**	**¥32,830.00**	**¥0.00**	**¥32,830.00**	**¥32,830.00**	**¥0.00**
32	信息系统软件的安装和调试	¥10,630.00	¥0.00	¥10,630.00	¥10,630.00	¥0.00
33	用户和系统维护人员的操作使用培	¥6,080.00	¥0.00	¥6,080.00	¥6,080.00	¥0.00
34	软件初步内部验收	¥16,120.00	¥0.00	¥16,120.00	¥16,120.00	¥0.00
35	信息系统软件维护	¥82,880.00	¥0.00	¥82,880.00	¥82,880.00	¥0.00

就绪

图 5-19　综合项目管理信息系统软件开发项目计划成本与实际成本的差异视图

5.9.3 信息化项目的实施方法和进程

1. 成立企业信息化领导小组，健全组织机构

企业管理信息化工程难度大、周期长、牵涉面广、与企业的改革与发展息息相关，信息化的投资相对比较巨大，短期收益不明显，信息化过程往往涉及组织的管理机制和习惯的调整，会牵涉到众多人的利益，要想使企业管理信息系统真正发挥作用，管理信息化的引入与实施必须是“一把手工程”。

无论是软件公司还是顾问公司、系统集成商，都不能取代企业一把手的作用。企业信息化不单纯是个技术问题，它更主要是管理创新、企业改革等问题；信息化的过程是实现从“人治”向“法治”转变的过程；企业组织框架的重组、流程的再造，意味着权力和利益的再分配；强化管理和控制，势必和一些习惯势力产生碰撞。所有这些，如果企业一把手没有坚定的信心并身体力行，是很难推动的。企业一把手的高度重视、直接决策、宣传推动和组织实施，对企业信息化建设至关重要，没有这一条，是搞不成信息化的。

大到一个国家，小到一个企业，在推行信息化建设的过程中，都要成立专门的信息化领导小组，机构不健全的企业还要成立或健全信息化组织机构。一般来说，企业的一把手要担任领导小组的组长，往往主管领导要担任副组长，各个部门的主管领导担任领导成员。领导小组下设办公室，为领导小组办事机构，负责领导小组日常管理工作。

（1）信息化领导小组的主要职责

1）负责信息化建设全面领导工作，组织协调、监督检查各部门信息化建设工作。

2）负责贯彻国家有关信息化建设的法律、行政法规和方针政策，审定信息化工作有关技术标准、规范和管理办法。

3）负责审定信息化建设发展规划及分阶段实施方案，并负责监督、检查规划和方案的实施情况。

4）负责研究决定建设及运行管理期间重大信息工程项目的立项、可行性研究和开工建设，并对实施过程中的重大问题进行决策。

5）负责建立信息化工作激励机制。

（2）信息化办公室的主要职责

1）负责统一归口管理信息化建设工作，是信息化领导小组的办事机构，并负责其日常管理工作。

2）负责编制信息化建设相关技术标准、规范和管理办法，编制信息化建设发展规划及实施方案。

3）负责信息采集系统、通信系统、计算机网络和监控系统、业务应用系统和应用支撑平台及系统运行实体环境开发建设的组织工作。

4）负责全线通信系统、计算机网络和监控系统的信息安全和保密工作。

5）负责组织和信息系统建设密切相关的关键技术研究工作，负责开展信息技术的合作与交流，负责员工信息技术培训并提供技术支持。

6）完成信息化领导小组交办的其他工作。

在企业信息化工作实施过程中，领导小组应具有绝对的权威和执行力，正确认识、合理把握“一把手工程”，建立科学、合理、高效的企业信息化组织体系，扎扎实实开展信息

化工作，真正把信息化规划和计划落到实处。

2. 企业信息系统开发方式的选择

在信息化建设中，一个重要的问题是开发方式的选择，这是一直以来困扰企业信息化的难题之一，这个问题处理不好，会对以后信息化建设项目的成败产生重大影响。信息系统的开发方式主要委托开发、自主开发、联合开发、购买现成软件 4 种方式。这几种开发方式各有优点和不足，需要根据企业的技术力量、资金情况、外部环境等各种因素进行综合考虑和选择。但是，不论哪一种开发方式都需要企业的领导和业务人员参加，并在信息系统的整个开发过程中培养和锻炼企业的信息管理队伍。

（1）委托开发

委托开发是指聘请专门从事系统开发服务的外部组织（如软件开发公司、高校研究所等）进行本企业信息系统的开发工作，并支付相应的费用。委托开发方式适合于企业信息系统的开发队伍力量较弱，但资金较为充足的单位。这种方式不要求企业自身具备实力雄厚的软件队伍，所以应用起来相对比较有普遍性，是目前企业信息化建设中采用最为广泛的一种开发方式。此种开发方式需要企业的业务骨干参与系统的论证工作，开发过程中需要开发单位和企业双方及时沟通，进行协调和检查。

委托开发方式的优点是：

1）能够根据企业的业务流程进行灵活调整，其灵活性要远高于商品化软件；

2）企业自身不必拥有软件研发队伍，有简单的维护实施人员即可；

3）研发失败的风险相对比企业完全自主研发要小。

委托开发方式的缺点是：

1）因为同属于定制开发，外部组织并不了解企业情况，事先需要很多的访谈沟通时间，所以周期较长，同时研发失败的风险仍然存在；

2）因为是完全委托外部组织定制开发，所以软件研发的费用较高，应该说有可能是 4 种方式里面费用最高的；

3）企业和软件公司有一个磨合的过程，其中的沟通和配合问题始终不可忽视。

（2）自主开发

自主开发是指从企业内部人才中选拔、培养具有软件开发能力的员工，自行组建信息化建设队伍，自行设计、开发信息化系统，自主开发适合于有较强的信息技术队伍、对软件系统的研发周期要求不是非常紧急的企业。

自主开发方式的优点是：

1）由于是企业内部员工，能够准确把握企业的业务需求，开发的系统能够适应本单位的需求且满意度较高；

2）因为完全是企业自己的部门，所以企业可以完全掌控和控制进度；

3）成本方面，只要支付人员工资和必要的硬件投资，开发的成本较低，可以说这种方式是 4 种方式中花费最低的；

4）开发团队是自己人，与别的部门的沟通、配合、培训都能做好；

5）后期维护有保障，维护的成本低，维护起来也相对容易。

自主开发方式的缺点是：

1）由于不是专业开发队伍，知识水平不足、开发能力有限，开发速度较慢、效率较低，开发成果质量不高；

2）由于是定制开发，研发周期会比较长，同时，由于毕竟是非专业 IT 企业，存在着相当高的研发失败的风险；

3）建设初期任务太重，信息化工作量看不见摸不着，信息部门在企业是弱势部门，收入低，压力大，留不住人；

4）因为企业内部员工，人员之间、人员与部门有着千丝万缕的人际联系，系统开发难以做到绝对公正。

目前采用这种方式实施信息化建设的企业不多，小系统可以，对大系统研发来说是一种不可取的方式。如果坚持自主开发过程，企业往往还是不可避免地要向专业开发人士或专业公司进行咨询，或聘请他们作为开发顾问。

（3）联合开发

联合开发是一种企业内部的信息建设队伍与企业外部的专业开发机构合作开发企业信息化系统的一种方式，内外结合，既可以外部为主，内部为辅，也可内部为主，外部为辅，这要由企业信息化基础和队伍的实力来决定。联合开发方式适合于企业有一定的信息技术人员，但可能对信息系统开发技术不完全掌握，或者是整体优化能力较弱、希望通过信息系统的开发完善和提高自己的技术队伍、便于后期的系统维护工作的企业。

联合开发方式的优点是：

1）相对于委托开发方式节约资金、降低消耗；

2）能够在一定程度上减少开发机构与企业部门间沟通交流的时间，缩短开发周期；

3）通过与专业的开发团队合作，可以培养、增强企业的技术力量；

4）便于开展系统的后期维护工作。

联合开发方式的缺点是：

1）很多专业开发机构担心专业技术外泄，不愿意参与这种开发方式，给企业在寻求合作伙伴上造成一定困难；

2）责任界限不明显，双方在合作过程中容易出现扯皮现象。

（4）购买现成软件

购买现成软件的开发方式，是指企业直接从专业的软件公司购买开发好的、成熟的、通用的软件包，适用于购买工具类软件或半工具半管理类软件。目前，软件的开发正在向平台化方向发展，一些大的软件公司已经开发出功能强大的专业软件或平台软件，为了避免重复劳动，提高系统开发的经济效益，也可以购买信息系统的成套软件或平台软件，如财务管理系统等软件。购买平台软件需要根据企业需求实施二次开发，二次开发可以委托专门的咨询公司进行，也可以自主二次开发。

购买现成软件的优点是：

1）此方法是最节省时间和费用的开发方式，不需要经过冗长的开发周期和大量的人员、材料和资金的消耗；

2）专业软件公司开发的产品，技术水平高；

3）经过多家用户的使用和改进后，是较成熟的产品，可用性、可靠性都很高。

购买现成软件的缺点是：

1）购买的通用软件在某些方面可能不能满足企业需求，特别是难以满足企业的特殊要求，需要一定的技术力量做二次开发工作；

2）如果是现成的专业软件产品，非配置功能很强的平台软件，对企业而言修改困难，不利于后期维护，需要和软件供应商建立长期的合作关系；

3）随着企业的不断发展，需要对信息系统做出相应改进和升级，但是购买现成专业软件而言，其可扩展性和灵活性都太低。

总之，不同的开发方式有其各自的长处和短处，需要根据企业的实际情况进行选择，也可综合使用各种开发方式。一般来说，工具类软件更多采用直接购买方式；管理类软件更多采用委托开发方式。目前，诸如 SAP 等一些配置功能很强的 ERP 平台软件，在国家电网公司等央企单位得到了越来越多的应用，企业需要培养一批能够实施二次开发的咨询队伍，这种软件开发的新模型代表了企业信息化选型的发展趋势。

本 章 小 结

本章介绍了系统实施的全过程，主要包括系统的程序开发、系统测试、安装及系统转换等步骤。同时也介绍了在信息系统的整个运行使用过程中，都会伴随着系统维护工作的进行，并且在系统运行一定时间后需要对其技术性能及经济效益等方面进行评价。在最后介绍了以项目管理为视角的信息化项目实施的相关内容。本章属于实践性较强的章节，需要灵活领会其中的相关概念及思想，并争取有机会参与系统的实施工作中，结合实际进一步深刻体会。

复习思考题

1. 简述系统实施包含的内容。
2. 系统开发模式有哪些，区别和联系是什么？
3. 系统开发的方法主要有哪些，各种方法的优缺点是什么？
4. 系统转换主要有哪几种方式？
5. 系统安装和调试需要注意的事项有哪些？
6. 简述系统维护的步骤。
7. 简述系统评价的内容及步骤。
8. 实施相关管理体系需要注意哪些方面？
9. 简述电力企业信息化项目的概念、特点。
10. 如何管理信息化项目的进度和成本？
11. 企业信息系统开发方式的选择有哪几种？各自的优缺点是什么？

第 6 章　电力企业管理信息化平台建设及信息化集成

在前面的几章中，我们先后介绍了电力企业管理信息化项目各阶段应该完成的问题及主要内容，包括从管理信息系统的规划开始，到需求分析、设计、软件开发、操作使用培训和运行维护的全过程项目管理。然而由于电力企业种类众多，而且其早期信息化建设已经经历了很长时间，企业已经不同程度地开展了信息化管理，因此在实际中，往往需要在信息系统开发时考虑对以往已经开展信息化管理的部分进行整合，因此有了平台建设和信息化集成的需求，本章从这两个方面出发，给出电力企业管理信息化平台建设及电力企业管理信息化集成的相关说明，力求为电力企业管理信息化的全过程实施提供可行、全面的参考。

6.1　企业信息化平台概述

6.1.1　企业信息化平台的定义

信息化平台是指某个领域、某个区域或某个组织为信息化的建设、应用和发展而营造的环境。信息化平台的功能包括：开发利用信息资源、建设信息网络、推进信息技术应用、发展信息技术和产业、培养信息化人才、制定和完善信息化政策体系等。

企业信息平台是一个基于互联网或企业内部网的应用系统，是利用 Internet、Intranet 和 Extranet 等技术将企业所有散乱的数据和无序的信息集成到一个信息平台上，实现为各种用户（顾客、供应商、雇员、领导）简单快速地存取、传送、展现授权的企业信息，并以此做出决策的途径。其特点是分布在各处的内部和外部用户使用浏览器就可以得到自己需要的数据、分析报表及业务决策支持信息，在这个统一的、整合式的信息平台上，可以进行包含整个企业在信息处理上的所有内外部活动，不管是员工、客户或供应商，都将是这个企业信息平台上密不可分的一部分，使得企业的电子化信息环境与实际商业活动紧密地整合在一起，可实现通信、移动办公、电子商务等。

企业信息化平台是将企业的所有应用和数据集成到一个信息管理平台上，并以统一的界面提供给用户，使企业可以快速地实现企业对企业、企业对客户、企业对内部员工的信息综合平台。它能向分布各处的用户提供所需信息，帮助用户管理、组织和查询与企业和部门相关的信息，它使企业能够释放存储在内部和外部的各种信息，使企业员工、客户、供应商和合作伙伴能够从单一的渠道访问其所需要的个性化信息。对内，员工可以通过信息化平台轻松访问权限范围内企业的财务、生产、营销、库存和客户等信息，以最低的成本共享和利用企业的所有信息；对外，企业可以通过平台及时向客户提供准确的信息，而且随着网上业务的不断发展，还有助于拓展企业的业务范围，创造新的业务机会。作为企业信息系统的应用框架，企业管理信息化平台实现了优化企业运作、扩充生产能力、提高效益水平的目标。

6.1.2 企业信息化平台的发展过程

企业信息化平台的发展，最初仅仅是一些静态的网页，帮助企业发布相关信息；在此基础上，又逐渐将企业中可以公开的文档集成进来，提供大家共享，并增加了高级搜索功能、内容管理功能等；后来，一些工作任务、E-mail、办公自动化管理等功能被添加到平台上，从而逐渐发展为企业运营的平台；随着 ERP、CRM、SCM 等业务应用系统的不断增多，人们希望通过平台就可以获取其中的信息，于是，平台中又慢慢嵌入这些业务应用系统，成为一个交互的平台，再逐渐加上一些高级的个性化服务，此时的企业信息化平台就发展成为比较完善的应用集成平台了，其发展过程如图 6-1 所示。

由此可见，在企业信息化水平提升的整个过程中，人们对于信息获取的便利要求和对于信息的集成程度要求越来越高。如何有效地解决信息获取的问题，让经过认证的人随时随地获取所需信息，各个软件开发商做了许多探索，信息化平台就是在这样的大背景下应运而生。通过信息平台，人们不用再进入繁杂的各种应用系统就能获得需要的数据和信息，也可以说，企业信息化平台是企业信息化向纵深发展的重要标志。

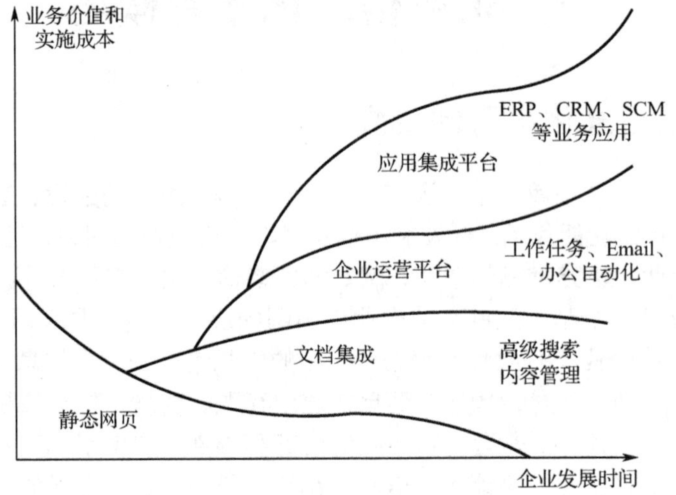

图 6-1 企业信息化平台发展阶段

6.1.3 企业信息化平台的特点

企业信息化平台是基于业务架构平台，以构建简化和集成的企业整体信息系统，消除信息孤岛，为企业提供强大、集成和统一的业务支撑环境。对企业的协同工作、业务处理、流程控制、决策分析、商务智能、业务重组提供全面的支持。该平台具有如下的特点：

（1）综合权限管理。权限管理系统可以满足集团级多级架构和分级授权的管理需求。通过总公司管理员设置地市公司管理员、基层单位管理员，各自维护权限范围内的系统，满足一人多岗和多部门的实际管理需求，满足企业灵活的管理环境。

（2）工作流引擎。企业信息化平台应提供符合国际工作流管理联盟标准的工作流程定义工具，可以由用户自己进行各种企业业务流程的定义，既满足企业规范业务流程的需要又适应企业变革的需要。

（3）数据安全认证。企业信息化平台本身进行了软件级的安全设计，同时可以集成数字签名、软硬件加密等安全措施，尽可能地保证用户数据的安全。

（4）二次开发系统。企业信息化平台应具有类似 SAP、Oracle 等 ERP 系统灵活配置功能，具有强大的二次开发功能。提供的应用建模模块可以较容易地开发构件式应用子系统，并将这些应用子系统部署在平台上，与其他应用子系统协同工作，以满足企业个性化的需求和系统的扩展性。

（5）消息预警引擎。借助企业信息化平台的预警提醒系统，在设定时间段自动抓取符合设定项目的资料显示预警消息，从而便于管理人员进行调整，并对集成手机短信的设备进行消息提醒。

（6）智能报表系统。国家电网、发电等大型集团公司具有多级组织架构及众多基层企业，信息数据量大，报表信息的采集、汇总、分析就显得比较重要。基于 Web 的报表解决方案目的是帮助企业完成多级报表数据自动采集、统计汇总和繁重的集团报表统计工作，可以自动抽取基层数据，经多维分析后形成对决策有用的信息。

6.1.4　企业信息化平台的重要作用

（1）提高办公效率和人力资源利用率，降低企业的经营管理成本。人力资源是企业最重要的资源之一，如何提高人员的工作效率是企业管理中的重要内容，为人为沟通困难、寻找信息困难所付出的代价是惊人的，很多时间被浪费在提交、确认和等待上。信息化平台通过将信息用统一的渠道提供给员工，使员工可以实现自助式管理。这样极大地方便了人们获取信息，从而提高了工作效率。同时，信息化平台提供给使用者十分便捷的联系方式，这些方式一方面可为企业节省大量通信费用；另一方面，也大大提高了人们的沟通效率，使人们能够更方便快捷地沟通。此外，由于顾客可以通过平台了解信息并可在一定程度上自助服务，这也大大减少了单位业务量的投入和人力成本。

（2）实现总公司对于分、子公司（或地市公司）的全面管控。通过企业信息化平台，企业领导人可以随时了解各部门、各分公司的经营汇总情况。各部门所产生的数据能够准确、自动地汇总到总公司的数据库中。实现了总公司对于分、子公司的全面管控。

（3）加速企业内部员工间的沟通，提高企业员工的凝聚力。员工间可通过企业信息化平台等方式进行沟通，开展协同办公，极大地提高企业员工的凝聚力。

（4）满足移动办公的需要。出差的经理人和员工可以通过企业信息平台及时获取公司的各种信息资源，办公人员可在任何时间、任何地点处理与业务相关的任何事情。这种全新的办公模式，可以让办公人员摆脱时间和空间的束缚，单位信息可以随时随地通畅地进行交互流动，工作将更加轻松有效，整体运作更加协调。

（5）提升企业形象。企业信息化平台是企业的一个窗口，是向社会、向顾客宣传自己的一个阵地，也是企业应用信息技术努力提高信息化水平、提高服务水平的一个标志。借助企业信息化平台，可以在因特网上开展广告宣传、信息发布。企业可以在自己的网页上刊登各种广告，对外宣传的人群可以是潜在客户，也可以是已经建立合作关系的客户。顾客通过信息化平台，不仅可以获得更好、更及时的服务，同时也可以更深入地了解企业的状况、企业文化，加深对企业的认同感。合作伙伴也能更好地了解企业业务，加强彼此之间的沟通和合作，在相互了解的基础上建立信任关系，实现企业业务的延伸，实现企业之间的优势互补、业务联盟，这些都能提升企业对社会、对顾客、对合作伙伴的外部形象。

（6）提高企业的服务质量。借助企业信息化平台，企业可以更快、更准确地了解客户需求，及时、直接地获取客户的反馈信息，解决客户的问题，提高服务质量与客户满意度。

6.1.5 企业信息化平台的设计原则

（1）可定制性原则。每个用户对企业数据都有多种多样的要求，所以企业信息化平台应提供有针对性的定制功能，即用户可根据自己所需设置相关参数，定制服务界面和传递集成内容、应用程序、服务的专用渠道等。

（2）先进性原则。既要保证技术的先进性，又要保证管理的先进性。在技术上，所采用的计算机硬件设备、操作系统、数据库和开发工具软件都应满足网络发展的需求，以利于企业各部门网络的互连和网络的升级。

（3）统一性与标准化原则。企业信息化平台系统开发要统一规划、统一标准，便于整体系统的管理与维护，采用统一标准的图形化用户界面、通用的编码结构标准。

（4）精确性原则。为使企业信息化平台提供的信息与实际状况相比达到一致性程度，平台软件应能够精确反映企业的当前状况和进展情况，以衡量生产、质量、安全、进度和经营等方面的精确管理水平。

（5）集成性原则。企业信息化平台的工具包应包含现有系统和应用有效集成的选件，支持现在广泛使用的多种格式的信息对象，使平台在适应范围、交互运作与实时更新方面有强大的功能。

（6）及时性原则。要求企业管理信息化平台能够提供快速的管理反馈，其及时性包括系统状态及管理控制的及时性，及时的管理控制是指在还有时间采取正确的行动或使损失减少到最低程度的时候提供信息。

（7）对异常情况的应变性原则。要求企业管理信息化平台必须能够对异常情况做出快速反应。例如，可以检查每一笔支付款项的付款依据，当存在问题时能够给出及时的提醒。

（8）灵活性原则。企业管理信息平台必须具有灵活性，以满足系统不同类型用户多方面的需求，信息系统必须具有提供特定顾客需要的数据的能力。

（9）安全性原则。整个系统的功能、数据安全管理方面应具有充分的保障，确保企业的各种信息是有条件地提供给不同的用户，而不是谁都可以获得的。例如，系统管理员需要集中管理各用户的登录名，登录密码应加密，授予或取消用户对数据库内容的存取及管理权限，自动录制用户操作日志等。

（10）开放性原则。提供分布式的数据环境，多个用户可以同时访问数据库服务器上的数据。采用与因特网兼容的标准协议（TCP/IP）及开放系统协议，数据库服务器也可以满足 Web 服务器供其他用户以浏览器方式访问。

（11）可靠性原则。要求企业管理信息化平台系统应具有负载平衡支持，保证企业在使用者数量和使用频率增加的情况下，用户能快速登录成功。

（12）可扩展性原则。采用结构化的功能模块方式，以数据为中心进行设计。系统硬件设备配置合理，技术符合国际先进标准，以便保证整个系统不断发展，体现开发系统高技术起点，功能强，易于扩展，便于实际应用。

6.1.6 企业信息化平台的总体架构

企业信息化平台的总体架构，是指在企业信息化平台构建过程中，按其所包含内容划分的层次，编写组提出“七层一栏”的架构设计示意图，如图 6-2 所示。

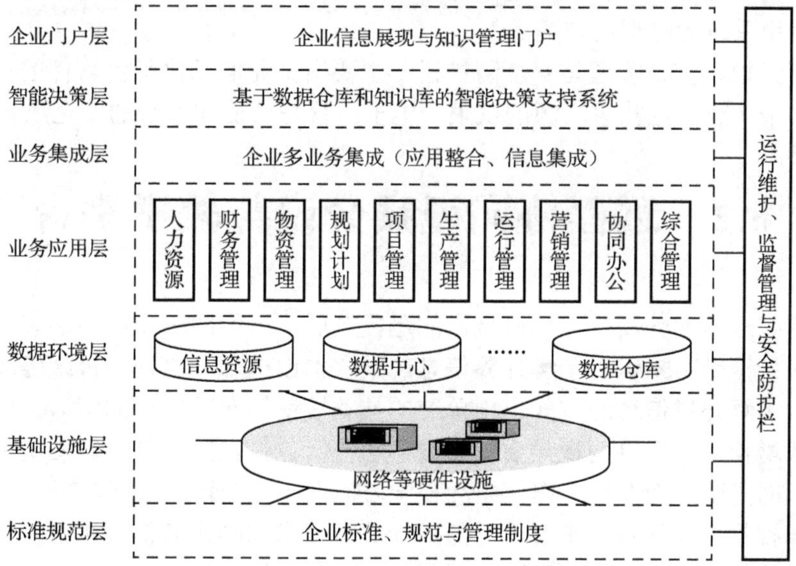

图 6-2 企业信息化平台的总体架构

（1）标准规范层：企业的标准、规范和包括业务流程的管理制度体现了企业的认知观念、管理思想、管理模式、管理方法和步骤，是企业信息化的重要基础。认知观念转变也就是认知阶段的知识更新和观念转变，是企业信息化中其他一切工作的前提。

（2）基础设施层：企业信息化基础设施建设，要求建立基于计算机及网络的企业信息化技术环境，即以因特网为基础建立以企业内部局域网为主体并连接因特网接口的网络体系，主要包括企业内部网络、互联网接口、传统通信设施、计算机终端设施、分布在网上的各种服务器、信息化生产控制室等。

（3）数据环境层：代表系统网络上可以共享使用的各种数据资源和信息资源，主要指分布式存储与集中存储的中央数据库、知识库、模型库、文档库和数据仓库等。

（4）业务应用层：该层包含企业信息系统功能模块划分和实现，是企业信息化建设层次中的较高层次，有了这一层，才能真正让企业管理者看到企业信息化的具体实现及表现形式，才能让企业管理者更深刻地认识到企业信息化的重要作用。功能模块划分就是依托计算机网络基础设施和数据环境，进行企业信息系统模块划分。企业信息化建设的内容复杂、任务繁多，要高效建立这个系统，必须进行模块化设计。这个过程可以主要按功能进行分析，有时也可以按流程进行分析，图中的 10 大应用系统参考了国家电网公司 SG-ERP 的规划；功能模块实现包含的内容主要是技术问题。从面向数据的角度来看，它主要涉及系统处理过程的生成、系统数据应用分析、系统数据分布分析、物理数据库设计、原形设计和程序实现等。

（5）业务集成层：主要指多业务集成和信息集成，包括整合一些不同应用的接口软件、整合不同数据源的信息集成软件和数据交换中心等。

（6）智能决策层：主要指基于数据仓库、知识库、方法库、模型库、人工智能及人机交互系统构建的智能决策支持系统，辅助企业领导决策。

（7）企业门户层：主要指向终端用户的信息展现，包括向企业外部用户展现的企业网站信息和电子商务信息等，以适应电子商务业务的开展；向企业内部用户展现的知识管理和集成业务应用系统的管理门户等。

（8）运行维护、监督管理与安全防护栏：主要指企业信息化平台软件的日常维护、信息安全防护、个人或企业共享资源的权限、电子监管与认证和系统的安全风险管理等。

6.2 远程协同视频会议与教学平台

随着因特网应用的普及和计算机技术的迅猛发展，人们的工作、生活和学习都发生了巨大变化。人们接受新知识、了解外界信息的渠道也由电影、电视、报纸等逐渐地转向了多媒体网络。了解外界信息的方式也由单纯的被动接受转向了主动的索取，同时，信息量也呈几何级数增长。远程协同视频会议与教学平台（包括视频、音频、图文、课件等多媒体资源）技术的出现，为人们工作、生活和学习提供一种全新的方式。

远程协同视频会议与教学平台，是随着计算机技术和网络通信技术的发展，综合了计算机技术、通信技术、电视技术而迅速兴起的一门新兴综合性技术。它是利用了网络和视频技术的优势，集动态影视图像、静态图片、声音、文字、教学课件资源等信息为一体，为用户提供实时、交互和按需点播的服务系统。远程协同视频会议与教学平台的出现，推动了多媒体技术在电力企业及各行各业的广泛应用。

6.2.1 远程协同视频会议与教学平台的功能和特点

（1）基于 Web 的应用方式。视频会议提供纯软件客户端应用，系统为 B/S 结构，只要能上网和有音视频采集设备，就能进入视讯系统。客户端软件可根据客户端操作系统的版本情况进行多语言版本的自适应，以方便用户的使用。

（2）音视频功能。采用 G.723.1 和 G.711 等音频压缩算法，在各种网络带宽条件下均保持声音清晰连贯。采用了 MPEG4 视频压缩算法，系统支持多种视频分辨率，从而满足用户从桌面级别到会议室应用的不同视觉效果要求。支持的视频分辨率包括：160*120、QCIF（176*144）、320*240、CIF（352*288）、640*480 等。视频切换模式包括自由切换模式和主席同步视频模式。

（3）文件共享功能。可将 IE 等浏览器支持的多种图片文件和动画文件进行共享，包括 Flash 文件、Gif 文件、Jpeg 文件等。

（4）电子投票。在会议进行过程中，主席可利用此功能方便地发起投票并进行投票内容的统计和公布。

（5）会议录制。提供灵活的录制控制方式、严格的录制权限管理、标准的录制格式、多种内容的录制、多种灵活方便的录制方式以充分地满足用户不同的需求。

（6）分组会议。用户在进行视频会议过程中往往会有分组讨论的需求。

（7）智能组播机制、即时会议的功能。具有管理机制、系统管理、资源管理、会议进程管理、会议安全管理、多级管理用户和部门、用户导入导出、API 接口等功能。

（8）其他功能。如具有双屏显示输出功能、旁听者功能、短信集成功能、远程遥控功能、支持 VOIP 的功能、良好的网络穿透能力和低带宽适应能力等。

6.2.2 远程协同视频会议与教学平台的组成

（1）主服务器程序。是系统的核心，负责相应用户的访问、点播及资源调度，负责用户、数据库、资源的管理及三者之间的相互关联，提供系统设置、安全控制、计费、查询、运营维护等众多核心功能。

（2）群集服务器程序。为了满足高级用户的需求，提供超大的媒体并发流，系统还提供服务器群集功能。群集服务器程序负责对众多群集服务器进行管理与调度，对用户的点播提供最佳的负载动态平衡，确保主服务器的有效响应。群集服务器程序可以对群集服务器上的资源进行有效管理，提供群集系统设置与管理功能。

（3）数据库服务器程序。远程协同视频会议与教学平台采用大型关系数据库，完全支持 MS SQL Server 等大型主流数据库。数据库服务器程序通过高效的数据存储和检索，为用户提供高效的查询和统计服务。

（4）直播站管理程序。现场直播管理程序主要功能是将外部设备（摄像头、摄像机、有线电视、VCD/DVD 机）的音频与视频信号，通过重新编码成媒体流后，自动发布到远程协同视频会议与教学平台的服务系统上，供用户收看，同时能够自动存储，直播节目完成后自动加入系统资源库中供查询访问。

（5）IE 端程序。远程协同视频会议与教学平台是完全的 B/S 架构软件系统，用户可以通过 IE 浏览器进行所有的操作。管理员可以通过 IE 管理系统信息，管理用户信息及用户权限，上传和维护资源目录和内容等；注册用户可以通过 IE 浏览器进行自身信息的维护，点播和下载资源，对资源进行评论，接收视频会议和直播内容，以及上传自己的资源。

6.2.3 远程协同视频会议与教学平台的应用方案

多媒体远程协同视频会议与教学平台的广泛应用，带来了设备配置的更新。面对优越的硬件及网络环境，企业迫切需要优秀的强大软件系统来支配这些设备，使企业资源发挥最大作用，为广大员工提供优质的服务。

对管理员来说，希望有一套软件能够将企业的设备（服务器、计算机、投影机、摄像头等）进行集中管理和有效利用，解决企业对会议的直播功能，以及实现有效的集中监视功能。

对于领导和教师来说，希望可以实现会议和讲座的现场直播。为了活跃会议气氛，丰富讲座的功能和手段，需要将越来越多的多媒体资源利用到会议和讲座。

对于与会人员或听课员工来说，需要提供一个多样化的讲座方式和互动学习的平台，亲切友好、便于操作的交互界面，丰富生动的网络多媒体学习资源等。

1．教学平台应用方案

利用教学平台，将企业服务器、摄像头、机房、投影机、网络资源有效利用，为企业提供强大的资源点播、节目广播、视频直播的全套解决方案，网络拓扑图如图 6-3 所示。

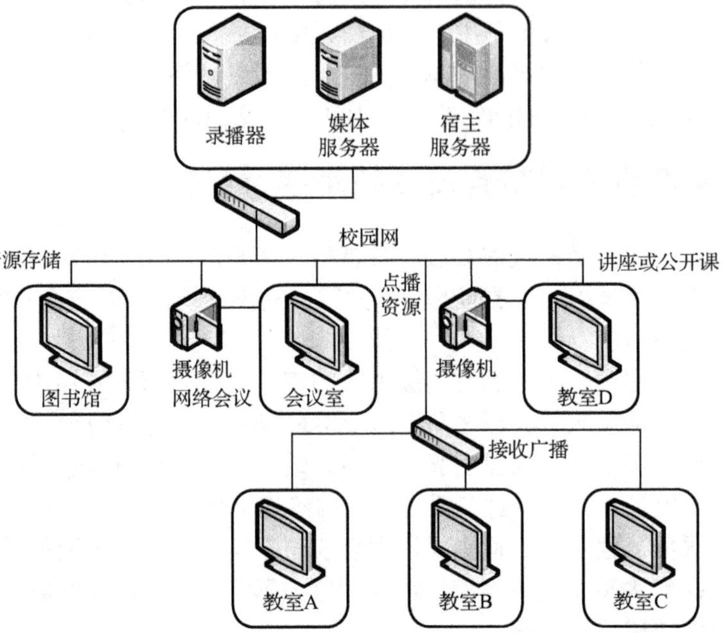

图 6-3　教学平台网络拓扑图

所有的用户凭密码登录系统，只有登录用户才可以使用相应的功能，保证系统的安全性。

完善的用户和节目管理机制，自定义节目分类，实现不同的用户使用不同的权限，实现新建、修改、删除等基本功能，共享企业多媒体资源，供企业员工进行点播。

利用系统的直播和广播功能构建企业电视台，在工作业余时间广播各类有益身心的影视节目，有利于放松学习气氛，寓教于乐。能实时播放企业领导的重要讲话，以及将重要会议和重要活动向全体员工直播。例如，召开全体员工大会，不用专门的会议大厅，员工只需在教室内就可以实时收看到总经理的讲话。

2．支持因特网和局域网同时点播的系统方案

对于较大规模的企业来说，支持因特网访问是迫切的需求。远程协同视频会议与教学平台通过 IP 地址映射的方式，支持内网和外网用户对系统的同时点播。为服务器分别设置内网、外网两个 IP 地址，并且在系统中设置地址映射，就可以实现同时点播功能。

因特网用户和局域网用户通过 IE 访问点播系统， 使用 HTTP 协议和 MMS 流媒体协议，保证网络点播质量；服务器可以是单个服务器，也可以是群集服务器，主服务器负责各个服务器之间的调度任务，各个群集服务器直接访问数据库和媒体资源；直播服务器可以是一个，也可以是多个。一个服务器上可以连接一个视频采集设备，也可以连接多个。直播服务器可以是局域网内的任何机器，不受地理位置的限制。直播服务器将采集到的多媒体数据进行编码，转换成流媒体格式后，发布到服务器上，进行直播。

3. 远程协同视频会议与教学平台直播应用方案

远程协同视频会议与教学平台提供的直播功能强大，可以通过配置实现会议直播、讲座直播、网络监视等功能。

（1）会议室配置摄像设备，通过直播服务器编码后，可以实现会议现场直播；

（2）报告厅配置安装摄像设备，通过直播服务器编码后，可以实现讲座直播；

（3）在直播服务器上进行配置，可以实现对于媒体文件的直播；

（4）在办公楼或者其他地方配置摄像设备，可以实现网络监视；

（5）直播服务器可以配置安装多台，从而实现更加灵活的直播功能，不受服务器性能和地理位置的限制。

直播应用模型图如图6-4所示。

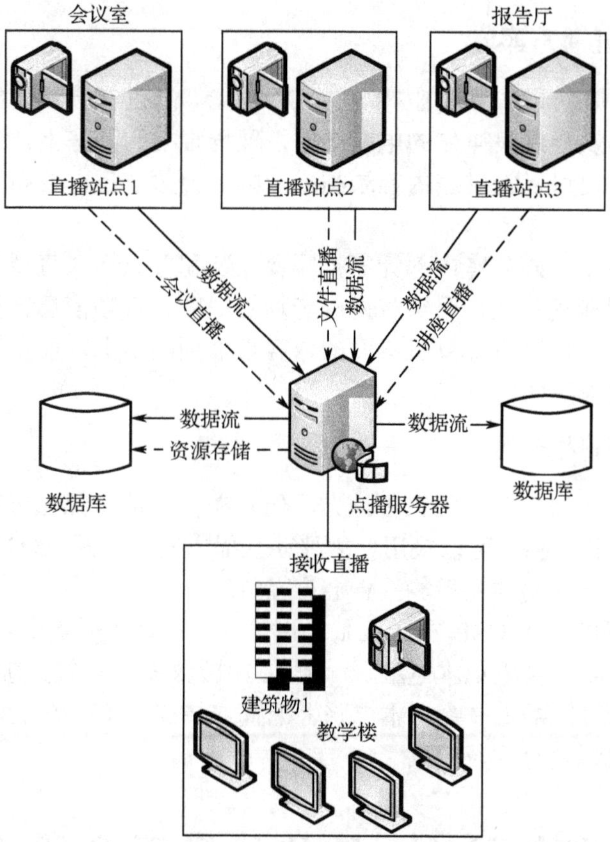

图6-4 远程协同视频会议与教学平台直播应用模型图

远程协同视频会议与教学平台可以根据需要在企业内建立各种直播系统，如经理办公会议直播系统、企业电视台直播系统、讲座实况直播系统、便携移动直播系统等。

4. 经理办公会议直播方案

在经理办公会议室配置直播站系统，安装摄像装置和麦克风，经理就可以方便地对与会人员召开会议或者进行演讲，还可以将直播内容实时录制成音频或视频文件，供没有收看到直播的员工进行点播收看、主动学习。

这种直播方案中，只需要在经理的计算机上，安装直播站管理程序，配备摄像头和麦克风，就可以实现实时的视频、音频的现场直播。当然，需要保证经理办公室计算机和服务器之间的网络通畅。

5．企业电视台直播方案

企业可以利用直播系统配置网络数字电视台。主持人可以在电视台对权限员工进行现场节目直播，也可以将实况录制成节目，发布到网络上供员工进行点播。同时，还可以将有价值的有线电视节目，通过直播系统，转播到网络上，供员工收看。

在这种直播方案中，企业电视台的配置和经理办公室直播方案配置一致，可以参照经理办公室计算机配置方案进行配置。如果需要转播电视节目，需要配置电视卡或者电视盒，用于电视的接收。

6．讲座实况直播方案

利用直播系统，还可以实现讲座实况的直播功能。通过在会议室配置的直播站系统，将讲座老师授课现场及会议室操作的电脑桌面，现场直播到网络上，供会议室以外的员工学习和观摩。同时，也可以将讲座内容录制成音频或视频节目，发布到网络上，供员工点播使用。

在这种直播方案中，办公室内部计算机需要安装配置点播（直播）系统的直播站管理程序，配置摄像装置和麦克风，用于将讲座老师的视频、音频信息直播到网络上。如果用户通过电脑进行教学，可以将计算机桌面的内容直播到网络上，而不需要通过摄像装置进行采集，只需配置麦克风即可。

7．便携移动直播方案

直播系统可以应用在企业网的很多地方，但是在任何地方都配置直播站，显然是不切实际的。为了方便进行直播，可以采用便携移动直播方式。例如，通过便携移动直播方案，可以轻松实现企业文体活动的直播、报告会直播等等。

由于直播系统可以支持 USB 摄像设备（也可以支持视频采集卡设备），所以非常适合便携移动直播，只需要一台笔记本电脑、一个 USB 摄像头、一个麦克风，就可以轻松构建临时直播室。直播者可以事先在笔记本电脑上配置安装点播（直播）系统直播站管理程序，在现场接通网络就可以进行现场直播了。

6.3　国家电网的一体化信息平台的构建实例

国家电网公司在网络平台建设方面技术领先、规模庞大。在“十二五”期间国家电网公司将继续加大一体化信息平台的建设力度，其宗旨是巩固 SG186 工程建设基础，提升网络传输、数据存储、信息集成及容灾能力，扩展信息展现方式，支持业务融合，支撑 SG-ERP 建设。一体化信息平台将逐步发展成公司云计算平台，能够集中管理、按需分配信息资源，将服务器、网络和存储等基础设施及软件平台作为服务，为业务应用构建资源虚拟、弹性伸缩、稳定可靠、管理高效的一体化运行环境、集成环境和展现环境。一体化信息平台架构如图 6-5 所示。

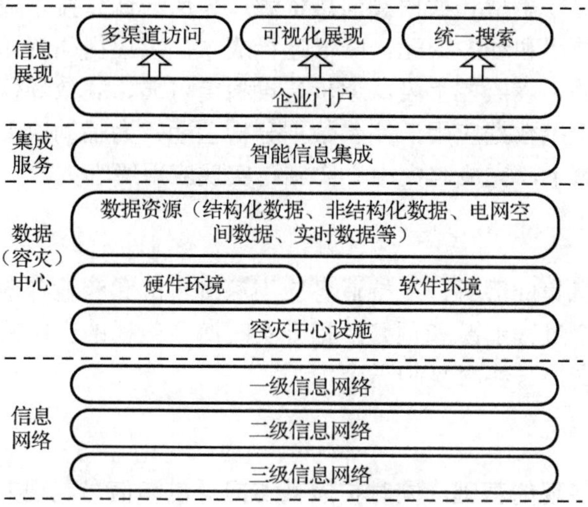

图 6-5　一体化信息平台架构图

1．信息网络

以电网公司通信网络为主，其他网络为补充，构建电网公司信息内网和信息外网。信息内网分三级，即国家电网公司到省公司的一级信息网，由国家电网公司负责建设；省公司到各供电单位和综合单位的二级信息网和地市公司到区县公司及配用电侧信息采集点的三级信息网，由省公司统一建设，如图 6-6 所示。分步建设公司集中式信息外网出口，形成覆盖省、地、县及各综合单位的信息广域外网，实现统一出口管理。信息内网和信息外网之间采用信息安全网络隔离装置实现逻辑强隔离。

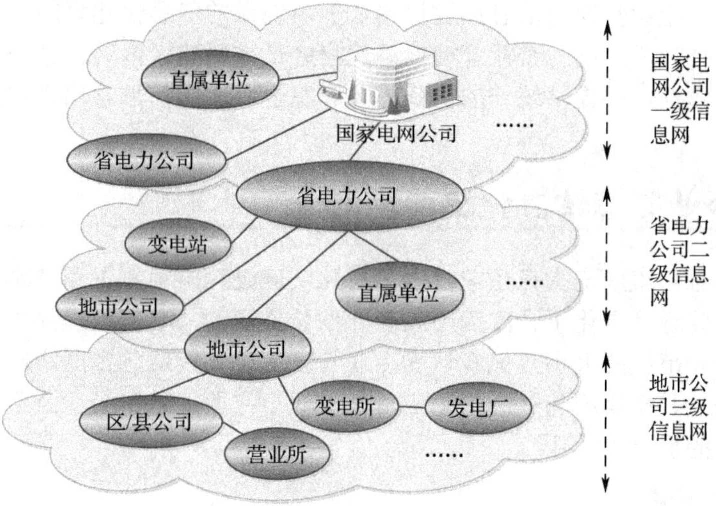

图 6-6　公司信息内网分层结构图

2．数据中心

在国家电网公司的统一部署下，建成海量实时数据库、空间数据库及非结构化数据库，全面提升数据中心的数据处理、存储能力，满足智能电网业务发展需要；建设数据资源管理工具，统一管控标准、模型和数据等信息资源；采用云计算技术实现数据中心软硬件资源集约化管理、统一使用和动态调配，降低运行成本，大幅提高资源利用率；采用先进的节能技术，结合全面的环境监控手段，逐步建设稳定可靠、高效环保的绿色数据中心，提高运行效率。进一步挖掘数据应用，完善数据分析主题，为辅助决策提供坚强支撑。在国家电网公司的统一部署下，完成容灾中心实施，实现应用级容灾。

3. 集成服务

全面建设智能信息集成服务，支持业务应用深度集成和跨业务应用灵活的流程集成，实现重要业务流程的全过程追踪和预警；提升实时海量数据的交换能力，满足数据中心与容灾中心之间的数据交换与实时复制需求。

4. 信息展现

企业门户是信息展现的基础，同时扩展其访问渠道和信息展现方式，增加统一搜索功能。企业门户支持桌面终端、移动终端及互动大屏幕等交互访问设备，支持数据多维展现、三维可视化、虚拟现实等多种信息展现方式；提供大范围、高质量的信息搜索能力，统一搜索功能，实现专业化、智能化、一体化的搜索。

6.4 企业管理信息化集成

电力企业这些年的信息化建设已经取得了长足的发展，信息系统应用已经覆盖电力生产、管理、经营和服务等各个领域，信息化在电力企业发展中发挥了不可替代的作用。经过大力建设，电力企业管理的信息化已日趋成熟。现在的信息化建设的重点是统一的信息平台建设，在这个阶段，电力企业管理信息化集成是重要建设内容。集成企业各个信息系统、各种应用和数据，并提供统一的访问方式和综合快速的信息输出方式是信息化的发展方向。

6.4.1 企业管理信息化集成的概念

企业管理信息化集成是指在企业管理信息化实施过程中信息资源共享应用的范围、效率和程度。企业管理信息化平台的应用为企业信息资源的共享使用提供了技术支持。根据应用水平的高低和范围的大小，笔者认为企业管理信息化集成包括网络应用集成、企业业务应用集成、企业数据集成和社会信息应用集成四个方面，其中企业业务应用集成和企业数据集成是本章的重点。

1. 网络应用集成

网络应用集成是企业信息化集成的第一步，它包括企业内部网和接入因特网的建设、基本软硬件资源的配备和共享使用等，这是企业信息化的基础。网络应用集成打破了硬件和硬件之间的壁垒，员工和客户可以通过网络共享不同计算机上的文档等资源。

2. 企业业务应用集成

企业业务应用集成（EAI）是指在企业内各种异构系统，不同应用和不同数据源之间共享和交换信息的途径、方法学、标准和技术。企业业务应用集成所连接的应用包括各种电子商务（EC）系统，企业资源计划（ERP）系统，客户关系管理（CRM）系统，供应链管理（SCM）系统，办公自动化（OA）系统，数据库（DB）系统，数据仓库（DW）等。企业业务应用集成能够将业务流程、应用软件、硬件和各种标准联合起来，在两个或更多的企业业务应用系统之间实现无缝集成，使它们像一个整体一样进行业务处理和信息共享。

企业业务应用集成是随着信息技术和管理理念的演进而不断发展起来的，传统的点对点的信息系统集成方法已经无法满足企业构建大批综合性、分布式且不断变化的应用系统的需求，并导致集成成本过高、整体效率低等后果。企业业务应用集成技术正是在这种背景下产生的，它以整体的观点处理企业应用系统的集成问题，使企业应用系统建立在统一的基础业务平台之上。企业应用集成是企业建立信息化平台、实现企业管理信息化的基础，因为企业业务应用集成连接了企业在信息化过程中形成的大量信息孤岛，构建了企业应用的集成基础架构，为企业管理深度信息化创造了条件。

企业业务应用集成是企业信息化非常重要和关键的一步，也是目前国内很多企业信息化建设所处的阶段。应用集成打破了部门与部门之间的壁垒，让营销、服务部门可以共享同一个客户的主记录；采购、基建、财务部门可以共享一个物料成本数据等。业务应用集成的深入发展是将企业中所有的应用系统集成起来，使得信息的获取和发布更加便利，摆脱众多无序信息的困扰，形成一个协同的应用平台，打破应用系统与应用系统之间的壁垒，摆脱结构化信息和非结构化信息纷杂繁复的困扰，形成一个协同的管理信息平台。

3. 企业数据集成

企业数据集成就是把不同来源、格式、特点、性质的数据在逻辑上或物理上有机地集成到一个统一的数据集合中，从而实现企业全面的数据共享。数据集成的核心任务是要将互相关联的分布式异构数据源集成到一起，使用户能够以透明的方式访问这些数据源。集成是指维护数据源整体上的数据一致性、提高信息共享利用的效率；透明的方式是指用户无需关心如何实现对异构数据源数据的访问，只关心以何种方式访问何种数据。企业数据集成与企业业务应用集成在实际工作中很难隔离开来，本质上是解决“信息共享”这一问题的两个侧重点。

4. 社会信息应用集成

社会信息应用集成是指将这个社会的信息集成起来，使得信息可以在整个社会的商务链或供应链上自由地流动，信息的采集、加工整理、存储、传递和应用牵涉到众多的企业。对于电力企业，从发电的燃料供应一直到最终电力用户，将整个商务链、政府监管、科研、高校等企事业单位的信息集成，形成国家或行业层面的信息平台。在这个层次，一定会出现各种类型的虚拟企业，伴随而来的是网络化经济的新模式。

6.4.2 企业信息化集成的缘由

随着信息化的迅猛发展，全球企业在信息系统上注入了巨大的投资，为企业建立了众多信息系统，以帮助企业进行内外部业务的处理和管理工作。META Group 曾做过一项统计，一家典型的大型企业平均拥有 49 个应用系统，33%的信息化预算是用在传统的集成上，通过零星的“点对点”连接，使众多的“信息孤岛”联系起来，以便让不同的系统之间交换信息。根据摩根士丹利公司对大企业 CIO 的调查，在这些主管企业信息化人士所关心的问题中，如何将众多的企业应用系统集成起来，是他们最为关注的热点。

“信息孤岛”是指相互之间在功能上不关联互助、信息不能共享互换，以及信息与业务流程和应用相互脱节的计算机应用系统。从企业的自身原因分析，前期的信息化建设大多缺乏长远与统筹规划，不同阶段只考虑各种局部需求，造成了各种不同应用系统的盲目引进，如其中有上级部门下发推广的系统，也有自行开发或合作开发引进的系统等。由于大多数应用系统之间没有统一的技术和数据标准，数据不能自动传递，缺乏有效的关联和共享，从而形成一个个彼此隔离的信息孤岛。信息孤岛给企业应用带来诸多不便，造成协调困难、效率低下，具体危害表现在以下几个方面：

（1）导致信息的多口采集、重复输入及多头使用和维护，信息更新的同步性差，从而影响了数据的一致性和正确性。由于信息的定义和采集过程彼此独立，企业的同一数据可能在不同的应用中不一致，使得企业面对不同来源的不一致性数据无所适从。这不仅妨碍了数据资源在企业发挥重要作用，同时也成为阻碍信息化进一步发展的障碍。

（2）企业的信息资源大量冗余，信息使用和管理效率低下，缺少统一的、准确的依据。企业数据中存在大量的冗余和错误信息，给信息资源的开发和利用带来一定困难。

（3）企业生产经营活动是连续不断进行的，企业在每时每刻都会产生大量信息，这些信息需要在与企业相关的各个环节内进行输入、处理、输出、反馈等。但企业中大量信息孤岛的存在，难以实现信息的及时共享与快速反馈。

（4）由于缺乏业务功能交互与信息共享，致使企业的物流、资金流和信息流脱节，结果造成账账不符、账物不符，不仅难以进行准确的财务核算，而且难以对业务过程及业务标准实施有效监控，导致不能及时发现经营管理过程中的问题，造成计划失控、库存过量、采购与销售环节的暗箱操作等现象，给企业带来无效劳动、资源浪费和效益流失等严重后果。

（5）孤立的信息系统无法有效地提供跨部门、跨系统的综合性信息，各类数据不能形成有价值的信息，局部的信息不能提升为管理知识，以致对企业的决策支持只能流于空谈，难以提供有效的决策支持。

总之，信息孤岛的存在是企业信息化进程中存在的巨大问题，对企业信息化效益的实现造成了很大影响，为解决这一问题需要进行企业信息化集成。集成平台是可以适应于不同系统之间信息共享的通用工具，就是通过企业应用集成技术将企业的业务流程、公共数据、应用软件、硬件和各种标准联合起来，在不同企业应用系统之间实现无缝集成，使它们像一个整体一样进行业务处理和信息共享。当在多个企业系统之间进行商务交易的时候，集成平台也可以为不同企业之间实现系统集成。

6.5　企业业务应用集成

企业业务应用集成（EAI）常常表现为对一个供应链实体的信息系统进行业务应用集

成，当在多个企业系统之间进行信息交互时，EAI 也表现为不同企业实体之间的企业系统集成。这实现了企业内部、企业与企业之间及企业与客户之间的业务集成。实施企业业务应用集成对企业的重要意义有以下几点：①增进与客户的联系。企业业务应用集成能够通过为客户提供全面集成的、个性化的服务，增进客户与企业间的沟通和了解，同时，实施 EAI 能够使企业在客户心目中的形象获得提升。②优化内部流程。企业业务应用集成能简化企业内部不同部门之间的信息流动。同时，通过信息的汇总，可以为决策人员提供集成信息。③改善供应链管理。通过建立与合作伙伴的信息系统集成架构，合作伙伴之间可以方便地共享信息、协调业务，这既大大方便了企业之间的协作，也加强了企业和合作伙伴之间的联系。④加快企业反应速度。企业业务应用集成最初的动力就是提高效率、节约成本，事实上，企业业务应用集成技术最大的意义在于大大提高了企业的工作效率。⑤节约成本降低风险。通过使用已有的成熟的代码和系统，节约了成本，同时能够有效地规避项目开发失败的风险。企业已有的应用程序也是企业的财产，在某些情况下它们是保证企业业务连续性的媒介，对它们进行替换的任何尝试，其代价和潜在风险都是很大的。集成企业已有的系统一方面可以大大减少企业的投资，同时也防止了新的信息孤岛的产生，提高了企业的信息化水平，加快了企业管理全面信息化的进程。

6.5.1 企业业务应用集成的发展过程

回顾企业业务应用集成技术的发展过程，集成技术的演变经历了十多年的时间，经历了从不成熟到逐渐成熟的坎坷历程，产生了几代企业业务应用集成技术，为企业带来不断增长的商业价值。下面对企业业务应用集成技术的演变过程进行简要说明。

20 世纪 60 年代到 20 世纪 70 年代期间，企业业务应用大多是用来替代重复性劳动的一些简单设计。当时并没有考虑到企业数据的集成，唯一的目标就是用计算机代替一些孤立的、体力性质的工作环节。

20 世纪 80 年代，企业规模开始扩大，企业业务和数据日趋复杂，一些公司开始意识到应用集成的价值和必要性。很多公司的技术人员试图在企业系统整体概念的指导下对已经存在的应用进行重新设计，以便将它们集成在一起。此时，点到点（Point-to-Point）的集成技术开始出现，在各个业务应用系统之间通过各自不同的接口进行点到点的简单连接，实现信息和数据的共享。点到点的应用集成也被称为第 0 代企业业务应用集成技术。

20 世纪 80 年代末和 20 世纪 90 年代初，随着企业规模的进一步扩大，应用系统不断增加，简单的点到点连接已经很难满足不断增长的应用集成要求，企业迫切需要新的集成方法：可以少写代码，无需巨额花费，就可以将各种旧的应用系统和新的系统集成起来。第 1 代企业业务应用集成技术的出现在一定程度上解决了这些问题，它采用 CORBA/DCOM、MOM（消息中间件）等技术，实现了对企业信息的集成，促进了企业的进一步发展。

20 世纪 90 年代中后期，企业业务的迅速发展及与电子商务的结合对业务应用集成解决方案提出了更高的要求，局限于信息集成的第 1 代企业业务应用集成技术很难实现企业业务流程的自动处理、管理和监控；基于业务流程管理/集成（BPM/BPI）的第 2 代企业业务应用集成技术成为更加合适的集成选择方案。第 2 代企业业务应用集成技术通过实现对企业业务流程的全面分析管理，可以满足企业与客户、合作伙伴之间的业务需求，实现端到端的业务流程，顺畅企业内外的数据流、信息流和业务流。第 2 代企业业务应用集成技术是当前集成技术发展的主流。

目前，企业业务应用集成技术正向第 3 代集成技术演变：即根据不同行业集成技术的特点，推出基于行业的预建构集成包，预先解决行业共性的问题，从而缩短企业业务应用集成项目开发周期。

6.5.2 企业业务应用集成的内容分类

企业业务应用集成包含的内容繁多复杂，涉及制度、流程、应用软件等企业系统的诸多方面。企业业务应用集成的分类自然也有很多方式，本书从集成的深度与广度两方面进行探讨。

1. 从集成的深度上划分集成类型

从集成的深度上，企业业务应用集成由浅入深可以分为以下几个层次类型：

（1）界面集成

界面集成是最浅层次的集成，只是把原有的零散的系统界面集中到一个新的界面当中呈现给使用者，通常是集中到浏览器界面中。界面集成虽然增加或改变了一些界面，但操作者完成一个流程仍旧要面对被集成对象原有的界面，并且对数据的加工也是通过原有的界面完成。

（2）数据集成

数据集成是实现业务应用集成的基础，是用来解决信息系统底层的数据同步性、时效性问题，其目的是解决数据来源的唯一性、真实性、时点性（数据是动态的，不同时点的数据有不同的状态）。

在数据集成阶段，需要确定统一的数据元模型，以及在（分布式）数据库系统中数据的分布、复制和共享策略。数据层集成围绕业务应用中的数据资源进行集成，力图实现异构数据资源的相互查询访问的目标。

数据层集成可以忽略界面或企业业务逻辑，直接修改原系统的数据库或利用其数据结构进行集成，可用于直接对数据库中的数据进行读写的技术非常多，主要有以下 4 类：

1）批处理程序：数据在不同系统间定时或定量传送的批处理程序，在 20 世纪 90 年代使用较多，目前对新系统进行初始化时进行数据转录仍在使用这种技术。

2）开放的数据连接技术：一种标准的 API（应用程序编程接口），提供一种抽象化的方式对异构的关系型数据库进行存取操作。

3）数据库访问中间件：这种技术可以建立数据应用资源互操作的模式，对异构环境下的数据库或文件系统实现连接，并按使用者的要求进行读取。

4）数据转换：通常配合数据库访问中间件使用，将从源数据库读来的数据转换为目的数据库可以接收的格式，或者将不同系统间的不同数据结构转换成相互可识别的格式。如果采用 XML 文件作为中间数据格式，则在生成 XML 文件和写入目的数据库之前，都需要由数据转换程序完成。

（3）功能集成

功能集成是基于应用系统之间功能的关联或承上启下的业务流程集成，功能集成包含了应用集成与业务流程集成两方面的内容。

应用集成是为两个应用中的数据和函数提供接近实时的集成；业务流程集成是将业务流程的设计与业务流程的具体实现逻辑（如用户界面开发、数据库逻辑、事务逻辑等）分离开来，由 EAI（企业业务应用集成）提供支持数据传输和跨过程协调的基础服务，实现流程层面的集成。业务流程集成的具体功能包括业务流程模型的统一存储和管理、流程的分析和仿真、流程的自动化，还包括对业务流程中各个任务所需人力、资源和应用程序的管理。

中间件技术是功能集成阶段应用的主要技术，中间件在操作系统、网络和数据库之上，位于应用软件的下层。其主要作用是为处于自己上层的应用软件提供运行与开发的环境，帮助用户灵活、高效地开发和集成复杂的应用软件。中间件为程序间的互操作提供了终端仿真、屏幕转换、数据访问、消息管理、对象集成、Web 服务、安全控制等多种功能，并且也同样可以实现远程过程调用。中间件根据其功能可以分为不同的类型，在功能集成中应用最多的中间件有以下几种类型：①消息管理中间件。用来屏蔽掉各种平台及协议之间的特性，实现在不同平台之间通信，实现分布式系统中可靠、高效、实时的跨平台数据传输，实现应用程序之间的协同。②对象中间件。在分布异构的网络计算机环境中，可以将各种分布对象有机地结合在一起，完成系统的快速集成，实现对象重用，在这方面遵循的标准是 CORBA，对象中间件将是未来的主流。OMG 的 CORBA，微软的 DCOM，SUN 的 JavaEE 都采用了对象中间件技术。③交易中间件。在分布异构环境下提供保证交易完整性和数据完整性的一种环境平台。④信息中介中间件。以集中式的架构，建立各应用系统间界面的代管中心，类似各应用系统间的信息转换器和路由器，信息中介中间件将信息从各个源系统读取后，发送到目标系统的界面。各个中间件的功能可以单独使用，也可以根据需要组合使用。

功能层集成模式比界面层集成和数据层集成具有更高的弹性，功能层集成模式最常见的是工作流集成方法和插件式集成方法。

1）工作流集成方法。

工作流集成方法，是指将某个业务流程按照企业或政府的业务逻辑在所有相关的系统中执行。工作流集成通过使用请求的概念来完成各个系统的工作流贯通，在一些简单的工作流集成中，可以使用静态的工作流集成，即每个活动都是固定的，如果要求更高的灵活性，则需要使用动态工作流技术。

2）插件式集成方法。

Web 服务就是一种插件式集成方法，Web 服务提供了一系列标准化的商业组件，一次部署到 Internet 中，然后即可作为不同的企业业务应用系统间的标准接口，用于所有接受这个标准的企业业务应用中，因此 Web 服务可以称作全球标准化插件集成方法，但是这个标准化工作过于庞大和理想化，从不同的国家地区、财税制度、语种和商业规则中抽象出一个标准是相当困难的。完全成熟的 Web 服务预计还要到若干年后才可能实现。

2. 从集成的广度上划分集成类型

从集成的广度上，根据企业业务应用集成覆盖的范围，可以将企业业务应用集成分为以下两种：

（1）对企业内部实现横向和纵向的部门集成

企业内部的横向集成指的是支持业务过程的不同功能领域的应用系统所在的职能部门之间的集成，横向集成的典型例子是企业供应链管理。在供应链系统中，企业需要实现订单接收、采购、生产、运输和分销等同一层次的一系列活动的连续进行，以便缩短订单的处理周期，使用最少的生产成本，为客户带来最大的利益。

企业内部的纵向集成指的是在不同的控制和管理层次的系统之间的集成。由于传统的企业组织的领导层次划分是一种金字塔形，这种金字塔形的组织结构在面临决策时很难对一些紧急的问题快速做出决策，而面向过程的集成要求组织对过程的每一个活动都能够迅速做出决策。这种要求势必使企业的组织结构重组，由传统的金字塔形向扁平化方向转变，最后实现企业组织结构的网络化。

企业组织间的横向集成和纵向集成的过程正是企业组织扁平化和网络化的过程，最后结果是使企业内部形成开放式的网络化组织结构，实现组织快速高效的联系，并对市场快速做出响应。

（2）对企业外部实现企业间的集成

因特网的发展增加了企业之间的合作与交流，一些跨企业的业务过程也相应产生。通过若干企业组成一个相对稳定的合作网络，这种企业网络可以提供单个企业所不能提供的产品和服务，获得单个企业无法完成的订单。为了增加合作的效率，需要对供应链中的不同企业业务系统进行集成。企业间集成的一个特点是，并不是企业内所有的系统都需要实现企业之间的集成，而是只需要集成一些与跨企业的业务过程有关的信息和系统，因此企业之间的集成是一种有选择的集成。企业间集成的一个关键问题是，企业的不同系统要交换的数据格式需要相匹配。

6.5.3 企业业务应用集成的架构模式

架构模式（Architecture Pattern）也叫架构风格，一个架构模式描述软件系统里的基本的结构组织或纲要。架构模式提供一些事先定义好的子系统，指定它们的责任，并给出把它们组织在一起的法则和指南，一个架构模式常常可以分解成很多个设计模式的联合使用。架构模式是 IT 界人士用来处理应用集成复杂性的一种重要方法，它帮助 IT 人士选择合适的方案和工具来扫除应用集成的障碍和困难。

企业业务应用集成的架构模式是为了提高应用系统的重用性和灵活性的一种设计方案，这种方案对于构建适应快速变化的企业业务应用系统是至关重要的。企业业务应用集成架构模式的共同特点是解耦，也就是将系统之间的相互依赖最小化，这样就提供了更好的灵活性和更强的独立性。企业业务应用集成的架构包括集成适配器、集成消息器、集成面和集成媒介器 4 种模式。

1. 集成适配器模式

集成适配器模式提供了一种将可重用的应用程序进行导出的灵活方式，这种架构模式的基本思想是将服务器端的应用接口转换成客户端程序所期望的接口，这种架构模式的出发点是为多个客户端应用程序提供一个统一的可重用的服务器端接口。

如图 6-7 所示，集成适配器将一个特定的接口转换成一个开放的、可重用的接口。这种模式的参与者是一个或者多个客户端应用程序和服务器端应用程序，客户端应用程序通过适配器接口调用服务器端的应用程序。

图 6-7 集成适配器模式

2. 集成消息器模式

集成消息器是指在提供集成的同时将应用程序之间的交互逻辑解耦的一种架构模式，这种架构模式能使得应用程序之间的通信依赖性降低到最小，这种模式的通信模型是多样化的，分别有如下几类：

（1）一对一同步（请求/响应）。这种模式涉及单个客户应用程序和单个服务器端应用程序，客户端应用程序等待服务器端应用程序的响应。

（2）一对一异步（消息队列）。这种模式涉及单个客户端应用程序和单个服务器端应用程序，客户端应用程序并不等待服务器端应用程序的响应。

（3）一对多异步（消息发布和预定）。这种模式涉及了一个客户端应用程序和一个或者多个服务器端应用程序，多个客户端分别有选择地接收服务器端的消息。

这种模式的参与者是被集成的应用程序和集成消息器，集成消息器负责在应用程序间发布消息，并且提供透明的消息定位服务，如图 6-8 所示。

图 6-8 集成消息器模式

3. 集成面模式

集成面模式是指将客户端应用程序和服务器端应用程序通过类似集线器的方式集成起来的一种方案，如图 6-9 所示。

这种架构模式可以为一个或者多个客户端应用程序提供统一的、简化的接口。集成面模式的参与者是一个或者多个客户端应用程序，客户端应用程序可以调用集成面的服务，这种模式抽象了服务器端应用程序的功能，使其更易于使用，集成面将其接口转换为服务器端应用程序的接口。

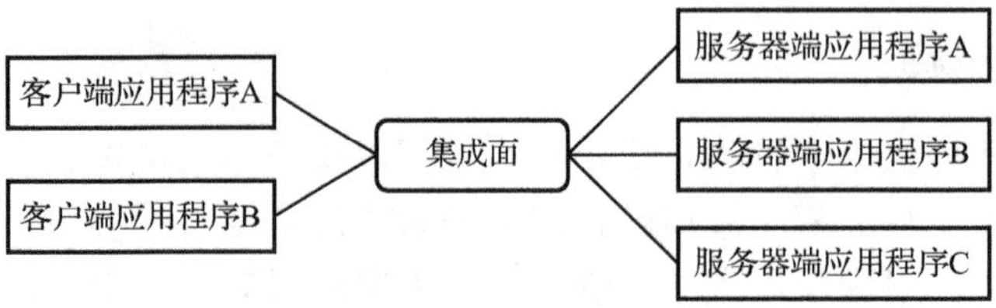

图 6-9　集成面模式

4. 集成媒介器模式

集成媒介器模式是指将应用程序的交互逻辑进行封装，然后从应用程序中剥离出来，加以集成，这种方案可以使应用程序之间的依赖性及对现有的应用程序的影响最小化。

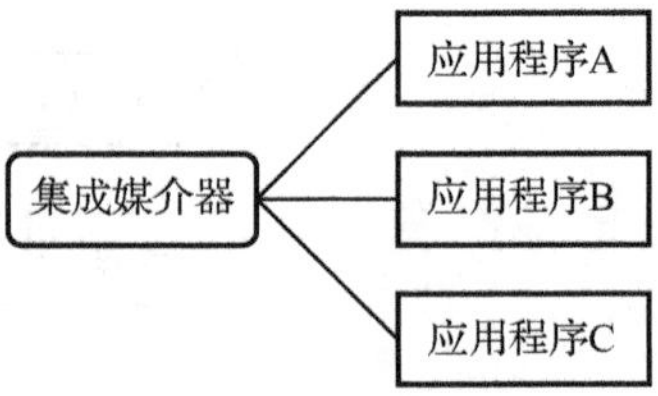

图 6-10　集成媒介模式

集成媒介器模式如图 6-10 所示，这种模式包括一个集成媒介器及两个或者多个应用程序。集成媒介器包含的是系统的交互逻辑，参与的应用程序直接和集成媒介器交互。由于交互逻辑被集中到了集成媒介器，这种模式使系统获得了更好的灵活性，提高了业务的敏捷性。

6.6　企业数据集成

6.6.1　数据集成概述

计算机应用到一个组织的管理中，一般要经历从初级到不断成熟的成长过程，美国人理查德·诺兰在 1973 年总结了这一规律，并于 1980 年进一步进行了完善，形成了“诺兰模型”。诺兰将计算机信息系统的发展道路划分为 6 个阶段，分别是：初始阶段、普及阶段、控制阶段、集成阶段、数据管理阶段和成熟阶段。诺兰强调，任何组织在实现以计算机为基础的信息系统时都必须从一个阶段发展到下一个阶段，各个阶段之间并非截然分开，但也不能实现跳跃式发展。20 世纪 90 年代，米歇对诺兰模型提出了补充意见，他认为，在诺兰模型中，作为前后两个阶段的集成与数据管理其实是不可分割的，集成阶段的实质和主要特征恰恰就是以数据集成为核心的数据管理，米歇模型认为信息化的一般路径是由起步、增长、成熟和更新这样 4 个阶段所构成。用米歇模型考察电力企业信息化的现实，可以认为，我们整体上处于增长阶段，系统林立、信息孤岛问题仍很突出，随着实践的发展，我们必须充分考虑在标准和规范基础上的数据集中管理和深度利用问题，也就是要向成熟阶段过渡问题。

由于开发时间或开发部门的不同，往往有多个异构的、运行在不同的软硬件平台上的信息系统同时运行，这些系统的数据源彼此独立、相互封闭，使得数据难以在系统之间交流、共享和融合，从而形成了“信息孤岛”。随着信息化应用的不断深入，企业内部、企业与外部信息交互的需求日益强烈，急切需要对已有的信息进行整合，联通“信息孤岛”，共享信息。为解决这些问题，人们开始关注数据集成研究。

数据集成是企业管理信息化集成的基础和关键，好的数据集成系统要保证用户以低成本、高效率使用异构的数据。实现良好的数据集成，要解决以下几个难题：

（1）异构性。

被集成的数据源通常是独立开发的，数据模型异构，给集成带来很大困难。这些异构性主要表现在数据语义、相同语义数据的表达形式、数据源的使用环境等方面。

（2）分布性。

数据源是异地分布的，依赖网络传输数据，这就存在网络传输的性能和安全性等问题。

（3）自治性。

各个数据源有很强的自治性，它们可以在不通知集成系统的前提下改变自身的结构和数据，给数据集成系统的鲁棒性提出挑战。

6.6.2 数据集成的分类

数据集成可以分为下述4个层次。

1. 基本数据集成

基本数据集成面临的问题很多，通用标识符问题是数据集成时遇到的最难的问题之一。由于同一业务实体存在于多个系统源中，并且没有明确的办法确认这些实体是同一实体时，就会产生这类问题。处理该问题的办法如下：

（1）隔离。保证实体的每次出现都指派一个唯一标识符。

（2）调和。确认哪些实体是相同的，并且将该实体的各次出现合并起来。

当目标元素有多个来源时，指定某一系统在冲突时占主导地位。

数据丢失问题是最常见的问题之一，一般解决的办法是为丢失的数据产生一个非常接近实际的估计值来进行处理。

2. 多级视图集成

多级视图机制有助于对数据源之间的关系进行集成：底层数据表示方式为局部模型的局部格式，如关系和文件；中间数据表示为公共模式格式，如扩展关系模型或对象模型；高级数据表示为综合模型格式。视图的集成化过程为两级映射：

（1）数据从局部数据库中，经过数据翻译、转换并集成为符合公共模型格式的中间视图。

（2）进行语义冲突消除、数据集成和数据导出处理，将中间视图集成为综合视图。

3. 模式集成

模型合并属于数据库设计问题，其设计的好坏常视设计者的经验而定，在实际应用中很少有成熟的理论指导。实际应用中，数据源的模式集成和数据库设计仍有相当的差距，如模式集成时出现的命名、单位、结构和抽象层次等冲突问题，就无法照搬模式设计的经验。在众多互操作系统中，模式集成的基本框架如属性等价、关联等价和类等价可最终归于属性等价。

4. 多粒度数据集成

多粒度数据集成是异构数据集成中最难处理的问题，理想的多粒度数据集成模式是自动逐步抽象。数据综合（或数据抽象）指由高精度数据经过抽象形成精度较低、但是粒度较大的数据。其作用过程为从多个较高精度的局部数据中，获得较低精度的全局数据。在这个过程中，要对各局域中的数据进行综合，提取其主要特征。数据综合集成的过程实际上是特征提取和归并的过程。数据细化指通过由一定精度的数据获取精度较高的数据，实现该过程的主要途径有：时空转换，相关分析或者由综合中数据变动的记录进行恢复。数据集成是最终实现数据共享和辅助决策的基础。

6.6.3 数据集成的方法

在企业数据集成领域，已经有了很多成熟的框架可以利用。目前通常采用联邦式、基于中间件模型和数据仓库等方法来构造集成的系统，这些技术在不同的着重点和应用上解决数据共享和为企业提供决策支持。

1. 联邦数据库

联邦数据库是早期人们采用的一种模式集成方法。模式集成则是人们最早采用的数据集成方法。其基本思想是，在构建集成系统时将各数据源的数据视图集成为全局模式，使用户能够按照全局模式透明地访问各数据源的数据。全局模式描述了数据源共享数据的结构、语义及操作等。用户直接在全局模式的基础上提交请求，由数据集成系统处理这些请求，转换成各个数据源在本地数据视图基础上能够执行的请求。模式集成方法的特点是直接为用户提供透明的数据访问方法。由于用户使用的全局模式是虚拟的数据源视图，一些学者也把模式集成方法称为虚拟视图集成方法。模式集成要解决两个基本问题：一是构建全局模式与数据源数据视图间的映射关系；二是处理用户在全局模式基础上的查询请求。

模式集成过程需要将原来异构的数据模式做适当的转换，消除数据源间的异构性，映射成全局模式。全局模式与数据源数据视图间映射的构建方法有两种：全局视图法和局部视图法。全局视图法中的全局模式是在数据源数据视图基础上建立的，它由一系列元素组成，每个元素对应一个数据源，表示相应数据源的数据结构和操作；局部视图法先构建全局模式，数据源的数据视图则是在全局模式基础上定义，由全局模式按一定的规则推理得到。用户在全局模式基础上查询请求需要被映射成各个数据源能够执行的查询请求。

在联邦数据库中，数据源之间共享自己的一部分数据模式，形成一个联邦模式，如图 6-11 所示。联邦数据库系统按集成度可分为两类：采用紧密耦合联邦数据库系统和采用松散耦合联邦数据库系统。紧密耦合联邦数据库系统使用统一的全局模式，将各数据源的数据模式映射到全局数据模式上，解决了数据源间的异构性。这种方法集成度较高，用户参与少；缺点是构建一个全局数据模式的算法复杂，扩展性差。松散耦合联邦数据库系统比较特殊，没有全局模式，采用联邦模式。该方法提供统一的查询语言，将很多异构

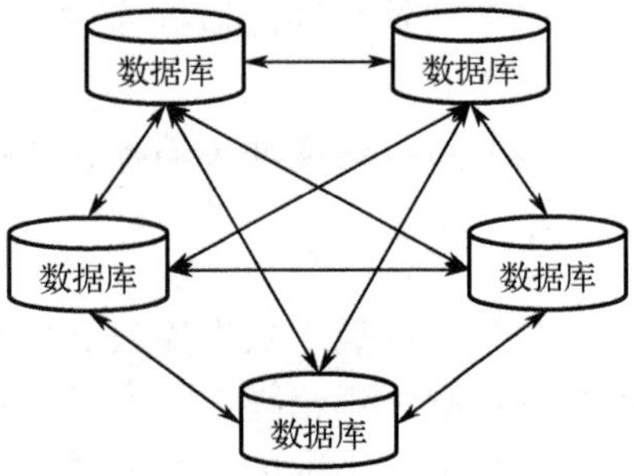

图 6-11　联邦数据库系统结构

性问题交给用户自己去解决。松散耦合方法对数据的集成度不高，但其数据源的自治性强、动态性能好，集成系统不需要维护一个全局模式。

2. 中间件集成方法

中间件集成方法是目前比较流行的数据集成方法，中间件模式通过统一的全局数据模型来访问异构的数据库、遗留系统、Web 资源等。中间件位于异构数据源系统（数据层）和应用程序（应用层）之间，向下协调各数据源系统，向上为访问集成数据的应用提供统一数据模式和数据访问的通用接口。各数据源的应用仍然完成它们的任务，中间件系统则主要集中为异构数据源提供一个高层次检索服务。它同样使用全局数据模式，通过在中间层提供一个统一的数据逻辑视图来隐藏底层的数据细节，使得用户可以把集成数据源看作一个统一的整体。这种模型下的关键问题是如何构造这个逻辑视图并使得不同数据源之间能映射到这个中间层。

G. Wiederhold 最早给出了基于中间件的集成方法的构架。与联邦数据库不同，中间件系统不仅能够集成结构化的数据源信息，还可以集成半结构化或非结构化数据源中的信息，如 Web 信息。美国斯坦福大学 Garcia Molina 等人在 1994 年开发了 TSIMMIS 系统，就是一个典型的中间件集成系统。典型的基于中间件的数据集成模型，如图 6-12 所示，主要包括中间件和封装器，其中每个数据源对应一个封装器，中间件通过封装器和各个数据源交互。用户在全局数据模式的基础上向中间件发出查询请求。中间件处理用户请求，将其转换成各个数据源能够处理的子查询请求，并对此过程进行优化，以提高查询处理的并发性，减少响应时间。封装器对特定数据源进行了封装，将其数据模型转换为系统所采用的通用模型，并提供一致的访问机制。中间件将各个子查询请求发送给封装器，由封装器来和其封装的数据源交互，执行子查询请求，并将结果返回给中间件。中间件注重于全局查询的处理和优化，相对于联邦数据库系统的优势在于：它能够集成非数据库形式的数据源，有很好的查询性能，自治性强；中间件集成的缺点在于它通常是只读的，而联邦数据库对读写都支持。

3. 数据仓库方法

数据仓库方法是一种典型的数据复制方法，该方法将各个数据源的数据复制到同一处，即数据仓库，用户则像访问普通数据库一样直接访问数据仓库，如图 6-13 所示。

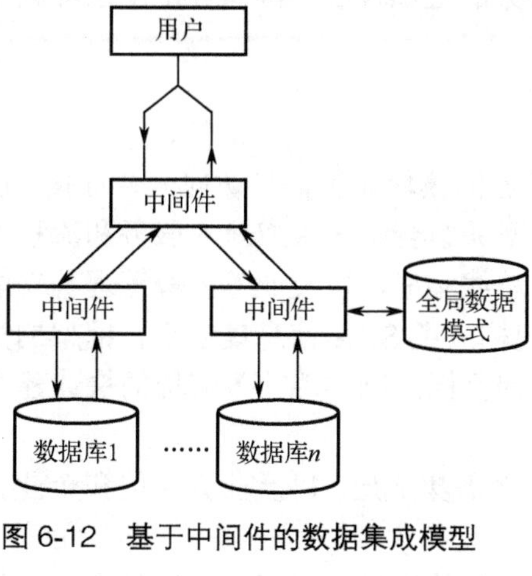

图 6-12 基于中间件的数据集成模型

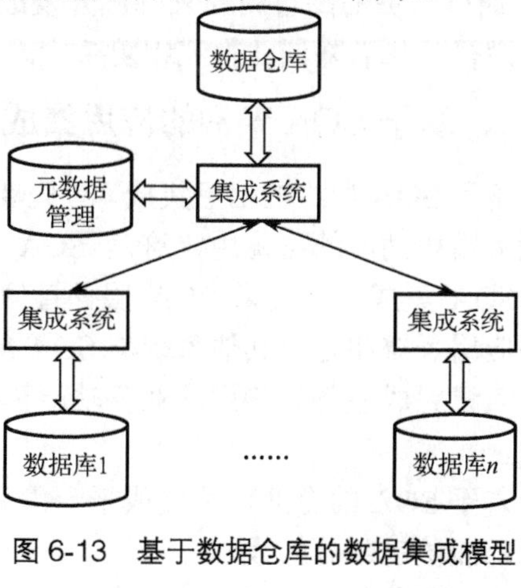

图 6-13 基于数据仓库的数据集成模型

数据仓库是在数据库已经大量存在的情况下，为了进一步挖掘数据资源和决策需要而产生的。目前，大部分数据仓库还是用关系数据库管理系统来管理的，但它决不是所谓的“大型数据库”。数据仓库方案建设的目的，是将前端查询和分析作为基础，由于有较大的冗余，所以需要的存储容量也较大。数据仓库是一个环境，而不是一件产品，提供用户用于决策支持的当前和历史数据，这些数据在传统的操作型数据库中是很难得到或者不能得到的。

数据仓库技术是为了有效地把操作型数据集成到统一的环境中以提供决策型数据访问的各种技术和模块的总称。所做的一切都是为了让用户更快捷、更方便地查询所需要的信息，提供决策支持。简而言之，从内容和设计的原则来讲，传统的操作型数据库是面向事务设计的，数据库中通常存储在线交易数据，设计时尽量避免冗余，一般采用符合范式的规则来设计。而数据仓库是面向主题设计的，数据仓库中存储的一般是历史数据，在设计时有意引入冗余，采用反范式的方式来设计。另一方面，从设计的目的来讲，数据库是为捕获数据而设计，而数据仓库是为分析数据而设计，它的两个基本的元素是维表和事实表。维是看问题的角度，如时间、部门，维表中存放的就是这些角度的定义；事实表里放着要查询的数据，同时有维表的 ID。

6.7 基于 SOA 信息集成及其应用实例

6.7.1 基于 SOA 信息集成简介

20 世纪 90 年代中期，Gartner 提出面向服务的架构（Service Oriented Architecture，SOA）概念。21 世纪初，国内外计算机专家、学者掀起了对 SOA 积极研究与探索的高潮。SOA 常被翻译为“面向服务的架构”“面向服务的体系结构”“以服务为中心的体系结构”等，SOA 就是以“服务”为基本元素来组建企业 IT 架构。在技术层面上，SOA 是一种“抽象的、松散耦合的粗粒度软件架构”；在业务层面上，SOA 的核心概念是“重用”和“互操作”，它将企业的 IT 资源整合成可操作的、基于标准的服务，使其能被重新组合和应用。SOA 通过服务的高重用性来降低开发成本；通过服务的粗颗粒度、松耦合特性来屏蔽复杂业务逻辑，从而降低业务流程复杂度。

1. 基于 SOA 架构的应用集成

基于 SOA 架构的信息集成，首先要完成企业业务的模块化和信息访问的合理化，以达到业务模块功能的可重用，这是 SOA 架构下通过服务组合编排生成新的服务和流程的基础，SOA 集成平台提供 SOA 服务管理、企业服务总线集成，以及业务流程管理等功能。业务应用系统和企业其他系统与 SOA 集成平台一起构成了 SOA 信息集成平台框架的实体层，负责完成服务架构层的业务功能模块和业务流程目标，以实现业务流程的快速建立和优化。

基于 SOA 的企业应用集成平台由服务抽象层、服务集成层，以及业务应用和企业公共服务功能层三部分组成。

（1）服务抽象层是指业务模块、流程，以及企业其他信息访问服务的抽象表达，是通过服务封装标准（Web服务，JMS或其他服务标准）定义的标准服务。企业信息化建设的最终目的，是为了提供企业业务服务和信息访问功能。在SOA框架指导下，可以用Web服务和XML等标准技术，完成服务层表达与具体技术实现的隔离。其中，技术实现可以基于历史已有系统，也可以采用J2EE或.NET，以保证业务功能模块的可重用性、业务流程的快速编排和优化，以及业务模块的互操作。

（2）服务集成层是SOA企业应用集成的中心。集成层处理的对象都是服务，主要负责完成业务功能、数据的交换和业务流程编排等，提供服务的全局视图、管理及监控。

（3）业务应用和企业公共服务功能层中，业务应用系统提供业务逻辑的实现，对外提供模块化的业务功能服务。

业务模块功能服务遵循SOA集成平台的服务封装要求，实现服务的统一接口，是SOA集成平台的服务调用对象和流程组合对象。在SOA架构中，企业公共服务功能是满足标准且可被调用的，如企业的统一用户管理功能和安全认证功能等。

2. 集成框架核心组件

电力企业应用集成框架的核心组件包括服务总线、平台管理、业务流程管理和跟踪，以及服务目录4部分。

（1）服务总线：是一种用于松散耦合的服务和应用之间的标准集成方式，它提供了服务管理的方法和在分布式异构环境中进行服务交互的功能。

（2）平台管理：可以提供监控、统计、操作权限管理、日志管理、服务目录管理、服务总线管理、流程引擎管理及平台参数配置等功能。

（3）业务流程管理和跟踪：管理人员可以使用BPM业务流程管理和跟踪功能，在平台上定义发布流程，将分布在企业各个部门的服务集成起来，以满足跨部门数据流转的业务需求。BPM业务流程管理和跟踪系统的主要功能模块有流程映射、流程配置、流程跟踪写入、流程跟踪查询、流程控制操作、流程催办、流程统计查询、系统管理模块等。

（4）服务目录：可以引入服务管理、服务发布等功能，并针对Web服务的要求提供应用程序动态和实时调用服务的功能。服务目录主要有3大功能：①服务信息存储功能。服务目录主要存储与服务相关的信息，包括服务的地域、所属部门、URL地址、功能描述、版本信息、发布时间、发布人员、状态、输入/输出参数、错误代码、同步/异步、技术负责人、电话、Email等。服务目录只对服务的这些相关信息进行管理，而对服务本身的管理，如服务发布，应该由提供服务的外围系统负责，不在平台的责任范围内。②服务信息的管理功能。可以按照不同的服务元数据进行定义、查询，并生成服务分类视图。根据管理者的地域、部门和分级管理权限的区别，服务目录支持操作员的本地视图，实现集成平台的分级管理。③服务信息的总线修改通知功能。服务目录统一维护服务的信息，服务信息修改需要通知各服务总线。在服务总线分布部署的情况下，各服务总线需要本地保留服务信息缓冲数据，以提高平台的性能，并达到高可靠性要求。

6.7.2 基于SOA信息集成应用实例

中国南方电网公司在“十二五”信息化规划中，关于信息化集成的设计理念和方法值得参考学习。

1. 集成设计技术要求

（1）遵循 SOA 架构，确保技术先进、标准开放、架构安全、运行可靠、灵活扩展。

（2）遵循《面向服务的信息技术架构（SOA）框架规范》和《南方电网企业信息集成平台建设规范》。

（3）公司总部和各分子公司集成服务以企业服务总线（ESB）为核心，应用系统之间的交互衔接均必须通过集成服务完成，杜绝系统间直连式通道的接口建设，通过统一集成规范加强系统整合的统一管理。同时，平台应具备多语言、多协议、跨技术平台的接入能力。

（4）业务流程管理（BPM）作为集成服务的核心部件，跨应用的业务流程协同均通过业务流程管理实现；通过与两级企业服务总线的联动，实现网公司与分子公司两级的业务流程流转。

（5）网、省两级部署的企业服务总线通过级联，实现透明访问、上下联动，公司总部可对各分子公司服务目录、服务库等进行统一管控。集成服务部署架构如图 6-14 所示。

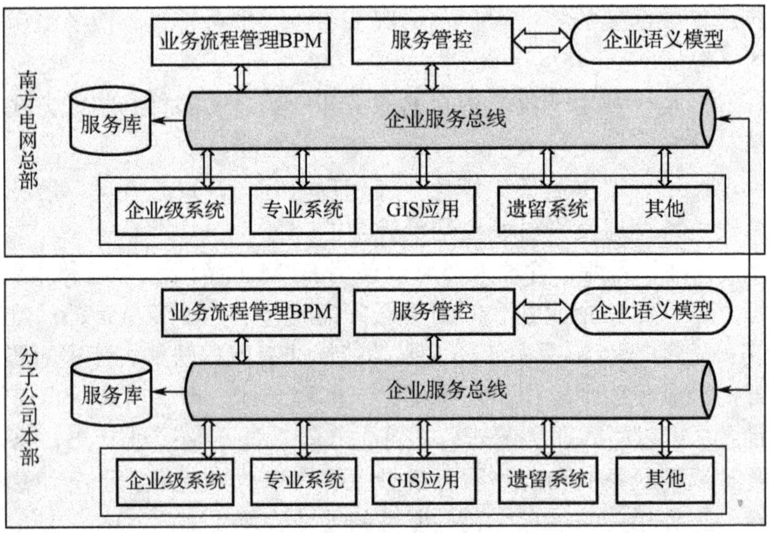

图 6-14　信息化集成体系架构

（6）服务的管控应遵循统一和规范的原则，保证网、省两级服务库目录管理、服务资产管理、服务管控流程等的一致性，最大程度上保障两级服务总线的互联、畅通。

（7）基于企业公共信息模型（ECIM）定义企业语义模型，作为集成服务的数据标准，为集成提供统一的编码规范和交换格式。

（8）业务集成通过企业服务总线和业务流程管理对各个业务系统的业务服务进行编排，将不同系统的业务流程无缝衔接，通过集成服务处理跨系统的协同业务，最终实现业务流程跨部门、跨应用的贯通。公司总部与分子公司间业务集成通过两级企业服务总线联邦实现。

（9）数据集成通过企业服务总线和数据中心的数据交换功能协作实现。其中，小批量数据集成通过企业服务总线实现，业务系统的数据经抽取、清洗、转换、聚合后以服务的方式发布到企业服务总线，由应用系统通过客户端调用或触发实现横向的实时、小数据量的数据交换；纵向小批量数据集成（双向）由上、下两级企业服务总线协作共同完成。大批量数据集成由公司企业级数据中心统一提供数据，业务系统的数据获取请求经企业服务总线通知数据中心，数据中心通过企业服务总线将消息下发至业务系统后，通过数据中心的数据交换功能完成数据加载。

（10）对于新建业务系统，系统开发应遵循 SOA 架构原则，对外提供以 Web Service 封装为主的服务，以符合服务总线直接接入的要求；同时，集成交互的数据结构应符合服务集成语义模型规范，以保证新建系统在数据架构上符合企业集成、共享和协同的要求。

（11）对遗留系统，在充分保护现有应用系统信息资源的基础上，采用面向服务的集成策略，封装已有的数据和业务逻辑，实现对遗留系统的服务化改造，积累可重用的服务资产，实现系统之间的互联互通。

（12）SOA 服务的开发和接入应遵循可治理性原则，以实现 SOA 服务的全生命周期的监控与管理。

（13）全网 GIS 作为公共地理信息服务软件，采用公共的规范进行设计和开发，以服务的方式为各系统提供电网图形和分析服务，通过服务集成，实现各类电网业务的可视化支撑。全网 GIS 能够支持不同格式地理信息的导入。

2. 建设重点

（1）建立集成服务部件，提升业务共享和集成水平：①根据南方电网公司《面向服务的信息技术架构（SOA）框架规范》和《南方电网企业信息集成平台建设规范》要求，在公司总部、分子公司本部按两级部署模式建立集成服务，通过两级集成服务级联保证公司总部与分子公司应用系统的互联互通需求，实现应用系统之间的松耦合集成。②建立对复杂事件处理的扩展，提供业务数据捕获、事件过滤、关联规则设置、分析策略配置等功能，通过捕获、接收事件信息，为事件驱动架构提供技术支撑，实现集成服务高级应用。③基于公司 ECIM 模型定义公司企业语义模型，“十二五”期间加强人、财、物领域语义模型的建立，并根据智能电网发展要求，进一步完善企业语义模型。④研究并制定各系统集成规范，为后续系统集成提供可靠依据。⑤建立统一的服务库和服务目录，按照服务生命周期的管理理念对服务进行管控，有效提高 SOA 质量和服务资产积累。建立服务管控流程，包括服务申请、部署发布、消费申请、申请变更及注销等保障服务全生命周期管理。

（2）建设全网 GIS，为业务可视化处理提供支撑。①建设网、省两级全网 GIS 系统，实现电网资源的图形化展现和结构化管理，实现对公司空间数据的管理，全网 GIS 作为公共服务系统，以服务的方式为各应用系统提供电网图形和分析服务，实现电网网架自动维护，为客户服务、电网运行、电网规划等业务的辅助决策分析提供可视化支撑。②各分子公司系统存储所辖电网拓扑信息、电网空间数据，电网公司系统存储全网拓扑信息、输电/变电空间数据，通过实现两级全网 GIS 系统贯通，将各分子公司系统中的电网模型定时同步至公司总部，在公司总部进行模型的拼接，形成全网统一的电网模型，全面掌握整个电网的结构、拓扑、位置、模型变化情况，有效地监控电网运行。

6.8 电力行业数据仓库

6.8.1 数据仓库概述

数据仓库（Data Warehouse）是决策支持系统（DSS）和联机分析应用数据源的结构化数据环境。数据仓库研究和解决从数据库中获取信息的问题，数据仓库的特征在于面向主题、集成性、稳定性和时变性。

1. 狭义的数据仓库

狭义的数据仓库特指数据逻辑集成过程产生的结果，结合电力行业数据的特点，即为覆盖电力企业各种业务、且适用于分析型应用的数据模型。

数据仓库之父 William H. Inmon 在 1991 年出版的 *Building the Data Warehouse* 一书中，对数据仓库所做的定义为数据仓库是一个面向主题的、集成的、相对稳定的、反映历史变化的数据集合，用于支持管理决策。

（1）面向主题。操作型数据库的数据组织面向事务处理任务，各个业务系统之间各自分离，而数据仓库中的数据是按照一定的主题域进行组织的。主题是与传统数据库的面向应用相对应的，是一个抽象概念，是在较高层次上将企业信息系统中的数据综合、归类并进行分析利用的抽象。每一个主题对应一个宏观的分析领域。数据仓库排除对于决策无用的数据，提供特定主题的简明视图，根据数据分析的需要，打破业务界线，围绕不同主题建立。例如，在电力企业内，业扩与负荷数据存在于不同的业务系统中，由不同的部门使用，但是为了进行业扩变化与负荷变化的关联分析，业扩与负荷数据可能在于同一张数据表内。

（2）集成性。数据仓库中的数据是在对原有分散的数据库数据抽取、清理的基础上经过系统加工、汇总和整理得到的，必须消除源数据中的不一致性，以保证数据仓库内的信息是关于整个企业的一致的全局信息。数据仓库虽从电力企业各个操作型数据源和外部数据源中抽取数据进行综合，由于各个数据源的设计不同，所以必须采用一定的方法对数据进行一致性处理，如统一编码规范、统计口径等。

（3）稳定性。数据仓库的数据主要供企业决策分析之用，所涉及的数据操作主要是数据查询，一旦某个数据进入数据仓库以后，一般情况下将被长期保留，也就是数据仓库中一般有大量的查询操作，但修改和删除操作很少，通常只需要定期的加载、刷新。数据仓库的最终用户只能通过桌面分析工具进行查询、分析，并不能修改数据。

（4）反映历史变化。数据仓库中存储的是企业的历史数据，数据通常包含历史信息，系统记录了企业从过去某一时点（如开始应用数据仓库的时点）到目前的各个阶段的信息，通过这些信息，可以对企业的发展历程和未来趋势做出定量分析和预测。业务系统中新产生的数据要定期被抽取进入数据仓库，随着时间的失衡，查询率低的数据将会转存到廉价、慢速的设备上，以免日积月累的大量数据降低查询效率。

2. 广义的数据仓库

广义的数据仓库是一个由管理人员、计算机组成的能进行数据集成、加工、维护、使用的系统。管理人员通过对数据的分析型应用，可以掌握企业状态、控制企业行为、辅助企业决策、实现企业规划目标。广义的数据仓库有以下几个特点：

（1）面向管理决策。数据仓库系统的用户是企业中的中层管理者，而不是一般业务人员，系统的功能是数据分析、辅助决策，而不是完成日常事务。

（2）全面性。数据仓库覆盖了电力企业的各种业务，在逻辑上集成了各种电力企业业务系统数据，实现了各种电力企业业务系统数据的一致性转换。

（3）人机系统。数据仓库系统的目的在于数据分析、辅助决策，而这些工作只能由人来做，因此数据仓库系统是一个人机结合的系统，各级管理人员既是系统的用户，又是系统的组成部分。在数据仓库系统运行过程中，既要利用计算机的处理能力，又要发挥人的积极性，才能使系统发挥作用。

（4）学科交叉的边缘。数据仓库作为一项新的技术，理论体系和应用方式尚处于发展和完善的过程中，其中包括计算机技术、统计分析理论、相关行业知识等，是一个有着鲜明特色的边缘科学。

6.8.2 数据仓库系统的体系结构

一个基本的数据仓库系统通常由以下 5 部分组成：

1. 数据源

是数据仓库系统的基础，是整个系统的数据源泉，通常包括企业内部信息和外部信息。内部信息包括存放于关系型数据库管理系统（RDBMS）中的各种业务处理数据和各类文档数据，它是面向应用的，是当前企业操作数据库中的数据。外部信息包括各类法律法规、市场信息和竞争对手的信息等，如其他企业发布的信息、各种机构公布的数据等。

2. 数据仓库

此处的数据仓库是指数据的存储与管理，是整个数据仓库系统的核心。数据仓库的真正关键是数据的存储和管理。数据仓库的组织管理方式决定了它有别于传统数据库，同时也决定了其对外部数据的表现形式。要决定采用什么产品和技术来建立数据仓库的核心，则需要从数据仓库的技术特点着手分析。针对现有各业务系统的数据，进行抽取、清理，并有效集成，按照主题进行组织。数据仓库按照数据的覆盖范围可以分为企业级数据仓库和部门级数据仓库，即一个庞大的中心数据库和一系列较小的数据集市。

3. 数据抽取、转换、加载过程

ETL 即数据抽取（Extract）、转换（Transform）和加载（Load），也就是将数据从数据源转移到数据仓库的过程。在这个过程中完成对数据的选择、分割、编辑、运算、综合等功能，从而使数据仓库用户可以高效率地访问这些数据信息，以完成所需的分析和查询。

4. OLAP（联机分析处理）服务器

对需要的数据进行有效集成，按多维模型予以组织，以便进行多角度、多层次的分析，并发现趋势。其具体实现可以分为：ROLAP（关系型在线分析处理）、MOLAP（多维在线分析处理）和 HOLAP（混合型线上分析处理）。ROLAP 基本数据和聚合数据均存放在

RDBMS之中；MOLAP基本数据和聚合数据均存放于多维数据库中；HOLAP基本数据存放于RDBMS之中，聚合数据存放于多维数据库中。

5．前端工具

主要包括各种报表工具、查询工具、数据分析工具、数据挖掘工具、数据挖掘及各种基于数据仓库或数据集市的应用开发工具。其中，数据分析工具主要针对OLAP服务器，报表工具、数据挖掘工具主要针对数据仓库。

6.8.3 电力企业数据现状与组织

1．电力企业数据现状

我国电力企业信息化起源于20世纪60年代，尽管管理体制进行过多次调整，但信息化建设从未停滞过，特别是自2006年国家电网的“SG186”工程出台以来，对整个电力行业产生了巨大的影响，电力企业纷纷加快了信息化步伐，并积极出台相应措施。电力企业信息化的范畴可以简单概括为在通信网络基础平台上的电力生产过程自动化与电力企业管理信息化，本书主要探讨的是后者——电力企业管理信息化。

电力企业计算机装备水平一直处于领先地位，各电力公司部室主要岗位工作人员计算机使用率几乎100%，各网省电力公司本部局域网几乎覆盖本部机关业务的全部。电力系统的规划设计、基建、发电、输电、供电等各环节均有信息技术的应用。各级电力企业在发电厂计算机控制、变电站自动化、电网调度自动化、电力负荷管理、管理信息系统、计算机辅助设计、计算机仿真、科研试验等领域有了一定的应用，在发电厂计算机控制、电网调度自动化方面取得了较高的水平。总部和省网层面的管理岗位逐步实现人手一机，营销窗口、生产运行班组较广泛地配置了计算机。许多单位已经实施了数据中心及其附属设施（主机、存储备份系统等）的建设，为进一步深化和扩大信息技术的应用提供物质保障。

2．电力企业的数据组织

数据组织是指按照一定的方式和规则对数据进行归并、存储、处理的过程。建立数据仓库是建立信息平台的基本方法，本节将在数据仓库的基础上，分析电力企业信息平台的数据组织的具体方法。

建立数据仓库是为了更好地对企业的数据进行数据分析和数据挖掘，为企业各层面提供业务支持和决策依据，而建立数据仓库的过程也就是对企业业务系统的数据进行重组的过程，对于电力企业业务系统的数据组织，主要有以下两种方法：

（1）以部门为单位组织整个系统的数据，整合各部门数据。

（2）以现实系统为基础，整合生产、管理各个环节的数据。例如，发电企业以燃料采购、运输、存储、洗煤、磨煤、锅炉、汽轮机、发电机和励磁机等生产流程为基础集成数据，输配电企业以电网结构来组织数据。

二者进行比较，第二种方法更有利于打破部门之间的信息壁垒，实现企业内部信息无障碍流通，有利于整合企业工作流，为企业建立先进的过程管理模式奠定基础。对于供电企业，由于电网本身就是一个联系的大系统，原来按部门组织数据的方式不可避免地存在数据不一致、数据不完整、数据冗余等情况，严重影响了系统的可用性。第二种方法实现了电网不同环节间数据的横向比较和纵向分析，将使得一些关键的、原系统中无法实现的指标分析得以实现。因此按电网结构组织电源侧、电网、负荷侧各环节所携带的主体数据，在电力企业的数据集成中具有广泛的通用性，优势明显。

6.8.4 电力企业的数据主题分析

主题是在较高层次上将企业信息系统中的数据进行综合、归类和分析利用的一个抽象概念，每一个主题基本对应一个宏观的分析领域。在逻辑意义上，它是对应企业中某一宏观分析领域所涉及的分析对象。

面向主题的数据组织方式，就是在较高层次上对分析对象数据的一个完整并且一致的描述，能刻画各个分析对象所涉及的企业各项数据，以及数据之间的联系。所谓较高层次是相对面向应用的数据组织方式而言的，是指按照主题进行数据组织的方式具有更高的数据抽象级别。与传统数据库面向应用进行数据组织的特点相对应，数据仓库中的数据是面向主题进行组织的。例如，一个生产企业的数据仓库所组织的主题可能有产品订货分析和货物发运分析等。而按应用来组织则可能为财务子系统、销售子系统、供应子系统、人力资源子系统和生产调度子系统。主题是根据分析的要求来确定的，这与按照数据处理或应用的要求来组织数据是不同的。

电力企业生产经营的核心任务就是保证系统安全运行、经济运行，无论是发电企业、输电企业还是供配电企业，安全和经济都是两个最重要的主题。因此，电力企业组织数据、决策分析的重点也自然应该是以这两方面为主题来进行。

1. 运营安全可靠性主题

随着电力系统的发展，我国已步入大电网、超高压、大机组时代，电网安全稳定运行成为供电企业越来越突出的任务。对于电力企业而言，安全生产是一个含义丰富的问题，包括了充裕度和安全度两大方面。

（1）充裕度分析

系统充裕度分析一般分系统指标与负荷点指标两类，包括了系统的停电指标、系统削减电量指标、严重性指标、每次扰动造成的系统负荷削减、事故时系统负荷削减、少供电量 6 个指标。但是，单从指标的分析往往难以准确描述系统的现场情况，因此，统一的信息化平台系统在充裕度分析时，是基于从电源侧、电网和负荷侧采集的大量运行数据的综合分析，旨在指导电网的实际运行。

1）电源侧充裕度分析。地方电力系统的电源由电网供电源及地方电厂组成，电源的充裕度分析从 SCADA（数据采集与监视控制）系统中抽取数据，包含网供负荷指标和各地方电厂的额定出力、负荷预测的结果等。近年来全国部分地区电源性缺电严重，电源侧充裕度的分析可提供电源的缺额数据，作为错峰、避峰的依据。该分析在电源充裕时可为地方电厂安排检修提供决策支持。

2）电网充裕度分析。电网的充裕度分析的数据来源于调度 SCADA 系统、生产系统，分为结构充裕度和元件充裕度。结构充裕度建立在“N-1”开断潮流分析的基础上，分析电网在“N-1”下的潮流分布，对电网规划建设予以决策支持；元件的充裕度分析是分析在各种不同的运行方式下的设备的容载率，如主变的容载率分析，把各种运行方式下主变压器的负荷与其额定容量进行对比，其分析结果可作为变电站扩容的依据。

3）负荷侧充裕度分析。负荷侧充裕度分析数据来源于配网系统、SCADA 系统、负荷控制系统和用电营销系统，主要是对配网额定容量、用户报装容量和用户电力需求的分析，其分析结果可作为用电业扩报装、错峰管理、负荷割接及配网规划的依据。

（2）安全度分析

电力系统的充裕性主要是针对系统的正常状态，而系统的安全度分析则重在对系统异常状态的分析。对于大系统，系统安全度分析很强调系统稳定性的分析；对于地方电力系统，安全度分析更强调系统的实时状态、缺陷、事故等方面的分析。

1）越限警报。越限警报数据来源于生产系统、SCADA 系统，系统中考虑了多种约束条件，如设备负载的约束、节点电压约束、节点功角差约束、用户功率因素的约束等，在系统中以弹出窗口的方式对越限情况给予警示，以便尽快做出判断和处理。

2）故障分析。故障分析计算典型系统故障（如不同类型短路故障）时的系统潮流，分析各种设备对故障的承受能力。数据来源于地理信息系统、生产系统及 SCADA 系统，故障点由系统自动搜索的方式进行。

3）缺陷分析。缺陷分析的数据主要来源于生产系统、缺陷管理系统，主要针对电网（变电站和电力线路）的缺陷及消缺情况，按统计时间、缺陷点、严重程度及设备类型对设备缺陷进行多维分析，包括年度、月度缺陷查询、缺陷成分分析等功能。如对缺陷点的分析，可针对具体的缺陷（如雷害、污闪），统计缺陷多发区域，从而使缺陷专项整治工作有的放矢。系统还考虑到设备缺陷引起故障的可能性及设备在系统中的地位，对设备缺陷进行排序，对检修工作提供决策支持。

4）事故分析。事故分析的数据来源于生产系统、急修系统、数据采集与监视控制系统（SCADA）和安全通报等，分析多年来事故发生的时间类型、事故恢复时间、事故原因分析记录、事故处理措施、引起事故的设备缺陷、缺陷发生时的系统潮流、节点电压等，有助于在最大限度上减少事故，提高对事故的反应速度。

2. 运营决策经济性主题

运营决策的经济性是所有市场活动参与主体所关注的，电力企业也不例外，在所有的电力企业中都面临着这个问题，运营决策经济性分析是一个包含很多方面的主题分析。

对于火电厂，重点在于挖潜增效，降低煤耗、降低厂用电率；对于水电厂，重点在于通过水库调度，提高发电量，提高发电效率；对于发电集团，则重点在于通过集团内部资源优化，提高资金利用率，在燃料采购、信息共享等多方面提高集团效率，体现集团优势。

对供电企业而言，主要面临的运营任务有三方面：一是购电层面的任务，二是供电层面的任务，三是电费收缴层面的任务。进行数据组织与分析就应该从这三个角度提出若干主题进行电网经济运营决策分析，为供电企业提供决策支持。

电力市场营销主题分析是供电企业经济性分析的一个重点，电力市场营销所关注的核心问题是，客户售电量的变化趋势及供电企业应该采取的营销策略。从时间、地域、用户分类、电价类别、行业类别等多角度，对售电情况进行动态分析和深层挖掘，揭示行业用电潜力、各类用户需求潜力、区域用电增长潜力等，为企业决策人员提供重要的决策依据。在此基础上，通过分析不同行业、不同类别、不同地域的用户执行电价等指标的变化趋势，建立一套行之有效的营销预警机制，其中包括对销售下降的趋势做出尽早判断，并给出合理分析解释，供决策人员参考。利用业扩报装的相关数据，结合地区、行业用户的自身特点及售电量变化数据，建立一套直观、准确的需求涨跌预报机制。对用电需求旺盛、销售潜力极大的行业、用户、地域要尽早关注，给出其需求增长的合理分析和若干有针对性的营销措施，供决策者参考，以保证供电企业能及时对售电量增长潜力大的用户、行业、地区做出相关促销策略，保证企业利益最大化。

（1）销售毛利分析

销售毛利分析的数据来源是计量系统、财务系统和营销系统，销售毛利分析包括供售关系分析、毛利趋势分析和平均单价分析等几部分。其中，供售关系是指供电费用和售电收入之间的关系；毛利趋势指本年度各月毛利的拆线图的趋势比较；平均单价指包括网供和地方电厂购电单价，以及按用电类型和电压等级划分的售电单价。

（2）电源侧的经济分析（购电成本分析）

电源侧经济分析也称为购电成本分析，其数据源是计量系统和财务系统，网供与各地方电厂有不同购电单价、贴费等，购电成本分析采用多方案综合比较分析的方式，比较的项目有购电费用、潮流分布的合理性等，最终生成满足运行要求而购电的成本较低的月度购电计划。

（3）电网经济分析

1）线损分析。线损分析分为理论线损分析、统计线损分析及其比较，理论线损分析主要从生产系统、配网系统、地理信息系统（GIS）中抽取数据，分析各种运行方式下的线损。对于主网线损，通常通过优化运行方式或改良个别设备降损；对于配网，可对各条馈线的理论线损进行分析，对理论线损过高的馈线进行整改。统计线损分析针对主配网线损，包括年度线损分析、月度线损分析、年度线损成分分析、主网网损电量分析及配电线损分析，对于线损居高不下或线损值发生突变的馈线予以重点的监控，并从用户侧功率因数、谐波、用电计量装置等方面做进一步的分析。

2）检修停电分析。检修停电分析数据来源于生产系统和用电系统，以月、季、年为单位分析由于检修停电所引起的少供电量及以平均单价折算的电费。

（4）负荷侧经济分析

1）售电量分析。售电量是体现电力生产、销售效果的关键指标，分析不同行业、地区的售电量变化趋势具有现实意义。内容包括整体情况分析（分析分公司的售电量月度统计增长数据、年度电量和增长趋势等内容），以及按照供电单位、用电性质、行业类别和产业类别的分析。另外还可采用数据仓库报表工具 BRIO 分析售电量数据，按用电时间、供电方式、电压等级、用电性质、行业分类、供电单位进行交叉分析。

2）电费分析。电费分析是体现电力企业实际利润的重要指标，分析不同行业、用户类别的欠费情况同样对电力企业营销决策具有指导意义。电费分析包括以下内容：总体情况，应收基本情况，欠费基本情况，电价基本情况，交叉多维分析。分析角度包括：时间（年份和月份），供电单位（分公司、配营部、农电公司和供电公司），用电性质（大工业、住宅、商业等），行业类别，产业类别等。

3）大客户分析。大客户分析数据来源于用电营销系统及负荷控制系统。大企业客户是供电企业挖掘市场潜力的主要工作对象，是促进电力生产、营销的关键因素。本模块利用数据仓库技术，对客户信息进行多维分析，对电力生产、营销提供决策支持。主要包括：

对新增大客户的用电性质、报装容量、区域等做多维分析；对已有大客户的用电行为、用电性质、报装容量、区域等做多维分析，对用户错峰、避峰等工作提供决策支持。此外，还可以对具体政策措施，如分时电价对大客户用电行为的影响等做专项的分析。

本 章 小 结

本章介绍了企业信息化平台、远程协同视频会议与教学平台的建设及一体化信息平台的构建，在信息集成部分介绍了企业管理信息化集成的概念及缘由、业务应用集成、基于SOA信息集成及其应用实例，以及最后的电力行业数据仓库的较新技术，内容较多较杂。涉及许多信息管理、计算机、网络技术相关的知识，要掌握好本章相关内容需要加强练习，上网寻找相关资料和案例，需要结合实例认真思考，逐步积累经验。

复习思考题

1. 企业信息化平台的定义及特点是什么？
2. 远程协同视频会议与教学平台功能、特点、组成是什么？
3. 简述国家电网一体化平台构建各部分内容。
4. 简述企业管理信息化集成的概念及缘由。
5. 企业业务应用集成的类型及架构模式都有哪些？
6. 简述企业数据集成的类别及方法。
7. 什么是SOA？利用SOA进行信息集成的时候需要注意哪些重点内容？
8. 数据仓库的定义、体系结构是什么？
9. 电力企业的数据分析主题都有哪些？

第三部分

第7章　电力企业管理信息系统发展趋势

随着社会经济的发展及人们生活水平的提高，电力企业的业务将会越来越多，为了提高管理效率，电力信息化也需要进一步发展，而且随着互联网技术、电力发输配送技术及能源供给形势、市场等环境的变化，电力企业信息管理系统也会随着发展，本章结合未来能源互联网的建设背景及电力企业信息系统应用、管理思想、数据存储技术应用和企业信息文化等方面的发展趋势，对电力企业管理信息系统的发展趋势进行了探索和展望。

7.1　面向以电力为核心的全球能源互联网的管理信息化

7.1.1　能源互联网的背景和内涵

1．能源互联网的背景

能源是现代社会赖以生存和发展的基础。为了应对能源危机，各国积极研究新能源技术，特别是太阳能、风能、生物能等可再生能源。可再生能源具有取之不竭、清洁环保等特点，受到世界各国的高度重视。可再生能源存在地理上分散、生产不连续、随机性、波动性和不可控等特点，传统电力网络的集中统一的管理方式难以适应可再生能源大规模利用的要求。对于可再生能源的有效利用方式是分布式的“就地收集，就地存储，就地使用”。但分布式发电并网虽然扩展了能源利用的种类，但是并非可以自动实现可再生能源的最大化利用，只有实现可再生能源发电信息的共享，以信息流控制能量流，实现可再生能源所发电能的高效传输与共享，才能克服可再生能源不稳定的问题，实现可再生能源的真正有效利用。

能源互联网概念首次是在美国著名经济学家、趋势学家杰里米·里夫金的《第三次工业革命》中提出，能源互联网概念在此之前一直停留在“能源”与“互联网”的机械形式组合上。能源互联网是信息技术与可再生能源相结合的产物，能源互联网为解决可再生能源的有效利用问题提供了可行的技术方案。与目前开展的智能电网、分布式发电、微电网研究相比，能源互联网在概念、技术、方法上都有一定的独特之处。因此，研究能源互联网的特征及内涵，探讨实现能源互联网的各种关键技术，对于推动能源互联网的发展，并逐步使传统电网向能源互联网演化，具有重要理论意义和实用价值。

能源互联网可理解为综合运用先进的电力电子技术、信息技术和智能管理技术，将大量由分布式能量采集装置、分布式能量储存装置和各种类型负载构成的新型电力网络节点互联起来，以实现能量双向流动的能量对等交换与共享网络。从政府管理者视角来看，能源互联网是兼容传统电网的，可以充分、广泛和有效地利用分布式可再生能源的，满足用户多样化电力需求的一种新型能源体系结构；从运营者视角来看，能源互联网是能够与消费者互动的、存在竞争的一个能源消费市场，只有提高能源服务质量，才能赢得市场竞争；从消费者视角来看，能源互联网不仅具备传统电网所具备的供电功能，还为各类消费者提供了一个公共的能源交换与共享平台。

能源互联网其实是以互联网理念构建的新型信息能源融合“广域网”，它以大电网为“主干网”，以微网为“局域网”，以开放对等的信息能源一体化架构，真正实现能源的双向按需传输和动态平衡使用，因此可以最大限度地适应新能源的接入。微网是能源互联网中的基本组成元素，通过新能源发电、微能源的采集、汇聚与分享，以及微网内的储能或用电消纳形成“局域网”。大电网在传输效率等方面仍然具有无可比拟的优势，将来仍然是能源互联网中的“主干网”。虽然电能源仅仅是能源的一种，但电能在能源传输效率等方面具有无可比拟的优势，未来能源基础设施在传输方面的主体必然还是电网，因此未来能源互联网基本上是互联网式的电网。能源互联网把一个集中式的、单向的电网，转变成和更多的消费者互动的电网。

能源互联网与其他形式的电力系统相比，具有以下 4 个关键技术特征。

（1）可再生能源高渗透率：能源互联网中将接入大量各类分布式可再生能源发电系统，在可再生能源高渗透率的环境下，能源互联网的控制管理与传统电网之间存在很大不同，需要研究由此带来的一系列新的科学与技术问题。

（2）非线性随机特性：分布式可再生能源是未来能源互联网的主体，但可再生能源具有很大的不确定性和不可控性，同时考虑实时电价、运行模式变化、用户侧响应、负载变化等因素的随机特性，能源互联网将呈现复杂的随机特性，其控制、优化和调度将面临更大挑战。

（3）多源大数据特性：能源互联网工作在高度信息化的环境中，随着分布式电源并网、储能及需求侧响应的实施，包括气象信息、用户用电特征、储能状态等多种来源的海量信息。而且，随着高级量测技术的普及和应用，能源互联网中具有量测功能的智能终端的数量将会大大增加，所产生的数据量也将急剧增大。

（4）多尺度动态特性能源互联网是一个物质、能量与信息深度耦合的系统，是物理空间、能量空间、信息空间乃至社会空间耦合的多域、多层次关联、包含连续动态行为、离散动态行为和混沌有意识行为的复杂系统。作为社会、信息、物理相互依存的超大规模复合网络，与传统电网相比，具有更广阔的开放性和更大的系统复杂性，呈现出复杂的、不同尺度的动态特性。

2. 能源互联网的内涵

能源互联网就是通过“互联网+能源”的方式，在于构造一种能源体系，使得能源像信息互联网中的信息一样，任何合法主体都能自由接入和分享，是新一代能源体系。杰里米·里夫金所提倡的能源互联网概念的基本特征有：可再生能源作为主要一次能源，可大规模接入分布式发电系统与分布式储能系统；基于互联网技术实现广域能源共享；支持交通系统向电气化方向转变。国家电网公司所提倡的全球能源互联网概念可以概述为：在全球能源互联共享的战略构想下，以泛在智能电网为基础，通过“两个替代”，即能源开发利用上的清洁能源替代和能源消费上的电能替代，实现世界能源的优化配置和消费。广义的能源互联网强调未来能源构成要素广泛性、平等性、协同性，把电能作为一种能源传输和利用的介质，但不唯一，其目的是要实现能源的优化配置，所倡导的是能源低成本消费。

能源互联网具备如下 5 大特征：

（1）可再生：可再生能源是能源互联网的主要能量供应来源。可再生能源发电具有间歇性、波动性，其大规模接入对电网的稳定性产生冲击，从而促使传统的能源网络转型为能源互联网。

（2）分布式：由于可再生能源的分散特性，为了最大效率地收集和使用可再生能源，需要建立就地收集、存储和使用能源的网络，这些能源网络单个规模小，分布范围广，每个微型能源网络构成能源互联网的一个节点。

（3）互联性：大范围分布式的微型能源网络并不能全部保证自给自足，需要互联起来进行能量交换才能平衡能量的供给与需求。能源互联网关注将分布式发电装置、储能装置和负载组成的微型能源网络互联起来，而传统电网更关注如何将这些要素“接进来”。

（4）开放性：能源互联网应该是一个对等、扁平和能量双向流动的能源共享网络，发电装置、储能装置和负载能够“即插即用”，只要符合互操作标准，这种接入是自主的，从能量交换的角度看没有一个网络节点比其他节点更重要。

（5）智能化：能源互联网中能源的产生、传输、转换和使用都应该具备一定的智能。

7.1.2 能源互联网信息支撑平台构建

1. 能源互联网能量流及信息流分析

未来电力系统将作为能源转化的枢纽，其中能源互联网将作为能源调度优化的核心，其中能源互联网中的能源输送是能源互联网的重点业务部分。我国的电网发展在构建之初的战略构想是：认为能源互联网就是以特高压为骨干电网，以输送清洁能源为主导，互通互联泛在的坚强智能电网，突出了电力系统在能源互联网中的核心地位。

从目前的能源结构及未来能源可预期的发展来看，能源互联网包括电力系统、天然气网络及交通网络等，也包含了能够体现能源信息并实现能源交易的信息网络。电力系统、天然气网络及交通网络在能源互联网范畴下，共同的特点之一就是能源输送，电力系统与交通网络之间通过充电桩等充电设备实现与电动汽车的能源输送，天然气通过燃气机向电力系统的靠拢，从而完成能源输送，在未来技术条件下，还可能出现电力系统与天然气系统的双向能量流动，甚至供热系统也会成为能源互联网的一部分，从而完成电力系统与供热系统之间的能源在“能量”形式上的输送功能。这也是目前部分能源互联网研究者对能源互联网在能量流领域的畅想。

如果从能量流出发完成能源互联网的信息畅通，就要重构目前的电网公司、天然气公司、热力公司及相关能量信息公司之间的能量信息流传输。其中能量信息流主要包括：一次能源的本身固有信息构成的信息流，这些信息可以构成能源通过互联网实现快捷交易的要素，如煤炭、石油等实现网上交易；一次能源转变为二次能源过程中在节能、环保等方面形成的信息，这些信息可构成重要的能源利用过程中的大数据；二次能源在输送、被使用过程中所形成的信息流，如电力交易、电力损耗等；由前三者所衍生出来的安全防护、隐私保密需求等信息流。

能源信息是能源互联网的重要构成要素，是能源互联网构建中的第二大内涵，在信息交互的主导下，能源大数据理念将会使得电力、石油、天然气等能源领域数据应用得到充分发展。首先，未来能源大数据有利于能源利用单位、科研院所、高校等建立能源研究的综合数据平台，从而实现能源供给、消费的平衡和优化；其次，以信息交互为特点的去中心化的能源信息互联网，将更加便捷地让用户参与到节能环保行动当中，也有利于实现节能环保效能的追踪与管理。

经过加工处理的数据并赋予一定意义，可以称为信息。“信息流”就是经过加工处理的“数据流”；“电力流”贯穿了从发电到用电全过程；“业务流”覆盖了能源互联网相关企业的价值链。从电网的角度看，实际上是信息流、电力流、业务流三流合一，从数据的角度分析，可以看成是数据从采集传输后经过信息系统处理应用的过程。数据的充分融合、信息的全方位分析及对分析结果的即时应用是电网产生“智能”的根本原因，下面以电网信息流为例，对能源互联网的信息流和电力能源流进行讲解。

（1）IBM 对智能电网信息流的理解

IBM 从信息通信平台的角度将智能电网划分为数据采集、数据传输、信息集成、分析优化和信息展现 5 层，并具有以下 3 个特征：① 数字化程度更高，内含各种智能的传感器、电力设备、控制系统、应用系统等，实现全面实时的监视和全系统可观测；② 基于一个统一的信息平台，自动完成数据和应用的整合，借助先进的 IT 技术，实现对电网企业信息的传输和集成；③ 在信息集成的基础上，进行高级分析，具有辅助决策支持的数据分析能力，实现提高可靠性、降低成本、提高收益和效率目标。IBM 对智能电网信息流的理解如图 7-1 所示。

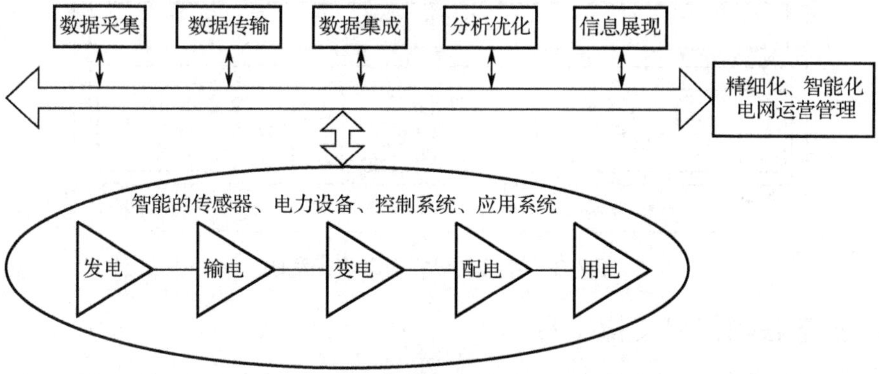

图 7-1　IBM 对智能电网信息流的理解

（2）智能电网信息流特性

智能电网中信息流的特性，从数据采集的角度要求数据应全面完整。将现有的电网监控范围进一步扩大并采集全面而完整的数据，通过全面有效的分析并回馈到电网，以更好地控制和优化电网的运行。作为我国智能电网的特色之一，其中特高压输电更加强调可靠性和安全性，需要部署传感器来感知输电线路和电塔的状况，如输电线路的垂度、晃动幅度、结冰厚度等信息。此外在配用电环节尤其是微网的部署，信息的采集点将向用户侧延伸，如需要采集家庭用户的用电信息和策略及分布式能源与电网的双向交互与结算信息等。

采集后的数据经过处理后变成有价值的信息，需要提供给价值链各环节使用。因此，从数据处理角度来说，信息需要全面整合与共享。目前电网公司业务系统一般由各个不同部门负责，如生产部门负责电力调度监测和控制，并拥有自己的电力调度网和能量管理系统（EMS）或配电管理系统（DMS）等业务系统，而营销部门也有自己的 MIS 网和 ERP 系统等。智能电网建设需要逐步打破部门间的信息壁垒，建立企业级层面的信息整合与共享，企业各层面根据各自业务需求来获取相关信息，实现生产与控制、企业经营管理、营销与市场交易三大领域的业务与信息化的融合。

海量的数据经过信息支撑平台实现共享，经过高级智能处理和分析，用于经营决策智能分析、管理控制智能处理、业务操作智能作业三层智能应用；未来高级计量体系（AMI）中用户用电信息被采集到系统中，综合各种因素确定电价，并回馈给用户，用户根据电价来调整自己的用电策略，从而实现整个电网的削峰填谷。整个过程是一个实时或准实时的闭环过程，因此信息流一定是闭环和双向的，其信息流如图 7-2 所示。

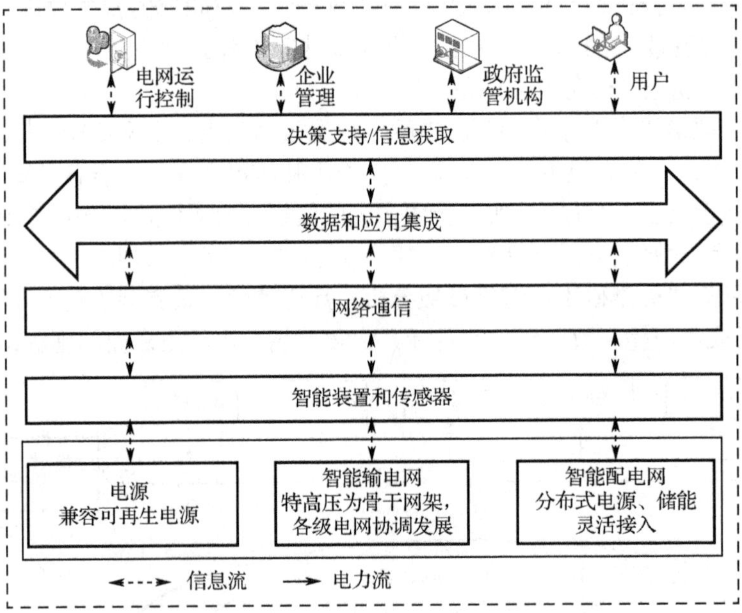

图 7-2　智能电网的信息流示意图

2. 能源互联网信息支撑平台

能源互联网的关键特征是互联网理念和技术的深度融入，其信息支撑平台至少表现为以下几个特征：

1）支撑多类型能源的开放互联，提高能源综合使用效率。

2）支撑高渗透可再生能源的接入和消纳。

3）支撑能量自由传输和用户广泛接入的自由多边互联网架构。

4）集中和分布相结合的自组织网络架构。

5）支撑众筹众创的能源互联网市场和金融。

6）支撑能源运行、维护、交易、金融等大数据分析。

能源互联网信息支撑平台的基本架构如图 7-3 所示，大致可分为“能源系统的类互联网化”和“互联网+”两层：前者指能量系统，是互联网思维对现有能源系统的改造；后者指信息系统，是信息互联网在能源系统的融入。

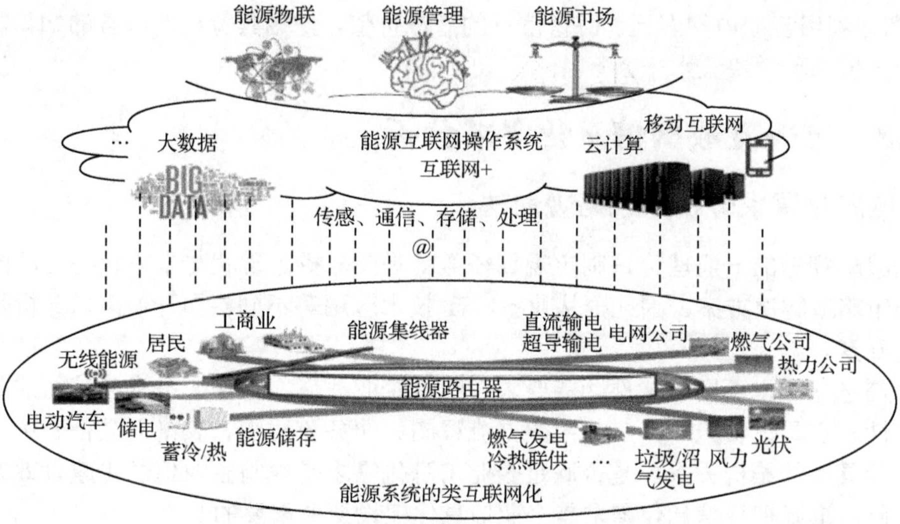

图 7-3　能源互联网信息支撑平台的基本架构

以电网企业为主，未来面向能源互联的智能电网信息支撑平台如图 7-4 所示，主要应具备以下能力：

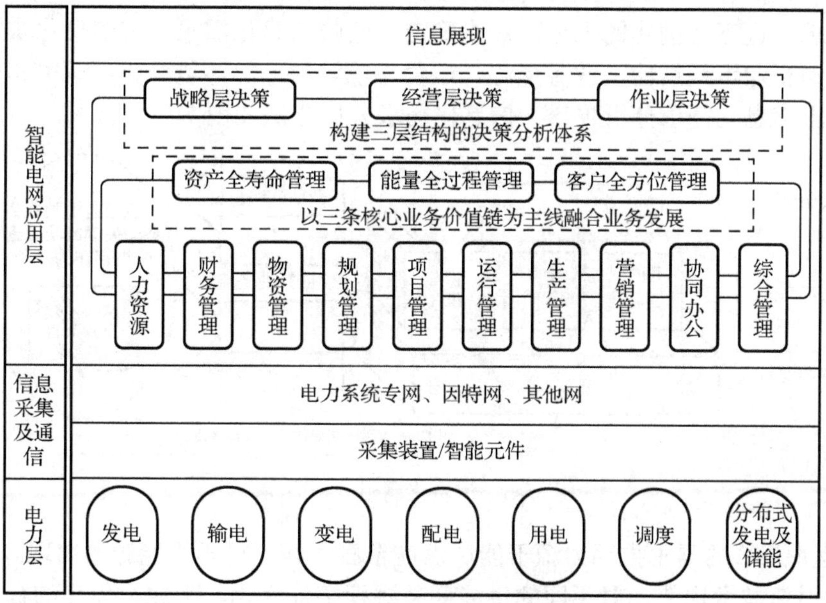

图 7-4　智能电网信息支撑平台

1）实现电网规划、设计、建设、生产、运营、服务信息的全面采集，流畅传输和高效处理，提升设备和业务处理的数字化、自动化水平，支撑电力流、信息流、业务流的高度一体化。

2）建设贯通智能电网六个环节、覆盖公司全部业务的信息系统，提升管理的现代化水平，实现全网资源的优化配置、高效利用和风险的全面控制、及时处置。

3）搭建信息共享透明、流程规范集成、功能强大的业务协同和互操作平台，提升人与应用系统之间、六个环节之间、各业务之间、公司与各利益相关者之间的互动水平。

4）充分利用智能电网多元、海量信息的潜在价值，挖掘其背后所蕴含的知识，提升电网的智能分析和科学决策水平。

7.1.3 能源互联网信息化需求分析

1. 信息化需求分析的战略规划法

根据战略规划的一般理论，制定规划任务就是要分析出现状与未来状态之间的差距并制定实施策略或解决方案。因此，从业务、IT 技术应用等不同层面开展需求分析是制定战略规划的要素。

企业信息化需求不同于软件功能要求，包含企业战略、运作和技术各层面的需求，应体现系统性。在具体实施中，应能用数据流程图、业务流程图、表格等进行表达，清晰体现各层次间具有的结构关系。是否满足企业信息化需求是检验企业信息化建设效果的重要依据。因此，准确把握信息化需求是企业信息化建设至关重要的一步。

实践中，企业的战略层、运作层、业务部门和信息部门等往往对信息化具有不同的需求。一般通过企业专门的团队或第三方信息化专业咨询公司来实施。通过开展高层访谈、书面问卷调查、查阅企业资料等方式，掌握企业的战略和发展思路、企业的定位、所面临的内外部环境、信息化现状、企业的组织结构、业务流程等，在此基础上，综合分析企业各方面的需求，进行结构化的推理，最终确定企业的信息化需求。在信息化实施过程中，还要及时考虑企业组织结构、业务形态、运营环境等内外部环境变化，调整和修订信息化需求，编制出信息化需求分析报告。信息化需求分析方法如图 7-5 所示。

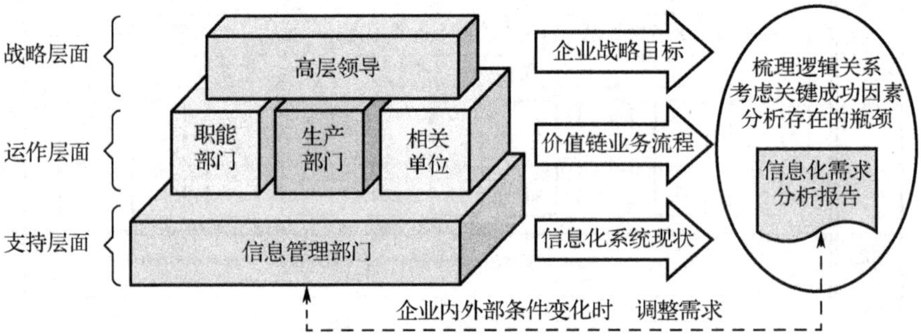

图 7-5 信息化需求分析方法

“能源互联网”的需求推动力源于能源供需矛盾和新型可再生能源的出现。其追求的目标是充分利用新技术优势，对不同的供能环节进行整体优化，形成一体化的社会综合能源供用体系，即“能源互联”系统，通过对能源的产生、传输、分配、转换、存储、消费等环节进行整体协调控制，通过整体优化提高能源的利用效率，并通过不同能源间的“替代和转化”提高可再生能源应用比例。电能的方便传输和易于使用的特点使其在能源整体优化应用中起到纽带作用。

能源互联网的需求推动作用可以归结为以下两个方面：

（1）能源供需互动的需求。在电力系统中，分布式电源、三联供机组、电动汽车、储能装置、可控负荷、智能建筑大量出现，电网内将出现越来越多的“发用电联合体（Prosumer）”。它们的出现使能量的流动方向由单向向“双向互动、互联”转换，相对传统负荷它们具有更多的智能特性，不但可以受控，而且可以主动提供能量，在能源整体控制过程中可以作为局部的“虚拟发电厂”参与能源调度控制。

信息化的进步和“智能负荷”及“发用电联合体”的出现也给负荷主动参与提高能源整体使用效率提供了新手段，新型负荷的互动控制和主动供电能力，可以减小和补充系统备用，提高能源系统整体效率。

（2）能源间的替代转化需求。社会对能源的需求是多样的，除用电需求外还有供热、制冷等需求，这些不同能源需求的变化会影响能源的供应平衡和各种新能源技术的发展，能源供应种类多样性发展（如电、天然气、风能、生物质能等绿色可再生能源）。“多种能源”在满足“不同能源需求”过程中，将会出现不同种类能源间的替代与转化需求。

以风电为代表的可再生能源在国内发展迅速，但是，由于当前技术条件限制，风电在用电低谷及供暖季节存在较突出的风电发用矛盾。弃风现象时有发生，一方面负荷需求旺盛，另一方面可再生能源却无处消纳。通过能源间的替代和转化可以实现不同种类能源负荷需求和供应间的联产、联供，从而使可再生能源像替换常规电能一样在其他能源供应领域发挥更大的作用，形成能源领域的“互联”和整体优化。这种能源互联系统可以综合考虑能源供给成本及特性，在满足能源需求的前提下，优化能源供给，实现使用成本最低和污染排放最低等优化目标。

信息技术的进步、互联网的发展改变了当代社会人们的生活方式。电力及能源领域信息化程度的提高，也为能源跨领域的集约化供给提供了契机。不同能源领域及用户信息的互联互通，能够更加便捷地了解当前能源的供给与消费情况。发挥能源间互补优势，充分利用可控负荷资源，对能源供应与消费体系进行整体优化，可以改善能源供用结构，推进能源使用效率整体提高。

按照我国的全球能源互联网战略规划的表述，未来的能源互联网是要建成一个坚持绿色、开放、创新、可持续发展理念，以国际合作为基础，实施“两个替代，一个回归，一个提高”，构建全球能源互联网，形成以清洁能源为主导、电为中心，全球配置的能源发展新格局，推动三（特）网融合发展，打造能源共同体，促进人类命运共同体建设的能源互联电网。

我国的全球能源互联网战略是以特高压电网为骨干网架、全球互联的坚强智能电网，是清洁能源在全球范围大规模开发、输送、使用的基础平台，实质就是“智能电网+特高压电网+清洁能源”。智能电网是基础，特高压电网是关键，清洁能源是根本。

三（特）网融合就是以世界能源转型和信息技术革命为契机，以全球基础设施互联互通为保障，发挥网络经济和规模经济优势，加快形成全球能源、信息、交通（即“瓦特（Watt）、比特（Bit）、米特（Meter）”）融合发展的新格局，推动实现高度电气化、高度智能化、高度全球化、高度人本化的发展目标。

按照我国发布的构建全球能源互联网战略路线图（如图 7-6 所示），其战略路线发展总体可分为国内互联、洲内互联和洲际互联三个阶段。在清洁能源资源富集、电网基础条件较好的地区，可率先实现清洁能源大规模开发和跨国跨洲联网。到 21 世纪中期，基本建成全球能源互联网。

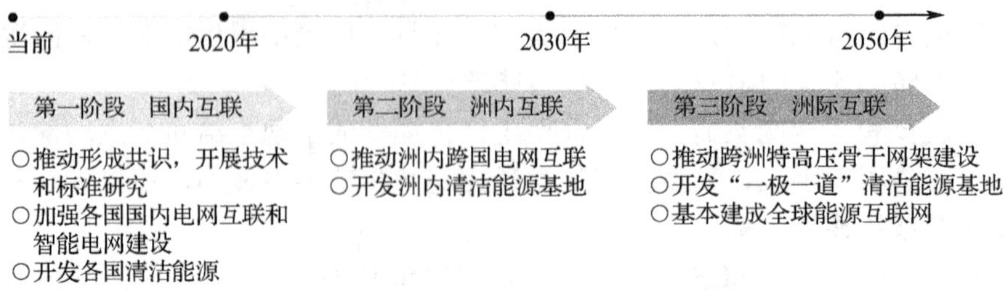

图 7-6　我国全球能源互联网战略路线图

按照相应的全球能源互联网发展战略路线、能源信息系统的目标和策略，用战略规划法分析对应的信息系统需求计划，如表 7-1 所示。

表 7-1　能源互联网信息系统的战略规划

关键年份	能源互联网战略发展计划	对应信息系统需求	信息系统需要实现的具体任务
2020	完成跨国跨洲电网互联规划研究；推动各国国内电网建设；启动一批跨国跨洲电网互联示范工程	跨国跨洲互联能源信息共享	综合考虑各洲各国资源禀赋、能源需求、减排目标等因素，开展各层级电网规划研究，形成满足各地区电力需求增长、适应大规模清洁能源开发利用、促进各级电网协调发展的电网规划体系。推动各国国内互联电网建设，形成结构清晰、功能明确、匹配合理的坚强网架结构，与全球能源互联网骨干网架有效衔接，保障本国电网安全稳定运行，满足国内清洁能源开发利用需要，实现外来清洁电力落得下、国内富余电力送得出，国内外能源资源统筹优化配置。推动电网技术与信息通信技术、智能控制技术、互联网技术深度融合，全方位提升发电、输电、变电、配电、用电、调度各环节智能化水平，实现电网监测、控制、运行管理和决策支持智能化升级，打造开放的综合能源利用平台，提升电网安全性、经济性、适应性和互动性
2030	推进洲内跨国联网建设；基础条件好、需求迫切的区域率先实现跨洲联网；研究推进“一极一道”清洁能源基地开发和外送通道建设	洲内跨国能源互联系统建设	推动各洲清洁能源大规模开发、配置和使用，将跨国输电纳入各国能源电力发展战略，按照先易后难的原则，加快推进跨国电网互联，在电网基础较好、联网条件具备、需求较为迫切的区域，优先开展跨国联网工程规划、设计和建设
2050	建成连接全球各大清洁能源基地与主要负荷中心的跨国跨洲骨干网架和洲际联网通道，形成跨洲、跨国和国内电网协调发展的互联互通总体格局	全球能源互联网	主要采用特高压交流和直流、特高压柔性直流输电技术，建设跨洲清洁能源外送通道和重点跨洲联网工程，实现清洁电力跨洲流动和互补互济，获得时区差、季节差、电价差等联网效益

2．信息化需求分析的能力蓝图法

坚强智能电网制定了统一的建设路径，但由于不同电网发展基础不同，所面临的挑战不同，对电网智能化技术应用的需求也有所不同。能力蓝图的分析方法为电网企业各业务部门信息化系统建设提供了参考思路。

能力蓝图分析方法强调结合本企业实际对未来的需求进行谋划，根据需求推导应该达到的业务能力及系统支持能力，形成的计划相对准确，其能力蓝图分析流程如图 7-7 所示。

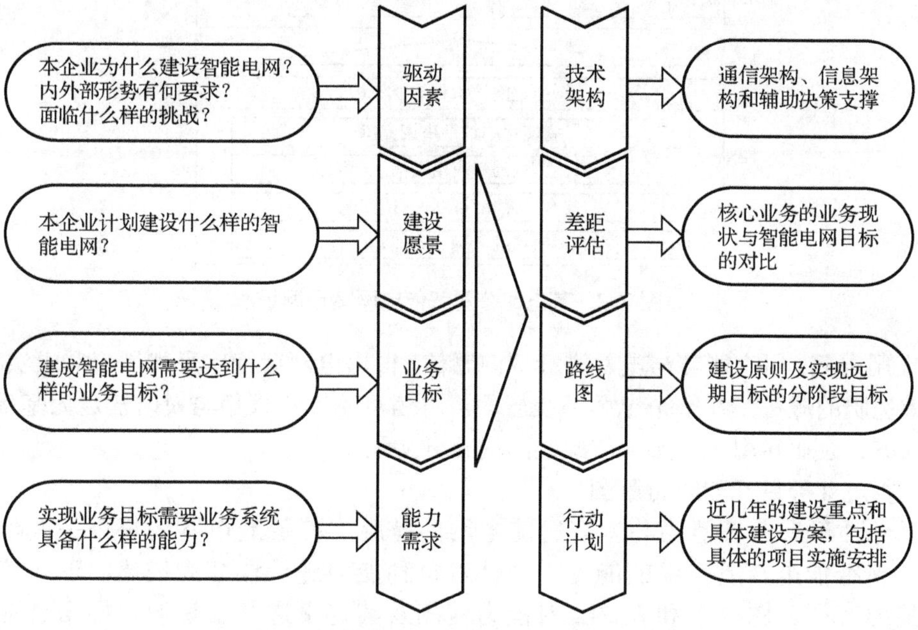

图 7-7　信息化需求分析的能力蓝图分析流程

3. 能力蓝图需求分析方法应用案例

（1）分析驱动因素，制定愿景

某电网企业从应对新能源大规模接入和电网清洁、高效、安全、经济、满足用户多样化的挑战出发，制定了建设智能输电网和智能供电网的愿景和目标。该企业智能电网建设愿景如图 7-8 所示。

该企业将智能电网建设主要分为两部分，即智能输电网和智能供电网。

1）对于智能输电网，主要涵盖了电网的电源接入和输电业务，包括发电侧各种新型能源的接入，如大型风能和太阳能及相应的电网储能装置；同时智能输电网中还包括了智能变电站、智能调度、智能输电等重要构成元素。

2）对于智能供电网，则主要涵盖了电网配电和售电的业务，包括各种分布式能源的接入，如分布式风电、家庭分布式电源，同时还包括智能表计和智能家用电器、智能配网、智能台区、智能家庭等重要元素。

3）在电源侧，智能电网可以支持多样化的电源，改变传统的单一集中发电模式，方便各类电源的电网并入，实现可靠消纳。在电网侧，电网运行将实现可视化、数字化、智能化，电网企业的规划、调度、交易、生产等综合业务水平能够大幅提升，并实现有效集成，形成智能网络。

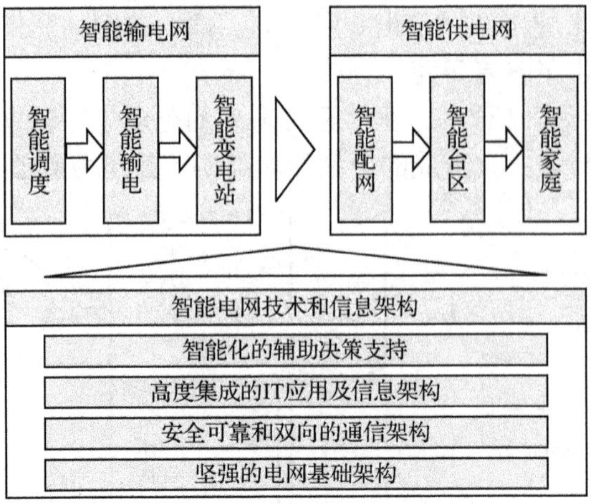

图 7-8　某电网公司智能电网建设愿景

4）在用电侧，用户能够与电网进行双向通信，根据电网运行信息和用户需求实时调整，提供高效优质的服务。在整个电力系统层面，以信息的广泛采集与及时输送为基础，贯通相关的区域、企业和用户，实现彼此之间的充分协调。

（2）制定业务目标和能力蓝图

为了评估现有业务能力与未来智能电网的差距，在智能电网的每个关键构成中都定义了实现智能电网所需要的能力，并针对每种能力进行详细的描述，形成该企业智能电网能力蓝图。图 7-9 和表 7-2 对能力蓝图及其定义进行了说明。根据制定的能力蓝图，与现状进行一一比较，找出存在的差距，为该企业指明了今后业务改进和发展的方向。

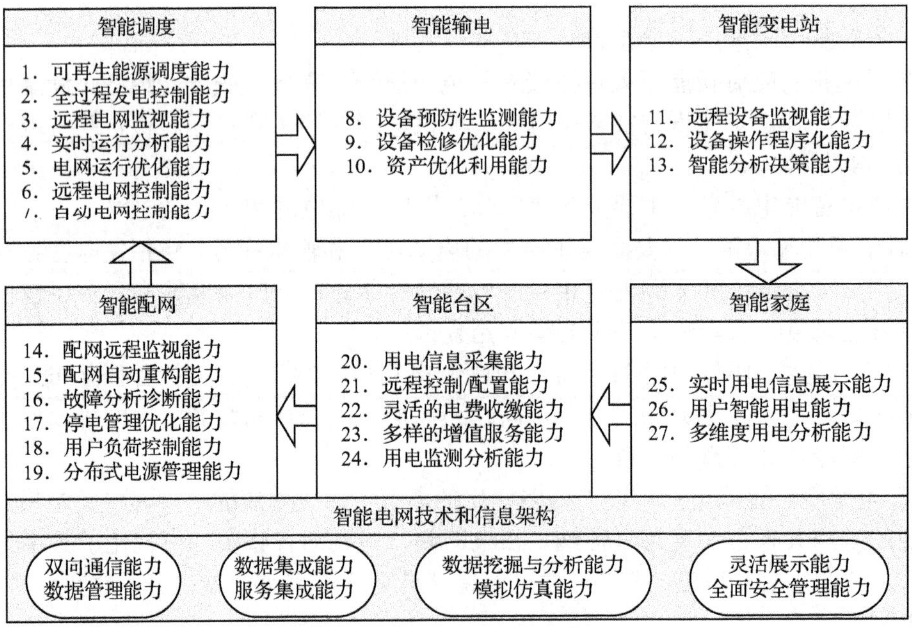

图 7-9　某企业智能电网能力蓝图

表 7-2　智能电网能力定义示例

智能电网构成	所需能力	能力定义
智能调度	可再生能源调度能力	能够预测接入输电网的风电等可再生能源的接入量和接入时间，合理安排备用容量，有效控制其发电出力以减少系统稳定性问题，并促进其大规模应用
智能输电	资产优化利用能力	能够监视资产设备的运行环境和实际利用水平，分析评估设备容量和运行极限与环境参数等的关系，提供设备的输送能力和过载能力，从而实现资产的优化利用
智能变电站	远程设备监视能力	通过传感器和量测装置的部署，能够远程监视设备的各种参数，获取设备实时运行状态，并为调度运行人员提供直观的展示，为实时、准实时和离线应用提供信息参考
智能配电	分布式电源管理能力	能够支持风电、太阳能和电动汽车等分布式能源大量接入配电网，有效控制其接入对配网潮流的影响，确保配网的安全稳定和电能质量，并促进分布式能源的大规模应用
智能台区	用电信息采集能力	通过广泛的部署采集装置和双向通信的网络架构，可实时或近实时将用户用电相关信息及表计状况信息传回数据库，用来进行电网负荷预测分析以提供决策建议，同时也将对表计状况进行监测管理
智能家庭	多维度用电分析能力	通过实时的信息采集与高度的信息集成，实现智能的分析和优化。包括 4 个层次：用电情况统计分析、异常用电分析、电能质量数据统计、线损变损分析等用电分析；指标计算和趋势分析；时间实时或事后诊断处理、数据挖掘；高级优化、业务建模和规划决策支持
智能电网技术和信息架构	双向通信能力	允许远程终端及智能设备与电网核心应用系统通过无线专用网络、光纤、无线公网及电力线等信道远程双向通信，实现信息交互
	数据管理能力	建立电网企业级数据规范，集中管理维护各类共享数据
	数据集成能力	集成各类实时数据，为智能分析系统提供可靠及时的电网运行和用电需求信息
	服务集成能力	封装可重用服务，与现有系统集成，灵活支持业务流程和模式的变化
	数据挖掘与分析能力	对电网运行和用电需求数据进行指标计算、数据挖掘和趋势分析
	模拟仿真能力	基于各类实时数据，对电网的运行进行模拟仿真，为电网运行的优化提供决策支持
	灵活展示能力	利用各类展示技术，在不同终端上动态展示电网运行情况及其他相关信息
	全面安全管理能力	加强和完善安全管理架构，全面覆盖各类智能电网设备和通信网络

智能输电网和智能供电网是相互支撑、信息共享的。通过智能输电网和智能供电网的紧密衔接，将实现整个公司所辖电网的智能化。

（3）构建技术支持架构

从智能电网的业务目标和业务能力出发，推导出支撑业务能力和实现业务目标的智能输电网与智能供电网核心 IT 应用。智能电网核心 IT 应用示例如图 7-10 所示。

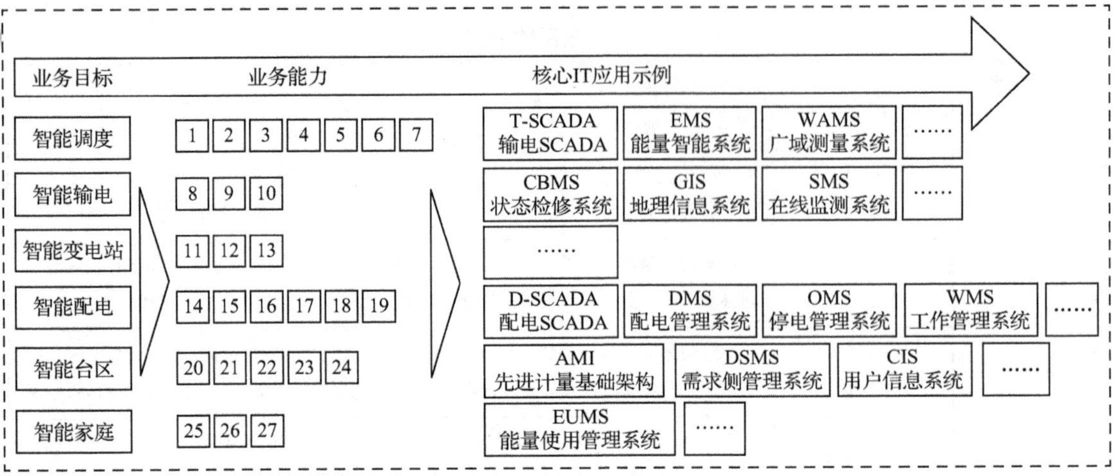

图 7-10 智能电网核心 IT 应用示例

先进的信息架构是实现智能电网的基础条件，其目标主要体现在两个方面：一是有力支撑智能电网。支持分布式能源的接入，电网信息系统的智能化，以及企业与用户间的双向信息流动；二是持续提升企业信息化能力。进一步理顺目前和未来信息系统关系并优化其组合，整合各类生产控制和管理信息，融合各类信息化资源，通过各类辅助决策和智能分析工具加强对各项核心业务的综合分析和优化，提升整体信息化水平，从而帮助企业实现更精细化和智能化的运作与管理。

从信息的采集、处理和使用流程来看，智能电网对数据的采集、信息的集成和分析优化的应用都提出了更新更高的要求。

1）信息采集：以全面数字化的方式及时采集各类智能仪表和传感器的电网实时运行数据；利用门户和远程终端等技术，直接从用户获取用电需求信息。

2）信息传输：利用光纤通信、电力线载波、无线通信等技术，支持各类终端的“即插即用”及其与核心系统的双向通信。

3）信息集成：利用 SOA（面向服务的体系架构）、ESB（企业服务总线）等基于服务集成技术，封装标准化和模块化的服务，无缝连接各系统，实现流程集成与业务协同。

4）信息分析：发展实时在线分析能力，分析趋势、挖掘数据、提出优化建议，为电网资源的智能调配提供决策支持。

5）信息展现：利用企业门户及其他先进可视化技术，进一步扩展信息展现的能力，支持多种接入方式，如移动终端等。

这些更新更高的要求为智能电网的 IT 架构带来了 8 大变化，分别是：海量数据、双向通信、高安全性、实时信息、高度集成、在线分析、智能优化和灵活展现。

（4）差距评价

根据每个智能构成中的能力与现状差距评估显示，该企业在实现智能输电网方面的能力已具备了良好的基础，智能调度等部分业务已具备很高的智能化水平，而供电网的业务现状距离智能供电网的目标仍存在较大差距。

（5）形成路线图和行动计划

通过对业务能力进行差距评估，针对智能输电网和智能供电网的组成要素，定义了路线图近期、中期、远期三个阶段的目标。在智能输电网和智能供电网的近期目标中，构建智能输电网能量管理系统和一体化智能供电网运行管理系统；中期目标中，重点关注一些新技术（如广域监测、电力电子技术）的应用和实用化；在远期目标方面，智能输电网将重点关注未来可能产生的新技术在输电网领域的应用，在智能供电网方面，智能小区、智能家庭等面向用户的多样化服务将成为重点。

7.1.4 能源互联网信息架构设计与业务融合

1. 能源互联网信息架构综述

（1）信息架构的概念

当前，将信息技术与动态的业务环境有效结合建立企业信息架构，已成为许多大公司用来理解、表述企业信息基础设施的一个直观模型，为企业现在的及未来的信息基础设施建设提供蓝图和架构。

企业架构是一个全新的模型，为企业信息基础设施提供一种可以理解的信息表述，可以分为业务架构和 IT 架构。大部分企业架构方法都是从 IT 架构发展而来的。其中，业务架构是把企业的业务战略转化为日常运作的渠道，业务战略决定业务架构，包括业务的运营模式、流程体系、组织结构、地域分布等内容。IT 架构是指导 IT 投资和设计决策的 IT 框架，是建立企业信息系统的综合蓝图，包括数据架构、应用架构和技术架构 3 部分。

企业信息架构是保障电网企业信息化高质量建设的核心知识资产，是在系统架构详细设计、架构管控过程中的依据，包括架构原则、政策、愿景、蓝图、实施路线图、框架等方面，可分为业务架构、应用架构、集成架构、数据架构、基础设施架构、安全架构等内容。

企业信息架构需综合考虑业务变革的需求，是一个逐步演进、逐步完善的过程，需要对其设计变更进行定期或不定期的检查，确保企业信息架构反映最新的业务战略和信息化战略，同时检查各项目建设的架构设计对总体架构的遵从和符合程度，并进行及时的调控，最终促进整个信息化建设质量的改善与提高。

（2）企业信息架构目标

企业信息架构的建设目标主要包括实现 IT 技术与动态业务的有效结合、实现信息化建设标准化、实现信息化建设效益最大化等 3 个方面。

1）实现 IT 技术与动态业务的有效结合。企业信息架构是一种将 IT 技术与动态的业务环境有效结合的方法，是联系企业的经营策略和实现这些策略所需技术的枢纽，可以将业务战略转化为业务价值实现。企业信息架构通过采用一系列规划和管理资产的方法来支持企业业务流程，使其和组织的核心目标及战略方向相一致。

2）实现信息化建设标准化。通过企业信息架构的制定，形成信息化建设的首要标准，即架构标准，解决信息化建设中可能出现的技术路线多样、缺乏整合一致性的问题，保证信息系统的完善和演变在既定原则、既定方案、既定路线下进行。

3）实现信息化建设效益最大化。企业信息架构是对企业流程、技术和标准的投资，其目的是改进企业的整体能力，特别是降低业务和 IT 成本，具体来讲就是最大化业务价值、提高系统能力、降低总拥有成本及减轻风险。建立企业信息架构体系，通常可以获得的收益分为 3 类：直接收益、间接收益和隐性收益。有效帮助企业降低成本、降低风险、提高效率、更早地实现收益。企业信息架构职能可以驱动业务和IT同步发展，同时建立起组织内部的技能。在财务方面，企业信息架构组织的实施可以有效地降低和优化非可支配支出，同时增加可支配支出带来的收益。

（3）企业信息架构的方法

企业信息架构的核心理念是整合企业的总体架构，涉及业务、IT等多个层面的内容，根本目的是为了提升企业的总体业务能力。因此，从宏观的角度规划一个机构的各项“能力”，不但应关注业务和信息系统本身，更重要的是了解这三者是如何有机地协调在一起。

业务战略对企业信息架构具有引领作用。企业信息架构需要区分当前状态和目标状态，并可划分为业务、应用、集成、数据、基础设施、安全等层次。企业信息架构层次如图7-11所示。

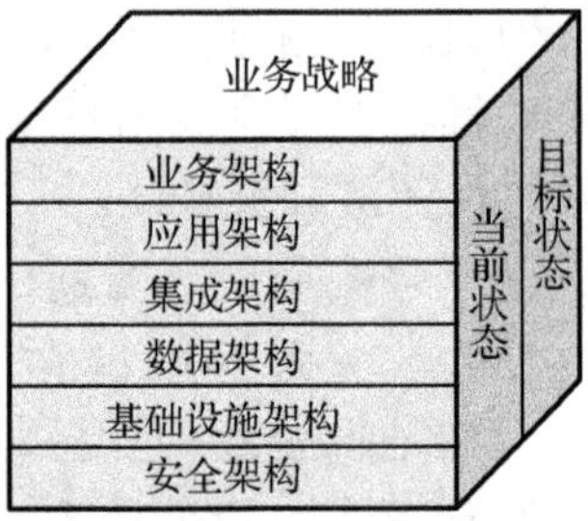

图7-11　企业信息架构层次

1）业务架构是企业信息架构的起点，业务架构定义了电网企业在总体企业战略指导下希望实现的业务能力及其关系，它们能帮助企业推进业务发展，实现高效率的运营。业务架构有助于后续的应用、数据和基础设施架构的制定。

2）应用架构是对信息系统进行高层应用划分，指导整个信息系统构建和实施，应用架构的建立是以业务架构和业界最佳实践为基础的。

3）集成架构是将企业内部各信息系统视为整体，基于面向服务架构思路，分析信息系统之间的集成场景和集成关系，实现信息系统在数据、应用、流程等不同层面的横向贯通，支持应用架构优化和提升，支持业务与信息技术更深层次的融合。

4）数据架构是从跨组织应用系统的视角对数据进行组织，包括对整个数据生命周期中数据的处理、存储、转换、整合、分布制定的策略、模型、流程，以及支持这些策略、模型、流程的技术架构方案。

5）基础设施架构是定义各个基础设施之间的关系，从宏观和微观角度分析信息系统的发展过程和技术要求，并为保障和支撑应用和数据提供一个可实现的基础。

6）安全架构是根据企业或组织的需要定义的安全能力和功能，它在业务安全需求和IT安全需求之间建立联系。

2. 能源互联网信息架构设计

能源互联网下，业务从传统电网模式下的隔离分散向协同创新方向发展，在技术引领与业务融合双重推动下，将产生诸如大规模可再生能源并网、电动汽车充电站/桩管理、互动营销等新业务领域，整个电网业务将呈现出显著融合的创新特征。能源互联网信息架构总体上可分为四层两纵，四层分别是指数据采集层、基础设施层、信息集成层、应用展示层，两纵分别是指智能电网信息安全防护体系和智能电网信息化标准体系，总体架构如图7-12所示。

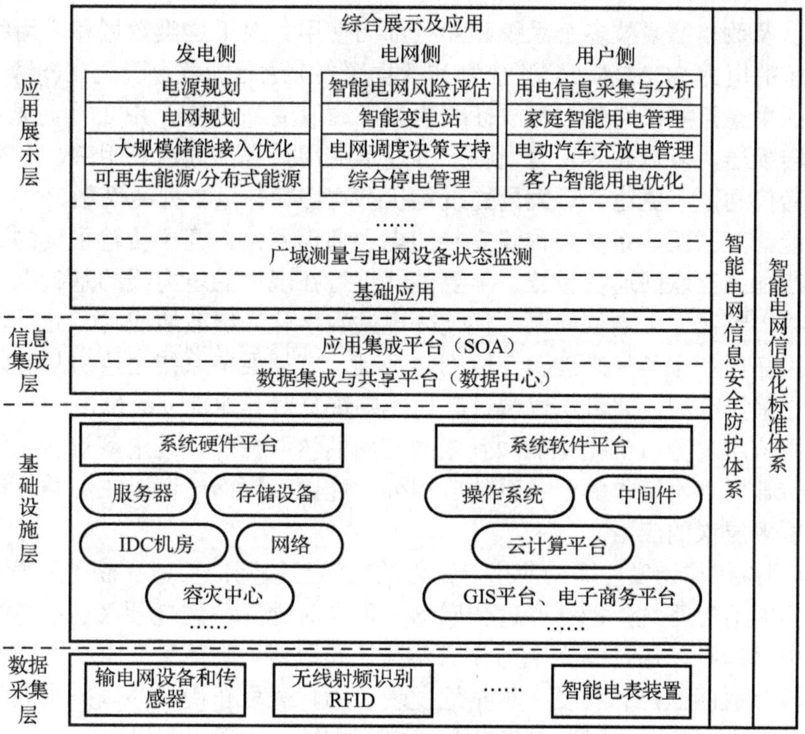

图 7-12　能源互联网信息化总体架构示意图

（1）数据采集层

能源互联网一个比较显著的优势在于能够在最低程度的人工干预下，利用智能计量装置、传感器和双向数字通信等技术手段增强用户侧的主动调整能力，使电网在负荷管理上具有更多的弹性、可靠性和灵敏度，使电网不再是简单的输电系统，而是一个信息系统。因此在向智能化的电网升级过程中，必须建立新的计量系统、安装新型传感器、升级变电站、完善电网接入设施等适应电网智能化的基础建设。新一代的能源互联网将运用传感器、智能仪表、数字控制与分析工具来自动监测并控制双向的电流，通过先进的微传感器、远程抄表设备、监测系统和负荷管理技术等实现电网故障检测、电力消费预测、电力系统互动自动控制管理等。逐步更换智能电表和电光终端管理设备、同步相量测量装置、广域测量系统及其他智能网组合设备，实现中央数据管理和分级调度，改造电力光纤复合线缆终端及网络管理体系，优化电力线通信系统管理和控制，实现符合国际标准的电网体系及与其他数据库系统重新匹配优化组合和运转等，从而构成比较完备的能源互联网流程体系。电力电子技术和产品是未来配电系统的主要组成部分，包括多功能固态开关、智能电子装置和配网用的柔性输电系统装置（如 SVC 和 DStatcom）等。未来电网将可使用新的系统控制逻辑，使它们协同运行，以便实现多重电力电子装置的集成控制，实现电网最大的可用传输能力。

（2）基础设施层

基础设施层包括系统硬件平台和系统软件平台，其主要功能是进行数据传输和数据分析。能源互联网需要采集大量的设备（包括一次、二次设备）状态数据和各类表计计量数据。这两类数据的主要特点有：数据量大、采集点多且分散、对实时性要求比电网实时运行数据低，以及数据需要被多个系统和业务部门使用。对于这类数据和应用特性，已经不适合采用传统的电力 SCADA（监测控制和数据采集）通信方式。因此在能源互联网中，对这部分数据的采集需要采用基于开放标准的数字通信网，即基于 IP 的实时数据传输方式，并提供协议转换器，可以兼容现有设备，多通道共用，提高通道利用率，多通道容量可以被其他数据通信利用，更适合对大量的设备状态数据和计量数据的采集。

完善的能源互联网体系需要构建完善的电力通信网络，便于传输采集的数据信息及控制信息。构建能源互联网通信设施，需要能够支持在现有的电力线的基础上新建或完善相应的通信网络，解决电力通信问题，促使变电站数字化升级改造成功。此外，灵活的可重构的配电网络拓扑，也是未来能源互联网的基础。它需要使系统在经历故障时，把故障影响范围限制在最小范围，并可迅速通过其他连接恢复对其他部分的供电。

电网数据应用与分析优化是能源互联网应用的核心内容，是电网智能化的根本体现，因此除了支持日常电网运作的业务系统应用外，能源互联网还可以在监控、调度、电能交易等方面开展多层次的应用。

1）在电网监控与调度方面的应用。完善的能源互联网需要建立涵盖从发电、输电网到配网的电网实时监控系统，能够通过传感器实现实时地（秒到毫秒级延迟）全面查看电网状态，监控电网运行，通过建立电力传感器系统和更新电力体系的自动控制系统，以及构建完善的能源互联网监控和调度，尽早地发现故障，采取正确的措施来快速隔离问题，避免代价高昂的断电现象，保障电网安全和用电可靠性，实现电网自愈功能。

2）在系统快速仿真与模拟方面的应用。快速仿真与模拟（Fast Simulation and Modeling，FSM）是含风险评估、自愈控制与优化的高级软件系统（包含广义的 EMS、DMS 等功能）。它为能源互联网提供数学支持和预测能力（而不只是对紧急情况做出反应的能力），以期达到改善电网的稳定性、安全性、可靠性和运行效率的目的。FSM 可以提供实时的状态估计，供安全监视、评估与优化使用，从而实现系统性能的连续优化，以及比实时还要快的预测仿真（安全分析），以期能够（通过自愈功能）避免可能对系统造成较大影响的预想事故一旦发生时的扰动。从运行和规划的观点对电网进行“what-if”分析，并为运行人员推荐方案。把市场、政策和风险分析聚合到系统模型中去，同时把它们对系统安全性和可靠性的影响定量化。

3）在电能交易方面的应用。在能源互联网模式下，电能交易的范围更加广泛和复杂，涉及的电能送、输、受的交易对象非常多，除了传统的交易对象外，还将包含如太阳能、风能等分布式能源和间歇式能源供给，以及各类具有个性要求的用电客户，同时电能交易还涉及灵活的交易类型和交易价格。面对更加复杂的交易模式，需要构建相对完善的能源互联网电能交易撮合系统，来提高电能交易的效率，促进资源优化配置，实现电力交易的公开、公平、公正，从而有效地节约电能资源。电能交易撮合系统应该包含电网跨省、跨区竞价交易、交易申报、交易撮合、安全校核、交易查询、交易意向申报等功能，系统支持的交易类型包括年度、月度、日、短期和单笔挂牌。

（3）信息集成层

信息集成层需要实现数据、指令等各种信息的共享和无缝衔接，通过建立企业服务总线，实现能源互联网信息架构的搭建。在信息系统集成方面，电网企业经过多年的发展，已经建立了众多的自动化系统和管理信息系统，包括营销、财务、物资、工程等，但是从业务分类来看，这些专业管理系统处于条形分散状；从小的方面看，生产类应用系统基于专业需求开发建设在输电、变电、试验、调度等专业线上，也是独立建设，不能互通信息，不支持业务协同与工作流转。因此针对电力企业已经存在的“信息孤岛”和“数据烟囱”，能源互联网强调需要建立高速的信息通道，使数据在业务流引擎的驱动下，在电网设备运行、电网调度及各业务系统间有序流动，包括电网实时运行数据、电网拓扑结构数据、计量数据、用户数据及外部应用系统数据等，从而实现信息集成，形成跨部门、跨系统、跨应用的业务协同环境。

（4）信息展示层

随着量测数据的增加，能源互联网需要建立相应的 IT 设施，从而实现对此类数据的全面收集。在对数据进行加工分析时，数据仓库可以发挥重要作用，通过使用数据仓库这个现代化的工具，整个数据分析工作变得更为简单和直观。

人工智能（AI）和决策支持（DSS）技术会得到广泛的应用。同时，为了实现整个系统范围内的协调控制，分散式智能代理及其进而形成的网状控制结构等形式的设计具有非常关键的作用。它们可以支持分散式决策，也可以在此基础上进行集中协调。发达的通信能力为这种设计提供了坚实的技术支撑。

在信息展示过程中，着色和动画技术、信息的快速刷新、声音识别、触摸屏、全息视频、电子地图墙、“仪表盘”展示等技术，将在能源互联网的分析决策方面发挥重要作用。

能源互联网是一个完整的信息架构和基础设施体系，其目标是实现对电力客户、电力资产、电力运营的持续监视，利用“随需应变”的信息提高电网公司的管理水平、工作效率、电网可靠性和服务水平。信息化正从平台集中、业务融合、信息展现、决策智能、安全防御 5 个方面推进对能源互联网的支撑，试点建设成果为进入全面建设阶段奠定了坚实基础。能源互联网信息化建设将巩固完善 SG186 工程建设成果，充分发挥现有信息系统使用价值，实现基础数据及时准确、业务流程完整规范，更好地支撑能源互联网建设。

3．面向服务的架构（SOA）

（1）概念及发展

SOA 的概念基本上可以分为两类。一类认为 SOA 主要是一种架构风格；另一类认为 SOA 是包含运行环境、编程模型、架构风格和相关方法论等在内的一整套新的分布式软件系统构造方法和环境，涵盖服务的整个生命周期：建模—开发—整合—部署—运行—管理。

利用 SOA 整合相关业务数据和应用，建立统一的信息平台，能够自动完成数据和应用的整合，实现全部业务系统的集成。SOA 能够使业务 IT 系统变得更加灵活，以适应业务中的改变。通过允许强定义的关系和灵活的特定实现，IT 系统既可以利用现有系统的功能，也可以为将来系统之间交互的需要做准备。SOA 是一种业务驱动的 IT 架构方式，能够将业务流程进行整合，使其成为一种相互联系、可重用的业务任务和服务组件。从本质上说，面向服务的体系结构是一个组件模型，它将应用程序的不同功能单元（称为服务）通过这些服务之间定义良好的接口和契约联系起来。企业服务总线（ESB）是 SOA 架构的核心组件，它是企业信息的统一平台，企业服务总线提供了所有互联互通的能力，避免“信息孤岛”，实现企业范围内的信息共享。为了实现企业级的信息集成，需要建立企业信息集成总线，集成生产实时数据、内部管理系统数据、外部应用系统数据等信息，实现应用系统之间的数据流动。

（2）SOA 在电网企业中的应用

SOA 在电网企业中已得到大量应用。国家电网公司、南方电网公司均已开展 SOA 平台建设、基于 SOA 架构的应用系统开发和企业应用集成等工作，在能源互联网调度技术支持系统等系统建设中也得到应用。构建可重用的、自由伸缩的 SOA 信息基础架构，以解决企业中数据集成、业务集成、流程自动化、企业门户等各种信息化关键问题。SOA 是新一代企业应用架构，通过业务、技术与管理这三个维度架构模型，解决业务、技术和管理应用问题，从而带来灵活业务、高效率技术及高水平管理。SOA 系统具有松耦合、便于复用、架构灵活、节约投资及增强业务敏捷性等优点，但在系统智能性、实时性方面还难以满足控制系统要求。

企业应用的构建模式正在发生着明显趋势的变革，促使业务条线之间、业务和信息之间越来越深入的融合。SOA 带来的不仅仅是技术，更是一种理念创新的工具和管理提升的平台，是技术引领和业务驱动的完美结合。

4．能源互联网业务融合

下面以应用实例的方式阐述能源互联网业务融合。某电网公司立足以信息化带动生产自动化、促进管理现代化、支撑公司发展方式和电网发展方式转变的实际需求，引入成熟套装软件建成一系列应用系统和一体化信息平台。

为适应 SG186 建设需要和能源互联网建设需求，实现跨业务条线的流程贯通，实现业务流、信息流、数据流的一体化运转、实时业务数据的共享、应用的自动化协同，该公司适时将一体化信息平台提升为企业信息服务总线（ESB），结合国内外最佳实践经验和高绩效信息技术架构模型，采用面向服务架构（SOA），建立创新性的企业服务总线，提升现有信息系统架构，全面推进业务流程贯通、应用系统深化融合和数据一致性工作，促进业务融合和管理创新，使 IT 能够快速灵活地响应业务变化，促进电网的发电、输电、变电、配电、用电和调度各个环节贯通，为能源互联网建设提供了重要支撑。

企业信息服务总线是在传统的点对点集成、中间件集成的基础上发展起来的，基于面向服务架构（SOA）理念的新一代业务整合方案。企业信息服务总线解决了公司内部信息的流通渠道问题，如同四通八达通往企业内各部门各业务的高速公路，并且借助于国际电力协会 IEC CIM 信息模型交换的标准，使得即插即用的、全面智能化的集成成为可能。通过企业信息服务总线实现灵活柔性的 IT 解决方案支撑，让现有系统最大限度地拓展它们的功效，而不是彻底取代或完全重建巨大而复杂的新系统；实现现有的 IT 流程可以在更短的时间内做出调整，新流程的形成速度可以更快。一方面能够高效率地适应内外部环境变化对公司提出的新要求，另一方面保证企业核心体系的稳定，使信息化成为增强企业应变能力的“加速器”。

（1）业务融合的需求

建设企业服务总线前，信息架构以大集中为主要特征，以成熟套装软件实现公司核心业务应用，以数据中心统一平台支撑企业级分析体系应用，以企业门户形成统一信息内容展现，并以安全架构形成保障，信息系统架构结构如图 7-13 所示。

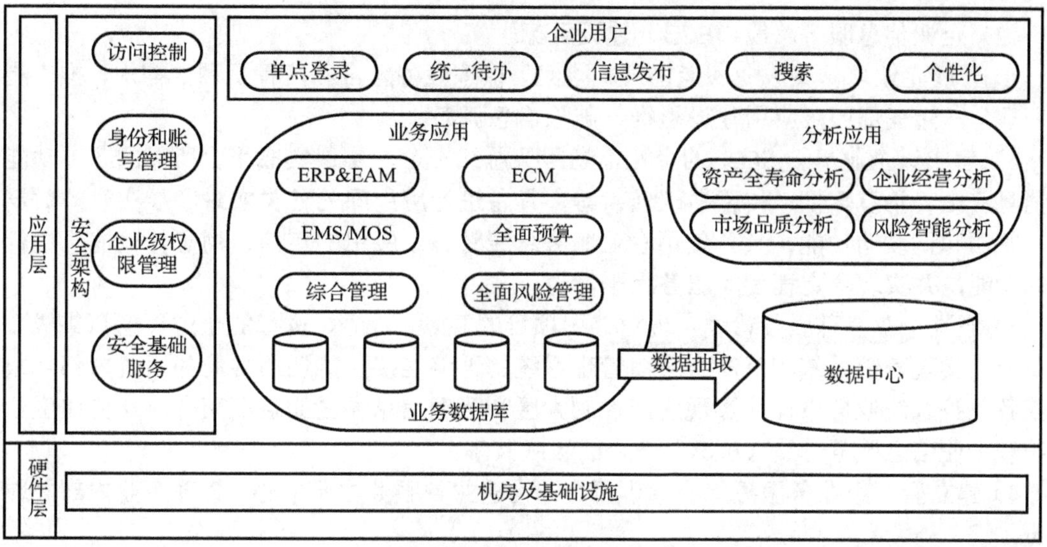

图 7-13　信息系统架构集成现状

1）点对点实现简单应用集成。点对点是最原始的集成方案，但是由于其实现简单，只要集成双方达成一致即可。这种方式产生的问题是系统间两两约定接口的实现方式进行集成，接口无法重用；系统开发技术的不同，使得系统间很难实现实时的交互；当系统数量及集成需求较多时，集成关系将变得难以维护和监控。

2）营销业务服务总线集成。营销业务服务总线对营销模块进行了内部应用集成，整个集成架构具备了的松耦合性和可扩展性，实现企业客户管理系统与外围系统的全流程整合，但目前的集成场景仅局限于营销部门内部，且硬件设备已经达到满负荷。

3）通过套装软件实现业务集成。基于成熟套装软件的集成方案从根本上减少了信息系统之间的交互。该企业通过成熟的套装软件覆盖了企业内大部分的核心业务系统，如项目管理、财务管理、人力资源、物资管理等，这些模块在套装软件出厂时就是天然集成。以套装软件为核心，再对外围信息系统进行集成就变得非常方便高效，同时极大地减少了系统维护工作量，提升了企业管理水平。

但是，没有一种成熟套装软件能够覆盖企业的所有业务，因此也不可能解决所有的集成问题。通过成熟套装软件和集成平台之间的相互配合，实现套装软件和专业主题软件、定制化开发软件的集成，才能最终解决企业内部应用的整合问题。

4）通过数据中心实现批量数据集成。该企业建设了数据中心平台，通过数据中心平台提供的数据总线功能支持系统之间批量数据的同步导入和导出功能，极大地提高了大批量数据在系统之间流转的效率。

5）通过企业门户实现界面集成。建设了企业门户系统，从用户界面的角度对系统进行了整合。实现了整合系统之间的单点登录和权限管理功能。通过门户界面集成，公司员工可以通过统一的入口访问日常业务系统，并且实现了将信息主动推送给员工的功能。门户的作用是提供对后台不同类型的应用系统的统一访问界面，并实现对不同应用系统访问时的角色切换，统一认证及授权的控制。采用门户集成的特点是仅在表示层完成操作界面的集中化及身份角色的切换，最终的服务提供还是后端某一特定的系统提供的，后端应用系统之间没有集成关系。

（2）企业信息服务总线（ESB）建设目标

1）开展企业总体集成业务蓝图架构规划，梳理业务融合和流程贯通的需求，推广流程管理理念，转变部门级应用建设思维，破除信息孤岛。

2）建成该企业基于 SOA 的企业信息服务总线平台，实现集成平台所需的各项功能。如消息路由、消息转换、传输协议转换等，具备进行应用间的各类实时和准实时的数据交互、管理和调度的功能；具备使用企业服务总线对各个应用的接口、消息传输情况进行监控的功能，并实现一定程度的服务水平管理。

3）通过企业信息服务总线实现对公司项目的规划、计划、执行的全过程信息集成和流程贯通；实现营销系统和资产全寿命管理系统的无缝连接，能调用各业务系统内部函数及捕获各业务系统业务事件；实现生产控制大区和管理信息大区的融汇交合，支持调度业务系统和企业信息服务总线（ESB）平台的级联共享。

4）建立企业级业务服务综合管理平台，构建业务服务注册中心，管理企业内部的通用服务。

5）按照国家电网公司“纵向贯通”应用集成要求，实现财务管控、基建管控、人力资源管控等业务管控的应用集成。

企业信息服务总线是新一阶段信息架构的核心，起着贯通企业的业务、应用和数据的作用。数据架构是从跨系统的角度对数据进行集中存储、转换等，建立企业数据模型，对元数据进行管理等；业务和应用架构是从业务应用的角度，规划应用蓝图；安全架构和基础设施架构则对整体信息架构起重要的基础支持和保障作用。

企业信息服务总线物理上在生产控制区和管理信息区两段，在生产控制区的服务总线为 AC2 平台建设，负责对生产控制区业务流程进行贯通；在管理信息区的服务总线为 ESB 架构平台，负责对管理信息区业务流程进行贯通。两个大区之间再通过 AC2 平台和 ESB 架构平台之间的级联，实现生产控制区和管理信息区的全面贯通。通过智能信息平台支撑人、财、物集约化管理，包括能量全过程管理、资产全寿命管理、客户全方位和全面风险管理，实现发、输、变、配、用、调度的全面贯通和相互衔接。

（3）采取的信息化项目建设策略

在企业信息服务总线的建设过程中，始终坚持和把握了以下几个基本原则：一是要统一规划、综合统筹；二是深入贯彻实用化；三是业务驱动、技术引领。基于这些原则，围绕企业信息服务总线，进行统一的架构蓝图规划和设计，并从平台建设和典型业务应用集成两个方面进行演进。

基于统一规划、综合统筹的原则，企业信息服务总线建设在公司总体信息化战略的指导框架下完成蓝图规划和设计，制定统一技术标准和管理规范，进行统一产品选型。通过充分调研和分析公司现有信息化建设的现状，明晰未来信息化的目标战略，确保平台未来具有充分的扩展性，产品之间具有更好的耦合性，减少异构平台带来的复杂性。同时，在建设过程中基于国际开放标准实现应用接入、功能调用、服务注册等，使应用集成整合、应用服务管理等都遵循一致的管理流程和规范。

在 ESB 架构平台搭建的同时，对各部门进行了业务需求调研，开展典型业务应用集成工作。以业务为驱动，从实际业务需求出发，充分考虑电网企业在发电、输电、变电、配电、用电和调度整个电网能量生产运行控制体系中各环节中的业务特点，提高总线平台的实用性；同时充分考虑电网生产控制区和管理信息区的物理隔离，服务总线在总体架构设计中分为两段，生产控制区段负责生产控制区的系统，管理信息区段负责管理信息区的系统，两段总线通过专有通道进行通信，在实现两区业务贯通的同时，保证两个区的安全和稳定。

在生产管理和调度运行两大业务核心领域，具有明显的业务融合和信息共享需求，生产管理和调度运行都是以公共的设备资产为基础，调度运行关注的是电网整体运行情况，生产管理关注的是单体设备健康状态，两者目的都是为了保证电网的安全经济和稳定运行。完成生产管理和调度运行业务集成规划，完成雷电信息和调度实时信息集成，完成多种设备信息、状态检测信息、故障和缺陷信息等的集成，实现生产调度一体化深度融合，提升电网安全稳定运行水平。

在以增强公司财务管控能力、提升运营效率和效益为目标，以财务资源的集团化、集约化运作为中心，在建立适应现代企业制度要求、科学高效的财务集约化管理体系背景下，完成财务集约化管理集成。通过企业信息服务总线实现了财务与其他业务之间的横向集成和与总部业务应用的纵向贯通，企业信息服务总线为推进科学高效、高度融合的财务集约化管理体系的建立起到了重要作用。

（4）企业服务总线建设的成效

企业信息服务总线是基于面向服务架构（SOA）理念的新一代业务整合方案，解决了公司内部信息的流通渠道问题，形成了各部门各业务的信息流高速公路。

横向涵盖了电力企业关键的业务领域，厘清跨业务的融合关系，以业务流程管理为导向，形成五大业务集成主题域。纵向基于 SOA 的信息技术支撑体系，提供具体的集成工具和技术平台，全面支撑信息集成的实现、管理和监控，形成五大集成服务支撑技术。业务融合体系如图 7-14 所示。

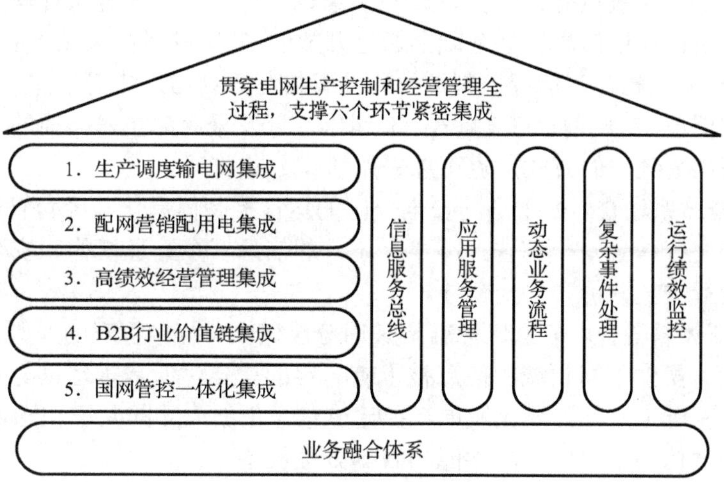

图 7-14 业务融合体系

1）企业信息服务总线平台：建立应用集成总体工作规范和技术规范，构建基于 SOA 理念的 ESB 架构平台，实现核心业务的关键集成、横向流程贯通和数据一致。

2）高级应用平台：在完成企业信息服务总线平台基础上，搭建高级应用平台，包括业务流程管理平台、企业服务库平台、业务活动监控（BAM）平台。

3）电网规划应用集成：实现前期规划系统与调度实时信息共享；实现综合计划指标管理流程。

4）调度生产应用集成：完成业务蓝图规划，在生产控制区和管理信息区之间服务总线对接基础上，实现典型集成场景。

5）5E 核心系统与 SG186 推广系统集成：实现法律事务管理系统、ERP、招投标系统合同及付款信息实时共享；实现项目、采购与合同管理流程的贯通。

6）项目计划、预算、执行一体化数据流程：通过项目主数据，明确唯一数据源，通过数据流程标准化，实现项目全生命周期闭环管理。

7.1.5 能源互联网信息化重点内容

1. 智能电网信息化进程中需要重点建设的内容

智能电网技术的发展正在给电力系统带来一场深刻的变革，智能电网建设已经为中国电网提出了以信息化、数字化、自动化、互动化为特征的发展方向，其中信息化是智能电网的核心特征。因此，智能电网对电力信息化提出了更高的要求，将极大地推动电力行业信息化的发展，在智能电网信息化进程中需要重点建设的内容包括：

（1）生产控制自动化和管理信息化有效融合

电网运行和控制（即生产控制自动化）是把电网设备及系统作为应用对象，而管理信息化某种程度是调节和规范人的行为，由于人的活动穿插在系统规划、建设、运行、控制的各个环节，所以需要把生产控制自动化和管理信息化有效地集成起来，开创未来的电网运作和管理模式。管控一体主要体现在以下 4 个方面：

1）信息应用体系融合。运行控制信息化与企业管理信息化的管理对象一致，但管理的角度不同，一个是从系统运行的角度将设备抽象成元件，另一个是从管理的角度将设备实物化为资产，需要在通用信息模型基础上通过开放的 IT 集成架构来完成应用体系的融合。

2）信息治理体系融合。运行控制信息化的管控与管理信息化管控宜采用同一套流程，通过协调机制来保证 IT 规划、IT 建设、IT 运维，以及采用的技术路线的一致性。这个协调机制既可以采用大集中的方式，也可以采用协作方式实现。

3）信息安全体系融合。处于不同安全分区的运行控制信息化与经营管理信息化，按照不同的划分原则进行信息安全部署。需要有统一的信息安全管理机构、安全管理流程及安全管理平台来进行安全评价和安全督导。

4）信息创新体系融合。信息化标准要采用分层建立、统一管理的原则，对新技术的应用要有共享机制。虽然不同领域的信息技术有一定的差异，但基本理论与发展趋势还是相同的，要在共性基础上进行差异化发展，要建立信息创新人才的共享和沟通机制。

（2）稳健的通信网络设施和高性能的数据处理设备

智能电网的运行依赖于大量数据采集、传输、计算分析，稳健的通信网络是智能电网的基础。智能电力设备将通过通信网络进行数据通信和互动，实施自动故障识别，对已经发生的扰动做出响应等。基于通信网络设施，大量的数据在各设备、各系统之间进行传输和计算，对数据的处理能力和计算效率提出了更高的要求，分布式计算技术和网格计算服务器的应用应运而生。

（3）集成的电网实时监控信息与管理信息系统

电网运行数据和设备运行状态数据的采集、分析为整个电网运行控制和管理决策提供支持。目前，电网企业信息化比较领先的企业已经通过生产实时数据平台等技术手段实现了电网实时信息与管理信息的单向交互，为进一步科学管理电网运行提供了支撑。业务管理人员通过对设备状态数据的分析，能够对设备资产实施全生命周期跟踪管理，对设备进行有效的评估和风险控制，最大限度地提高设备的使用效率，实现电网的经济运行。

（4）面向服务的信息一体化架构

目前，电力企业信息化建设正在从专业级应用向企业级应用转变，信息集成建设成为当前电力企业解决信息孤岛、实现信息资源共享的重要手段。智能电网建设将加快企业信息一体化的进程。智能电网的基础是电网业务的全数字化，信息资源能够得到充分的共享和应用，实现业务的协同化运作，因此信息一体化架构将成为智能电网下的电网企业信息化架构。由于未来会有各种类型的智能设备在不同时期进入网络环境，并且基于智能电网的环境会有各种应用需求产生，因此需要企业的信息集成平台是一个面向服务的、能够提供标准化接口的平台，兼容分散式和集中式的信息系统。

（5）基于企业服务总线的信息化集成平台

智能电网强调需要建立高速的信息通道，使数据在业务流引擎的驱动下，在电网设备运行、电网调度及各业务系统间有序流动，包括电网实时运行数据、电网拓扑结构数据、计量数据、用户数据及外部应用系统数据等，从而实现信息集成，形成跨部门、跨系统、跨应用的业务协同环境。电网企业可以通过建立企业服务总线，集成分散式和集中式的应用系统。同时，为了不同系统和不同主体能够相互识别与交换信息、协调运行，接口协议和公共信息模型（CIM）等标准规范必不可少。当然，要达到系统之间的无缝衔接，还必须界定各个系统的软、硬件组成，明确它们相互之间的接口。

（6）新一代电网的业务功能开发和应用创新

智能电网业务功能的开发与应用创新是智能电网价值的根本体现。智能电网的功能开发可以覆盖电网企业业务流、电能流的各个环节。从目前的研究进展和发展趋势来看，与智能电网相关的业务需求基本有电网的优化、系统模拟和仿真、设备资产的全生命周期管理、设备状态的检测与远程诊断、电力交易撮合、营销与配电一体化管理、需求侧管理、智能家电应用解决方案、企业生产经营绩效分析等。智能电网的业务功能将随着业务的发展和需求的增长不断地丰富完善。

（7）纵深的信息安全防御体系

坚强是智能电网的基础，坚强不仅仅是要求骨干网架的安全稳定、抗攻击性强，对智能电网运行所依赖的整个信息环境的安全也同样有严格的要求，建立一套覆盖物理层到应用层的纵深信息安全防御体系是对坚强智能电网的基础支撑。

2. 智能电网信息化进程中需要重点关注的内容

智能电网的一项重要价值是帮助电力企业更快速全面地掌握海量数据背后所蕴藏的规律和信息，并建议电力企业注重数据管控工作，加大对各种数据分析方法的研究与发展力度，提高决策分析能力，加强信息安全。结合笔者对智能电网的大量资料分析，认为在智能电网信息化进程中需要重点关注的内容包括如下几个方面。

（1）提高决策分析能力

提升信息存储能力，实现电网状态、设备状态、用户电能量、电网空间数据等海量信息的存储。针对各管理层级和业务环节的决策需求，建立覆盖企业各层次、各业务环节的分析体系，研究开发适用的分析模型。提高数据集成能力，建立覆盖整个企业的公共信息模型（CIM）及数据管控平台，实现企业数据的无缝流转。建立规范的数据管控体系，从流程、人员及组织保障等方面入手，提高数据的及时性、准确性。提升实时计算能力，支持数据在线分析，实现应用请求的快速响应。全面提升数据中心结构化数据、非结构化数据、电网空间数据和实时数据的存储、计算能力，满足业务发展需要；将信息网络延伸至配用电侧信息采集点，提升数据传输能力。有效满足基于海量数据的高级应用和优化分析，服务于电网投资规划的优化、电网运行方式的优化、故障分析和定位、事件响应能力、设备状态评估、电网运维方式优化等，实现对数据的更深入的利用，支撑电网实时运行协调和坚强环境的建立，为电网运行提供坚强保障。

（2）增强综合智能分析水平

增强综合智能分析水平，可实现辅助分析与智能决策，提高整个电网的可靠性。通过分析已有的电网运行数据，优化电网运行和管理，为电网运行和管理过程中的相关问题提供辅助决策支持。

分析优化是智能电网的核心内容，是电网智能化的根本体现。在信息集成的基础上，从不同的维度和层次，对数据进行挖掘、整合、分析，实现与核心业务系统的无缝链接和信息挖掘。对所涉及的信息展现方式进行整理、归纳与分析，利用数据多维展现技术，包括时间维度、空间维度与管理维度等，实现信息的多维可视化技术。

（3）实现智能电网各环节业务融合

按资产全寿命、能量全过程、客户全方位和核心资源等业务管理主线开展多业务集成建设，实现智能电网各环节业务融合。强化生产控制大区和管理信息大区间的数据集成，实现生产控制信息和经营管理信息的安全、双向流动。实现公司范围内的信息全面共享，满足各项业务的分析和决策要求。建设信息集成服务，不断完善信息标准和管控能力，提升智能化的信息集成服务能力，满足更高的信息横向和纵向集成需求；实现业务流程全过程监控；扩展信息展现渠道和方式，满足移动办公、移动作业等及时、灵活的互动需要。

（4）业务全面覆盖，充分采集数据信息

数据信息的充分采集是实现电网智能化的关键所在，智能电网之所以能够实现电网的智能化，其关键在于对整个电网信息的充分掌握。而对电网信息的充分掌握，则需要良好的通信线路和大量的终端信息采集应用，使数据安全稳定传输，提升数据交换的可靠性，为智能应用提供全面、及时、准确、一致的信息。智能电网将会连接更多的设备，包含各种智能的传感器、控制元件、电力设备等，这就需要提高电网数字化程度，深化发电、输电、变电、配电、用电和调度各环节的数据采集、传输、存储和利用。

通过高速通信网络实现对运行设备的在线状态监测，利用服务于智能应用的各种信息采集技术，采集用电信息和设备状态信息，以获取设备的运行状态，并在最恰当的时间对需要维修的设备发出信号，实现设备的状态检修，保证设备在最佳状态运行。通过智能电网数据中心的建设，实现整个电网的信息集中采集，适应智能电网下海量数据、实时数据交换和存储的要求。

（5）信息化渗透到各个价值链环节

智能电网的建设将覆盖从电源、输配电、售电和用电管理的各个环节，信息化也将成为各业务环节实现智能化的手段，信息化部门需要为更多新的业务需求提供支撑和服务。但是，目前电网企业信息化建设主要关注营销收费、企业资源管理及办公自动化等领域，而在调度管理、电网优化、生产管理、需求侧管理方面的应用水平则普遍滞后。这就要求信息化的部门深入各种业务，跟随智能电网的发展进行相应的业务改革。

（6）信息安全防护

智能电网高度依赖信息技术和通信技术，传统的电网安全防护采用基于隔离的方法面临考验。智能设备和通信自动化设备增多，二次安全防护问题日益复杂。随着智能用电发展，电网与用户实现互动，用户侧与家庭局域网的安全也是电网安全的组成部分，网络边界向用户和智能设备延伸。应构建覆盖智能表计、电网控制和企业信息的全方位的智能电网安全防护体系。

7.2 电力企业信息系统应用发展趋势

7.2.1 信息系统在广度方面从MIS向全企业ERP集成化平台发展回顾

1. 电力企业信息化从MIS走向ERP

从20世纪80年代初，各个电力企业纷纷推广实施MIS（管理信息系统），经过几十年的发展，企业信息化已具有一定的基础。传统的MIS是根据企业的管理组织结构形成的一种树状结构体系，它基本上与企业的管理体系结构相符合，各部门将其生产经营的各种数据通过不同的方式录入计算机的数据库，通过一定处理，供各类人员查询和统计。把一些手工的工作转移到计算机上，一定程度上提高了生产力和生产效率。但传统意义上的企业MIS只能起到比较单纯的数据收集、统计和报表打印的作用，在实现生产过程和管理运行中数据的采集、存储等功能方面还存在如下问题：

（1）由于计算机技术和管理理念的局限性，传统的MIS多处于单项应用或局部集成应用阶段，包括人力资源管理系统、财务管理系统、物资管理系统等涉及企业生产和经营的各个方面的多种独立系统，形成了“信息孤岛”，缺乏总体数据规划、数据应用整合，这些相对独立的系统难以为领导的决策和数据挖掘提供服务。

（2）缺乏接口技术和手段，子系统移植性较差，局部之间的数据接口并不能实现业务整体集成，信息的利用率和整合程度不高，不能充分利用企业的整体资源。

随着因特网的广泛应用，企业信息管理的深度和广度在不断扩展，MIS在企业中的应用缺陷越来越明显，20世纪90年代出现了一套统筹管理企业内部所有部门及企业外部相关企业的集成化信息系统ERP，这一系统已经在电网企业和发电企业得到广泛应用。

2. 企业ERP系统的发展趋势展望

企业的ERP系统实际上是将信息、业务、人等全局资源进行有机集成，通过集成，使得流程得以疏通，效率得以提高，内部的各项管理控制程序得以真正贯彻，从而实现企业内部和外部各方面资源的全面管理及信息完全共享的集成化平台软件。ERP 系统是先进管理思想与信息技术综合应用的结晶，随着电力行业环境的变化，管理思想、信息技术的发展及电力企业管理新需求的提出，电子商务时代的 ERP 系统具有以下几个大的发展方向：

（1）基础业务平台：为了实现 ERP 系统的功能集成，应该使系统基于一个统一的业务基础平台，能够将具体业务功能与系统底层的系统服务功能（包括安全、权限、工作流等）分离，在此基础上实现基于业务流程的功能集成。

（2）组件化：采用基于业务基础平台的组件化技术，实现业务功能的“封装”，建成组件库和企业业务模型库，以业务基础平台为基础，保证系统应用时可针对企业特点灵活构建，真正实现个性化的服务。

（3）标准化：采用标准的接口技术、编码规范和数据指标体系等，保证不同应用系统间的数据和功能集成。

（4）实现纵向和横向集成：一方面要实现 ERP 系统内部各功能模块之间的集成，另一方面，通过对异构系统集成机制的研究，实现 ERP 与其他应用系统之间的横向集成，从而提升 ERP 系统输入、输出数据的吞吐能力和系统的协同能力，提高系统与外界纵向协作系统、横向协作系统的协同工作和应用互动，实现灵活应用。

近年来一些电力企业已经成功实施了 ERP 系统，已经构建了一体化的企业信息集成平台，在企业信息化管理的广度方面从 MIS 到 ERP，实现了从单项应用向全企业集成化应用平台的发展。

7.2.2 信息系统在深度方面从 MIS 向智能化 DSS 发展趋势

近年来，电网、发电企业已经实施了完整的 ERP 系统，已经形成了大量准确、及时和完整的管理决策基础数据。然而各单位管理决策中所面临的通常是半结构化的决策问题，其中包括目标含糊不清，多目标相互冲突，方案的比较和选择没有固定的规则或程序可循，所需的信息不全或比较模糊等问题，同时不同的决策者的行为风格也是完全不一样的，对于这一类问题是原来的 MIS 所不能解决的，DSS 通过人机交互接口可为决策者提供多种方案，以解决半结构化的决策问题。因此，在信息系统深度方面从 MIS 向 DSS 的发展更能满足决策者的需求，主要表现在以下几个方面：

（1）MIS 解决结构化问题，而 DSS 解决半结构化或非结构化问题。

（2）MIS 是日常的信息处理，而 DSS 面向中、高层领导决策问题。

（3）MIS 追求问题求解过程最优化，而 DSS 追求切实可行的方案。

（4）MIS 强调系统性、客观性、科学性，而 DSS 强调发挥人的经验、判断力、创造力，强调艺术性。

（5）MIS 是数据驱动的，而 DSS 是模型驱动和用户驱动的。

（6）MIS 强调全局整体的信息需求，而 DSS 强调决策者个人的需求。

在深度方面，随着企业信息系统从 MIS 到 ERP 的不断运用和发展，决策支持系统将会成为企业未来发展的重要工具和管理思想。随着数据的日益积累，在数据的加工方面，将更加广泛运用到模型库、知识库等专家系统的有关知识，向智能化的 DSS（决策支持系统）发展。

7.2.3 集成化、智能化、移动化的信息系统将会不断出现

随着云计算、物联网、移动互联网和社交网络技术的蓬勃发展，正在推动一个新的企业信息化发展大潮。企业信息系统的发展表现为以下特征：

1. 社交网络与企业 ERP 等系统整合应用，实现企业对非结构化数据的有效管理

目前流行的信息系统软件如 ERP 等，侧重对于“财和物”的资源管理，涉及的数据具有结构化的特征。现在企业中更多是非结构化的数据，如报表、账单、影像、发票、合同等。企业现在更多强调的是企业内人与人之间的关系为主线，充分发挥“人”的主观能动性，重视其在业务操作和价值实现过程中的关键作用，关注企业不同部门和不同组织的协同需求，增加信息分享的速度，提高企业的综合生产力。企业社交网络作为企业私密的社交平台，其信息流通实现了从“一点到多点”向“多点对多点”传播方式的转变，打破了传统的传播瓶颈。可以为企业提供信息交互的竞争优势，使需要协作的员工更方便、有效地进行交流与分享，降低企业沟通成本，提高工作效率。

可以预测，在信息系统中引入社交服务，为传统的客户服务中心增加商业智能（BI）是客户服务中心的发展方向，通过将客户服务中心与商业智能分析紧密地结合，提供客户行为分析和营销分析等功能，对提高客户服务的水平、提高客户的满意度具有重要意义。

2. 物联网技术和商业智能在信息系统中的整合应用，使企业信息化系统更加智能化

RFID（射频识别技术）、GPS（全球定位系统）、电子支付等技术在信息系统中的广泛应用，使信息采集更为方便，将这些信息有效整合在企业 ERP 系统中，使其集成化程度更高。在物流环节通过 RFID、GPS 等技术的使用，自动化地采集这些信息，使物料在各个环节更容易跟踪，实现对供应链整个环节物流的即时、动态监控，避免过去人工扫描信息的种种弊端（效率低、易出错、即时性差等）。

通过 MES（生产执行系统）和 ERP 系统的融合，将生产过程的各种信息即时导入 ERP 系统，使在制品、车间临时库存等信息也能得到即时有效的监控。

在集成化程度提高的同时，通过商业智能（BI）软件进一步辅助商业决策，提高其智能化程度。商业智能包括绩效管理、计划、报告、查询、分析、在线分析处理、运营系统集成、预测分析等，其目的是要管理数据、理解数据和基于数据决策。Gartner 最新发布的报告显示，BI 市场正在以每年 9%的速度增长，到 2014 年市场价值高达 810 亿美元，2020 年将增长至 1360 亿美元。Gartner 认为，BI 市场已经进入爆发期。

3. 借助移动互联网技术与智能终端设备的完美结合，实现移动信息化

在企业信息化领域，借助于移动信息化模块，实现通过手机等智能终端对诸多业务的移动管理正成为一个显著趋势。云计算和移动信息化的结合，使管理者突破过去办公场所、上网条件等限制，让管理随时随地触手可及。目前企业移动信息化在流程审批、报表查询、销售支持、商业智能、库存查阅等领域应用最多，而且，基于不同行业差异化细分的移动商务模块也越来越多。

4. 电力企业信息系统将广泛应用 Agent 系统

Agent 技术是计算机科学和人工智能领域的一项重要概念，国内学者一般将其译为智能体或代理。目前对于 Agent 尚没有统一的定义，一般认为 Agent 是处于一定环境下包装的计算机软件系统，具有相应的知识、目标和能力，它能对外部事件做出响应，能够单独或在人的少许指导下进行推理决策，是一个具有自主行为能力的主体。Agent 技术吸收并集成了多种计算机技术，包括对象与封装、人工智能、专家系统、分布式处理等学科的知识。Agent 的结构描述了组成 Agent 的基本模块，模块之间如何交互信息，Agent 感受到的信息如何影响它的行为和内部状态，以及如何将这些模块用软件或硬件的方法组合起来形成一个有机的整体，实现真正的智能。这正是电力企业管理信息化满足模块化需求所需要的。

当前计算机科学发展的一个显著趋势就是计算范型从以算法为中心转移到以交互为中心。Agent 是一类粒度大、智能度高、具有一定自主的理性行为的实体，多 Agent 系统（Multi-Agent System，MAS）就是由这样一组彼此间存在着协调、协作或竞争关系的 Agent 组成的系统。MAS 系统将各种不同功能的 Agent 模块通过通信与协作结合起来，共同协调来完成任务，具有更大的灵活性和适应性。MAS 系统试图用 Agent 来模拟人的理性行为，通过描述 Agent 之间理性交互而不是事先给定的算法来刻画一个系统。智能 Agent 是一种技术，但更重要的是一种方法论，它为大规模、分布式和具有适应性的复杂系统的实现提供了一种全新的途径，如电力系统、智能机器人、电子商务、分布式信息获取、过程控制、智能人机交互、个人助理等。MAS 系统具有很强的伸缩性，而且允许遗留系统之间实现互联和互操作，从而可以最大限度地保护用户资源。

基于 Agent 的系统具有很多优点，每一个功能或任务，可封装为一个独立的 Agent，系统高度模块化的 Agent 之间是一种松散组合，其通信通过传递消息而不是调用程序（本地或远程）来实现。同时，由于采用目录服务机制，通过添加新的 Agent，系统很容易增加新功能，且这些功能可被其他 Agent 所用。对于那些本来就具有分布式结构的控制与自动化系统（如电力系统过程控制等），特别适合采用多 Agent 的系统体系结构。较传统控制系统，这种基于 Agent 的系统可使系统每个成员具有更大的自治性。多 Agent 系统是设计和实现复杂软件系统的一种新途径，由于其适用条件与电力系统的特征几乎一致，受到众多学者的关注。到目前为止，Agent 技术已经在电力系统的多个领域得到应用，如电力市场、故障诊断、电网调度等。

5. 电力企业信息系统正在向移动信息化发展

随着 Android、iPhone 等智能手机的普及，高速无线网络与功能强大的移动终端设备将使得电力企业集团公司、不同分/子公司在完成信息化业务时，借助移动终端予以完成，尤其是在电力企业利用信息化实现资金流管理时，借助移动终端的远程记账、远程查账、移动支付等业务方式将加快电力企业资金流、信息流之间的流转。此外，移动终端移动位置服务、移动端社交软件及社交软件内语音短信、通话等服务均可能改变电力企业信息系统的信息处理方式。

移动信息化在电力用电侧的应用较为广泛。对于国内的电力企业用户而言，移动信息化的发展趋势主要包括移动作业、移动事务处理、移动商务智能等方向。移动作业是在作业现场通过移动终端实现远程数据访问、现场数据采集、现场作业信息上传等功能，从而实现现场作业过程的规范化、标准化、信息化管理；移动事务处理是指基于工作流管理，通过移动终端实现通知、公告、转批、催办、公文查阅、审批、电子签章、流转等，完成任务流程 的发起、下发与反馈等；移动商务智能是指通过移动通信网络进行数据传输、数据收集、数据分析，并利用移动信息终端参与电力相关的各种商务活动的一种新电力电子商务模式，可实现商务智能。

7.3 电力企业信息技术应用发展趋势

7.3.1 信息系统将广泛应用智能检索和智能代理技术

1. 信息系统将广泛应用智能检索技术

检索者输入任一关键词均可实现该关键词所对应的主题词或分类号的检索，检索者不需要知晓该关键词所对应的主题词和分类号的具体词名和类号。例如，在电力企业ERP信息系统的综合查询子系统中，就已经使用了关键词检索的方式，用户输入诸如“合同”关键词，与合同有关的信息就能全部检索出来。

2. 信息系统将广泛应用智能代理技术

智能代理是人工智能研究的新成果，它是在用户没有明确具体要求的情况下，根据用户需要，代替用户进行各种复杂的工作，是具有智能性并可进行高级、复杂自动处理的代理软件。智能代理软件具有如下特点：

（1）智能性。具有丰富的知识和一定的推理能力，能揣测用户的意图，并能处理复杂的高难度的任务，对用户的需求能分析地接收，自动拒绝一些不合理或可能给用户带来危害的要求，而且具有从经验中不断学习的能力，适当地进行自我调节，提高处理问题的能力。

（2）代理性。在功能上是用户的某种代理，它可以代替用户完成一些任务，并将结果主动反馈给用户。

（3）移动性。可以在网络上漫游到任何目标主机，并在目标主机上进行信息处理操作，最后将结果集中返回到起点，而且能随计算机用户的移动而移动。

（4）主动性。能根据用户的需求和环境的变化，主动向用户报告并提供服务。

（5）协作性。能通过各种通信协议和其他智能体进行信息交流，并可以相互协调共同完成复杂的任务。

智能检索技术与智能代理技术有着各自的优势与不足，因此将搜索引擎与智能代理技术结合起来是建立新的检索模式的必然趋势，为开发新一代功能更强大的网上信息搜索系统提供了广阔的天地。智能代理主要集成客户端特殊的环境，配合用户兴趣完成搜索。它对用户信息需求、偏好进行甄别、归纳、总结，分析用户的兴趣爱好，并借助学习好的规则，自动、独立地代理用户查找其感兴趣的信息。

7.3.2 信息系统将广泛应用自动提醒或自动报警功能

信息系统的发展趋势之一是向多媒体用户界面发展，使其软件的界面美观、操作使用具有人性化，同时，大量提供自动提醒功能，通过自动提醒功能辅助操作人员了解下一步该做什么，怎么做。

自动提醒能准确、及时地将预设的提醒事件自动显示出来。例如，网上收文提醒、网上批文提醒、合同生效提醒、合同到期提醒、车辆年审提醒、保险到期提醒等。整个提醒过程分为 3 个步骤，如图 7-15 所示。

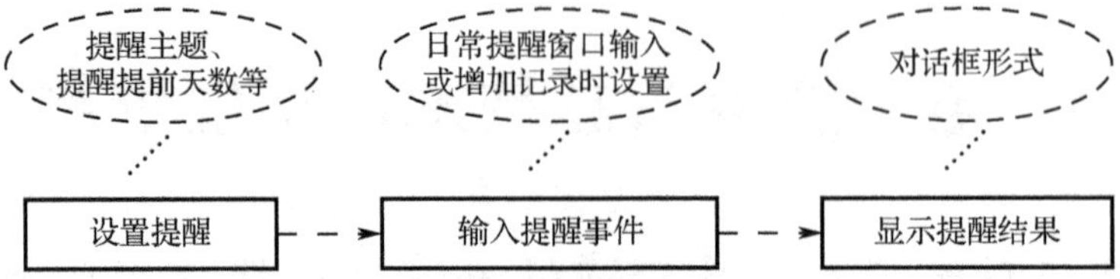

图 7-15　自动提醒流程

（1）设置提醒：包括设置提醒主题，设置提醒提前天数，设置“自动提醒”对话框等。

（2）输入提醒事件：可以在“日常提醒”窗口集中输入，也可以在增加记录时顺便设置自动提醒。例如，起草合同的同时，即可设置是否提醒和提前多少天提醒等提醒内容。

（3）显示提醒结果：往往采用弹出“自动提醒”对话框的方式。提醒窗口的弹出，可以在开机后自动弹出，也可以在启动相应子系统后弹出。根据提醒重要程度和提醒内容的不同，可以选择前者，也可以选择后者，甚至选择两种方式均提醒。目前信息系统更多与手机、电话等终端系统相联系，特别重要的事情需要及时处理，可以采用手机提醒或驱动电话声音提醒等方式，可以做到及时掌握、迅速决策。

从发展的趋势看，自动提醒的驱动因素更多来自智能化、自动化的信息系统内部。例如，自动统计的数量达到某一临界值时触发自动提醒；自动化识别或监测系统，获取了超过临界值的数据后实施自动报警功能。

7.3.3　信息系统将广泛应用云计算功能

云计算是一个新兴的商业计算模型，其利用高速互联网的传输能力，将数据的处理过程从个人计算机或服务器转移到互联网上的计算机集群中。这些计算机都是很普通的工业标准服务器，由一个大型的数据处理中心管理着，数据中心按客户的需要分配计算资源，达到与超级计算机同样的效果。同时，可以弥补小公司规模不足的成本劣势，从而可以与大公司同台竞技。自 2006 年由 Google 提出云计算至今，云计算已经开始慢慢地融入企业的运作中。现在一些公司开始部署云存储 SVN 服务器，实现云计算、云备份功能，主要作用其实就是存储一些工作中的重要文档，可以实时更新，防止工作中文档的流失，以及员工离职以后其他人能够承接到该项目的主要文档。随着企业移动信息化和电子商务的应用推广，云计算和移动信息化的结合，使管理者突破过去办公场所、上网条件等限制，让管理随时随地触手可及。

可以预见，将来足够长的一段时间里，云计算技术将会成为绝对的主流，企业的信息化将会成为一个比拼云计算技术运用的进程。云计算将会掀起一场信息技术革命，将对计算机的硬件、软件、应用和商业模式带来重要变革，同时，还将彻底改变计算机、互联网、电信和传媒的现有格局。

7.3.4 电力信息系统将广泛应用物联网技术

物联网技术主要是通过射频识别、红外感应器、全球定位系统、激光扫描器等信息传感设备，按约定的协议，把物品与互联网连接起来，进行信息交换和通信，以实现智能化识别、定位、跟踪、监控和管理的一种网络，也就是“物物相连的互联网”。物联网对于电力信息系统而言，主要是将上述物联网技术“渗入”到电力相关物资的各个环节，通过对电力相关物资的信息采集、状态监测、回馈控制等进行信息集成分析，全方位提高电力系统各环节的信息感知深度和广度。

当前物联网技术在用电管理方面的试点主要集中在智能用电管理方面，通过智能插座及无线组网的方式对用户用电设备的用电情况进行统计，并实现对用户电器的远程遥控；此外，用电侧在高压变电站可以实现无线自组网的变压器温度实时监测，从而远程监测变压器的运行信息，通过信息监控管理减少变压器因温度过高引起的故障。国外较前沿的应用是基于现实增强技术（AR）的电力系统现场作业管理，通过谷歌眼镜实时进行设备识别和接收设备信息，同时支持远程技术支援，从而方便电力班组检修。未来，物联网技术将与无线专网传输、大数据、云计算等技术结合，进一步实现电力系统精细化管理。

物联网在电网侧管理方面的发展趋势是组成“物联智能电网”，通过“物联智能电网”可以提供对电网基础运行业务和企业现代化运营模式的全方位支撑，重点围绕电力物联网感知层、网络层及应用层展开：其中感知层重点研究统一的信息模型，具体包括统一标识、统一语义、统一数据表达格式、安全防护等，形成相关标准规范；网络层重点发展趋势是制定统一通信规约，研发标准化通信芯片、无线通信装置、骨干网通信装置、标准化接入网关、网管系统等，并引入多种融合通信技术，丰富通信手段，解决信息中远距离可靠传输问题；应用层重点研究基于 SG-ERP 架构的物联网统一数据模型，实现数据存储管理及统一服务，开发电力物联网综合应用平台，为现有业务系统及应用服务提供支撑。

7.3.5 信息系统将广泛应用多媒体、商业智能等其他技术

1. 信息系统将广泛应用多媒体技术

信息系统从 20 世纪 90 年代中期开始，以 Windows 视窗操作系统作为操作平台，逐步开始应用多媒体技术。主要表现在如下几个方面：

（1）信息系统离不开信息的输入和输出，信息的输入/输出设备（亦称访问设备）逐步向智能设备或多媒体设备发展。

（2）用户接口从目前常用的图形用户接口（GUI）部分地向多媒体用户接口（MUI）或多用户空间（MUD）发展。

（3）企业信息系统所拥有的信息量将大量增加，信息的表达采用数字、文字、图形、图像、声音等多种方式与多种媒体。

（4）电话、电视、传真、电影、摄像、照相等从模拟信号媒体向数字信号媒体转变，现在基本转变完毕，真正实现以计算机和计算机网络为中心的多媒体信息管理。

（5）逐步实现计算机网、电话网、通信网的三网合一，在信息系统中，将通过多功能

的网络传输系统方便地传输多媒体信息。

2．信息系统将广泛应用商业智能技术

商业智能技术包括数据仓库、联机分析处理、数据挖掘等，用于统计和分析企业生产经营数据，反映现实状态，揭示事务规律，预测业务趋势。商业智能技术促进电力企业的战略、经营、生产作业从传统的事务型应用走向分析型应用，在企业绩效管理、风险定量分析、供应商评估、客户关系管理、设备状态监控、运行计划优化等诸多领域起着创新性作用。

3．信息系统将广泛应用 AMI 技术

AMI（高级计量体系）技术是一种提供实时的双向通信的智能电网信息化基础设施。利用 AMI 相关技术能够向电力企业提供充足、可靠的数据支持，满足电力企业为推进需求响应、停电管理等业务纵深发展所提出的数据需求，支持电力企业实现对电网负荷的远程控制和管理。

4．信息系统将广泛应用地理信息系统

地理信息系统（GIS）是由计算机硬件、软件平台、地理信息数据、使用人员和使用规则共同构成的有机整体。建立完善的 GIS 系统，有助于提升电网信息的直观性和可理解性，实现智能电网的可视化管理。数据是整个 GIS 系统最重要的组成部分，并可以通过可视化技术进行多维展现，帮助企业直观地掌握其资产信息，进行统一管理和战略规划。

7.4　电力企业信息管理思想发展趋势

电力企业信息化包括生产过程自动化和管理信息化两个方面。随着电网建设的进一步发展，电力企业管理方面的信息化步伐一直很快，呈现出良好变化的势头。

（1）信息化观念由重视生产自动化向重视管理信息化转变，表现为由“硬”到“软”的转变。

（2）应用模式由管控分离向信息一体化转变，逐步实现生产实时信息与管理信息的集成。

（3）应用架构由分散应用向整合应用转变，即从部门级单项应用到企业级涵盖生产、营销、财务、人事、设备等环节的整体应用转变。

（4）数据管理由分散管理向集中管理转变，形成信息共享、增值的机制。

（5）系统模式由 C/S 为主的架构向 B/S 为主的架构转变，适应企业业务处理和经营运作快捷化、实时化的要求。

（6）实施模式由“用户—供应商”模式向“用户—咨询/监理商—供应商”模式转变，保证企业信息化切实从用户需求出发，控制信息化建设的质量和风险。

在生产过程自动化方面的新技术、新方法不断应用，目前，电力企业需要大力加强生产控制自动化与管理信息化的融合。在信息化管理方面，需要吸收先进的管理理念和管理思想，注重资源的管理和知识的挖掘，实现电力企业管理的集成化、网络化、自动化和智能化。

7.4.1 电力企业管理思想走向现代化

在我国电力企业发展进程中，对电力企业的管理模式已经从垂直垄断一体化时期的全国企业单一管理模式转向厂网分开的自主经营管理模式，市场主体的多元化和竞争态势的形成，使得管理思想现代化，优化包括信息系统在内的资源配置成为电力企业发展的内在迫切需要。自 2002 年开始“厂网分开”变革后，使发电侧逐步形成了激烈的竞争环境，发电企业作为市场主体，自主经营的意识越来越强，在市场竞争的压力下，经营管理思想不断走向现代化。例如，国家电网公司开始实施“一强三优”“三集五大”政策，南方电网公司“以提高可靠性为各项工作的总抓手”为目标，在政策与目标的驱使下，电网企业管理思想也在不断呈现现代化特点。

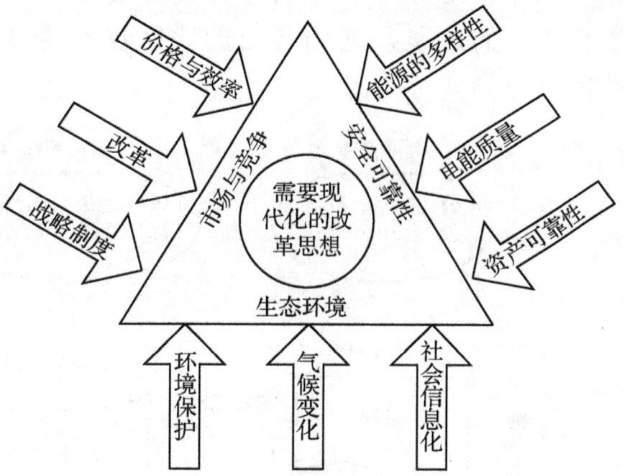

图 7-16 电力企业面临的挑战需要改革

随着社会与经济的发展、科技和信息化水平的提高，以及资源和环境问题的日益突出，电力企业面临新课题和新挑战，必须进行适应社会需求和国家发展战略的改革，如图 7-16 所示。为了满足经济社会发展的新需求，实现电网的升级换代，许多国家和政府提出了智能电网这一现代化构想，逐步形成了以智能电网为核心内容的电力系统发展规划。电力企业管理思想的现代化将会使电力企业管理发生重大变革。

7.4.2 电力企业信息化存在从数据管理向知识管理发展的趋势

1. 企业从数据管理到知识管理阶段划分

从数据管理到信息管理，再从信息管理到知识管理，这是一个持续达半个多世纪的漫长过程，至今该过程还在发展中，可以说是不会终止的。企业信息化既具有连续性又具有阶段性，它是从低到高、逐阶段地往前演变推进的，其发展过程如图 7-17 所示。

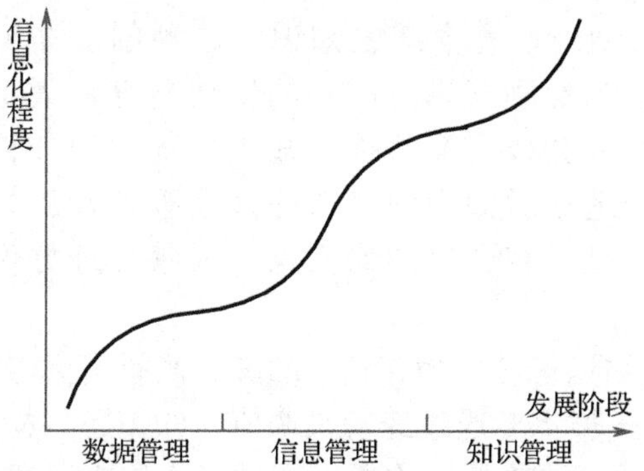

图 7-17 从数据管理到知识管理发展阶段划分

对企业信息化发展过程的认识，人们往往存在一种误解，以为它是高级阶段逐一取代低级阶段的过程。从数据管理、信息管理、知识管理三者的关系看，并不是简单地由后续阶段顺序取代前行阶段的过程，而是逐步累积发展的过程，具体说明如下：

（1）后一个阶段是在前一个阶段的基础上发展起来的；

（2）后一个阶段包括了前一个阶段的全部或部分内容；

（3）各个阶段可同时并行存在，但其相对重要的地位逐一转让给后一个阶段。

应当看到，在企业信息化过程中，同时存在着数据管理、信息管理、知识管理的内容，如图 7-18 所示，它们各有其重要性，并互有联系，为后续发展的管理阶段服务；但随着企业的发展，它们各自的比重在发生变化，后续发展管理阶段的重要性相对地在提高。

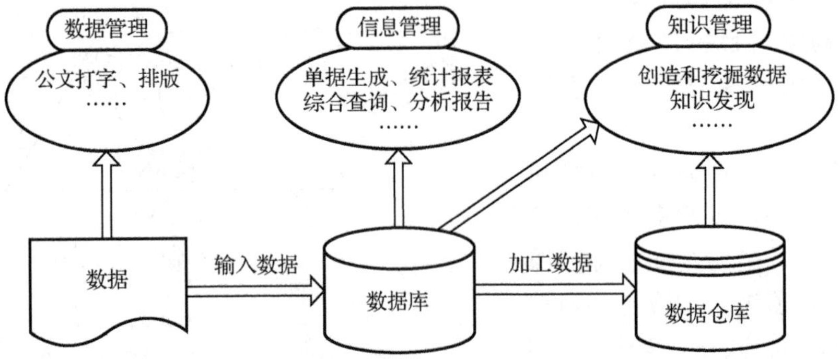

图 7-18　数据管理、信息管理和知识管理三者关系图

电力企业经过多年的信息化建设，基本建成了覆盖全行业各部门的电力信息资源共享体系。智能电网的出现使得基于信息管理的电力企业信息化已经不能满足电力企业管理需求，智能电网的信息化建设工程复杂，需要更加智能化、具有更强应变能力的信息化建设，知识管理就是为企业实现更高层次的信息化、智能化、自动化管理而需要重点建设的内容之一。

2. 知识管理的内容

知识管理的内容很丰富，包括知识的获取、传播共享、应用、运营、创新等。其中，要点是解决知识悖论、经营知识资产、实现知识共享、促进知识转换、引导知识创新。

（1）解决知识悖论。创新研究会产生知识，这种创造知识的成本往往很高，而共享知识的成本往往很低。为激励知识生产者的创新研究，需保护其知识产权以促进知识供给，但为发挥知识的社会效用又需扩大知识传播实现知识共享，这是一个悖论。对知识产权保护过度，会造成对知识的垄断；片面强调知识共享却会导致侵权、盗版等行为。在两难选择中，应寻找合适的均衡点，妥善处理好保护知识产权与实现知识共享的矛盾。

（2）经营知识资产。知识可转化为专利、品牌、商誉等无形资产，它往往比有形资产更有价值，并同其他资产一样需要通过经营来增值。知识还可构成智力资本，它在企业发展中比物质资本或货币资本还有意义，也需要通过运作使它发挥更大的作用。

（3）实现知识共享。知识对拥有者来说没有竞争性，对使用者来说没有排他性，它的作用伴随着交流和共享程度的提高而提高。在企业知识管理中，必须促进员工个人知识、职能部分知识及整个组织知识的交流和共享。为实现知识共享，需建立信息关系、改进激励机制、培植企业文化，并把企业变成学习型组织。

知识可按不同标准进行各种分类。奥地利哲学家波兰尼（M. Polany）按知识能否通过编码进行传递这个标准，把知识分为编码型的显性知识和意会型的隐性知识。在这种认知下，知识管理可被视为是一个学习的过程，主要包括四个阶段，如图7-19所示。

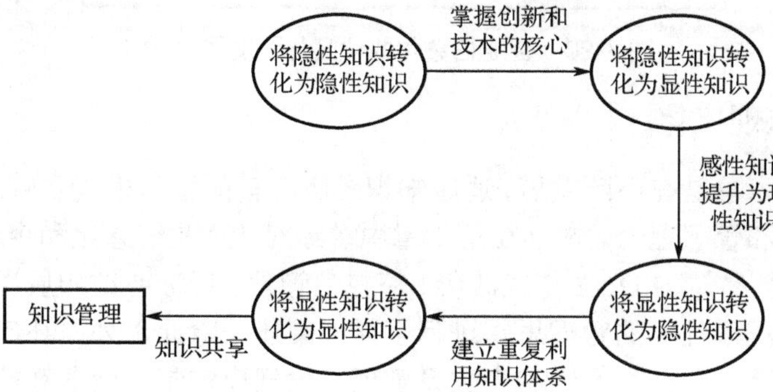

图7-19 知识管理的学习过程

第一阶段：将隐性知识转化为隐性知识。这是人类知识传播最古老也是最有效率的模式，信息获取者即使不使用语言的沟通也能从信息携带者那里获得隐性知识，这一学习阶段可以掌握创新和技术的核心。

第二阶段：将隐性知识转化为显性知识。这是一个典型的知识创新阶段，在这一阶段中，人们将自己的经验、直觉和想象等转化为可以用语言表达和描述的内容。这是一个将感性知识提升为理性知识的阶段。

第三阶段：将显性知识转化为隐性知识。这一阶段是知识共享的过程。

第四阶段：将显性知识转化为显性知识。这是一个建立重复利用知识体系的阶段。

从上述内容可以看出，知识管理离不开技术，特别是包括数字技术、网络技术、智能技术在内的信息技术及其智能化的信息系统，但主要依靠的不是技术而是人，首先是人才，知识管理不是目的而是手段，它要为企业提高员工的素质和创新能力服务，为企业增强对环境的适应能力、保持竞争优势、取得可持续发展服务。

7.4.3 电力企业信息化的“五化”发展过程

互联网络和信息技术的高速发展，改变了企业经营管理模式、做事的方法和人们的生活方式。全球经济环境不断发展和变化，竞争环境复杂多变，企业的管理思想、管理方法不断创新，计算机网络技术快速发展，促成企业信息系统（如ERP）的不断发展和变化。从企业总体发展状态来看，企业信息化总的发展趋势是管理思想现代化、开发平台标准化、业务流程自动化、业务应用集成化、系统应用网络化这样一个“五化”发展过程，如图7-20所示。

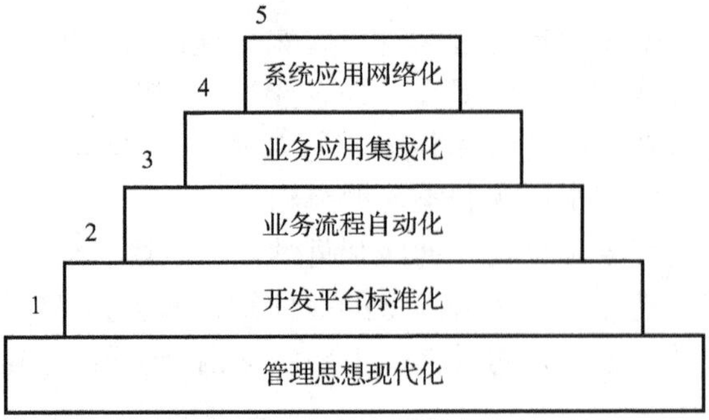

图 7-20 企业信息化的“五化”发展过程

1. 管理思想现代化

社会和科学技术总是在不断发展，适应知识经济的新的管理模式和管理方法不断涌现，需要不断创新管理和管理理念。本书在第 1 章中曾经对“企业信息化和企业管理有机结合、注重需求管理、全员参与、PDCA 持续改善、精益化管理、目标或结构层层分解、追求‘零’目标、注重整体流程最优”的管理思想进行了详细阐述，除此以外，还应注重企业管控、敏捷制造、虚拟制造、精益生产、客户关系管理、大规模定制、商业智能、绩效管理等管理思想。企业信息化过程中必须不断增加这些新思想、新方法以适应企业的管理变革和发展要求。

2. 开发平台标准化

计算机技术发展到今天，那种封闭的专用系统已经走向消亡。基于浏览器/服务器的体系结构、支持标准网络通信协议、支持标准的数据库访问、支持 XML 的异构系统互联，实现应用系统独立于硬件平台、操作系统和数据库，实现系统的开放性、集成性、可扩展性、互操作性，这些已成为应用系统必须遵守的标准。

在标准的开发平台基础之上，电力企业信息化建设需要建立以数据管控为核心、以架构为基础、强健、敏捷、贯通的数据中心，实现数据治理规范化，主要包括：实现稳健、灵活的结构化数据管理；实现高效、集成的非结构化数据管理；实现全业务的数据管控及健全权责清晰的数据管理团队。

3. 业务流程自动化

传统 MIS 是一个面向功能的事务处理系统，它为业务人员提供了丰富的业务处理功能，但是每个业务处理都不是孤立的，它一定与其他部门、其他人或其他事务有关，这就构成了一个业务流程。传统 MIS 对这个业务流程缺乏有效的控制和管理，一些业务流程被写死在程序里，非此即彼，必须按其执行，否则就要修改程序，并且许多流程是由人工离线完成的。工作流管理技术是解决业务过程集成的重要手段，它与现代 MIS、ERP 或其他信息系统的集成，将实现业务流程的管理、控制和过程的自动化，使企业领导与业务系统真正集成，实现企业业务流程的重构。所以工作流管理技术受到人们的高度重视并得到快速的发展。

4. 业务应用集成化

企业信息化包括了很多内容。技术系统信息化包括计算机辅助设计 CAD、计算机辅助制造 CAM、计算机辅助生产计划 CAPP、产品数据管理 PDM、产品生命周期管理 PLM 等；管理信息化包括企业资源计划 ERP、客户关系管理 CRM、供应商关系管理 SRM、商业智能 BI、电子商务 EC 等；生产制造过程自动化包括数字控制 NC、柔性制造系统 FMS、自动化立体仓库 AS/RS、制造执行系统 MES 等。所有这些系统都是为企业经营战略服务的，它们之间存在着大量的共享信息和信息交换，在单个系统成功运行的基础上，它们之间要实现系统集成，使其应用效果最大化。

业务应用集成化的电力企业应彻底消除“信息孤岛”，应以资产全寿命管理、能量全过程管理、客户全方位管理、核心资源/协同办公/综合管理集成服务共享等主线开展多业务集成建设，提升多业务应用的横向集成水平，推动核心业务流程和核心资源的有机融合，加强基层单位业务系统深化应用，增强上下级单位的纵向业务协同能力，解决不同业务间的数据集成问题，从而实现全方位的业务应用融合。

5. 系统应用网络化

现在处在全球经济一体化、网络经济的时代，互联网络和通信技术的高速发展，彻底改变了我们的经营管理模式、生活方式和做事的方法。企业对互联网络的依赖将像今天企业对电力和电话的依赖一样重要。离开互联网络的应用就谈不上敏捷制造、虚拟制造、精益生产、客户关系管理、供应商关系管理、电子商务。只有采用基于互联网络的系统才能方便地实现集团管理、异地管理、移动办公，实现环球供应链管理。

在网络化发展阶段，电力企业根据业务发展，急需完成业务的应用融合，将新业务应用、已建和在建的业务应用，实现网络化结合互动，推进业务实用化水平的提高；加强基层单位业务系统深化应用，增强与本部的纵向业务协同能力，从而实现有效支撑电力企业的智能电网建设体系。

电网企业为适应智能电网的发展与应用需求，也提出了企业信息化的“五化”发展之路，即“业务应用融合化、分析决策智能化、数据治理规范化、信息运营服务化、信息管理精益化”。

7.4.4 电网企业信息化的“五条发展主线”和“四个提升”

1. 国家电网公司信息化的“五条发展主线”

（1）业务应用融合化

根据业务发展需要建设新业务应用、巩固深化已建和在建的业务应用，推进实用化水平的提高；加强各业务条线之间横向及本部与基层单位纵向的应用集成和流程集成，支撑业务的全面融合，有效支撑智能电网新型业务模式和“三集五大”管理体系的建设重点包括如下内容。

1）业务应用：以提升各项业务的关键业务能力为引领，深化应用和完善已建和在建业务应用，推进建设新业务应用，提高业务应用的实用化水平，同时加强电力自动化与信息化的融合，实现数字化电网与信息化企业的互动，从而建设以“三集五大”体系为核心、全面支撑智能电网的业务应用体系；

2）业务应用集成：以资产全寿命管理、能量全过程管理、客户全方位管理、核心资源/协同办公/综合管理集成服务共享等主线开展多业务集成建设，提升多业务应用的横向集成水平，推动核心业务流程和核心资源的有机融合，加强基层单位业务系统深化应用，增强与本部的纵向业务协同能力，关注生产控制大区和管理信息大区间的数据集成提升，从而实现有效支撑智能电网建设及“三集五大”体系的全方位的业务应用融合。

（2）分析决策智能化

建设覆盖公司全业务的智能决策体系，提高公司各业务条线和企业级的分析和辅助决策支撑能力，重点包括如下几个方面。

1）增强战略辅助决策应用，提高公司绩效管理、风险管理、决策支持方面的决策分析能力；

2）增强规划与计划业务辅助决策应用，提高公司规划与计划业务的数据分析能力；

3）增强项目管理辅助决策应用，提高公司项目管理的数据分析能力；

4）增强生产辅助决策应用，实现资产风险管理、资产绩效管理、检修策略模拟和优化、缺陷定级和消缺方案模拟、事故预想及外损预警等高级辅助决策分析应用；

5）增强营销决策分析应用，提升营销辅助分析与决策能力、服务监管能力、同业对标能力，提升营销管理水平；建立电力交易分析优化体系，提升交易管理的事后分析评估能力，分析交易计划与实际执行的差异，为交易优化提供反馈和指导；

6）增强人力资源决策分析应用，通过数据分析决策系统的建设，支持人力资源发展趋势分析、人力成本规划决策、人员配置分析和用工策略分析，帮助建立与公司战略相匹配的、全面性的、系统性的人力资源战略和规划；

7）增强财务决策分析应用，资产绩效评估、工程和运维的标准成本体系分析、用户工程收支情况分析、购电业绩分析、财务风险识别与预警的辅助决策与分析；

8）增强物资决策分析应用，完善物资计划、物资与服务采购合同、库存、质量、销售等分析模型，实现供应链管理全流程的智能决策支持，提升物资集约化管理水平。

（3）数据治理规范化

建设以数据管控为核心、以架构为基础、强健、敏捷的数据中心，重点包括如下几个方面。

1）实现稳健、灵活的结构化数据管理：实现公司核心数据资源的有效管理，真实、准确地掌握业务运营状况；

2）实现高效、集成的非结构化数据管理：实现公司 80%非结构化数据与结构化数据的融合，实现内容管理与流程的融合；

3）实现全业务的数据管控：全面提升各业务条线数据质量，建立健全数据管控策略、流程和标准；

4）健全权责清晰的数据管理团队：健全权责清晰的数据管理团队，保障公司数据管控的长效工作机制。

（4）信息运营服务化

打造面向服务的信息化高绩效运营能力，重点包括如下几个方面。

1）实现图形、模型一体化：建立公司企业数据模型、图形标准，规范图形和模型生成、共享和维护机制，实现数字化电网与信息化企业图形、企业信息、数据模型一体化、电网拓扑数据无缝连接；

2）实现业务流程信息化：引入面向服务的流程管理架构理念，以应用集成完善为目标，建立业务流程管理（BPM）为核心的灵活敏捷的集成服务；

3）建立面向服务的绿色数据中心：以虚拟化技术为依托，建立端到端的流程支持，通过面向服务的绿色数据中心的建立，实现高效高品质的基础设施交付能力；

4）建立信息系统调度运行体系：遵从国家电网公司总体指导，以业务需求为导向，以提升信息化价值为目标，通过信息资源优化调度与配置，建设贯穿信息系统全生命周期、支撑信息化发展战略、达到国际先进水平的信息系统调度运行体系；

5）建立智能防护的信息安全主动防御体系：遵循“分区分域、安全接入、动态感知、精益管理、全面防护”的安全策略，从基础防护为主的等级保护纵深防御体系发展至以智能防护为主的主动防御体系。

（5）信息管理精益化

建设统一融合、集约精益的信息化管理体系，重点包括如下几个方面。

1）建立信息化价值衡量体系：衡量信息化对业务产生的收益，更加有效地优化信息化资源；

2）建立信息化风险管理体系：全面、系统地识别潜在风险，降低信息化问题对日常经营构成的威胁，保障信息化流程体系的有效执行；

3）深化企业架构管理：推进企业信息架构设计成果的落实，实现业务架构、应用架构、数据架构和技术架构的有效管控；

4）增强对分/子公司的信息化调控：遵循统一与灵活相结合的管理理念，对分公司采取立足整体，兼顾特色的信息化管理方式；服务延伸至子公司，遵循统一着眼业务需求，立足信息共享，与子公司联动，打造通畅的信息共享渠道，同时将子公司信息化建设融入公司统一的规划、建设中来。

2. 中国南方电网信息化建设目标要实现“四个提升”

（1）架构更统一

信息化的架构及其内容在全网统一技术标准、版本和选型，在应用系统内、应用系统间、网公司与省公司间相互连接成一个内容完整、结构统一、有机联系的完整信息平台。

（2）理念更先进

通过信息化手段，固化公司先进管理理念和模式，推动公司管理创新和发展。重点支持公司资产全生命周期管理、客户全方位管理、资源集约化管理三大管理理念和业务模式。支持人、财、物集约化理念，支撑公司集团化运作，促进公司集约化发展，推动公司精益化管理，全面提升公司生产、经营、管理和决策水平；支持客户全方位理念，通过整合服务渠道、前台、后台等全方位、多层面的资源和手段，构建以客户为中心的营销服务体系，提升客户服务水平，提高客户满意度。支持资产全生命周期管理理念，按照资产全生命周期的管理理念，从效益、效能、安全等角度对公司资产进行有效管理。

（3）信息更智能

信息得到有效的采集、存储、应用和分析，实现对全网各级管理决策分析的支持和对驾驭绿色电网的支持。满足绿色、智能、高效、可靠的绿色电网对信息化的需求，即从未来智能电网在发、输、变、配、用、调等六环节中，应提供更透彻的信息感知、更全面的信息互连、更深入的信息分析，实现电网数据信息从采集接入、存储集成、应用监控、融合分析的全过程管理。在发电电源管理上，支持分布式能源的接入和智能调度；在输配电管理上，支持发、输、变、配各环节的新技术应用、设备信息采集和监控，通过数据分析实现智能的决策和控制；在终端接入采集方面支持智能传感器接入，将信息延伸到家庭、充电站和作业现场；在信息存储方面能够满足海量实时数据的存储、处理和集成；在应用方面能够实现电动汽车灵活计费、分布式能源接入、客户互动等相应管理和监测；在决策分析方面能够实现对实时数据、管理数据的综合分析。

（4）平台更安全

信息化平台柔性、稳定、安全。采用 SOA 等多种技术，构建更加灵活、柔性技术平台，使信息化平台能更加快速地适应公司发展变化；信息化建设从设计、开发、测试的全过程控制，确保信息化平台的性能和强壮性满足业务管理的要求，通过科学有效的运维保障信息化平台的不间断服务；采用多种信息安全技术手段和管理措施，确保信息化的安全。满足智能电网下的配电侧、用户侧信息传输安全，满足云计算、物联网等新技术发展应用的安全。

7.4.5　电力企业信息化必然要实现集成化、网络化、自动化和智能化

在不断推进的电力体制改革进程中，电力企业正面临日益激烈的市场竞争压力，迫切需要加强和改善内部管理，进行企业管理信息化建设是使电力企业增强竞争力的有效途径。为逐步建立适应电力企业发展方式转变的需要，提升公司系统集团化运作、集约化发展、标准化建设、精益化管理的能力，建立企业整体协同运作的生产组织模式和管理机制，需要信息化的大力支撑，信息化的发展必然要实现“四化”，即集成化、网络化、自动化和智能化。借助于 ERP 等一体化的信息集成平台实现信息收集、加工整理、传递、共享和集成应用，还要借助数据仓库与数据挖掘等理论，从数据里面挖掘有价值的知识，辅助企业决策，让企业成为一个知识型、智能化的企业。

电力企业管理的信息化逐渐向自动化和智能化发展，电力企业需要建设覆盖公司全业务的智能决策体系，提高公司各业务条线和企业级的分析和辅助决策支撑能力。自动化与智能化的信息系统需要在如下几个方面加强研究与增强应用：企业战略辅助决策、企业规划与计划业务辅助决策、人力资源决策分析、财务管理辅助决策、物资管理辅助决策、项目管理辅助决策、生产管理辅助决策和营销管理辅助决策等。

7.4.6　信息技术发展必将推动企业管理创新和信息化进程

信息技术对企业信息化提供强大的推动力，也为信息化引领企业发展提供了更多机遇。

（1）信息技术发展对电力生产运行创新具有推动力：在电力生产运行中，通过 SCADA 系统监控到的电网状态、设备状态、用户电能等大量数据，以及地理信息系统的广泛应用产生的电网空间数据等，需要海量数据存储能力支撑，通过云计算技术实现分布式存储的

集中化管理，为数据共享和统一分析提供基础；在电力潮流计算、负荷预测中，一些具有精确计算结果的模型和方法由于计算复杂而无法在生产过程中投入使用，云计算技术能充分利用资源进行分布式计算，有助于大幅提高这些模型的计算速度并促进实际应用，提高电力生产运行效率；运用物联网技术能实现电力系统设备之间的信息共享与互联互动，快速识别设备故障类型并准确定位设备中故障点，结合自动控制技术实现故障点的快速隔离和处理，避免造成更大范围的损失。

（2）信息技术发展对基础业务处理创新具有推动力：在电力日常业务中，存在大量户外作业工程，如客户服务中心的业务扩保修业务、运动现场操作任务、巡检任务、检修维护业务等，通过运用移动作业技术，有助于提升电力企业户外工作人员的工作效率、提高服务质量。

（3）信息技术发展对公司经营管理创新具有推动力：在企业的业务管理模式不断转变过程中，企业业务流程需要不断重组再造和跨部门横向集成，借助 SOA（面向服务的体系架构）技术实现业务应用的柔性接入，有效提升应对企业管理变革的快速响应能力；借助于协同办公等技术，改善沟通方法、加强工作协同、增强工作计划性、提高员工素质，大幅扩大经营管理能力。

（4）信息技术发展对企业战略决策创新具有推动力：企业战略决策需要搜集和处理大量的企业运营、外部行业、客户关系等信息，企业高层管理者借助商务智能技术获取各种内外部信息，并进行分析和处理，迅速确定企业战略目标并制定实施策略，对企业绩效管理、风险定量分析、供应商评估、客户关系管理、运行计划优化等诸多领域能起到创新性作用；通过云计算技术能有效实现企业内部资源整合和集中化管理，实现信息资源的集中共享，为科学决策提供技术基础。

（5）信息技术发展对客户服务模式创新具有推动力：借助高级计量体系（AMI）技术实现用电信息的双向互动，获取可靠的用电侧的电能数据，提升用电服务质量和水平，满足需求响应等业务纵深发展的要求，开创了一种新的以客户为中心的营销管理模式，提升客户服务的多样化和互动化水平；借助 Web 2.0 技术能有助于创新服务模式，为用户提供更多更便捷的服务，巩固客户关系；通过 Web 2.0 技术能更好地把企业内部员工、客户及合作伙伴紧密地连接起来，提高了企业内外部的协作效率。

7.5 在数据仓库和数据挖掘技术应用方面的发展趋势

7.5.1 数据仓库在信息系统中的应用成为必然

数据仓库（Data Warehouse）用来保存从多个数据库或其他信息源选取的数据，并为上层应用提供统一用户接口，完成数据查询和分析。数据仓库是作为 DSS 服务基础的分析型 DB，用来存放大容量的只读数据，为制定决策提供所需要的信息。数据仓库是与操作型系统相分离的、基于标准企业模型集成的、带有时间属性的、面向主题和不可更新的数据集合。

W. H. Inmon 对数据仓库的定义：数据仓库是面向主题的、集成的、稳定的、随时间变化的数据集合，用以支持管理决策的过程。

数据仓库的概念已经被国内用户接受多年，但在应用方面的收效仍很有限，其原因包括如下几个方面：

（1）缺少有针对性的、可靠的、完善的、被广泛接受的数据仓库标准；

（2）缺乏能够担负规划、设计、构建和维护数据仓库的重任的复合型人才；

（3）由于相关人才缺少等，建立数据仓库和决策支持的需求不足；

（4）缺乏数据仓库前端工具（如 OLAP 工具、数据挖掘工具等）。

由于国内外文化的差异，一些用于构建数据仓库的知名产品无法处理一些难以预料的问题，使得建立数据仓库的困难加大。但由于数据库系统的局限性、数据仓库中数据的特点和数据仓库支持管理决策等，决定了数据仓库在信息系统中的应用成为必然趋势。

1．数据库系统的局限性

随着信息处理技术的不断发展，信息的存储、管理、使用和维护显得越来越重要，而传统的数据库系统难以满足需要，存在如下几方面的局限性：

（1）电力企业的相关数据量成几何级数增长，不同部分的数据难以集成，访问数据的相应性能不断降低。

（2）数据库适于存储高度结构化的日常事务细节数据，而决策型数据多为历史性、汇总性或计算性数据，多表现为静态数据，不需直接更新，但可周期性刷新。

（3）在事务处理环境中，决策者可能并不关心具体的细节信息；在决策分析环境中，数据库系统的庞大细节数据量一方面会严重影响分析效率，另一方面也会分散决策者的注意力。

（4）当事务型处理环境和分析型处理环境在同一个数据库系统中，事务型处理对数据的存取操作频率高，操作处理的时间短；而分析型处理可能需要连续运行几个小时，从而消耗大量的系统资源。

（5）决策型分析数据的数据量大，这些数据有来自企业内部的，也有来自企业外部的。来自企业外部的数据又可能来自不同的数据库系统，在分析时如果直接对这些数据操作会造成分析的混乱。对于外部数据中的一些非结构化数据，数据库系统常常是无能为力的。

（6）决策分析型数据是多维性，分析内容复杂，数据库系统难以满足需要。

2．数据仓库中数据的特点

（1）面向主题：面向主题的数据组织方式可在较高层次上对分析对象的数据给出完整、一致的描述，能完整、统一地刻画各个分析对象所涉及的企业的各项数据及数据之间的联系，从而适应企业各个部门的业务活动特点和企业数据的动态特征，从根本上实现数据与应用的分离。

（2）集成性：数据仓库中的数据是从原有分散的源数据库中提取出来的，其每一个主题所对应的源数据在原有的数据库中有许多冗余和不一致，且与不同的应用逻辑相关。为了创建一个有效的主题域，必须将这些来自不同数据源的数据集成起来，使之遵循统一的编码规则。因此，数据仓库在提取数据时必须经过数据集成，消除源数据中的矛盾，并进行数据综合和计算。经过数据集成后，数据仓库所提供的信息比数据库提供的信息更概括、更本质。

（3）稳定性：数据仓库中的数据反映的是一段时间内历史数据的内容，是不同时点的数据库快照的集合，以及基于快照进行统计、综合和重组的导出数据，而不是联机处理的数据。主要供企业高层决策分析使用，所涉及的数据操作主要是查询，一般情况下并不进行修改操作，即数据仓库中的数据是不可实时更新的，仅当超过规定的存储期限，才将其从数据仓库中删除，提取新的数据经集成后输入数据仓库。

（4）时变性：许多企业分析要求对发展趋势做出预测，对发展趋势的分析需要访问历史数据。因此数据仓库必须不断捕捉 OLTP 数据库中变化的数据，生成数据库的快照，经集成后增加到数据仓库中去；另外数据仓库还需要随时间的变化删去过期的、对分析没有帮助的数据，并且还需要按规定的时间段增加综合数据。

3．数据仓库支持管理决策

数据仓库支持联机分析处理（On-Line Analytical Processing，OLAP）、数据挖掘和决策分析。OLAP 从数据仓库中的综合数据出发，提供面向分析的多维模型，并使用多维分析的方法从多个角度、多个层次对多维数据进行分析，使决策者能够以更加自然的方式来分析数据。数据挖掘则以数据仓库和多维数据库中的数据为基础，发现数据中的潜在模式并进行预测。因此，数据仓库的功能是支持管理层进行科学决策，而不是事务处理。

7.5.2 数据挖掘技术在信息系统中的应用成为必然

数据挖掘是与数据仓库密切相关的一个信息技术新领域，它是信息技术自然演化的结果。随着数据库技术的迅速发展及数据库管理系统的广泛应用，人们积累的数据越来越多，但缺乏挖掘数据中隐藏的知识的手段，导致了“数据爆炸但知识贫乏”的现象。

数据挖掘（Data Mining，DM）是指从大型数据库或数据仓库中提取隐含的、未知的、非平凡的及有潜在应用价值的信息或模式的高级处理过程。因此又称为数据库中的知识发现。这是一门交叉性学科，它涉及机器学习、模式识别、统计学、智能数据库、知识获取、数据可视化、高性能计算、专家系统等多个领域。可广泛地应用于信息管理、过程控制、科学研究、决策支持等许多方面。

数据挖掘和数据仓库是作为两种独立的信息技术出现的。它们都可以完成对决策过程的支持，并且相互间有一定的内在联系。因此，将数据仓库与数据挖掘集成到一个系统中将能够更有效地提高系统的决策支持能力。

企业信息系统的发展，过去传统的管理信息系统（MIS）更多的是事务型处理，主要是辅助管理，难以进行分析型处理，而目前逐步推广使用的 ERP、DSS 等信息系统，分析型处理的功能占有更大的比重。

总之，分析型信息系统在逐步发展，数据挖掘技术在逐步应用，目前已显示出越来越大的发展趋势。

7.6 在企业信息文化方面的发展趋势

人类文化的发展经历了过去的三个阶段：即语言的产生和形成、文字的产生和形成、活字印刷的发明，现在逐步进入第四个阶段，即电子信息文化阶段，在这样的大背景下，企业文化向电子信息文化迈进。

1．电子信息文化改变了传统的工作方式

电子信息文化冲破了时空限制，改变了传统的工作方式，主要表现在如下几个方面：

（1）通过协同办公、ERP 等软件可以实现网上办公或移动办公。借助于无线上网的笔记本电脑、掌上电脑、大屏幕手机等随身携带的终端设备，只要在网络信号覆盖的任何地方、任何时间均可上网办公、处理事务。也就是说，办公地点不固定在办公室，而是在网络覆盖的任何地方，这是一种工作方式的改变，是一种电子信息文化的渗透，这种改变使职工的工作方式更为方便，工作效率极大提高，工作时间十分灵活，实现了家庭办公、旅游办公、白天休息晚上办公等。这种崭新的工作方式，传统的手工管理是无可比拟的。

（2）网上会议、电子商务、电子政务将会得到普遍应用。对于电力企业来说，集团公司、分/子公司、地市公司等可以实现网上会议；电力企业与供应商、分包商、上下游单位等企业彼此之间实现基于电子商务的资金流和基于 ERP 的信息流的广泛的互动。

2．电子信息文化改变了传统的人际交流方式

电子信息文化的到来，改变了人们传统的人际交流方式，主要表现在如下几个方面。

（1）人们通过 E-mail 等方式进行交流更加方便，不用考虑对方是否休息、是否远近、甚至是否在国外。

（2）大屏幕的无线手机得到极大的发展，成为人际交流的另一主要方式。可以利用手机进行多媒体信息交流、查询信息、实现自动提醒等，手机的多种功能会得到越来越普遍的应用。

（3）可视电话、可视聊天已经进入实用阶段，现在已方便地进入家庭。

（4）网上点播电视、远程教学、远程医疗、电子图书馆、电子博物馆将逐步进入家庭，成为人们日常生活、学习、娱乐的重要组成部分。

总之，电子信息文化将彻底改变人们的工作、学习、生活和人际交流的方式。使人们身居家庭，可漫游世界；使人们感觉生活在地球村，没有远近之分，没有白昼之分；使人们工作效率更加快捷，人际交流更加方便，生活质量更加提高。

本章小结

本章对电力企业信息管理系统的发展趋势进行了展望，包括的内容有能源互联网下的管理信息化，电力企业信息系统应用、技术、管理、数据管理及企业信息文化 6 个方面。通过展望，希望读者能够结合自己的抱负，为我国电力企业信息化的发展做出贡献。

复习思考题

未来电力企业信息管理系统会遇到哪些变化？其特征及发展趋势是什么？

参 考 文 献

[1] 黄梯云. 管理信息系统（第六版）[M]. 北京：高等教育出版社，2016.
[2] 薛华成. 管理信息系统（第六版）[M]. 北京：清华大学出版社，2012.
[3] 李存斌，等. 电力企业管理信息化[M]. 北京：中国电力出版社，2013.
[4] 李存斌. 中国施工企业信息化[M]. 北京：中国水利水电出版社，2006.
[5] 王乐鹏，等. 电网企业信息化原理及应用[M]. 北京：中国电力出版社，2007.
[6] 张世翔. 电力企业信息化[M]. 北京：中国电力出版社，2008.
[7] 卢建昌. 电力企业管理[M]. 北京：中国电力出版社，2007.
[8] 费圣英. 电力企业信息化 SOA 实践[M]. 南京：南京大学出版社，2007.
[9] 黄汉棠，等. 电力企业信息门户[M]. 北京：中国电力出版社，2005.
[10] 罗承廉，韩文报. 信息化建设理论与应用[M]. 北京：中国电力出版社，2005.
[11] 电力行业信息化推进办公室. 做好电力信息化"十二五"规划 推动电力发展方式转变[J]. 电力技术,2009(4):1-3.
[12] Wil Van der Aalst，Kees van Hee. 工作流管理——模型、方法和系统[M]. 王建民，闻立杰，等. 译. 北京：清华大学出版社，2004.
[13] Khosrow Moslehi, Ranjit Kumar. Smart Grid - A Reliability Perspective[J]. Innovative Smart Grid Technologies,2010:1-8.
[14] 刘振亚. 智能电网知识读本[M]. 北京：中国电力出版社，2010.
[15] 徐方根，章登庆. 电力企业管理变革之道：电网企业[M]. 北京：中国电力出版社，2009.
[16] 雷万云，辛华，等. 信息化与信息管理实践之道[M]. 北京：清华大学出版社，2012.
[17] 梁爱虎. SOA 思想、技术与系统集成应用详解[M]. 北京：电子工业出版社，2007.
[18] 毛新生，等. SOA：原理方法实践[M]. 北京：电子工业出版社，2007.

反侵权盗版声明

举报电话：（010）88254396；（010）88258888
传　　真：（010）88254397
E-mail：　dbqq@phei.com.cn
通信地址：北京市海淀区万寿路 173 信箱
　　　　　电子工业出版社总编办公室
邮　　编：100036